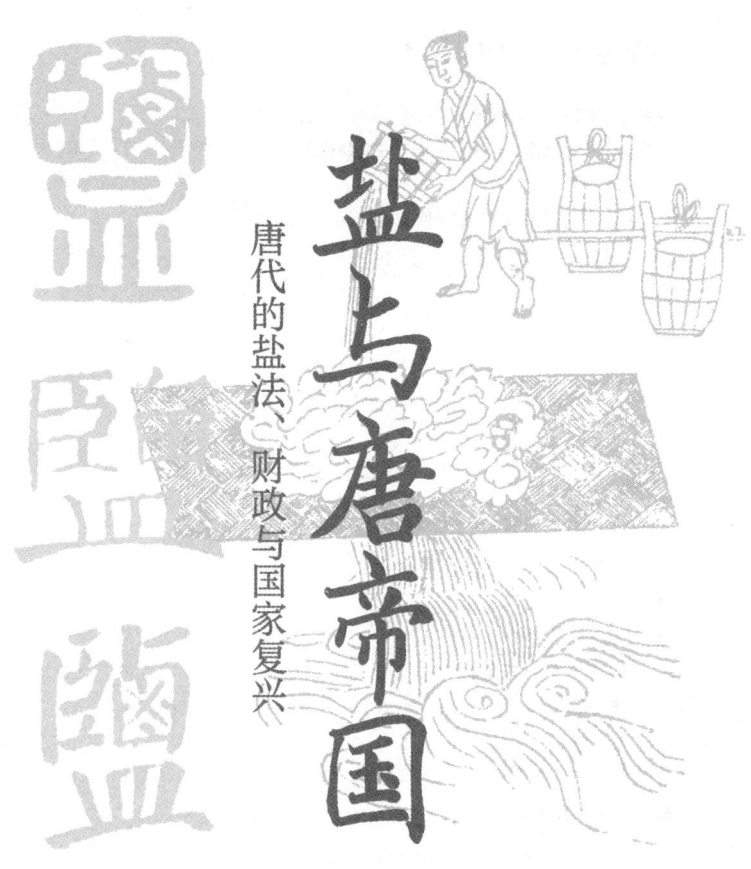

盐与唐帝国

唐代的盐法、财政与国家复兴

吴丽娱 著

河北出版传媒集团
河北教育出版社

图书在版编目（CIP）数据

盐与唐帝国 / 吴丽娱著. -- 石家庄：河北教育出版社, 2025.2. -- ISBN 978-7-5545-8609-9

Ⅰ. F426.82

中国国家版本馆 CIP 数据核字第 2024V23M93 号

盐与唐帝国
YAN YU TANG DIGUO

作　　者	吴丽娱
出 版 人	董素山
策　　划	汪雅瑛　康瑞锋
责任编辑	刘书芳　孙亚蒙
特约编辑	李　晓
装帧设计	董　然

出　　版	河北出版传媒集团
	河北教育出版社 http://www.hhep.com
	（石家庄市联盟路 705 号，050061）
印　　制	三河市中晟雅豪印务有限公司
排　　版	张　珍
开　　本	880mm×1230mm　1/32
印　　张	16.75
字　　数	370 千字
版　　次	2025 年 2 月第 1 版
印　　次	2025 年 2 月第 1 次印刷
书　　号	ISBN 978-7-5545-8609-9
定　　价	118.00 元

版权所有，侵权必究

序言

盐史研究历来被作为中国经济史领域的重要课题之一。唐代盐业发展上承汉魏南北朝，下启宋元，并因安史之乱创建榷盐法，全面推行专卖制，在中国历史上产生深远影响。因此有关唐代盐史的研究，自20世纪初始，即得到学者的重视和关注。其间通论性著作如中国学者左树珍《盐法纲要》[1]、欧宗佑《中国盐政小史》[2]、曾仰丰《中国盐政史》[3]、何维凝《中国盐政史》[4]、田秋野和周维亮《中华盐业史》[5]及日本学者佐伯富《中国盐政史研究》[6]等中国盐业或盐政史多部。其中涉及唐代部分，虽角度不同而各具特色，并已提供了大体轮

---

[1] 左树珍：《盐法纲要》，新会学社，1913年。
[2] 欧宗佑：《中国盐政小史》，商务印书馆，1927年。
[3] 曾仰丰：《中国盐政史》，商务印书馆，1936年。
[4] 何维凝：《中国盐政史》，台北商务印书馆，1966年。
[5] 田秋野、周维亮：《中华盐业史》，（台湾）商务印书馆，1979年。
[6] [日]佐伯富：《中国盐政史研究》，京都法律出版社，1987年。

廊。而人民出版社于1997年出版的《中国盐业史》更是吸收了近代以来诸多新成果与新发掘史料，分三编全面撰写了中国古代、近代乃至当代（含地方）的盐业史。其中唐代部分即由我完成，从产、运、销的角度作了较详细介绍。此外，自20世纪80年代以后，也已出现多部盐史断代专著，其中陈衍德、杨权撰《唐代盐政》[①]已是大陆内较具代表性的唐代盐史专书。

与此同时，还应当提到的是大量唐代盐史的专题研究及论文。在这方面，日本学者金井之忠、日野开三郎、吉田寅、吉田虎雄、古贺登、横山裕男等早年关于榷盐法、井盐、盐商等的研究实开风气之先。而七八十年代中高桥继男关于巡院和地方盐政的系列文章，妹尾达彦有关河东盐池及其流通圈、江淮盐业机构的设置与职能等文章均使人深受启发；我国大陆学者陈国灿、张泽咸、郭正忠、郑学檬、陈衍德、杨权、齐涛、何汝泉、吉成名与台湾学者王怡辰等人在盐业分布、生产方式、盐户、盐商、食盐销界、榷盐法演变、盐价物价、专卖收入、盐利之争、五代蚕盐俵配及财政机构使职等诸方面也有颇多论述，事实上已使唐代盐业与盐政的研究取得全面进展。

但不可否认的是，许多专题虽然围绕盐政盐法展开，却仍然有浅尝辄止及研究过于浮泛的问题。特别是由于盐史研究往往集中于盐政及盐业本身，与其他方面综合不够而受到一定局限。在这方面虽有李锦绣《"蒲州刺史充关内盐池使"与景云政治》[②]《第五琦与唐代财

[①] 陈衍德、杨权：《唐代盐政》，三秦出版社，1990年。
[②] 王元化主编：《学术集林》卷十，上海远东出版社，1997年。

政机构的再造》①及妹尾达彦《河东盐池的池神庙与盐专卖制度》②等文有所突破，但其他则较少尝试，故近年来唐代盐史研究已基本处于消歇和停滞状态。

使唐代盐史研究不能深入的一个关键原因是缺乏新的角度及视野。如果转换思路，则盐的问题就不仅是盐。陈寅恪先生曾指出，"转运江淮及创盐法间接税，乃天宝后维持中央政权之最大政策"③。作为最大政策的盐法间接税相关联者是王朝的存续，也涵盖国家政治、经济与社会生活之全部。在这方面，佐伯富《盐与中国社会》④一文可以给人启发。该文从"盐为食肴之将"及"盐为国之重宝"的双重意义展开而论盐与中国社会发展的关系，是一种可贵的思路。唐代社会处于中古时代的转型期，有关盐的发展及政策牵动着国家的经济命脉，进而影响及于政治、政权和人民生活。以盐作为支点去研究它与国家和民众的关系并由此观察社会整体变革的步骤、方式，分析其中原因，不但可以使有关唐代盐史的研究全面深入，而且可以对古代变化的社会增加认识。特别是由于唐代盐法变革的一个直接后果是将商品经济引入国家财政，它所面临的将是经济模式的改变及如何与国家权力进行协调的问题。那么，在这一过程中，统治者的反应如何，接受程度如何，如何体现和发展，以及对盐法变革产生的

---

① 苏晨主编：《学土》卷三，广东高等教育出版社，1997年。
② 中国唐代学会主编：《第二届国际唐代学术会议论文集》下册，（台湾）文津出版社，1993年。
③ 陈寅恪：《陈寅恪读书札记·旧唐书新唐书之部》，上海古籍出版社，1989年。
④ 原文载于《东亚人文学报》1943年第三期；译文见刘俊文：《日本学者研究中国史论著选译》第6卷，中华书局，1993年。

反作用，都是应当具体研究并上升到理论高度去认识的。相信如果能够从社会变革的总体进行全方位视角转换，应会取得超越前人的成果，也可以为今天国家发展与经济政策提供反思。

所以围绕盐的运作进行研究，成为我早期攻读唐史的主要课题。研究中发现，盐业和盐政的发展是与国家、社会整体变化同步的。盐的运作涉及政治体制、方针政策的建构、方向，是为影响国家命运的大问题。唐后期举凡税收、物价、官制、理财方式、中央地方关系乃至政权交替，无一不受盐法牵制。而每一次政治冲突、经济整顿不但常常与盐有关，且常常由盐而始。因此可以认为，中古国家社会的变化是盐政实施的前提，又导致盐法改革不断进行。盐几乎成为中古至近代影响国家与民生最重要的介质和资源。

本书收入笔者相关问题的专论十五篇，分为上下二编，另附散记二篇为外编。专论上编为三司、盐政与使职，内容包括开元、天宝使职理财的出现及特色；安史之乱后度支、盐铁、户部三司机构成立、性质及财赋分掌制的定型；"量出制入，定额给资"税赋原则下的盐铁收支；财赋管理方式变化后财务勾检制度的重建；中央与藩镇对立形势下国家盐法之整备、改革并刘晏、李巽理财背景及事迹。专论下编为盐价与物价、盐法，包括论证大历物价与虚实估的起源；通过"省估"问题透视物价双轨制和盐法的关系；围绕张平叔官销之议揭示晚唐官销取代商销的趋势和进程；论述晚唐五代河东盐池的池法及其归属与政权移替的关系；通过折博制的发展及五代屋税蚕盐俵配制的实施特点说明晚唐五代榷盐方式及其走向残酷化的特征。同时，二编中又以盐法变革及与盐价相关的物价问题为其核心。我想说的是，所有经济史中发生的问题，都有其产生来源和不断发展的进程。也许今天人们以为是属于经济规律的某些特征，聪明的古人其实早已有所发现和领会，且同时采取了因应的对策和措施。近代以来的所有类似实践活动，不过是相似状态下对古人行为的重复，并不是今人方可以有的专利和发明。

以上各篇均属个人研究心得，在写作和立论方面力求转换角度，观察问题从国家政治经济的整体立场与核心举措出发，并力争从盐政和物价的分析中发现中古社会中已为前人认识和运用的规律。故其中虽追随盐政盐法发展的主线，却并不以概述唐代盐业生产、运输、销售等为主要内容，而是以盐政盐法为导从、为脉络，展示它们与唐国家财经政策及社会人文等各方面的关系。整理过程中除对文字、书写乃至注释加以核对检勘之外，对于论述中明显的错误及缺陷也略事修正和补充。每篇文末均设"小结"一节，对论述的中心内容加以说明；全书的最末并有概括、总结全书主要内容的"综论"一篇，以使读者更方便了解笔者的写作目的和用心。此外并按当前学界的规范，对相关引文内容完善、统一了注文（六角括号括注为补缺字；圆括号括注为对原文的修改、注释；加问号者为不能确定，以为谨慎）。总之，此书作为个人专题的研究总结，希望能从学术积累的角度及多方面结合的认知方式，为后来者提供一些思考和体验，以便在学术不断深入的今天也能多少引为借鉴。

目 录

上编/三司、财政与使职

壹 论唐代财政三司的形成发展及其与中央集权制的关系·03

一 开元、天宝间财政诸使的兴起和中枢机构的变化·04

二 财政使职制度的确立与大历以后三次恢复尚书省统掌财赋旧制的失败·16

三 德宗贞元后期任用钱谷诸使与宰相的矛盾——永贞、元和时期的改革与财政三司体系的逐渐建立·33

四 小结·49

贰 略论元和初期李巽的盐法漕运改革·52

一 李巽的理财成就·53

二 李巽任职理财与唐朝廷政局及内外政策之关系·54

三 李巽的盐法漕运改革·61

四 小结·79

01

叁 唐后期的户部司与户部钱 · 81

一 唐中期以后户部司机构的变化及户部钱与"判户部"官职的产生 · 83

二 户部钱的组成及收入 · 87

三 户部钱的支配与管理 · 94

四 小结 · 104

肆 中唐后财政官制变革刍议 · 106

一 从尚书省户部到使职理财 · 107

二 分掌制下财政使职职权与功能变化 · 112

三 财政使职职权变化的背景与原因 · 128

四 小结 · 134

伍 唐后期五代财务勾检制探微 · 135

一 唐后期两税三分制下比部职权的变化与勾检制的破坏 · 138

二 财赋分掌制对中央"内费"勾检的影响与破坏 · 142

三 财政使职内部勾检制的重建 · 157

四 唐后期中央对地方的财务勾检与监察 · 174

五 新财务勾检体系的形成特色及五代的租庸使和内勾司 · 184

六 小结 · 192

陆　也谈两税的"量出制入"与"定额给资"· 195

　　一　问题的提出 · 196

　　二　"量出制入"和"定额给资"作为定税原则的用意与依据 · 199

　　三　为何会发生从"量入为出"到"量出制入"的变化 · 204

　　四　小结 · 209

柒　试析刘晏理财的宫廷背景——兼论唐后期财政使职与宦官关系 · 211

　　一　封泰山与少年刘晏的宫廷际遇 · 212

　　二　与宦官关系及任使资历所反映的宫廷背景 · 222

　　三　羡余问题与财政使职理财之关系 · 234

　　四　小结 · 243

下编／盐价、物价与盐法

捌　浅谈大历高物价与虚实估起源 · 247

　　一　大历高物价的质疑 · 249

　　二　虚实钱与虚实估的存在 · 256

　　三　虚实估产生的原因与刘晏高物价政策 · 264

　　四　小结 · 275

03

玖 试析唐后期物价中的"省估" · 277

  一 省估与大历物价 · 279

  二 元和省估与省中估 · 285

  三 "半实半虚"的省估实行时间及其意义 · 297

  四 省估与加饶的关系及对唐后期税价变化的一点看法 · 305

  五 小结 · 308

拾 试论唐代后期盐钱的定额管理 · 310

  A.收入篇 · 311

  一 盐钱征收有无定额 · 311

  二 "钱额"不等于收入 · 322

  B.支出篇 · 331

  三 盐钱的定向定额分配与不定支出 · 331

  四 小结 · 354

拾壹 从张平叔的官销之议试论唐五代盐专卖方式的变迁 · 356

  一 官销之议与食盐榷价的以虚趋实 · 357

  二 赊销的普遍化与俵配制的起源 · 370

  三 小结 · 380

拾贰 食盐的货币作用与折博制的发展——兼论钞引制的起源 · 382

  一 飞钱的来源及其与引钞的区别 · 384

二　折博制的产生及其与官销和俵配·392

三　小结·404

拾叁　略论大中两池新法及其对五代盐政之影响·406

一　关于《册府元龟》大中元年闰三月盐铁（度支？）奏的校订与整理·408

二　大中新法的来源·414

三　大中新法的内容趋向·425

四　大中新法对于五代盐政的启发·431

五　小结·438

拾肆　唐末五代的河东盐池与政权移替·439

一　宦官的干预与朝廷、藩镇盐利争夺·440

二　河中盐利的归属与梁、唐成败·453

三　小结·468

拾伍　五代的屋税蚕盐·470

一　屋税盐的起源与实行时间·471

二　屋税盐与蚕盐的关系·478

三　屋税蚕盐的行销特点及关于俵配制实施根源的一点探讨·482

四　小结·487

外编

拾陆　唐宋之际南通地区的盐业发展 · 490

　一　南通的盐业发展 · 491

　二　南通盐业生产方式 · 494

　三　盐与地方经济 · 498

拾柒　盐与唐代饮食文化 · 502

综论 · 511

后记 · 519

上编

三司、财政与使职

论唐代财政三司的形成发展及其与中央集权制的关系

中古社会中,引起官僚体制结构发生演变的因素是多种的。一项新官制的产生及其逐渐代替旧官制而正式存立,往往一方面是适应政治经济形势发展的需要,一方面又是新形势下实行皇权(皇帝个人的意志权力)专制与加强中央集权(皇朝中枢机构集中统治和行政之权)的两种意图、两派政治势力矛盾斗争,同时又相互利用、依存的结果。唐末五代以迄宋初,使职差遣制度的发展也不例外。其中,自唐代开元中发展起来的财政使职,在安史之乱后逐渐形成财政三司(户部、度支、盐铁转运使)代替旧有尚书户部而理财,对中央官制机构影响最大,对于上述特点体现也最为明显。这里即针对这一现象,围绕财政使职理财制度的形成发展及其与中央集权制的关系作一初步的考察和探讨。

一 开元、天宝间财政诸使的兴起和中枢机构的变化

唐初主掌财政的是尚书省六部之一的户部。据《唐六典》及两《唐书》官志的记载，户部掌理校计财用，其职则由所属户部、度支、金部、仓部四司分领；加之九寺中的司农、太府等，因与金、仓二司职事攸关，也置符契互相节制，财政一体，俱通过尚书而达于中书。

这样的一套机构应付日常事务虽称周备，但与日俱增的一些特殊需要，却使常制之外设使的情况逐渐发生了。在初期的一些重要使职当中，首先要提到的即是有关均田制的括逃使的派设。大谷文书二八三五周长安三年括逃使牒证明，武则天时期，此使已在沙州地区出现。[①]这个现今所见最早的括逃使，虽然不见史传记载，但从文书所反映的其职责为检括"甘、凉、瓜、肃所居停沙州逃户"，以及当时括逃事由中央委派御史负责的情况，已可视之为开元中宇文融以殿中侍御史（后为侍御史）任租地、劝农诸使，"括逃移户口及籍外田"之

---

① 见[日]池田温：《中國古代籍帳研究——概観・録文——》录文一三四《周長安三年（703）三月括逃使牒并敦煌縣牒》，东京大学东洋文化研究所，1979年，第342页。引文见第1行，及第45行："牒，为括逃使牒，请牒上御史，并牒凉、甘、肃、瓜等州事。"

滥觞。①而在宇文融之后，财政设使便日益成为一种普遍的现象。

关于括逃诸使的设置，论者往往仅注意于它们与唐朝推行均田制的关系，但其实因此而引起的中央官制的变化，影响更大。《新唐书·宇文融传》称：

> 初，融广置使额以侈上心，百姓愁恐。有司寖失职，自融始。……其后言利得幸者踵相蹑，皆本于融云。②

即足证此。此外《唐会要》卷七八天宝七载（748）条下引苏冕论也可说明。不过值得注意的是这里将官制的变化归罪宇文融，而苏冕之论尤持严厉的批评态度。他以为正是由于宇文融首倡其端而终成其乱——"洎奸臣广言利以邀恩，多立使以示宠，剋小民以厚敛，张虚数以献忱（《资治通鉴》作'献状'）；上心荡而益奢，人怨结而成祸"——才会有"使天子有司守其位而无其事，受厚禄而虚其用"的结果。③

宇文融兴利邀恩，广开"财路"，启迪了皇帝的多欲之心，加重了对于百姓的剥削，给人民的生活带来痛苦，对当时的政治造成弊

---

① 宇文融任职及升迁情况，据《资治通鉴》卷二一二唐玄宗开元九至十三年，中华书局，1956年，第6744—6769页；《唐会要》卷八四《租庸使》，上海古籍出版社，1991年，第1833页；《新唐书》卷一三四本传，中华书局，1975年，第4557—4559页；《旧唐书》卷一〇五本传，中华书局，1975年，第3217—3221页；《唐大诏令集》卷一一一《置劝农使安抚户口诏等》，商务印书馆，1959年，第576—577页。
② 《新唐书》卷一三四《宇文融传》，第4559页；《资治通鉴》卷二一六天宝七载，第6891页。
③ 《唐会要》卷七八《诸使杂录上》，第1701页；《资治通鉴》卷二一六天宝七载，第6891页。

害，这些都是事实，唐宋史家的指责无疑都是对的。但有司失职，"官曹虚设"，却显然不能完全归咎于个人。因为自武则天至唐玄宗以来括逃使设置有渐，已反映官制的变化并非偶然，原因自应从三省六部官制本身存在的问题去寻找。

关于唐初三省制的优劣，陈仲安先生论及使职差遣制产生发展的根源时，已作过全面的分析和比较。①这里具体涉及财政机构的状况，尚需作两点归纳和补充。

其一，唐初户部等理财机构与其他三省六部机构同样是中央集权官僚体制的组成部分，制度上整齐划一。在严格的控制下，国家财赋税收完全入度支一司计会，故有着财赋统一和财政大权归总中枢的优点。然而由于参与理财的部门多，人员少（户部四司仅有一尚书、二侍郎、郎中、员外郎等十几人），又受到律令格式的约束，而按照财赋的征敛、转运、计会、出纳、储藏等不同的事项分工，彼此在职能上互相牵制，造成了层次繁多，头绪纷杂，既办事困难，又无法"专责成功"的情况。

其二，财赋虽由户部统掌，但户部既仅为六部之一，而全国实际上并无户部长官领导的统一财政体系，加之各中央机构人数既少，便不可能兼顾地方。故有关财务政策的下达及财赋征收等诸事项，必须

---

① 陈仲安：《唐代的使职差遣制》，载《武汉大学学报》1963年第1期，第87—103页。按：陈仲安先生论述唐代使职差遣制出现的原因：一是适应专制政体和中央集权的需要；二是适应庶族地主要求参加政权的需要；三是适应社会经济发展而出现的新问题、新情况的需要。其中对三省六部制度存在的问题，也已有所涉及，此处仅在其文基础上略作补充。

依赖地方州县行政组织,而中央财务机构无法进行直接有力的监督。

如上两点,说明户部理财虽能使财权集中于上,但行政效能却必然不高。可以想象,这种情况下的机构,面临高宗、武则天以来均田制下的逃亡问题,政府税收严重不足,以及特别是玄宗以后边境战事频繁引起的财政危机,是难于应付的。此外更重要的是,理财机构重叠,手续繁缛,作为最高统治者的皇帝调动起来,是会有力不从心之感的。何况财赋事还要经尚书达于宰相,皇帝实际上无法直接掌握。

然而使职的派设却显然可以改变这种状况。这里仅以宇文融任使而试言之。

据诸书记载,开元九年(721)以后,宇文融以兵部侍郎兼侍御史,并相继兼租地安辑户口使、租庸地税使、劝农使等职,这些使职皆由玄宗直接任命。为了进行括田括户,宇文融曾亲自巡历全国,所至之处,"必招集老幼宣上恩命",而地方的情况,即由宇文融直接上达玄宗,玄宗则据以决定政策。巡历过程中,宇文融被赋予"所在与官僚及百姓商量处分,乃至赋役差科于人非便者,并量事处分"的特权。他所举派的判官二十九人,也分按州县,"括正丘亩,招徕户口而分业之"。甚至以"贫富相恤,耕耘以时"为号召的劝农社,也规定由"使司与州县议作"。通过这些活动,宇文融在很短的时间里,便括得"客户凡八十余万,田亦称是"的成绩,同时还将"羡钱数百万缗"直接进献给皇帝。①

---

① 以上并参见《旧唐书》卷一○五《宇文融传》,第3218—3219页;《新唐书》卷一三四《宇文融传》,第4557—4558页;《册府元龟》卷七○《帝王部·务农》,中华书局,1960年,第789页;《资治通鉴》卷二一二开元十二年,第6761页。

以上种种情况，已经充分说明，财务既由玄宗委于宇文融及其手下判官专掌，就可以摆脱任何财政机构的牵制，同时也可置旧有的律令格式于不顾。这就使宇文融的理财，具有了直接、简易，且从中央直贯地方的特色。因此使职理财，体现了比户部效率高而更能够适应于经济发展和形势变化需要的特点，这自然是使职能够代替户部的一个客观原因。

另一方面，是宇文融的理财过程已明显地反映出皇帝与使职间的特殊关系。玄宗对于宇文融的支持，以及他通过宇文融贯彻其意图，控制财政并直接从地方获取财富的方式，表明皇帝对于使职是可以运用自如的，这一点与户部理财已截然不同。

皇帝的主观意志是使职理财得以实行的一个关键，但同时又是导致弊端发生的根源。透过前引苏冕所说诸如财政混乱及官制解体等表面现象，我们不难明了使职制的产生已在统治阶级内部造成深刻的震动和矛盾，而这种震动和矛盾则必然会使中枢领导机构发生相应的变化，这一点，正是我们下面要着重讨论的。

对于宇文融任使引起的"有司寖失职"，研究者或多注意于尚书省，其中自然主要是户部，但实际情况却远不止此。《旧唐书·宇文融传》：

> 融乃驰传巡历天下，事无大小，先牒上劝农使而后申中书，省司亦待融指拟而后决断。[1]

---

[1] 《旧唐书》卷一〇五《宇文融传》，第3219页；《资治通鉴》卷二一二开元十二年，第6771页。

中书者，中书门下宰相机构；省司者，胡三省注：谓尚书都省左右司主者也。可见宇文融治事不仅撇开了旧有的重重官司，且可在一定程度上越过宰相，以亲承帝命的身份直接指挥尚书省的机要中枢了。足见宇文融专权用事还影响到宰相。这一点，我们在他与宰相张说的关系中，得到了证实。

张说是开元九年以后，朝廷上最握重权的宰相，在他当政期间，与宇文融的矛盾始终处于十分尖锐的状态。同上《宇文融传》言：

> 中书令张说素恶融之为人，又患其权重，融之所奏，多建议争之。融揣其意，先事图之。中书舍人张九龄言于说曰："宇文融承恩用事，辩给多词（按：'词'《新唐书·宇文融传》作'诈'），不可不备也。"说曰："此狗鼠辈，焉能为事！"融寻兼户部侍郎。从东封还，又密陈意见，分吏部为十铨典选事，所奏又为说所抑。融乃与御史大夫崔隐甫连名劾说，廷奏其状，说由是罢知政事。融恐说复用为己患，数谮毁之。上恶其朋党，寻出融为魏州刺史。①

昔人多从两派对于均田制的态度来讨论张说及宇文融的"朋党之争"，不过从上面这段话看来，张说和宇文融的激烈冲突，实际上是一场权力的争夺。张说之所以力排宇文融之议，就在于宇文融所采取

---

① 《旧唐书》卷一〇五《宇文融传》，第3221页；并参《新唐书》卷一三四《宇文融传》，第4558页。

的这些行动,直接触犯了他作为宰相的权威。

唐初以来,三省制的本身,决定朝廷大政归总于作为中书、门下省长官的宰相(高宗以后,也包括"同中书门下三品"和"同平章事")。但宰相需通过尚书六部及九寺等行政部门具体贯彻政治方针,实施领导。故尚书如果失职,势必直接牵涉宰相。宇文融的任使,既使尚书户部成为第一个权移他官的部门,而户部的失职,则使宰相对于财政无从掌握。这种失职如在各部门中发生连锁反应,必然造成朝廷正常秩序的破坏,使宰相对于朝政的统一领导无法实现。如此,"佐天子总百官、治万事、其任重矣"的宰相[①],其职能便有架空的危险。上述宇文融领使的材料已经表明,玄宗通过宇文融及其判官掌握地方财政,其间是既不通过各级机构又不通过宰相的。何况宇文融由于皇帝赋予特权而直接指挥尚书省司,无异公然与宰相分庭抗礼。对此,张说自然是不会视而不见、拱默处之的。事实说明,他与宇文融的矛盾在开元十三年铨选一事上爆发,原因也正为此。

开元十三年十二月,宇文融上策请置十铨事,《唐会要》《通典》等书均有记载,并录当时太子左庶子吴兢上表谏止的意见。据吴兢所言,玄宗令宇文融及刑部尚书韦抗等十人分掌吏部铨选,"及试判将毕,遽召入禁中决定。虽有吏部尚书及侍郎,皆不得参议其事"。吴兢因此认为玄宗是"曲受谗言,不信于有司",劝其毋得侵官越职,身为万乘之君,"岂得下行选曹之事,顿取怪于朝野

---

① 《新唐书》卷四六《百官志一》,第1182页。

乎"。①由此可见，因玄宗任宇文融设"十铨"，在户部理财之权寖失之后，吏部的铨选之权，也有取消的危险。

同样，铨选之事也并非止于影响吏部。唐制，五品以上铨选，直委中书门下进拟，故必经宰相。制度又规定，六品以下文武官，吏、兵部进拟后，也还要"过门下"而审定之。②除此之外，《唐六典》卷二吏部尚书侍郎之职在说到六品以下官铨选时还规定：

> 六品已下常参之官，量资注定；其才识颇高，可擢为拾遗、补阙、监察御史者，亦以名送中书门下，听敕授焉。③

可知六品以下官不仅有例行手续的"过门下"，重要职官也要送中书门下而经过宰相，因此皇帝并不能通过吏部尚书、侍郎的"三铨"选事直接掌握铨选。④反之改为"十铨"，为宇文融等把持，即可根据玄宗的意志决定某些官员的人选，所谓"送中书门下"也就成了形式。如此，作为中书、门下省长官的宰相，职权亦必大受侵夺。因此，对于这些做法，张说不可能不力加抵制，并从而谋求宰相权力

---

① 参见《唐会要》卷七四《选部上·论选事》，第1586页；《通典》卷一五《选举·历代制下》，中华书局，1988年，第364—365页；《资治通鉴》卷二一二，第6769页。
② 按"过门下"见《新唐书》卷四五《选举志》、卷一〇六《外戚·杨国忠传》；六品以下注拟后由门下审核并见同书卷四七《百官志》门下省侍中之职，第1177、5849、1206页。
③ 《唐六典》卷二吏部尚书侍郎条，中华书局，1992年，第27页。
④ "三铨"见《通典》卷一五《选举三·历代制下》："凡吏部、兵部文武选事，各分为三铨，尚书典其一，侍郎分其二。"第359页。

的巩固。

如果根据这一分析考虑开元十一年张说将政事堂改为中书门下之举,对其目的性或许就会有新的理解。

政事堂,贞观以降曾经一直是宰相集议政务的议事之所,但经过张说改革以后的中书门下,却成为一个设有吏、枢机、兵、户、刑礼等五房、"分曹以主众务"的政事机构。①

政事堂何以要改为中书门下?很显然,这里"房"组织的设置是一个关键。在原来的三省六部失职的前提下,中书门下有了五房,使宰相不通过原来的行政机构即可直接处理政事,裁决机务,发布命令,从而达到政务必经宰相的目的。又五房中有四房从名称即可看出是与尚书诸部直接对口的。不言而喻,宰相可以通过这些"房"组织加强对于尚书各部的领导,由此提高办事部门的效率。根据上面的分析,并联系这次改革恰恰是在宇文融获得重用的开元十一年进行的情况,我们有理由认为,张说作这样的改革调整,正是基于宇文融侵官代职对于宰相治理朝政的影响,采取的针锋相对改变尚书失职及加强宰相实权的行动。它十分清楚地体现了张说企图通过重申宰相权威,限制宇文融种种违反常规做法的用心。

然而张说的改革虽然成功,限制宇文融的企图却未能达到。分析这些发生在他们之间的事件,可以看出,开元、天宝年间财政使职从初设之日起,即由于它对现行官僚体制的破坏,与中书门下宰相的权力互相排斥,以致和宰相的矛盾发展到极端尖锐的程度,从而引起

---

① 《新唐书》卷四六《百官志一》,第1183页。

宰相领导的中枢机构发生变化，这是财政使职作为皇权专制的产物而出现的必然结果。初期的财政使职的这一特点，在它后来的发展过程中，也还会有所反映，这是下面尚要谈到的。

在宇文融罢职以后，唐代经济史和财政史上的一件划时代的大事便是裴耀卿改革漕运。漕运的改革为唐政府开辟了新的财源，唐朝经济由此获得巨大发展。与此同时，开元二十一年专门负责自江南到长安全线运输的"江淮河南转运都使"①，以及由于漕运畅通，财富增加，使计划出纳财赋的度支一司任务繁重，导致开元二十二年以他官"判度支"的出现②，都说明伴随经济的发展，财政官制的改革是势在必行的。此外，玄宗皇帝"外奉军兴，内盅艳妃，所费愈不赀计"的无厌诛求③，也仍然是使职不断设立的重要因素。于是开元末以迄天宝初，兴利之臣如韦坚、杨慎矜、王鉷、杨国忠辈便相继进用。

韦坚诸人的任使，与宇文融有着相同的意义，而宇文融作为财政使职的特点，也在他们身上有所发展，这表现在以下几个方面：

---

① 参见《旧唐书》卷四九《食货志下》，第2115—2116页；《新唐书》卷六二《宰相表中》，第1688—1689页；《唐会要》卷八七《转运盐铁总叙》及《转运使》，第1881、1896页；《册府元龟》卷四九八《邦计部·漕运》，第5967页。按：诸处史料所记裴耀卿充使时间不一，这里仅据严耕望：《唐仆尚丞郎表》卷一四《辑考四附考下·盐运》，中华书局，1986年，第785页。

② 见《唐会要》卷五九《别官判度支》："开元二十二年九月，萧炅除太府少卿、知度支事。"（第1196页）按：他官"判度支"的出现，恰在裴耀卿领使，改革漕运不久。同书卷八七《漕运》言至开元二十二年八月十四日，漕运路上诸仓毕置（第1893页）。又据同书同卷《转运盐铁总叙》，以太府少卿知度支事的萧炅，就是同时作为裴耀卿副使，以后并代耀卿为使的（第1881页）。由此可证他官"判度支"一职的出现，是与漕运的改革直接关联的。

③ 《新唐书》卷一三四《宇文融传》，第4567页。

第一，韦坚诸人作为皇帝亲自任命的使臣，既直接掌握地方财政，且有着个人领属之下的一套新的组织。如同宇文融任劝农使而其判官直下州县，韦坚先以陕郡太守任水陆转运使，复转（陕郡）"水陆转运使，勾当缘河及江淮南租庸转运处置使"，"转运江淮租赋，所在置吏督察"；王鉷领户口色役使，"近宅为使院，文案堆积"。①足见使职的理财都不再经过府州等地方组织及层层的中央机构，而具有中央直贯地方的性质。

第二，诸使权势膨胀，使得有关部门的失职愈来愈严重，而使职的兼职也愈来愈多。如王鉷身兼二十余使，后取代王鉷，"凡王鉷所领使物，悉归国忠"，最多时任宰相凡领四十余使。其中直接间接有关财务者，就有"判度支""权知太府卿事""两京太府、司农、出纳、监仓"等十数余职。②权力的集中，使诸部门间因分工不同互相约束和牵制的作用益为消失，使职因此更加不受行政制度的制约。与宇文融情况相同，这样做的一个结果是使职搜刮的财富不必纳入度支，即可作为税外贡献进奉给皇帝。《新唐书》本传说他们"各以哀刻进，剥下益上，岁进羡缗百亿万为天子私藏，以济横赐"③。其中尤甚者为王鉷，如《旧唐书·食货志》所述：

又王鉷进计，奋身自为户口色役使，征剥财务，每岁进钱百

---

① 《旧唐书》卷一〇五《韦坚传》《王鉷传》，第3222、3224、3230页。
② 《资治通鉴》卷二一六天宝十一载三月、五月及十一月条胡注，第6910、6912、6915页。
③ 《新唐书》卷一三四《宇文融传》，第4567页。

亿，宝货称是。云非正额租庸，便入百宝大盈库，以供人主宴私赏赐之用。①

国家财富可由皇帝任意支配，这是玄宗当初设使的目的之一。但是"羡余"因此而出现，却说明财务部门权力移于使职的同时，财赋统一的原则也开始发生变化了。

第三，与诸使专权用事相应的，是使职之间及其与当朝宰相之间（特别是李林甫）矛盾斗争此起彼伏。②这些错综复杂的矛盾斗争贯穿于整个开元、天宝年间，成为引起当时朝廷重大政治事件的要因。而这些相互间的倾轧除去个人恩怨的成分外，几乎无不带有宇文融和张说那样的权力争夺性质。这说明理财者地位愈高，与宰相的矛盾愈尖锐，财政脱离中书门下的倾向就愈益明显。

综上所述，我们可以得到如下三点结论：

一，开元、天宝时期是财政使职大量出现的最初阶段。这一阶段的使职已经形成了自身理财的特点而成为后期财政使职的雏形。

二，随着使职的出现，原来的财政部门（户部及九寺中其余理财机构）职权被侵夺，旧有的机构制度被破坏，从而使职取代这些部门成为必然的趋势。

三，这一时期，财政诸使作为皇权专制的工具出现，与统理朝政的宰相发生矛盾，并由此引起自尚书至中书门下的中枢机构发生变化，这是财政使职出现后中央集权官僚制度必然发生的反应。而在唐

---

① 《旧唐书》卷四八《食货志上》，第2086页。
② 《旧唐书》卷一〇五《杨慎矜传》《王鉷传》，第3226—3227、3230、3232页。

代后期，在户部、度支、盐铁转运三司完全融合于中央机构，并与中书门下的领导取得协调统一之前，使职与宰相争夺权力的斗争，还持续了相当长的时间。

二 财政使职制度的确立与大历以后三次恢复尚书省统掌财赋旧制的失败

安史之乱爆发后，原来的财政机构遭到彻底的破坏。动乱形势的需要，迫使新的财政系统迅速再建，使职理财制度由此获得了确立与发展的机会。但新制的创建并非一帆风顺，而是经历了三次复旧活动的冲击，才最终被沿袭下来。

（一）第五琦、刘晏创设度支、盐铁转运机构，及初行财赋分掌制

早在平定战乱方兴未艾之际，第五琦即奔走于玄、肃二帝之间，为财赋问题献计献策，被任命为江淮租庸使及山南五道度支使，主持漕运"泝江、汉而上至洋川"，担负了为朝廷征集财赋的重任。[1]乾元元年（758），更被任为判度支、盐铁转运等使。[2]

---

[1] 《资治通鉴》卷二一八至德元载八月及卷二一九同年十月条，第6992、7001—7002页。

[2] 据《唐会要》卷八八《盐铁使》（第1908页），"乾元元年，度支郎中第五琦充诸道盐铁使"；又同书卷八七《转运使》（第1896页），"乾元元年三月，第五琦除度支郎中，充诸色转运使"；又同书卷五八《户部侍郎》（第1187页）引苏氏驳曰，"至乾元元年十月，第五琦改户部侍郎带专判度支，自后遂为故事，至今不改"。

租庸、转运、判度支等使，是开元、天宝时期使职名称的再现，盐铁使却是伴随第五琦创立榷盐并推行全国而派设的。榷盐法为刘晏继承并改造为历史上有名的官卖商销的"就场专卖法"，获得成功，盐税则作为战争中主要的税赋资源而维持了军国的用度。因此，盐铁使也和上述诸使同样作为最重要的使职而设置。昔人曾对它们的沿革变化作过细致的探讨，这里不再重复。仅需指出的是，这些使职的设置，以及后来的逐渐固定化（租庸使除外），无疑标志着唐代后期的财政三司已经自此而开端，不过直至江淮到长安的主要漕运道路修复之前，这些使职还大多是由中央官一人兼理的。[①]

　　自刘晏奉命疏浚汴河的广德二年（764）始，使职开始出现了分判的趋势。当时刘晏专力于东南漕运，朝廷以第五琦专判度支、铸钱、盐铁事。[②]至永泰元年（765），两使对于全国财赋开始实行以东西二部的分理。这一分掌制度，经过调整以后，在大历元年（766）正式颁布。[③]《旧唐书·代宗纪》：

---

① 据严耕望《唐仆尚丞郎表》卷三《通表中》度支、盐运表，按乾元元年以后，第五琦、吕諲、刘晏、元载等皆先后兼充度支、转运、盐铁、铸钱等使。这种情况几乎一直持续到刘晏开始修复汴河的广德二年。
② 此据《旧唐书》卷四九《食货志下》，"广德二年正月，复以第五琦专判度支铸钱盐铁事。而晏以检校户部尚书为河南及江淮已来转运使"。又《旧唐书》卷一一《代宗纪》广德二年正月癸亥，"以户部侍郎第五琦专判度支及诸道盐铁、转运、铸钱等使"。这时第五琦的职务中，实际上应已不包括东南漕运。故使职从此出现分理的趋势。
③ 第五琦、刘晏始行分掌制度的时间，据严耕望《唐仆尚丞郎表》卷一四《辑考四附考下·盐运》（第789—795页）刘晏条：据《册府元龟》卷四八三《邦计部·总叙》、《唐会要》卷八七《转运使》及同书卷八八《盐铁使》等考证，认为在永泰元年，但至大历元年正月，增置常平使，并使区有所调整。此处采严氏之说，并据《旧唐书》卷一一《代宗纪》、两《唐书·食货志》及《唐会要》卷八七《转运盐铁总叙》等，将大历元年作为分掌制正式颁布的时间。

（大历元年正月）丙戌，以户部尚书刘晏充东都京畿、河南、淮南、江南东西道、湖南、荆南、山南东道转运、常平、铸钱、盐铁等使，以户部侍郎第五琦充京畿、关内、河东、剑南西道转运、常平、铸钱、盐铁等使。至是天下财赋，始分理焉。①

　　这一以地域划分的财赋分掌制，显然是以安史之乱以后唐朝的财赋来源为出发点考虑的。战争及随之而来的藩镇割据，使中央政府丧失了曾为财赋重要来源的河北等地，唐朝的经济重心更加南移。刘晏沟通漕运后，依靠东南地区的财赋来平定内乱和维持远在长安的中央政府，已成为唐朝廷的既定方针。然而战争造成的分散隔绝状态则使中央政府更加不可能恢复那种机构高高在上遥控指挥的做法，故以度支使第五琦和主管东南漕运的刘晏对于东西二部实行分理，是势在必行。

　　正是由于这个原因，随着东西二使财赋的分掌，使下的机构也随之建成。代宗大历以后，东南部刘晏属下的各道，都先后出现了"留后"或者"转运留后"的名称。这些留后，无疑是作为东南部使职的代表身份派驻地方而完全由使职领导支配的。②并且根据文献记载，刘晏改革了榷盐法后，还在江淮建立了监督漕运、缉捕私盐的巡院，

---

① 《旧唐书》卷一一《代宗纪》，第282页。
② 大历以前，刘晏、第五琦曾向地方派遣租庸使。但大历以后，东南各道取代租庸使出现转运留后。关于这一问题，参见[日]高桥继男：《刘晏の巡院设置について》，载《集刊东洋学》第28号，1972年10月。

以及负责盐专卖的场监组织。这些院监组织此后也逐渐发展到度支使支配下的西北地区。①新的设置，标志着财政使职的组织机构已初具规模。值得注意的是，此后中央依靠这些组织贯彻政令、对于地方财政事务进行有力的监督，同时直接取财于地方的情况，显然是将开元、天宝时期财政使职的特点进一步发展和固定化了。

财赋分掌制的实行、组织机构的建成和扩展、在此基础上种原来临时设置的诸如租庸、青苗、铸钱等使的权力逐渐统一于度支及盐铁转运二使的名称之下，中央直贯地方的财政三司中度支及盐铁转运两大系统便这样形成了。必须指出，唐后期通过两使系统取得的财赋维持了中央政府的生计，而其中由两使下盐政组织直接获取的盐税收入尤为可观。两税法以前，这项收入占了政府税收大部，"大历末，通天下之财，而计其所入，总一千二百万贯，而盐利过半"②。两税法以后，盐利与两税被学者称之为唐代后期财政的两大支柱，盐政在财政经济中既占有如此重要的地位，与此有关的使职理财机构制度的建立所产生的意义便是不可低估的，同时围绕使职系统特别是盐铁转运之职的兴废之争也始终是极其尖锐的。

---

① 关于度支、盐铁转运巡院、场监的设置情况，参见[日]高桥继男：《唐代の地方盐政機構——とくに塩监・（塩院）・巡院等について》，载《歴史》第49辑，1976年；《唐後半期における度支使・塩鐵轉運使系巡院の設置について》，载《集刊東洋学》第30号，1973年12月；《唐代後半期の度支・塩鐵轉運巡院制に關する若干の考察》，见（台湾）中国唐代学会编辑委员会编《第三届中国唐代文化学术研讨会论文集》，1997年。并参王怡辰：《唐代后期盐务组织及其崩坏》，见淡江大学中文系主编：《晚唐的社会与文化》，（台湾）学生书局，1990年。
② 《旧唐书》卷四九《食货志下》，第2118页。

（二）三次恢复尚书省统掌财赋活动的意义——新制与旧制的斗争及其胜利

新的使职系统，虽然是适应战时需要而建立的，但是事实说明，这样的机构制度在唐代后期完全取代尚书户部理财旧制而得以确立实行，也并非一帆风顺。就在刘晏、第五琦实行分掌制后，自大历而至贞元初的十数年间，即接连出现了三次罢废使职、恢复尚书旧制的活动。这些反复，使得使职财赋分掌制直到贞元八年（792）才最后在班宏和张滂手中确立下来（详见后述）。使职理财制度的实行，为什么会经历这样曲折复杂的过程？这些复旧活动的意义何在？为了进行深入的探讨，有必要先结合史料将此三次罢使事件作一简述。

首先是大历五年第五琦的罢黜与度支使的停废。大历五年发生了第一次罢使事件。《旧唐书·代宗纪》大历五年三月己丑（二十六日）敕在述及历代以尚书综理朝政的旧制后称：

> 自王室多难，一纪于兹，东征西伐，略无宁岁。内外荐费，征求调发，皆迫于国计，切于军期，率于权便裁之。新书从事，且救当时之急，殊非致理之道。今外虞既平，罔不率俾，天时人事，表里相符。将明画一之法，大布惟新之命，陶甄化源，去末归本。

> 魏、晋有度支尚书，校计军国之用，国朝但以郎官署领，办集有余。时艰之后，方立使额，参佐既众，簿书转烦，终无弘益，又失事体。其度支使及关内、河东、山南西道、剑南西川转

运常平盐铁等使宜停。①

大历五年是代宗朝在打退吐蕃进攻及平定仆固怀恩反叛之后，进入较为安定时期的开始。史言其年以后，"蕃戎罕侵，连岁丰稔"②。敕书中将使职视作临时权便的制度，表明了在此恢复和平之际重振尚书职权的决心。

不过罢使活动更为直接的原因，则与宰相元载诛除宦官鱼朝恩事件有关。鱼朝恩曾因代宗的宠信而专恣，且陵侮宰相，元载与他矛盾颇深。朝恩被诛，其同党度支使第五琦也未能幸免。"元载既诛朝恩，下制罢使，仍放黜之。"③

度支使罢后规定"度支事委宰相领之"。因而元载兼判度支，权势一时甚盛。不过其专权很快遭到猜忌，不久即被取消判度支的职务，大历六年重又以韩滉判度支，与刘晏恢复了以地域划分的

---

① 《旧唐书》卷一一《代宗纪》，第295页；《唐会要》卷五七《尚书省》（第1156页）略同，然关内等道作"诸道"。又同书卷八八《盐铁使》（第1200页），大历四年三月刘晏为东路盐铁使下继云："五年三月二十六日停。"同书卷五九《铸钱使》（第1200页）同。严耕望《唐仆尚丞郎表》卷三《通表中》（第140页）作"（大历五年）三月二十六日己丑，废盐铁铸钱等使，常平使似亦废，旋复置盐铁使，仍晏领之"。卷一四《辑考四附考下·盐运》（第794页）亦称"天下诸道盐铁铸钱二使此时均废"。但东部盐铁等使此次是否停废?考《旧纪》三月二十六日敕似直抄实录，内容仅言西路度支使，未及东道转运。而《会要》作"诸道"则含混不清。设如东部盐运使亦同时而罢，则罢与复置何故无所交代？故未同时罢可能性更大。此处姑从《旧纪》及《通鉴》（第7213页）。
② 《旧唐书》卷一二九《韩滉传》，第3600页。
③ 《旧唐书》卷一一《代宗纪》，第296—297页。

上编／三司、财政与使职　　21

东、西分掌制。①

其次是建中元年（780）刘晏获罪与使职的停废。第二次罢使事件发生于德宗即位不久的建中元年，时刘晏已都领东、西路使职而主持财政。《旧唐书·德宗纪上》建中元年正月甲午诏云：

> 朕以征税多门，乡邑凋耗，听于群议，思有变更，将置时和之理，宜复有司之制。晏所领使宜停，天下钱谷委金部、仓部，中书门下拣两司郎官，准格式调掌。②

然史言此事也由宰相杨炎与刘晏积怨所致。杨炎既主持罢使而刘晏获罪，钱谷事皆归尚书本司。但事仅行不过三月，即仍以韩洄为户部侍郎、判度支，并以金部郎中杜佑"权勾当江淮水陆运使"，所谓"一如刘晏、韩滉之则"，是为第二次罢使的结果。

再次是贞元二年崔造改易钱谷法的活动。

贞元二年，即德宗朝新历朱泚、李怀光之乱不久，罢使活动由崔造提议，再度进行。同上《德宗纪》贞元二年正月条略云：

> 壬寅，以散骑常侍刘滋、给事中崔造、中书舍人齐映并守本官，同中书门下平章事。……癸丑，以御史大夫崔纵为吏部侍郎。

---

① 《旧唐书》卷一二九《韩滉传》，第3600页；《资治通鉴》卷二二四代宗大历五一六年，第7213、7218页；并参严耕望·《唐仆尚丞郎表》卷一四《辑考四附考下·盐运》，第794—795页。
② 《旧唐书》卷一二《德宗纪上》，第324—325页。

谏议大夫、知制诰、翰林学士吉中孚为户部侍郎、判度支两税,元琇判诸道盐铁、榷酒。诏宰相齐映判兵部,李勉判刑部,刘滋判吏部、礼部,崔造判户部、工部。甲寅,诏天下两税钱物,委本道观察使、刺史差人送上都;其先置诸道水陆转运使及度支巡院、江淮转运等使并停。时崔造专政,改易钱谷,职事多隳败,造寻以忧病归第。①

可以看出,这次罢使活动在朝廷又一次获得安定之际进行。为此进行了人事调整(主要是宰相人选),对于使职及其地方机构同时罢废,并从改易钱谷,到全面地恢复加强六部职权,内容涉及远较前两次广泛。但是此事一开始便遭到韩滉反对,江淮转运使并未能罢成,最后更以韩滉兼掌二使,及崔造、元琇等罢贬告终,从而使职理财制度再度恢复。②

以上,是代宗和德宗朝三次罢使经过。这三次活动,足征使职理财制度的确立是经历多次反复的。分析这些事件,可以看到它们的两点共同之处:其一,恢复尚书户部理财而取代使职的精神一致;其二,三次活动皆由宰相策划,并分别为宰相所亲自主持。

罢使活动的进行,复旧主张的提出,为什么都与宰相直接有关呢?史书记载言此虽多涉宰相与使职私人间嫌隙宿怨,但是复旧内容精神的重复一致则说明以此来解释是不充分的。日本学者砺波护《关于三司使的成立》一文曾论及元载和杨炎两次罢使之间的联系,认为

---

① 《旧唐书》卷一二《德宗纪上》,第352页。
② 事见《旧唐书》卷一三〇《崔造传》,第3626—3627页。

这两次罢使是分别将度支使和盐运使的权力置于宰相之下而实现"财政一体化"的行动。①这种看法是很有见地的。但宰相之所以要这样做,恰恰表明一点,即使职的理财与宰相的领导之间是存在严重矛盾的,而取缔使职、恢复尚书则被当时看作是解决这一矛盾的唯一办法。以杨炎为例即可说明这一点。

分析杨炎罢使的动机,必须与他在任相后所做的另外两件整顿财赋事宜相联系,两事为唐史研究者熟知,其一即建议将国赋重归左藏事。据载第五琦为度支盐铁使,患于京师豪将求取无节,乃奏将左藏财帛"尽贮于大盈内库,使宦官掌之,天子亦以取给为便,故久不出。由是以天下公赋为人君私藏,有司不复得窥其多少,校其盈缩,殆二十年"②。故杨炎针对此,顿首帝前称:

> 财赋者,国之大本,生民之命,重轻安危,靡不由之,是以前世皆使重臣掌其事,犹或耗乱不集。今独使中人出入盈虚,大臣皆不得知,政之蠹败,莫甚于此。请出之以归有司。度宫中岁用几何,量数奉入,不敢有之。如此,然后可以为政。

国家收入由度支使委宦官掌管,纳百宝大盈为皇帝私藏,是当时财政上的一个棘手问题。杨炎议复左藏,改变"有司""大臣"不得过问的情况,这个"有司""大臣",无疑是指宰相领导下的中书门下。

---

① [日]砺波护:《三司使の成立について——唐宋の変革と使職》,载《史林》44,1961年,第125—149页。
② 《资治通鉴》卷二二六代宗大历十四年,第7273—7274页;下同。

此外另一更为著名的措施便是以两税法统一税制，据《旧唐书·杨炎传》，杨炎这样做的原因正是针对"军国之用，仰给于度支、转运二使；四方征镇，又自给于节度、都团练使。赋敛之司数四，而莫相统摄，于是纲目大坏，朝廷不能覆诸使，诸使不能覆诸州，四方贡献，悉入内库"的现实，而两税法中尤针对这种财赋征收管理的混乱，规定两税以"尚书度支总统焉"。①

两次改革中，都强调了事权重归"有司"，从而体现了杨炎要将"轻重之权、归于朝廷"的目的。此外从上述材料来看。杨炎所深恶痛绝的财政混乱，是与使职理财不无关系的，这是杨炎的看法，其实也是事实。故财政使职被杨炎当作统一财政的障碍来反对，这就是他后来亟欲罢使的根本原因。

同时，恢复尚书就是为了加强宰相的领导，这一点在杨炎的改革中也很清楚，前引《旧唐书·德宗纪》罢使诏书已说到钱谷事归金、仓而委"中书门下拣两司郎官，准格式调掌"，又《唐会要·尚书省》云：

（大历）十四年六月敕："天下诸使及州府，须有改革处置事，一切先申尚书省，委仆射以下商量闻奏，不得辄自奏请。"②

可知只要钱谷事委之尚书本司，宰相即可对人员直接调配，又一切通过尚书省，也就断绝了所有不遵守行政制度及不经过宰相批准的种种

---

① 《旧唐书》卷一一八《杨炎传》，第3421—3422页。
② 《唐会要》卷五七《尚书省》，第1156—1157页。

非法行径，对比前面所讨论过的宰相通过尚书而贯彻意图，以及张说建立中书门下五房以限制宇文融的做法，这里的用意也就愈为明显。

同样的精神也体现在其余两次罢使中。大历五年制书曾用"将明画一之法，大布惟新之命"，来说明恢复旧制与统一财政的关系；至于崔造的改革，从改易钱谷到由宰相分判六部，则通过事归有司，加强宰相领导的意图是更为清楚的。

宰相必欲通过恢复旧制实现统一，证明是三次复旧活动的根源。而从前面对杨炎罢使一案的分析，可说明使职理财存在相当严重的问题。何以如此？我们在探讨宰相对于使职态度的同时，不应忽略皇帝与使职的关系。

开元、天宝时期的使职是作为专制皇权的工具出现的。兵兴以后设立的财政使职及其机构，意义当然有所不同。但由于皇帝对于财赋总要力加控制，故充当使职的人则往往是其亲信并为其亲自选派，这种情况与过去的宇文融、杨国忠等没有太大的区别。如第五琦是鱼朝恩私党（元载罢黜鱼朝恩连及第五琦，其罢使动机与杨炎应是一致的），刘晏三次获罪，其一为严庄告发他"私道禁中语"，贬通州刺史；[①]其二因是宦官程元振之党受牵连罢太子宾客；其三为杨炎告刘晏谋立独孤妃之子韩王迥事；皆说明他们参与宫禁中事，且通过宦官与皇帝有极密切亲近的关系。如果再将第五琦纳财物入百宝大盈及王鉷当

---

① 刘晏为严庄所逐事，见《新唐书》卷一四九《刘晏传》（第4794页），及《资治通鉴》卷二二二肃宗上元二年十一月（元年建子月，第7117页）。唯《旧唐书》卷一二三《刘晏传》（第3511页）言其贬官因酷吏敬羽所构，今不取。又刘晏后两次得罪事皆见两《唐书》本传。

初建立百宝大盈的情况两相对照,就更可说明问题。这证明使职仍旧有着隶属于皇帝个人,并直接为其服务的性质。在这种情况下,财政使职制度即还仍然存在着类似于开元、天宝财政使职理财的一些缺点和弊病。

首先是财政使职的各自为政与财赋制度不严格的问题。

战时财政所决定的财赋分掌制,在将财政系统一分为二的同时,也将财政事务一分为二了。它使得使职理财事权集中,并且作为长官可以直接征调管内财赋。其所属系统在完成财赋征集、转运的过程中,也不受任何其他部门的牵制,因此使职理财本身已有着比户部大得多的自决权。这种状况下的财政系统隶属于皇帝并满足其一切需要,前所论杨炎改革中说到的那种财赋混乱即无法避免。所谓"大历以前,赋敛出纳俸给皆无法","天下不按赃吏者殆二十年"[①],就是使职理财最好的说明。关于度支使第五琦的情况已可见前论。至于东部的盐铁使,尽管有"旧盐铁钱物,悉入正库,一助经费"的说法[②],但实际上,税外贡献及用官物收买人心,自刘晏时即很严重。《新唐书·刘晏传》言:

> 自江淮茗橘珍甘,常与本道分贡,竞欲先至,虽封山断道,以禁前发,晏厚赀致之,常冠诸府,由是媢怨益多。馈谢四方有名士无不至,其有口舌者,率以利啖之,使不得有所訾短。故议者颇言晏任数固恩。大历时政因循,军国皆仰晏,未尝检质。[③]

---

① 《资治通鉴》卷二二六建中元年,第7289页。
② 《韩昌黎集·外集》卷七《顺宗实录二》,《国学基本丛书》第7册,商务印书馆,1958年,第91页。
③ 《新唐书》卷一四九《刘晏传》,第4796页。

在这种情况下，便形成了国家收入由度支使、盐运使支配而无法统一及严格管理的现象。这种做法，与过去尚书户部理财而财政知会宰相的原则自然大相径庭。

其次，皇帝支配下的使职制度的第二个弊病，便是财政使职权力过重。

唐代后期，掌握了财赋，就等于操纵了朝廷生存的命脉，故握财权者本来就权力极重。与皇帝有密切关系的使职，被皇帝所倚重，更赋予其特殊的权力与地位。以曾任租庸、盐铁转运诸使的刘晏为例，同上传略云：

> 初，晏分置诸道租庸使，慎简台阁士专之。时经费不充，停天下摄官，独租庸得补署……所任者，虽数千里外，奉教令如目前，频伸谐戏不敢隐。惟晏能行之，它人不能也。代宗尝命考所部官吏善恶，刺史有罪者，五品以下辄系勘，六品以下杖然后奏。……然任职久，势轧宰相，要官华使多出其门。①

刘晏的任免官吏，选拔人才，趣督倚办，令行禁止，向为人们所称道，认为是他创建机构的一个特点和优点。这一优点，也为后来使职所继承，这种看法是不错的。不过事情也还有另一面，即刘晏在代宗支持下，权势实在是太大了。他不仅对所部官吏有生杀予夺之权，且其门下士占据各个要津，形成了自己的专属体系，权力甚至超过中书门下，这自然是大大侵犯了宰相的权限。

---

① 《新唐书》卷一四九《刘晏传》，第4795—4796页。

专权往往成为后来财政使职的共性。例如韩滉，当朱泚、李怀光叛乱之际，德宗避难汉中，凭借韩滉转运江淮财赋才勉强渡过难关，由此为德宗倚任，而韩滉的跋扈亦就此养成。《通鉴》卷二三二德宗贞元二年《考异》引《实录》就曾说到韩滉由于和元琇有私怨，不顾朝廷急需，拒不从江东运钱至京师。[①]可见使职权力过重，可以完全不服从中央调度。

据此，如果财政使职是如此专横，地位如此特殊，宰相向其系统推行政令，贯彻意图都会是十分困难的。而使职的专权跋扈，也往往会使宰相感到潜在的威胁。因此，只要局势稍稍稳定，宰相和一部分大臣便会产生恢复统一机构的想法。

然而，三次复旧之举却都毫无例外地遭到了失败。这些失败表明，财政使职虽然尚有与中央集权制度、与宰相的领导不能完全统一及合拍的种种弊病，但它的建立却毕竟是发展趋势。严耕望在《论唐代尚书省之职权与地位》一文中指出："度支、盐铁转运使对上直承君相之命，制为政令（笔者按：据本文以上论述，此期使职尚不能说是直承相命），指令自己直辖遍布京师四方之判官判院为之施行，故政令之推行能贯彻，能迅速，其运用较户部符下司农太府及天下州府为之施行者自远为灵活，此其所以废而复置，而户部旧章终难举复也。"[②]即使职系统办事的直接、迅速、层次少而效率高，是动乱变化的局势所需要的。这决定了财政使职绝不可以被废黜，而宰相复旧的愿望终不可能实现。

---

① 《资治通鉴》卷二三二德宗贞元二年，第7476页。
② 严耕望：《论唐代尚书省之职权与地位》，见氏著《唐史研究丛稿》，（香港）新亚研究所，1969年，第76—77页。

不过宰相的努力仍不能说是徒然，因为这些活动强调了财政的统一，即使职必须隶属于宰相领导或曰国家体制下而不能从属于皇帝个人，这是财政使职发展过程中必须解决的问题，这一点正是本文下面部分所要讨论的。

这里，还有必要说明一下使职财赋分掌制最后确立的情况。

贞元二年崔造改革失败后，韩滉、窦参相继以宰相兼判度支、诸道盐铁转运使。这种做法虽能一度改善财政不统一的状况，却解决不了权力过于集中的矛盾。持续到贞元八年，窦参遂因遭猜忌卸去使务。为了减少继任的度支使班宏的权力，窦参荐张滂为诸道盐铁转运使，"尚隶于宏以悦之"，但是不久，这种关系便由于二人交恶而破裂了。①《唐会要·两税使》：

> （贞元）八年四月，以东都、河南、江淮、岭南、山南东道两税等钱物，令户部侍郎、转运使张滂主之，东渭桥以东诸道巡院悉隶滂。以关辅、河东、剑南、山南西道财物，令户部尚书、度支使班宏主之。其后宏、滂互有短长，宰相赵憬、陆贽具以其事上闻，由是参用大历故事，如刘晏、韩滉所分焉。②

由班宏、张滂再度恢复，并最后一次确立的这个财赋分掌制有着怎样的结果呢？不消说：它自然继承了刘晏、第五琦分掌财赋以来的一切特点，而两大系统之间的界限也从此更为清晰了。如前所述，日本学

---

① 《旧唐书》卷一二三《班宏传》，第3519—3520页；《新唐书》卷一四九《班宏传》，第4803—4804页。
② 《唐会要》卷八四《两税使》，第1835页。

者高桥继男已经对这次分掌制实行后，两使系统巡院制的进一步发展作了研究[①]，此处不再重复，只提出几点值得注意之处：

一是这次分掌，使"度支使"（亦称某官"判度支"）及"诸道盐铁转运使"作为东西两路使职的名称最后固定下来，而两使系统机构重新分立并在发展中逐渐健全。

二是度支、盐铁转运使以及在贞元四年以后逐渐明确的"判户部"一使[②]，发展为唐代后期的财政三司，三司分掌国家财赋，有明确的职权范围。其中度支使掌管两税、榷酒，及西部的盐池、盐井等收入[③]；盐铁转运使掌管东南盐铁，也即国家盐利的大部，以及榷茶等

[①] [日]高桥继男：《唐後半期における度支使・塩鐵轉運使系巡院の設置について》，第23—41页。

[②] 《资治通鉴》大中十年胡注云："户部侍郎判户部，乃得知户部一司钱货、谷帛出入之事。"第8060—8061页。按此处所言掌判户部一司财赋意义上的"判户部"，《旧唐书》卷一三《德宗纪下》及《唐会要》卷五八《户部侍郎》（第1187页），皆将其出现系于贞元四年二月。而自窦参、王绍任职后，"判户部"即成为正式使职名称。唐朝后期，判户部一职，以户部侍郎兼者居多。户部侍郎判户部，亦称"判本司"。

[③] 按：杨炎立两税法，曾规定两税由"尚书度支总统"，崔造改革中又令户部侍郎一人判度支、两税，这就决定了两税与尚书度支的关系。因此使职恢复后，中央政府两税收入由度支使掌管而完全纳入国库（左藏）。以后班宏与张滂再度实行财赋分掌制，实际上亦并未改变这一原则。又《通典》卷一一《榷酤》（第246页）德宗"建中三年制，禁人酤酒，官司置店收利以助军费"。《唐会要》卷八八《榷酤》（第1906页）、《册府元龟》卷五〇四《邦计部·榷酤》（第6042页）复载贞元二年令京兆行榷酒法，宪宗元和六年定京兆榷酒税随两税据贯均配，故亦当隶于度支使。又西部盐池、盐井，皆隶于度支，见《新唐书》卷五四《食货志四》（第1377页），"唐有盐池十八，井六百四十，皆隶度支"，即包括西北主要盐产地解县、安邑两池在内的大部分盐池及盐井。以后元和初李巽整顿盐法之际，又将峡内五盐监亦隶度支。见《唐会要》卷八四《两税使》元和四年六月敕，第1835—1836页；并参同书卷八七《转运盐铁总叙》，第1888页。这种情况，持续到唐末。僖宗时，两池盐利为河东节度使王重荣据有。

税；至于"判户部"一使，则负责度支、盐铁转运使所掌财赋之外散在各地的阙官俸料、职田钱及除陌钱等。①必须指出，在这样的划分之后，三司对其治下财赋分别统理，不相关涉，其度支盐运二使对于东西财赋的分判尤为明确。《唐会要》卷八七《转运盐铁总叙》说，在班宏及张滂实行分掌制后，"自后裴延龄专判度支、与盐铁益殊途而理矣"，即为这种分判的明证。②

三是在财政使职制度逐渐巩固的情况下，尚书户部机构虽然其名尚存，但实际上已附属于使职。户部的长官尚书、侍郎往往成为使职叙进、寄禄的官职，其所属四司，金、仓二司已实属闲员③，户部、

---

① 《新唐书》卷五五《食货志五》（第1401页）："李泌以度支有两税钱，盐铁使有筦榷钱，可以拟经费，中外给用，每贯垫二十，号'户部除陌钱'。复有阙官俸料、职田钱，积户部，号'户部别贮钱'。御史中丞专掌之，皆以给京官，岁费不及五十五万缗。京兆和籴，度支给诸军冬衣，亦往往取之。"

② 《唐会要》卷八七《转运盐铁总叙》，第1886页。按：严耕望《唐仆尚丞郎表》卷三《通表中》（第153页）贞元九年一栏于"裴延龄六月七日甲寅迁户侍正判度支"后续云："盖罢领西路财赋，自后度支益与盐铁殊途而理。"按：据崔敛《大唐河东盐池灵庆公神祠碑》（《金石萃编》卷一〇三，中国书店，1985年），可证自裴延龄至苏弁判度支仍领河东盐铁。又《旧唐书》卷一三《德宗纪下》（第379页）贞元十年六月，"庚午，度支使裴延龄兼灵、盐等州盐池井榷使"。亦为裴延龄判度支仍领西路财赋之明证。因此，"殊途而理"，只能理解为实行分掌后，财赋行政相互皆无隶属关系的情况，至裴延龄以后，更加固定和发展了。

③ 《唐文粹》卷七九载贞元中陆长源《上宰相书》论及尚书诸部门情况，特指出"金仓不司钱谷"。见商务印书馆《四部丛刊》本，第526页。

度支二司郎官更自然而然成为使职在京机构的判案人员。[①]旧机构既发生了这样的变化,从而逐渐走上了消亡的道路,在分掌制再度确立以后,即使还时而有人对于旧制的一去不返不胜惋惜,但复旧的具体活动却从此销声匿迹了。

三 德宗贞元后期任用钱谷诸使与宰相的矛盾——永贞、元和时期的改革与财政三司体系的逐渐建立

贞元八年使职财赋分掌制度确立以后,如何在此基础上实行财赋和财政的统一,也即在现实状况下,调节这一新的财政系统机构,使它既能有效地经营财赋,又不出现权力过于分散,以至为中央无法统一支配的情况,仍然是当时摆在面前的一个重要问题。但这个问题,在德宗时期并未获得解决。而未获解决的标志之一,就是贞元后期朝廷中再次出现了财政诸使与宰相激烈冲突的局面。

[①] 《册府元龟》卷四八三《邦计部·总叙》(第5770页):"建中三年正月,户部郎〔中〕判度支杜祐(佑)奉(奏):'天宝以前,户部事繁,所以郎中员外〔郎〕各二人判署。自兵兴以后,户部事简,度支事繁;户部郎中、员外〔郎〕各一人,请回辍户部郎中员外〔郎〕各一人分判度支,待天下兵革息却归本曹。'"证明建中中即以户部、度支两司郎中判使案。又《唐会要》卷五九《户部员外郎》(第1195页)会昌元年二月条,对于使职在京机构判案人员的规定亦可说明。但判案官除以户部、度支两司郎官充当外,也有以其他诸司郎官充任的情况。

上编 / 三司、财政与使职

（一）德宗贞元后期任用钱谷诸使与宰相的矛盾以及财政混乱的再度出现

造成这种局面的直接原因来自德宗。德宗兴元回朝后，鉴于曾被强藩悍将逼迫逃亡，以及作战屡次失败，朝廷几乎覆亡的事实，一反过去对藩镇主战的姿态，采取了屈辱求和、姑息妥协的态度。朝廷内的腐败也日甚一日，德宗猜忌宰相，大权独断，且专意于聚敛。这种情况到了贞元后期，就更为严重，用《旧唐书·宪宗纪》篇末史臣蒋係的话说就是：

> 自贞元十年已后，朝廷威福日削，方镇权重。德宗不委政宰相，人间细务，多自临决，奸佞之臣，如裴延龄辈数人，得以钱谷数术进，宰相备位而已。[1]

裴延龄以善于聚敛进用，曾遭到宰相陆贽等人的坚决反对，他的"奸佞"行为，也时为所揭露，但德宗任之不疑。相反，陆贽及攻击裴延龄最有力的大臣穆赞等皆被贬逐，此后，德宗便"尤不任宰相"，以至于"自御史、刺史、县令以上皆自选用，中书行文书而已"。所信任者除裴延龄之外，尚有户部郎中判户部王绍及司农卿李实等人，皆以所谓"钱谷数术进"，"权倾宰相，趋附迎门"。[2] 其中王绍更以"眷待殊厚"而"主计凡八年，每政事多所关访"。[3] 于

---

[1] 《旧唐书》卷一五《宪宗纪下》，第472页。
[2] 《资治通鉴》卷二三五贞元十二年十一月条，第7575页。
[3] 《新唐书》卷一四九《王绍传》，第4805页。

是理财者在朝中的地位公然代替了宰相。

　　这种情况当然是德宗为了独揽大权，有意排斥和裁抑宰相权力的结果。因此，开元中宇文融等人任使的那种情况便再次出现了。只不过从陆贽等人被斥看出，这次使职与宰相的争执既比过去表现得更为激烈，两者的界限也从此划分得更为清晰；以致逐渐地，以"钱谷数术进"的使臣与宰相便愈来愈被视作两种决然对立的势力和集团。而在皇帝绝不允许宰相过问理财的原则之下，使职如与宰相过从稍密，也会有涉朋党之嫌。《资治通鉴》贞元十六年九月条下还载有一事：

>　　中书侍郎、同平章事郑余庆与户部侍郎、判度支于頔素善，頔所奏事，余庆多劝上从之。上以为朋比，庚戌，贬余庆郴州司马，頔泉州司户。①

足见宰相略一插言度支事务，且与使职意见常同，便会无端遭到猜疑，可知财政绝不可能出自宰相。财赋统一的原则自是无法实现，而大历时期的那种混乱状况却再度发生了。

　　此期在德宗一味聚敛的政策之下，藩镇纷纷以"税外方圆"或"用度羡余"的名义"进奉市恩"。在此名义下，"或割留常赋，或增敛百姓，或减刻利禄，或贩鬻蔬果"，所得之财则"往往私自入，所进才什一二"。②这种做法久而久之，竟"习以为常，流宕忘

---

① 《资治通鉴》卷二三五贞元十六年七月条，第7591页。
② 参见《旧唐书》卷四八《食货志上》，第2087—2088页。

返"①，使得中央政府对于来自地方的两税等赋入根本无法控制，地方藩镇却因此加强了实力，形成朝廷长期受制于藩镇的局面。

在地方进奉之外，还有财政诸使本身的进奉。裴延龄作为度支使，曾奏请"于左藏库中分置别库：欠、负、耗、剩等库及季库、月库"，纳所谓"文帐脱遗""已弃之物"。这种另辟蹊径的做法曾被陆贽指为"以在库之物为收获之功，以常赋之财为羡余之费"，"意在别贮赢余，以奉人主私欲"。②但裴延龄终竟以此开度支进奉之端。此外盐铁使的进奉，则比度支使要来得更为"合法"和经常。所谓"裴延龄判度支，与盐铁益殊途而理"，其实就是对于东南盐税不隶于度支的最好说明，于是盐利为盐铁使掌握，便可任意"方圆"。贞元末，盐铁使以羡余巧为进献，见韩愈撰《顺宗实录》言其来历称：

（贞元二十一年二月）乙丑，停盐铁使进献。旧盐铁钱物悉入正库，一助经费。其后主此务者，稍以时市珍玩时新物充进献，以求恩泽。其后益甚，岁进钱物谓之羡余，而经入益少。至贞元末，遂月有献焉。③

羡余既多，"经入"益少，特别是进奉在国家财政机构内部与地方同样形成一种"常制"，而盐利与两税一样难于为中央政府完全掌握，对于国家经济的破坏不可谓不严重。但这还只是一方面，因为当盐铁

---

① 《资治通鉴》卷二三五贞元十二年，第7572页。
② 《旧唐书》卷一三五《裴延龄传》，第3720、3723页。
③ 《韩昌黎集·外集》卷七《顺宗实录二》，《国学基本丛书》第7册，第90—91页。

机构和财赋被浙西观察使兼润州刺史的李锜掌握,并利用来成为他反叛朝廷、搞独立王国的资本时,对于中央集权的影响,就远不止于经济上的损失了。

财政诸使中,盐铁转运使是最具特殊性的,除了上面说到的对于财赋的运用,它比其余二使具有更大自由之外,与此二使尤为不同的,是这一时期,盐铁转运使往往不是中央官,治所也不设在长安,而在浙西润州。[①]

当贞元末李锜以宝货贿赂为德宗宠信的李齐运,以润州刺史领盐铁使后,他就利用了这一治所在江外的便利,采取了欺上瞒下的做法。《新唐书·李锜传》说他"多积奇宝,岁时奉献,德宗昵之。锜因恃恩骜横,天下搉(榷)酒漕运,锜得专之"[②]。《资治通鉴》亦称,"李锜既执天下利权,以贡献固主恩,以馈遗结权贵,恃此骄纵,无所忌惮,盗取五官财,所部官属无罪受戮者相继"[③]。

于是在李锜的治下,不仅浙西一带成为他的独立王国,而且盐铁转运使机构实际上也蜕变为他控制下培植个人势力、阴谋对抗朝廷的工具了,这就极大地损害了唐政权的利益。因此,至贞元末,使职机

[①] 德宗后期,盐铁转运中心在东南,自韩滉以后,除窦参、张滂以中央官领使、王纬、李若初、李锜都相继以浙西观察(润州刺史)领使,在他们领使时,治所设于润州。顺宗以后,多以中央官任使而治所亦多在长安。曾以地方官任盐铁转运使者仅有三人:王播、杜悰、高骈,皆以淮南节度领使而时治所在扬州。关于盐铁转运使治所安排及变化,参见何汝泉:《关于唐代转运使的治所问题》,载《西南师范学院学报》1983年第4期。

[②] 《新唐书》卷二二四上《叛臣上·李锜传》,第6382页。

[③] 《资治通鉴》卷二三六德宗贞元十七年,第7596页。

构和财赋不统一，财政大权不能归总于宰相而导致的严重问题，已经到了不得不解决的地步了。

（二）永贞、元和时期杜佑、李巽、裴垍等人的改革与财政的统一

唐朝廷的财经政策，与它的施政方针总是密切结合的。德宗后期财政的混乱，是他专断独行与姑息政策的结果。顺、宪宗相继即位后，由于自皇帝至将相大臣皆力主加强中央集权和裁抑藩镇的政策，财政方面也随之发生了相应的变化。事实说明，这一时期，财政和财政机构的统一，是作为政治统一的先决条件和重要方面，通过一系列努力来实现的。例如顺宗即位后，在王伾、王叔文等人的改革中，即可看到有关财政的一些最初措施。其中包括：

第一事，取消进奉。《旧唐书·顺宗纪》记曰：

（永贞元年，二月）甲子，御丹凤楼，大赦天下。诸道除正敕率税外，诸色榷税并宜禁断；除上供外，不得别有进奉。①

据前引《顺宗实录》，次日即取消盐铁进奉。两项主要进奉的取消，无疑是求得财赋统一的首要步骤。

第二事，以宰相杜佑代李锜领盐铁转运，并将盐铁使治所移到长安。

在取消进奉的同时，《实录》及《旧唐书·顺宗纪》并载朝廷还

---

① 《旧唐书》卷一四《顺宗纪》，第406页。

解免李锜的盐铁利权,而以宰相杜佑判度支兼领盐铁转运使,王叔文副之。此事尤有不寻常意义。在任命杜佑的制书中有这样几句话颇值得注意:

> 周制国用,委于冢卿;汉调军食,资于相府;必由中以制外,则政一而事行。①

仅此数语,不仅表达了以宰相统理财政的意图,还证明了一个事实:这时朝廷恢复以中央官任盐铁使,且将盐铁治所移于长安。这就是宪宗永贞元年(805)八月诏中所说的:

> 顷年以上准租赋及榷税,委在藩服,使其均平。太上皇君临之初,务从省便,遂令使府,归在中朝。②

盐铁转运使的治所改为中朝长安,且以作为中央官的杜佑和王叔文任使,是一个十分重要的信号,它改变了盐铁使在江外中央势力达不到的状况,从而加强了对于盐铁使及其系统的直接控制。朝廷的这一做法,此后被继承下去。唐代后期,多以中央官领盐铁,治所亦大都在长安,因此顺宗时期在盐铁使派设问题上的改变显然有着十分深远的意义。

---

① 《唐大诏令集》卷五二《杜佑诸道盐铁等使制》,第270页。
② 《唐会要》卷七七《巡察按察巡抚等使》,第1676页。

以上措施，加强中央集权的意图是很明确的。这里更要提到的是宪宗即位以后，在"削藩"的宗旨之下，皇帝与宰相的关系得到了改善。所谓"自临御，迄于元和，军国枢机，尽归之宰府"[1]，财政方面尤有着突出的变化。在杜佑判领度支盐铁转运以后，元和元年（806）四月，由于他的举荐，兵部侍郎李巽又代其任使。[2]而永贞元和之初，一系列极为重要的有关财税经济政策和财政组织机构的整顿改革，便是由杜佑、李巽和另一宰相裴垍相继进行的。这些改革既在朝廷统一部署之下而体现了宰相的领导，并因此密切配合了李吉甫等人制定的平定藩镇的军事方略和朝廷的军事行动，比之顺宗朝，便收到了更为深化的效果。下面便一一分述之。

一是杜佑关于度支使的整顿。《唐会要·度支使》记载：

> 永贞元年八月，度支使奏："当司别贮库，往年裴延龄领使务，始奏置之，只将正库物减充别贮，唯是虚言，更无实益。又创置官典守等，不免加彼料粮。伏请并入正库，庶事且废省。"从之。[3]

《旧唐书·杜佑传》也言：

> 先是，度支以制用惜费，渐权百司之职，广署吏员，繁而难

---

[1] 《唐会要》卷五三《委任》元和二年十一月条，第1075页。
[2] 《旧唐书》卷一四《宪宗纪上》，第417页。
[3] 《唐会要》卷五九《度支使》，第1193页。

理；佑始奏营缮归之将作，木炭归之司农，染练归之少府，纲条颇整，公议多之，朝廷允其议。①

以上两条，看得出是由杜佑所采取的两项整顿度支的措施。其中一项在永贞内禅之初进行，取消了自裴延龄始建置的左藏"别库"，由此铲除了度支使进奉的根基。这和取消盐铁月进，不消说同出一辙。另一项则是对度支使的权限重新作了规定调整，使之不能再因代行诸事而与其他部门的职权发生冲突。从"纲条颇整，公议多之"的情况看，此项措施显然是一个使度支机构条理化并将其完全纳入中央集权统一规划的重要举措。

二是杜佑、李巽的盐法漕运改革和裴垍的两税法改革。

这两项改革是永贞元和初期关于主要财税制度的改革。其中元和四年由宰相裴垍亲自主持的两税法改革，过去是被作为两税政策贯彻实施中的发展变化而受到重视的。据《唐会要》等书记载，内容包括改两税实物折征以实估为省中估（即提高折算中的物估），以及节度观察留使钱以使府所在州旧额留使及上供钱充，属州钱直接送缴上都度支收入，地方不得剥征折估钱等规定。②这些规定实行的种种意义，以前曾为学者做过深入探讨，故无须多论，但涉及本题尚有一点要再申明。即两税是由地方机构征送，而为中央度支使所经营的一项国家主要经费。前面已经谈到，德宗后期的姑息政策，使得中央政府

---

① 《旧唐书》卷一四七《杜佑传》，第3979页。
② 《唐会要》卷八三《租税上》，第1821页。

上编 / 三司、财政与使职　　41

对于两税的控制极为不力。鉴于这种情况,两税法改革在前取消藩镇进献的基础上进行,上述诸项内容其中特别是节度属州钱不再经过使府而直接送归度支的规定,实际上是在进一步裁抑藩镇财权的同时,加强了中央政府对于两税,乃至地方财政的直接控制。因此这项改革体现了此期朝廷实行财赋统一和财政一体化的一个重要方面。

与两税法改革堪称并举,且反映了这一统一政策另一重要方面的,正是在此之先,由杜佑、李巽相继接替完成的盐法漕运改革。此项改革在前取消盐铁进奉等措施基础上进行,不仅直接关系到作为国家另一项主要经费的盐铁收入及东南漕运,且由此而涉及盐铁转运使的职权,有着比两税法改革更加值得重视之处,然而以往这项改革却很少为人所注意,因此关于它,我们将另具专文详论,这里仅就与本文有关者作些简述。

据《唐会要》卷八七《转运盐铁总叙》及《新唐书》卷五四《食货志四》等史料记载,发生于永贞元和初年的这次盐法、漕运改革,主要是针对李锜为盐铁使时把持盐铁漕运,造成所谓"天下榷酤漕运,由其操割","盐铁之利,积于私室,而国用日耗"的情况进行的。其中关于盐法的改革,除杜佑时期已作出减低盐价的规定外,李巽任使以后,更针对李锜种种破坏榷盐法的行径而"大正其事"。其措施包括将李锜在浙西境内"因循权置"私增盐税的堰埭尽行撤除,同时基于李锜上缴盐利用虚估因而"千钱不满百三十"的现象,规定盐利以实估计算,等等。①这些措施,显而易见,不仅在当时有力地

---

① 《唐会要》卷八七《转运盐铁总叙》,第1887页;《新唐书》卷五四《食货志四》,第1379页。

打击了以李锜为首的不法藩镇，配合了元和初朝廷讨伐李锜等的军事行动，且重新整顿、健全了盐铁专卖制度，维护了唐朝廷和国家的经济利益，在平衡物价、稳定经济方面也起到了十分积极有效的作用。

在改革的全部措施中，还有一条最为关键，这就是因李巽而实行的"盐铁使煮盐，利系度支"[①]。

如前面所论，专有盐利是盐铁转运使的一个特殊性，这个特殊性是李锜谋反的资本，也是国家财赋和财政机构长期不能统一的最大障碍。因此李巽的这项措施，便正是针对这一点，规定将盐铁使的全部收入"除为煮盐之外，付度支收其数"。这在当时显然是一项根本性的制度改革。它说明，东南盐铁财赋原则上全部计入国家岁收，与度支使掌管下的两税同样为中央政府统一支配。

做到这一点，在当时固然有其特殊的意义。这是因为改变盐铁使专盐铁之利的情况，正是长期以来唐中央政府力图对东南财赋和盐铁系统加强控制的结果，也是新的形势之下，使职制度不断完善的表现。回顾以往，早在建中三年，朝廷与河北三镇及山南东道李纳、梁崇义等的战争之中，赵赞置汴东西水陆运盐铁使，就曾规定以"度支总其大纲"[②]，也即将盐铁财赋隶于度支，由度支使作兵食支出；贞元八年窦参也曾将盐铁使张滂隶于度支使班宏，不能不说都是在当时的条件下，作过类似的努力。然而李巽的盐利隶于度支，却是在这以后，对盐铁财赋的一次最为明确的规定。这一规定比赵赞所做更为严格具体，但亦不是像窦参那样，使盐铁使受度支使牵制而加强度支使

---

① 《唐会要》卷八七《转运盐铁总叙》，第1887页；下同。
② 《新唐书》卷五三《食货志三》，第1369页。

的权限。总之，这是在承认使职分掌制度这一前提下，实现盐铁财赋归于中央的一个最为合理的办法。这一政策，是李巽改革的精髓，也因此使他获得了极大的成功。《资治通鉴》卷二三七元和元年条称：

> 自刘晏之后，居财赋之职者，莫能继之。巽掌使一年，征课所入，类晏之多，明年过之，又一年加一百八十万缗。①

足征中央政府通过李巽改革，盐铁收入大幅度增加的事实。与此同时，东南漕运也得到整顿和改善。这从李巽与强藩节度使徐州张愔、宣武韩弘来往书信中谈到的要求地方配合中央"网罗盗贩，节宣通渠""究绝奸源，通利国漕"，以及张徐二人在李巽的劝说之下，"盐法堤防，已行文牒；斗门开塞，许有商量"的事实即可说明。②此外，漕运的成绩，也证明了这一点：

> 旧制，每岁运江淮米五十万斛，至河阴留十万，四十万送渭仓。晏殁，久不登其数，惟巽掌使三载，无升斗之缺焉。③

盐铁漕运成绩之大，从另一方面也反映了在李巽推行改革的同时，盐铁转运机构组织本身亦获得整顿更新从而发挥巨大作用的事实。这说

---

① 《资治通鉴》卷二三七元和元年，第7630页。
② 《文苑英华》卷六八〇《代李侍郎与徐州张尚书书》、卷六八四《代李侍郎与宣武韩司空书》，中华书局，1966年，第3506、3523—3524页。
③ 《旧唐书》卷四九《食货志下》，第2120页；《唐会要》卷八七《转运盐铁总叙》，第1887页。

明，此期不仅盐铁使本人的特权独立性被取消，他作为皇帝私人而为皇帝个人服务的性质改变了，且整个机构系统作为中央财政机构的意义也突出了。就这一方面看，李巽改革的影响又大大超过了后来裴垍的两税法改革。

财政机构的统一当然是在财赋统一和财政组织机构获得整顿的基础上实现的。在前述诸项改革实现的同时和前后，有一个事实是不能不看到的。即原来财赋分掌而各自为政的户部、度支、盐铁转运三使，这一时期，已经联结为一个财政体系；即它们虽然有各自领属下的一套组织系统，但步调统一，同属于中枢机构直接指挥下的财政部门。一个突出的标志是，元和七年，在盐铁转运使王播等人关于飞钱的奏章中，已经首次出现了作为三使统一名称的"三司"一词。①"三司之名，始见于此。"②此后，这一名称及将三使并称的情况，便在皇帝的即位郊庙大礼大赦的"德音"及其他一些诏敕中重复出现。此外，中央有关财政方面的指令也往往同时向三使发布。③逐

---

① 按：飞钱见《旧唐书》卷四九《食货志下》，第2121页。
② 见钱大昕：《廿二史考异》卷五八《旧唐书·食货志》，商务印书馆，1958年重印版，第997页。又：[日]砺波护《三司使の成立について——唐宋の変革と使職》一文（第137页）也指出这一点。
③ 按：三使并称的情况往往见诸大礼大赦文中对于三司逋负的捐纳放免。如《册府元龟》卷四九一《邦计部·蠲复三》（第5874页）元和十四年七月己丑册尊号礼大赦："度支铁监（按'铁监'当作'盐铁'）、户部应有逋悬，并委本司疏理，具可放数闻奏。"类似情况直至唐末。又中央有关财政指令向三使发布，除《旧唐书·食货志下》（第2121页）元和七年关于三司飞钱的奏章外，又如《唐会要》卷五八《户部侍郎》（第1188页）元和十三年十月中书门下奏："户部、度支、盐铁三司钱物，皆系国用，至于给纳，事合分明。"类似情况在唐后期亦不少见。

渐形成统一体系的财政三司，作为中央直属机构所发挥的作用，更可由下列事实说明：

首先，度支、盐铁机构成为向地方政权传达中枢政令的桥梁。《新唐书·李绛传》有曰：

> 会李锜诛，宪宗将籍取其赀，绛与裴垍谏曰："锜僭侈诛求，六州之人怨入骨髓。今元恶传首，若因取其财，恐非遏乱略、惠绥困穷者。愿赐本道，代贫民租赋。"制可。枢密使刘光琦议遣中人持赦令赐诸道，以衰馈饷，绛请付度支盐铁急递以遣，息取求之弊。光琦引故事以对，帝曰："故事是耶，当守之；不然，当改，可循旧哉！"①

按：使职机构系统向有传递消息迅捷的名声。但此处，"度支盐铁"与作为皇帝代表的"中人"相对，是很触目的，且度支盐铁代传赦令的意见由宰相提出，更具不寻常意义。说明此期使职系统确已可作为宰相调度之下，向地方政权贯彻中央精神的桥梁了。

其次，度支盐铁转运地方机构官员担负了推行两税法改革的使命，并被御史台委以监察地方长官经济违法行为的重任。

中央政府通过两税法改革，加强了对于两税和地方财政的控制。事实说明，这种控制，正是由财政使职系统做到的。据《唐会要·两税使》元和四年六月敕，说到由于"度支盐铁，泉货是司，各有分

---

① 《新唐书》卷一五二《李绛传》，第4836页。

巡，置于都会，爰命帖职，周视四方，简而易从，庶协权便。政有所弊，事有所宜，皆得举闻"①，故派到各地的两税使由盐铁转运留后、度支分巡院官兼充。这表明经过整顿、形成统一三司体系的使职系统，已经切实地发挥了中央直属机构的作用，成为向地方推行唐朝廷财税政策的得力工具。

与此同时，一道御史台的奏请也说明了这一点。《唐会要》卷八八《盐铁》载：

（元和）四年十二月，御史中丞李夷简奏："诸州使有两税外杂榷率及违（《册府元龟·宪官部》'违'下有'格'字）敕不法事，请诸道盐铁转运、度支巡院察访，状报台司，以凭闻奏。"从之。②

按：刘晏建立巡院，本是作为了解四方物价，觇视经济动态的情报机构，同时也负责缉捕私盐，监督漕运。故巡院本具监察职能。元和四年御史台的这道奏请，是配合两税使贯彻两税改革，委巡院以监察税外征求等违法之任。不同以往的是，这里将所谓"察访"事直接置于御史台的领导下进行，对于监察结果可由巡院"状报台司"，无疑是进一步突出了巡院作为中央直属机构的地位。巡院因此高踞于地方各级行政机构之上，成为中央监视地方以加强控

---

① 《唐会要》卷八四《两税使》，第1836页。
② 《唐会要》卷八八《盐铁》，第1902页；《册府元龟》卷五一六《宪官部·振举一》，第6169页。

制的耳目喉舌。

巡院的这项职能，后来又在文宗开成四年（839）四月为御史中丞高元裕所重申。①唐代后期，巡院的监察之责逐渐包罗万象，而针对地方各级机构及其官吏各项违法的侦缉尤不可或缺。②因此，通过度支、盐铁系统机构，中央得以与地方保持直接联系，及时掌握政治经济动态，这是唐代后期三司组织最重要的作用之一。

再次是漕运的统一。《旧唐书·宪宗纪上》元和六年十月己巳诏略云：

> 转运重务，专委使臣，每道有院，分督其任；今陕路漕引悉归中都，而尹守职名尚仍旧贯……其河南水陆运、陕府陆运……等使额，并宜停。③

德宗时期，在中央转运使设立的同时，根据需要，还在陕州、河南分设水陆运使，以陕州长史、河南尹兼领。朱泚、李怀光叛乱初定的贞元元年七月，于韩滉领江淮转运使的同时，即任命李泌为陕州长史、陕虢都防御观察陆运使，河南尹薛珏为河南水陆运使。④可知彼时的漕运是分段负责的。是后，盐铁转运使往往专力于江淮。特别是贞元

---

① 《册府元龟》卷五一六《宪官部·振举一》，第6173页。
② 参见[日]高桥继男：《唐代後半期における巡院の地方行政監察業務について》，见《星博士退官紀念中國史論集》，1978年，第41—60页。
③ 《旧唐书》卷一一四《宪宗纪上》，第437页。
④ 《旧唐书》卷一二《德宗纪上》贞元元年七月，第349页。

十年以后，王纬、李若初、李锜等相继以润州刺史为盐铁转运使，实际上不能顾及河南全境，及水陆艰险但又极其重要的陕州一段的运输，故这两处，仍需置使专领。但是诏敕中说明，元和六年以前，转运既已完全委于归属中朝的盐铁转运使职，并由巡院分督其任，所谓"陕路漕引悉归中都"，故河南、陕运二使是再无保留的必要了。这再一次说明杜佑、李巽改革后，使漕运获得统一，同时财政工作完全归属三司，且由中央全面节制的情况。

综上所述，在顺宗永贞至宪宗元和初的数年之中，财政经济政策和制度得到新的调整，而在此基础上，财政使职机构系统经过整顿、改造，走向了统一。从上述种种事例来看，通过杜佑、裴垍，其间特别是李巽的改革，第一次使度支、盐铁转运使作为中央政府的官职系统，毫无条件地隶于中朝的指挥之下，从而使财政与宰相的方针政策取得一致。因此可以说，在刘晏、第五琦创建度支盐铁系统以后，在班宏、张滂确立分掌制以后，上述诸项重要改革，是开创了财政使职制度发展的新阶段了。

四 小结

以上，我们论述了财政使职制度在开元、天宝时期产生，安史之乱后代替前期的尚书户部，确立为户部、度支、盐铁转运三使，并实行财赋分掌制，以及元和初逐渐形成统一的财政三司体系的过程。可以看到，使职制度的发展是长期而曲折的。作为专制皇权的产物，使职的产生曾经造成旧官僚机构的解体,并因此与宰相的领导职权发生了尖锐的矛盾和冲突。这种矛盾和斗争贯穿于使职制度发展的全过程,也曾导致朝廷内部统治危机的发生。然而适应中古社会商品经济的发展和唐中期以后财经政策的不断变化,以及朝廷与藩镇长期对峙和作战的需要,特别是宪宗朝中兴统一政策的实施,财政使职经过不断完善,逐渐从单纯的皇权工具,最终成为在宰相领导下步调基本协调,分工合理,财赋统一而又自成体系的新的财政系统,同时以更为灵活有效的管理方式和理财手段,取代原来互相牵制而效率低下的旧官职机构,切实起到了贯彻中央政府财经政策得力工具的作用。这一发展演变,体现了唐中期以后特殊政治形势下中央集权不断强化的特点,也体现了官僚机器因应经济形势的变革需要,因而也是符合中古官制发展变化的客观规律的。

这里还要补充说明的是,本文所讨论的仅仅是财政三司初步形成确立时期的情况。"三司使"的职名是直到五代后唐才正式进入中央官制的。因此自元和中以至唐末五代,财政使职制度仍然有一段相当长的演变过程。唐后期政治局势复杂多变,频繁的战争又往往造成财赋制度的混乱和破坏,向皇帝内库供奉"羡余"的问题也长期存在,围绕使职及其所掌财赋引起的矛盾和斗争,即使到了唐朝末期仍然时有发生。这说明财政使职理财制度仍然有一些未能克服的弊病,使职向中央职官转化并非没有阻力和反复。尽管如此,可以肯定的是经过永贞元和初李巽等人的改革后,分掌制下财赋统一是在一段时间内得到贯彻执行的,这项原则和宰相对于使职机构的领导权,也是一再被强调和付诸实施的。因此财政使职向正式中央职官转化的趋势是不会也不可能改变的。事实证明，这些后期不断发生的矛盾斗争结果，往往是更加促进了使职系统本身的统一和成熟，及其与中央官制的合为一体。而随着唐后期藩镇势力的不断强大和中央与藩镇矛盾的激化，唐王朝政府试图通过三司机构，实现对财赋控制和争夺的目标也就更明确。关于这些情况，将是我们以后需要探讨的内容。

贰 略论元和初期李巽的盐法漕运改革

在唐代财政史上，宪宗元和初期的度支盐铁转运使李巽是继刘晏之后出现的一位杰出的理财家。他作为刘晏理财思想和原则的继承人，曾经在元和政治统一的要求之下，对当时破坏严重的盐法漕运进行了大刀阔斧、卓有成效的整顿改革。这些改革，提高了盐铁收入，扩大了漕运成果，不仅从经济上削弱打击了藩镇，支持和推动了宪宗朝的"中兴"事业，也使中央政府加强了对东南财权的控制，从而再一次巩固了这一地区作为唐朝廷主要财赋来源地的地位，由此对于唐后期中央集权的统治和南方地区经济的发展，产生了深远的影响。

一 李巽的理财成就

在两《唐书》列入《刘晏传》的一批理财家中,李巽是以他治理盐铁漕运的成就而著称于世的。《旧唐书》本传载其理盐业绩称:

> 榷筦之法,号为难重,唯大历中仆射刘晏雅得其术,赋入丰美。巽掌使一年,征课所入,类晏之多岁,明年过之,又一年加一百八十万贯。①

又《唐会要·转运盐铁总叙》言及漕运:

> 旧制,每岁运江淮米五十万斛,至河阴留十万,四十万送渭仓。晏殁,久不登其数,惟巽掌使三载,无升斗之缺焉。②

刘晏主持东南财政时期,创造并推广了"官卖商销"的榷盐法,

---

① 《旧唐书》卷一二三《李巽传》,中华书局,1975年,第3522页;并参《资治通鉴》卷二三七元和元年,中华书局,1956年,第7630页。
② 《唐会要》卷八七《转运盐铁总叙》,上海古籍出版社,1991年,第1887页。

通过这项严密的法令,保证了对专卖事业的垄断,由此盐利成为唐政府最重要的收入。至两税法制定前的大历末年,"通天下之财,而计其所入,总一千二百万贯,而盐利过半"[①],也即盐利收入达到六百余万贯。又刘晏在重新沟通漕运的基础上,以盐利为漕佣,于是战乱后言漕运遂无及刘晏者。然而史载李巽却于德宗在位二十余年后漕运不治、盐政败坏、"久不登其数"的状况下仅仅"掌使三载",就不仅使漕运恢复了刘晏时期每年运江淮米五十万斛的水平,盐利收入更大大超过了大历末每年六百余万的数额,达到了唐后期的最高水准。

那么,李巽何以能够取得如此令人瞩目的成就呢?作为宪宗元和初的度支盐铁转运使,除了他个人所具经验才干的因素外,李巽的所作所为还与宪宗"中兴"统一方针和经济政策有着怎样的关系呢?为了回答这些问题,在讨论李巽对于盐铁漕运所进行的种种改革之前,有必要先说明一下他任职理财的背景。

二 李巽任职理财与唐朝廷政局及内外政策之关系

由刘晏建立的盐铁漕运制度是在德宗建中之际与河北山东诸镇的战争中始遭破坏的。史言其时诸镇拒命,朝廷"举天下兵讨之,诸军仰给京师。而李纳、田悦兵守涡口,梁崇义扼襄、邓,南北漕引皆

---

① 《旧唐书》卷四九《食货志下》,第2118页。

绝"①。其后尽管漕路复通，但在藩镇割据影响下形成的南北阻绝状态，却并未彻底消除。加上其他种种原因，漕运每况愈下，"江淮米至渭桥寖减矣"，"至渭桥者才二十万斛"。②也就是说，江淮米粮运达长安者，在德宗以后至少已经被削减了一半。

漕运的情况，与盐利收入是一致的。建中三年（782），朝廷因淮南节度使陈少游奏加民赋而提高盐税，"自此江淮盐每斗亦增二百，为钱三百一十，其后复增六十"。于是盐价暴涨，"江淮豪贾射利，或时倍之，官收不能过半"。私盐泛滥于江淮。以后军费日增而盐价益贵，"至有以谷一斗，易盐一升，本末相逾，科条益峻"。尽管巡吏遍及州县，但亭户商人私鬻犯法之事却仍旧"未尝少息"。对此贞元以后朝廷虽屡欲加以整治，但在"榷盐法大坏"的形势面前却束手无策。③

至贞元末，盐政和漕运的问题变得愈为复杂难理。而这种情况所以形成，究其实还与战后德宗朝的姑息聚敛政策以及由此藩镇把持盐铁漕运有着直接的关系。

建中战争以后，德宗放弃了其初讨平藩镇的打算。对于藩镇采取姑息妥协态度，及在朝廷内实行专权独断并热衷聚敛，成为后期德宗朝政治的两个突出特点。为了聚敛，德宗不仅早就恢复了琼林大盈内

---

① 《新唐书》卷五三《食货志三》，中华书局，1975年，第1369页。
② 《新唐书》卷五三《食货志三》，第1370页。
③ 《新唐书》卷五四《食货志四》，中华书局，1975年，第1378—1379页；并参王素点校：《陆贽集》卷四《议减盐价诏》，中华书局，2006年，第118—119页。按："建中三年"，原作"贞元四年"，据标点本本卷校勘记〔一〕改。

库,并屡次向诸道"宣索",用种种办法搜刮财富,而且也在财政使职的选任问题上一意孤行。

据陆贽所撰《论宣令除裴延龄度支使状》等史料所载,贞元九年(793)度支使班宏死后,德宗没有听从陆贽的劝告,任用"并曾掌判财赋,各有绩用可称,资望人才,亦堪奖任"的杜佑、卢徵、李衡以及被陆贽看作是最合适人选的李巽①,而是挑选了虽然"不通殖货之务"②,但却能于进奉的裴延龄。不仅如此,他还在不久以后,罢免了一再坚持反对意见的宰相陆贽和一批大臣。

裴延龄的任用与陆贽的罢免曾被史家目之为德宗朝政治日趋腐败没落的开端。因为裴延龄善于逢迎,用所谓"别库"的形式将度支正入当作"羡余"进献,遂"以在库之物为收获之功,以常赋之财为羡余之费"开德宗朝风气之先。于是以他为首,一批计臣也纷纷"以钱谷数求进",并在德宗授意下把持了财权朝政。由此,中央集权无从与藩镇抗衡,国家财政也出现了极度混乱的状况。③

财政混乱的一个突出现象,便是各种进奉的普遍经常化,据史料记载,在德宗的不断"宣索"之下,此期不仅朝廷内部有所谓度支、户部诸使的进奉,而且地方节度使也已经是"常赋之外,进奉不息"了。所谓"韦皋剑南有日进,李兼江西有月进。杜亚扬州、刘赞宣州、王纬李锜浙西,皆竞为进奉,以固恩泽";进奉甚至也波及刺史

---

① 《陆贽集》卷一八《论宣令除裴延龄度支使状》,第577—579页;并参《旧唐书》卷一三五《裴延龄传》,第3729页。
② 语出《旧唐书》卷一三五《裴延龄传》,第3720页,下并见同传第3723页。
③ 《旧唐书》卷一五《宪宗纪下》,第472页;《资治通鉴》卷二三五贞元十二年,第7575页。

和军府判官,成为制度,"习以为常,流宕忘返"。①

值得注意的是这种以"税外方圆"和"用度羡余"为名的进奉实则无外乎种种税内外的加征,而节度、刺史又以进奉为借口,将刮得国赋大部吞入私囊,甚至将它们作为发展势力和拥兵自重的资本。更不可忽视的是所谓进奉大都来自那些对朝廷外示恭顺的藩镇,而这些藩镇则无一例外地处于朝廷视为财赋重地的东南地区。由此只能证明一点,即朝廷在追求聚敛的同时,对于这些地方势力不得不从姑息迁就到听之任之,政治经济全面放松控制。贞元末,李锜以浙西观察使兼诸道盐铁转运使,从进奉到把持利权就正是这一政策的恶果。

德宗贞元以后,主掌东南财赋的诸道盐铁转运使往往由浙西观察使兼充。这是由于自韩滉以来,浙西观察(或节度)使就配备重兵,且治所润州设于江南水陆交汇的中心地带,为朝廷所倚重。以浙西观察使领盐铁,起初只是为了集聚和转运东南财赋的便利,但在德宗后期姑息聚敛政策的影响下,这样做的结果便只能是中央财权的旁落。特别是在"裴延龄专判度支,与盐铁益殊途而理"以后②,这一点就更为清楚。对于这一殊途而理,韩愈撰《顺宗实录》已用盐铁使进献,盐铁钱物不入正库,"岁进钱物谓之'羡余',而经入益少。至贞元末,遂月有献焉,谓之'月进'"来作解释。③足见盐铁钱物自从被作为进奉便逐渐不隶于度支,而为藩镇兼盐铁使所把持。所谓

---

① 《旧唐书》卷四八《食货志上》,第2087—2088页。
② 《唐会要》卷八七《转运盐铁总叙》,第1886页。
③ 《韩昌黎集·外集》卷七《顺宗实录二》,《国学基本丛书》第7册,商务印书馆,1958年,第90—91页。

"殊途而理",不仅是对这一事实的默许和承认,也是于盐铁"委在藩服"的形势下,进一步将东南财权彻底放弃和拱手让人的表现。

李锜便是在这样的情况下,充分地利用了作为盐铁使的特权,不仅"天下攉(榷)酒漕运,锜得专之",且"以贡献固主恩,以馈遗结权贵,恃此骄纵,无所忌惮,盗取县官财,所部官属无罪受戮者相继"①。为了进一步割剥财富,在他的治下"盐院津堰,供张侵剥,不知纪极。私路小堰,厚敛行人,多自锜始"②。不仅盐铁机构改弦更张作为培植个人势力、建立独立王国的工具,盐法制度更是在这一时期遭到了不遗余力的破坏。

盐法和漕运的败坏固然使朝廷本来就陷入困窘的经济更加危机四伏,李锜割据势力的发展则更加速了东南地区的分崩离析。朝廷从这里感受到的,除了军事上构成的威胁和压力,更直接的则是面临丧失东南财赋根据地的危险。这迫使朝廷不得不正视现实。顺、宪二帝相继即位之际,朝廷便有意改变对藩镇的策略。

顺宗即位以后,朝廷对于藩镇的态度明显发生了变化。财政方面作为主导因素,采取了相应的措施。其中首要的,即包括取消藩镇进献与盐铁进献,而在取消盐铁进献的同时,免去李锜的盐铁使,任命宰相杜佑为度支兼诸道盐铁转运使,并将盐铁治所从润州移至长安。③

---

① 参见《新唐书》卷二二四上《叛臣上·李锜传》,第6382页;《资治通鉴》卷二三六贞元十七年,第7596页。
② 《唐会要》卷八七《转运盐铁总叙》,第1886页;《旧唐书》卷四九《食货志下》(第2119页)略同,唯"供"作"改"。
③ 关于唐代盐铁转运使的治所及其变化,参见何汝泉:《关于唐代转运使的治所》,载《西南师范学院学报》1983年第4期。

以作为中央官的宰相杜佑主持财政并将治所移至长安，有着颇不寻常的意义。它反映了唐朝廷从"委在藩服，使其均平"到"必由中以制外，则政一而事行"的决策性变化。①说明朝廷已决心从领导权入手，实现对于盐铁漕运，也即东南财政权的控制。宪宗即位以后，加强中央集权的宗旨进一步明确。其明显的表现便是宰相权力加强了。所谓"故自临御，迄于元和，军国枢机，尽归之宰府"②，宰相不仅制定军事方略，也需过问财政。李巽就是在这一新的形势之下，受到宰相举荐而理财的。关于他的任使，《旧唐书·李巽传》记曰：

> 顺宗（按：当作宪宗）即位，入为兵部侍郎。司徒杜佑判度支盐铁转运使，以巽干治，奏为副使。佑辞重位，巽遂专领度支盐铁转运使。③

又同书《宪宗纪上》亦曰：

> （元和元年，四月）丁未，罢（杜佑）领度支盐铁转运等使，从其让也，仍以兵部侍郎李巽代领其任。④

---

① 参见《唐会要》卷七七《巡察按察巡抚等使》永贞元年八月诏，第1676页；《唐大诏令集》卷五二《杜佑诸道盐铁等使制》，第270页。
② 《唐会要》卷五三《委任》元和二年十一月条，第1075页。
③ 《旧唐书》卷一二三《李巽传》，第3522页。按：据严耕望《唐仆尚丞郎表》卷一三《辑考四附考上·度支》（中华书局，1986年，第769—770页）考证，李巽入为兵部侍郎并充副使，在元和元年（806）春或永贞元年（805）冬。
④ 《旧唐书》卷一四《宪宗纪上》，第417页。

据此李巽是先被杜佑荐为副使并在数月之后即由杜佑让贤而代居其任的。对于改革弊政来说,李巽大约是比杜佑更有魄力而精力充沛的实干家,这或许是他受到杜佑推荐的一个原因吧!此外,权德舆作墓志铭,不但称他"文采精实","术学博洽",还说他"志在端正百度,仪型四方,以谟明弘济为己任"。①联系他在德宗时期为陆贽荐任度支使,以及后来任职地方时改良所在地区经济状况的材料,此言似乎并非虚美。同是权德舆所作遗爱碑,称他在江西观察使任内,面对"征令颇繁,物力或屈,岁秒逋负,夫家病之"及"人未安于里落,程不给于公上"的艰难与困境,采取了不少积极的安民措施,如"啬其经用,代其赋输,厚施已责,过于万数,得以赡助,使之均安"。为了减少百姓负担,且能获得赋税征收的实效,又曾"量力调谷,减轻缗钱,经始致用,为之仓庾",竟然做到了"时其发敛,而岁无凶荒"。②在德宗末政治腐败、民不聊生的情况下,作为地方长官不是热衷于贡奉"羡余",而是以富国便民为己任,这在当时是难能可贵的。同时他所采取的种种措施,更表明了所具实际才干。由此看来,李巽的确是德才兼备、抱负宏伟,与一般专擅聚敛的"钱谷吏"不能同日而语。因此,他才为德宗所不用,而被陆贽、杜佑诸人当作治国救民、拯时之弊、非其莫属的人才。

---

① 《权德舆诗文集》卷二二《唐故银青光禄大夫守吏部尚书兼御史大夫充诸道盐铁转运等使上柱国赵郡开国公赠尚书右仆射李公墓志铭并序》,上海古籍出版社,2008年,第341—342页。
② 《权德舆诗文集》卷一二《大唐湖南都团练观察处置等使朝散大夫检校左散骑常侍持节都督潭州诸军事兼潭州刺史御史中丞云骑尉赐紫金鱼袋李公遗爱碑铭并序》,第194页。

朝廷在当时的形势之下任用李巽，是大有深意的。《新唐书·李吉甫传》称：

> 时李锜在浙西，厚赂贵幸，请用韩滉故事领盐铁，又求宣、歙。问吉甫，对曰："昔韦皋蓄财多，故刘辟因以构乱。李锜不臣有萌，若益以盐铁之饶，采石之险，是趣其反也。"帝寤，乃以李巽为盐铁使。[①]

据此可见李巽的任命是与中央裁抑藩镇（特别是李锜）的政策直接关联的。进而言之，他是作为君、相实现统一方针的得力助手而主持财政的。而李巽也果然不负所托，忠实贯彻了中央的意图，配合朝廷的军事行动，继杜佑进行了关系重大的盐法漕运改革，使唐朝廷的东南经济获得了极大的改观。

三 李巽的盐法漕运改革

在李巽被任命为度支盐铁转运使的同时，元和初统一战争的序幕已经揭开。战争首先是在朝廷与盘踞于东西南最富庶地区的两大割据势力刘辟和李锜之间进行的，具有中央与藩镇争夺南方财赋来源地和财政领属权的性质。它是永贞元和以来一系列新财务政策的继续和发展，而其顺利进行又为贯彻实施这些新政策创造了条件。

---

① 《新唐书》卷一四六《李吉甫传》，第4738页。

李巽对于盐法漕运制度的整顿改革便是在这样的形势下进行的。这项改革与宰相裴垍在稍后进行的两税法改革，同样都是关于主要财税制度的改革。由于盐法漕运改革实际上以盐法为主，故这里主要论述盐法，也兼及漕运。

(一) 盐法改革

永贞以来对于盐政的整顿实际自杜佑已经开始。《唐会要》卷八七《转运盐铁总叙》有"有司重奏盐法"的记载，可证明其时杜佑已开始整治盐铁。又《文苑英华》载宪宗《亢旱抚恤百姓德音》称：

> 盐铁使下诸盐（按："盐"当作监）院，旧招商所由欠贞元二年四月已前盐税钱及永贞元年变法后新盐利经（轻）货折估钱二十八万七千七百五十六贯文，并宜放免。①

对于盐法改革始于永贞也可资证明。所谓"变法"其内容首先是对于盐价的重新规定。《册府元龟·邦计部·山泽一》：

> 宪宗以永贞元年八月乙巳即位，九月癸酉，度支使奏江淮盐每斗减钱乙（按："乙"当作一）百二十，榷二百五十，其河中两池盐请斗减钱二十六，榷三百。②

---

① 《文苑英华》卷四三五《亢旱抚恤百姓德音》，中华书局，1966年，第2204页。
② 《册府元龟》卷四九三《邦计部·山泽一》，中华书局，1960年，第5898页。按：据《新唐书》卷五四《食货志四》，河中两池盐价贞元（按当作"建中"）中已达到每斗三百七十，疑这里当作："斗减钱一百二十六。"

盐价的高低，关系到朝廷是否能够控制专卖。因此这里减少榷价，应是"变法"最实质性措施之一。事在《新唐书·食货志四》也有记载，且顺宗始减盐价下尚多"增云安、涐阳、瑿鹾三监"一条内容。①如果奏减盐价即为"重奏盐法"之始，那么改革盐法究竟兴于顺宗之初还是永贞内禅之后就尚待析明。但有一点却是毋庸置疑的，这就是杜佑任使时期已经有了盐法改革的初步规划与措施。

此期和李巽任职之后，盐的常平措施恢复了。同上《邦计部·山泽一》：

（永贞元年）十一月，度支奏："久雨，车辇不通，京师盐贵，请粜出贮库盐二万石。"

元和元年五月，盐铁使奏："请每州所贮盐若遇价贵，斗至二百二十，减十分出粜，以便贫人，公私不缺。其盐仓每州各以留州钱造一十二间，委知院官及州县官一人同知，所粜钱送院市轻货送上都。"从之。②

常平盐虽为救济，但也是中央官府平抑盐价的专利手段，其用意自刘晏盐法中已可尽知。常平盐在京师和地方州县再度出现，标志着中央官府正在力争恢复盐专卖的主动权。

与此同时（特别是李巽任使后），在朝廷控制下的池盐和海盐

---

① 《新唐书》卷五四《食货志四》，第1379页。
② 《册府元龟》卷四九三《邦计部·山泽一》，第5898页。

等主要盐产区内的整顿皆已开始。河中解县、安邑两池"岁收百五十余万缗",是度支使掌管下最有代表性的池盐产区。建中战争前后,河中盐价上涨至每斗三百七十,因此长期以来与江淮同样为私盐充斥之要地。为了改变这一状况,除了降低池盐价格外,从史料中还可以看到新盐法有关这一地区盐商盐民的规定。《新唐书·食货志四》载"四方豪商猾贾,杂处解县"者,"主以郎官,其佐贰皆御史。盐民田园籍于县,而令不得以县民治之"。①此条规定的目的显然是为了加强中央对于盐铁官营的直接管理和控制。同时限制地方插手,以避免州县管理不严以及地方官有意纵容犯法的问题。它给唐后期的统治带来麻烦,但在当时对于抵御私盐却不能不说是有效的。

至于原来为李锜所控制的江淮海盐地区,本是这次盐法改革的重点。对于这一地区内盐政的整顿,李巽是全力以赴去进行的。②改革的有关规定,是针对李锜破坏榷盐法的行为制定的。《唐会要》卷八七《转运盐铁总叙》略云:

> 元和二年三月,以李巽代之。先是,李锜判使,天下榷酤漕运,由其操割,专事贡献,牢其宠渥。中朝秉事者悉以利交,盐铁之利,积于私室,而国用日耗。巽既为盐铁使,大正其事。其堰埭先隶浙西观察使者悉归之,因循权置者尽罢之。……又

---

① 《新唐书》卷五四《食货志四》,第1379页。
② 李巽元和二年以后卸度支而专充盐铁转运使,参见严耕望《唐仆尚丞郎表》卷一三《辑考四附考上》,第769—770页。又:严氏认为会要所载"元和二年三月"即为李巽始以兵部尚书专理盐铁漕运的时间。

奏："江淮、河南、峡内、兖郓、岭南盐法（按："法"当作"铁"）监院，去年收盐价缗钱七百二十七万，比旧法张其估二（按：当作一）千七百八十余万，非实数也。今请以其数除为煮盐之外，付度支收其数。"盐铁使煮盐，利系度支，自此始也。①

《新唐书》卷五四《食货志四》亦曰：

> 方是时，锜盛贡献以固宠……榷盐法大坏，多为虚估，率千钱不满百三十而已。兵部侍郎李巽为使，以盐利皆归度支，物无虚估，天下榷盐税茶，其赢六百六十五万缗。②

由上述材料看，李巽的改革与盐法相关者有三点：

其一，撤销李锜作为浙西观察使私自增设的堰埭，将所征盐税归于盐铁。

堰埭是挡水的堤坝、堤堰。堰埭的另一作用就是可以拦截过往行人，使之不得自由出入。而公、私堰埭都可以向商人征税，只不过盐铁使设的堰埭收入归公，而节度使在其所辖境内私设堰埭关卡，向过往商人增收盐税，只是为了扩大藩镇收入，不仅直接与国家争利，而且是造成盐价剧增和私盐泛滥的一个关键原因。因此刘晏盐法中即有"罢州县率税，禁堰埭邀以利"一条③，李巽撤销李锜私设堰埭，

---

① 《唐会要》卷八七《转运盐铁总叙》，第1887页。
② 《新唐书》卷五四《食货志四》，第1379页。
③ 《新唐书》卷五四《食货志四》，第1378页。

上编 / 三司、财政与使职　　65

正是遵刘晏法以行事,而此事在《旧唐书·宪宗纪上》被置于元和三年六月:

> 乙丑,罢江淮私堰埭二十二,从转运使奏也。[①]

李锜谋反公开化并朝廷诏征李锜,在元和二年十月,同月李锜兵败而浙西平。此后不久,李巽即将这些违法设施尽行拆除,是他配合中央军事行动力行革除积弊,在浙西地区重宣刘晏盐法,以维护中央盐铁专卖利益的一个重要行动。

其二,宣布盐铁使上缴盐利以实估计算。

建中战争时期包佶为水陆运盐铁等使,曾经鼓励商人以绢帛和其余轻货代盐榷,"虽不可用者亦高估而售之,广虚数以罔上"[②]。自此盐铁使以虚估上报盐利的情况便成为惯例。其后随着盐榷日涨而绢价日跌,盐利收入事实上在不断增加。但盐铁使却愈发利用了绢帛实估与虚估间的差价,上下其手,以实估敛于百姓而以虚估报于国家。名义上盐利数字虽不见减少,朝廷实际收入却是"率千钱不满百三十而已",实际征收中的其余部分便被盐铁使中饱而"尽入私室"了。李巽宣布盐茶之利以"实数",改变了国家收入名实不符的状况。而从《册府元龟》所载盐铁使逐年上报盐利会发现,自李巽始,元和初年盐利数字中,都有实估与虚估两种物价的对比,由此表明盐利是真

---

① 《旧唐书》卷一四《宪宗纪上》,第426页。
② 《新唐书》卷五四《食货志四》,第1379页。

盐与唐帝国

正按照实际征收的物价计算，而不是任由使职上下其手，同时通过与之前物价和盐利的对比，也可以看出收入的增长（详下）。从而使唐朝廷真正能够完全控制盐利，其目的性如与下面一条结合来看就更为清楚。

其三，也是最为重要的一条，即"盐铁使煮盐，利系度支"。

前面已论及，由于裴延龄"殊途而理"的政策，导致度支使与盐铁使各自为政，盐铁财赋不隶于度支，而由盐铁使专掌；它和盐利以虚估一起，为李锜把持利权制造了便利条件。李巽将盐铁使的全部收入除用于煮盐之外悉交度支的做法，是一项彻底的制度性改革。盐铁收入不仅原则上全部计入朝廷岁收，且与度支使掌管下的两税及其余税赋同样为中央政府支配。此项规定无疑是李巽改革中的精髓，它鲜明地体现出朝廷意欲加强中央集权，实现东南财赋统一的意图。

以上三条，是李巽盐法改革中针对李锜而采取的基本措施。其中二、三条都是刘晏盐法中未曾规定的。从李巽上报盐利的情况看，这两条措施显然是在他任使后便首先强调的，以后作为制度被持续下去。总的来看，这些措施表明中央是向藩镇收回盐铁利权，不仅整肃了盐法，清除了弊端，也挖掘了地方割据势力的经济基础。浙西重镇在李锜之后终于能够完全回归朝廷，这些措施是起了极大作用。

（二）与强藩悍镇的政策协调

盐法改革虽然主要是集中地打击李锜这样的顽固势力，但同时也触及一些政由己出、自专租赋的强藩大镇的利益，因此在推行过程中也会遇到来自这些人的阻挠，搞不好便会树敌过多，引起反叛。能否取得他们的支持，是这次改革成功的前提和关键。基于此，李巽在下达指令和采取行动之前，必须先行知会，以作协调。可以知道的是，李巽对于这些地方势力，采取了谦恭有礼、谨慎从事以及在最大限度内争取合作的态度。于此以下书信最有代表性。《文苑英华》卷六八〇吕温《代李侍郎与徐州张尚书书》略曰：

> 伏以尚书，才膺间出……受任先朝，克荷崇构。控喉襟之地，成节制之师，动必勤王，志皆忧国。忠实彰于行事，义声感于旁邻，布在人谣，溢于时论。……昨者以私盐干禁，渐耗公利，汴州滞运，屡稽军期，忝当职司，每积忧负，辄率诚恳，粗申条例。网罗盗贩，节宣通渠，实托众贤，敢专独见。果蒙弘至公之量，推急病之心，率先侯伯，首赞王度。许以别设方略，大为堤防，究绝奸源，通利国漕。①

同书卷六八四吕温《代李侍郎与宣武韩司空书》亦言：

> 某以非才，谬当重任；事关国计，动限军期；抚事知难，夙夜忧积。盖以运路拥滞，私盐挠法，力非有司所及，唯托方镇至公。伏惟司空文武全才，勋德茂著，朝廷毗倚，中外具瞻……今春过日，获拜旌麾，眷私之余，已列此事。蒙许同志立法，叶力徇公，对敷之初，便具闻奏。所以遣裴郎中往申朝旨，议立规

---

① 《文苑英华》卷六八〇《代李侍郎与徐州张尚书书》，第3506页。

模，悉令咨托大贤，非敢专行鄙见。昨得巡院状报，伏承司空德量旁通，忠诚感发，急公家之病，同职司之忧。盐法堤防，已行文牒，斗门开塞，许有商量。率先诸侯，首赞王度，义形九牧，忠动三军。①

第一封书信的致书对象是徐州节度使张愔。张愔是原徐泗濠节度使张建封之子。张建封自贞元四年命使至贞元十六年病卒始终在任，曾于贞元十三年入朝，被宪宗给以如同功臣马燧、浑瑊一般隆重地接待。张愔在其死后被军士谋乱推举为留后，朝廷不得已接受其任徐州刺史、知徐州留后，并终于永贞元年三月被任为徐州节度使，且加武宁军之号。元和元年十一月病卒，为王绍所代，朝廷遂将泗、濠二州并入武宁军。②因此书信写作时间，应该是在李巽代杜佑任度支盐铁使不久，即元和元年四月之后的数月之内。

第二封书信的致书对象是宣武节度使韩弘。韩弘为前汴宋节度使刘玄佐之甥。贞元十五年，由于当道节度使刘全谅薨而被军中推为留后，遂为节度使。《资治通鉴》称宣武军自刘玄佐薨后"凡五作乱，士卒益骄纵，轻其主帅"。韩弘得知其事，召为乱者主首刘锷及其党三百人。"悉斩之，血流丹道"，于是"自是至弘入朝"的元和十四

---

① 《文苑英华》卷六八四《代李侍郎与宣武韩司空书》，第3523—3524页。
② 参见《旧唐书》卷一四〇《张建封传》、卷一四《顺宗纪》《宪宗纪上》，第3830—3832、406、419页。按：《新唐书》卷六五《方镇表二》（第1814页）则将置武宁节度使与泗、濠二州并入时间均置于元和二年，恐有误。

年,总"二十一年,士卒无一人敢欢呼于城郭者"。①由李巽此信的官名仍是户部侍郎,说明此信也是写在元和元年前后。

韩弘的宣武节度使领宋、亳、汴、颍等州,其中汴州"当两河贼之冲要",是震慑、节制河北与淮西诸镇的屏障。汴州与武宁节度使张愔所据之徐州,又是江淮河南漕运路上不可忽视之咽喉要津。而二镇的节度使长期把持权力,既有深厚家族基础和内部势力支持,本人又有着崇高的威望,可以说是最具实力的强藩悍镇。盐铁漕运改革,若遭到他们的强力阻止,或居间破坏,取得成功是不可想象的,因此李巽与他们的沟通便有着特殊的意义。

从这两封信看,李巽是以中央官府的全权代表身份而与两镇节度使进行交涉的。他不是简单地晓以利害,而是态度诚恳,不惜剖明心迹,用委婉的语气请求对方支持,并为此作了许多细致的动员说服工作。要求他们"率先诸侯,首赞王度","急公家之病,同职司之忧",服从和接受中央的指挥,执行朝廷所定盐法,控制盐价,打击私盐而保障漕运畅通,给其他藩镇做出榜样。内中"今春过日,获拜旄(旌)麾"一语说明他甚至不辞辛苦,亲自到汴州拜访过韩弘。而从"已行文牒""许有商量"的文辞用语,看得出在他的种种努力之下,盐法政策已初步获得了这些强藩的理解和首肯,而盐政漕运的整顿也终于能在这些地区顺利地进行。

以上书信写作的时间,正是朝廷意欲讨伐浙西李锜和剑南西川刘闢的开始。李巽的任职本身就是取代李锜,以从其手中夺取财权;二

---

① 《资治通鉴》卷二三五贞元十六年春正月条,第7586页。

书针对的明显是河南江淮地区，由此也可以认为，李巽是力争在东南的财力物力方面打下基础，为未来的平定浙西割据势力做好准备。但现在看来，其目力所及尚不止于江浙一隅。因为在前二书信之外，发现吕温还另有《代李侍郎与山南严仆射书》也颇值得注意，内略言曰：

> 仆射禀天全才，受国重寄，控全蜀咽喉之地，当狂寇奔侮之冲。治瘠土而其财甚丰，训羸师而其武可畏。少分麾下，潜运掌中，再开剑阁之扃，继献盐亭之捷。应接制使，先假地征，掎角王师，且为乡道。削叛臣之迹，释梓州之围，劳实居多，无与让美。……某以寡薄，谬膺重任，举关国计，动属军期。夙夜忧惭，未知所济，过蒙称奖，愧惕良深。唯托方岳至公，共守王度，物估小事，固无二三。许共遵行，亦如受赐，佩荷之至，无喻下情。[①]

此书致书对象是山南西道节度使严砺。所在京西，乃入蜀的门户和"咽喉"必经之地。《旧唐书》本传载严砺为前节度使严震族人，贞元十五年严震卒，"以砺权留府事，兼遗表荐砺才堪委任"，遂被"超授"兴元尹兼山南西道节度使。但他的任命遭到朝议反对，"诏下谏官御史，以为除拜不当"，且在任并无善迹，"砺在位贪残，士民不堪其苦"。[②]然而李巽致书与前二书一致，仍是在溢美同时表示

[①] 《文苑英华》卷六七〇《代李侍郎与山南严仆射书》，第3449页。按：关于此书信及相关论述，为本文旧作所无，乃此次整理文集时修改增补者。
[②] 《旧唐书》卷一一七《严砺传》，第3407—3408页。

上编 / 三司、财政与使职

对他的倚重，要求他在"唯托方岳至公，共守王度"的原则下遵守与朝廷约定的物价，而不能反复。此书的写作时间与前二封接近，且从书中所说"削叛臣之迹，释梓州之围"可以得知此时朝廷讨伐西川刘闢的战争已经开始，而与前二者不同的是，严砺是亲身参与这场战争的。《旧唐书·宪宗纪上》元和元年正月诏在派遣左神策军节度使高崇文、神策兵马使李元奕率军前往的同时，也有"宜令兴元严砺、东川李康掎角应接"和"与东川、兴元之师类会进讨"的部署。而在此之下，更有"其粮料供饷，委度支使差官以闻"。[①]这个度支使当然就是杜佑和副使李巽，在同年四月李巽完全取代杜佑任使后，自然更是李巽一人。

而与李巽交接，负责大军粮草供应的便是与之掎角相应的严砺和李康。《资治通鉴》卷二三七载，同年二月"严砺拔剑州，斩其刺史文德昭"，三月"丙子，严砺奏克梓州"。[②]据《元和郡县图志》，剑州先天二年自始州改，"取剑阁为名"内有剑阁道及剑门山；[③]而盐亭县则在梓州，"以近盐井，因名"。[④]故致书中"再开剑阁之扃，继献盐亭之捷"，即指剑州、梓州之役。不仅如此，还赞他"应接制使，先假地征，掎角王师，且为乡道"。意即不但贡献"地征"

---

① 《旧唐书》卷一一四《宪宗纪上》，第415页；并参《资治通鉴》卷二三七，第7626页。
② 《资治通鉴》卷二三七元和元年，第7627、7629页。
③ 《元和郡县图志》卷三三《剑南道下》，中华书局，1983年，第845—846、848页。
④ 《元和郡县图志》卷三三《剑南道下》，第843页。

以应接朝廷对税赋的要求，且成为王师大军进川的向导。①

　　顺宗时所增云安诸监正在山南道，即所谓"峡内"，依地理位置本属东道。但据《旧唐书·食货志下》载元和六年诏，有"度支山南西道分巡院官充三川两税使。峡内煎盐五监先属盐铁使，今宜割属度支，便委山南西道两税使兼知榷卖"的规定，故而"峡内盐属度支，自此始也"。②疑此前峡内盐所在已划归西道，于是在盐铁使申报的元和六年盐利中，也将峡内井盐排除在外。③但此年以前井盐尚在盐铁使隶属下，李巽作为朝廷"制使"正是因此而与严砺接触，此也是征伐刘闢的需要。当然这之中"唯托方岳至公，共守王度，物估小事，固无二三"同样是再申前辙④，要求严砺以大局为重，遵守中央的物价政策。而物价正是盐法改革的核心，说明当时的盐法改革是通过与严砺的沟通延展至井盐地区。

　　可想经过如此努力的沟通，即获得盐铁使主掌范围内，几个控扼盐运中心地带的强藩对盐法改革和赋税政策的认可，也必然会使其他割据势力对朝廷刮目相待，同时经过改革迅速增加的盐利收入又直接支持了元和初的统一战争，从而使盐法改革更扩大了它的影响。国家盐法制度的威望再度确立了。可以看到，此后藩镇归顺朝廷，以及朝廷赦降藩镇，所谓"发困奉粟，并灶贡盐"都已经是一个先决的条件。甚至元和后期朝廷收服河北三镇及山东兖郓，也曾一度试将盐法

---

① 《文苑英华》卷六七〇《代李侍郎与山南严仆射书》，第3449页。
② 《旧唐书》卷四九《食货志下》，第2120页。
③ 《旧唐书》卷一五《宪宗纪下》，第442页。
④ 《文苑英华》卷六七〇《代李侍郎与山南严仆射书》，第3449页。

实施彼地。故而唐代后期奉行盐法与缴纳两税一起,已成为奉行朝廷正朔的一个重要标志①,这是李巽改革的一个重要成果。

(三) 改革成就

这里还有必要再论述一下李巽改革所获得的经济效益。李巽盐法改革得到实施后,盐利数字大幅度增长。前揭《旧唐书·李巽传》载,"巽掌使一年,征课所入,类晏之多岁,明年过之,又一年加一百八十万贯"。《唐会要·转运盐铁总叙》则说"然初年之利,类晏之季年,季年之利,则三倍于晏矣"。②两种说法有所不同,大约是分别以刘晏时期与李巽时期盐利的实、虚估数字比较得出的。因为史称刘晏于大历末,所获盐利为六百余万贯(缗)。李巽死于元和四年,而据《册府元龟》所载元和三年盐利"一千七百八十一万五千八百七贯"③,接近刘晏的三倍。但刘晏时期盐利尚应作为实估(其时旧估与实估间差距应不甚大),至少并非完全虚估,故第二种说法是不够翔实可靠的。由于李巽死于元和四年,从《册府元龟》所载后来盐铁使(可能是卢坦)所报元和四年是

---

① 参见《资治通鉴》卷二三七(第7635页)宪宗元和元年八月"李师道总军务"未获朝命,"请输两税,申官吏,行盐法"条。又:引文见《旧唐书》卷一四二《王承宗传》(第3882页)赦承宗诏。又:同卷《王承元传》(第3884页),言"时均输盐法未尝行于有司,承元首请盐法,归之有司,自是充、郓诸镇,皆禀均输之法"。
② 《旧唐书》卷一二三《李巽传》,第3522页;《唐会要》卷八七《转运盐铁总叙》,第1887页。
③ 《册府元龟》卷四九三《邦计部·山泽一》,第5899页。按:其中元和元年乃元和四年之误。

"一千八百五万三千六百贯"，以及盐铁使王播所报元和五年至七年的盐利数字看，实估仍在六百余万或近七百万贯，虚估也大多在一千七百万至一千八百万贯之间（由于盐利估价涉及虚实估的问题，我们在后面的文章中还会讨论，故此处仅是约略及之，详细情况请见本集《试论唐代后期盐钱的定额管理》一文）。

以上数字说明，在李巽任使及其后的数年中，盐利收入都保持了较高水平，甚至也成为盐利应达到的数额标准。但是对于李巽的成绩，《资治通鉴》卷二三七胡三省注却不以为然。其言曰：

然则李巽胜刘晏乎！曰：不如也。晏犹有遗利在民，巽则尽取之也。[1]

胡三省认为李巽时期盐利倍增，是竭泽而渔的结果，故对李巽采取了鄙薄的态度。这种看法，大概也影响了后人对于李巽改革的评价。但胡氏显然是对于李巽如何取得成就未加详考。有了我们上面的分析，此处似乎已无须多加辨明，至少"尽取之"并非公允之语。总而言之，李巽的所作所为正和他任西观察使同样，恐怕并没有违背刘晏理财以爱民为先的原则。恰恰相反，他的改革一定程度还是继承了刘晏精神，且如权德舆作墓志铭所说：

其制国用也，调盈虚，御轻重，阜齐人之业，而地不加赋；

---

[1] 《资治通鉴》卷二三七元和元年四月，第7630页。

佐公家之急，而利无所漘。先是，池泽之税，因缘为奸，牢盆以私，币货寖滥。公则去一朝之便，责终岁之成，变其苦窳，以宽物力，盈入之数，不可胜条。①

足见通过降低盐价，取消进奉，以及实施裁抑藩镇的诸项措施，私枭犯法减少了，百姓负担减轻了，物力生产提高了，国赋最大限度地集中于中央官府手中——这应是李巽成就斐然的根本原因。

在盐法改革的同时漕运也进行了整顿。关于这方面的材料不多，但是漕运的数额恢复到刘晏时期的水平已可证明。而随着漕运量的增加漕运路上的仓屋增修了，还有为了促进流通而增置的钱监与铸钱，即所说"增置河阴敖仓，置桂阳监，铸平阳铜山为钱"。②同是权德舆所作遗爱碑谈到李巽在湖南时就曾关注于漕运，"以封内馈饷，道路风波，转漕沿洄，僦载烦苦，僝功度木，为之舟楫，程其远迩，而师以足食"。③那么在盐利大增的前提下，作为诸道转运使仍旧秉承刘晏之法而"以盐利为漕佣"④，将这些办法推广至漕路所经东南各地，该是不难想见的。其次比这更重要的，是李巽显然曾经想方设法建立漕运道路上的秩序，并谋求对于漕路的统一管理，前面援引李巽

---

① 《权德舆诗文集》卷二四《唐故银青光禄大夫守吏部尚书兼御史大夫充诸道盐铁转运等使上柱国赵郡开国公赠尚书右仆射李公墓志铭并序》，第341页。
② 《唐会要》卷八七《转运盐铁总叙》。又：同书同卷《漕运》（第1887、1894页）也言："元和三年四月，增置河阴仓屋一百五十间。"
③ 《权德舆诗文集》卷一二《大唐湖南都团练观察处置等使朝散大夫检校左散骑常侍持节都督潭州诸军事兼潭州刺史御史中丞云骑尉赐紫金鱼袋李公遗爱碑铭并序》，第194页。
④ 《唐会要》卷八七《转运盐铁总叙》，第1883页。

给张愔和韩弘的信中对"节宣通渠""斗门开塞"的要求已说明了这个问题。李巽的努力当然没有落空，元和六年十月乙巳的一道诏书便因言及"转运重务，专委使臣，每道有院，分督其任"以及"陕路漕引悉归中都，尹守职名尚仍旧贯"的问题，宣布从此停设由地方长官兼任的河南水陆运及陕州陆运两使。①这清楚地反映了在李巽改革之后，转运事务已经完全委于使职及其地方机构巡院系统，并由中央全面节制的情况。

以上，对于李巽改革的内容及其成果作了论述。可以看到，这项改革是成功的，而且无论是政治意义或经济意义都不亚于裴垍在元和四年进行的两税法改革。如果加以对照比较，就会发现两项改革虽然各有侧重，但在内容上是有内在联系的。例如都涉及物价的调整，以维持财政的平衡，以及有意识地裁抑藩镇特权的诸种措施，说明同样是以东南地区为主要对象，有着同一的宗旨②，而在整顿经济方面也的确收到了异曲同工的实效。限于篇幅，关于两项改革间的关系，这里约略及之，今后尚有待进一步探讨。

（四）盐铁机构的整顿和管理

最后，还要略谈一下李巽改革对于加强中央财政机构内部的统一以及促进三司体系形成的作用。

---

① 《旧唐书》卷一四《宪宗纪上》，第437页。
② 按：两税法改革由度支盐铁巡院贯彻，两税使并由盐铁转运留后，度支分巡院官充当。见《唐会要》卷八四《两税使》（第1836页）元和四年六月敕。又：两税使的派设以东南地区为主，可证改革也以东南为主要对象。

与德宗时期裴延龄、李锜等人不同，杜佑、李巽作为个人不再是皇帝宠信的大臣。他们是中枢决策部门领导下的财政长官，在忠实执行和贯彻中央政令的同时，无疑需要调动其属下的机构系统。由此，在盐法漕运改革的过程中，为李锜所破坏的盐铁漕运系统也重新得到了整顿。《旧唐书》卷一二三《李巽传》言：

> 巽精于吏职，盖性使然也。虽在私家，亦置案牍簿书，勾检如公署焉。人吏有过，丝毫无所贷，虽在千里外，其恐栗如在巽前。①

不仅严于为治，"持下以法"，李巽还善于用人，曾奏程异吏才明辨而用之。程异与另一为李巽辟用者王播，后皆成为有唐一代著名财臣。又李巽本人尤能身体力行，《两唐书》本传皆言他直至病危，仍孜孜与属下"考校程课，商略功利"，直至病卒。其风格如此，使所领导的人员机构再次恢复了刘晏时期趣办应敷，令行禁止的风尚。可以看到，在推行盐法及两税法的过程中，度支、盐铁转运使下属的巡院系统发挥了它们作为中央直属机构的职能，成为贯彻中央政令积极有效的得力工具。

此外李巽在改革盐法过程中所订立的诸项措施，特别是"盐铁使煮盐，利系度支"及盐铁使上缴盐利以实估，也等于为财政机构本身建立了制度。这两条制度并在后来王播任使时得到强调和遵守，这说明它们在一段时间内得到相当严格的执行，而盐利由中央统一支配在原则上被确认下来，甚至被作为后来一些诏令的依据。由此，盐铁机

---

① 《旧唐书》卷一二三《李巽传》，第3522页；下引文同。

构被进一步统一于中央政府的直接领导下,原来各自为政的度支、盐铁转运及户部三使机构逐渐统一为一个体系。一个重要的标志是,元和七年王播等人关于"飞钱"的奏章中,财政"三司"的称谓已经出现。①这表明,在李巽、裴垍等人的改革后,朝廷对于东南财赋终于能够重新把握,因而在财政分掌制前提下的"财政一体化"也终于能够实现。②关于这一点,笔者前文已经提到,这里即不再赘述了。

四 小结

综上所述,李巽改革作为元和初财经政策的一个重要组成部分,对于当时的"中兴"统一事业起到了积极作用,因而他的改革及其本人也在当代即获得了很高的评价。权德舆作墓志铭论及他所取得的成就曾使朝廷"发武库禁兵,以诛刘闢"之际,"三蜀之馈,不乏于军,千军之费,不征于人",认为:"是皆谋猷大绩,经理大本。岂止于汉廷桑大夫、耿中丞,区区然商功利,析秋毫而已哉?"③就论其改革对于当时军事战争的战略意义已可谓是深中肯綮。此外《旧唐

---

① 见钱大昕:《廿二史考异》卷五八《旧唐书·食货志》,商务印书馆,1958年重印版,第997页。又:[日]砺波护《三司使の成立について——唐宋の変革と使職》一文(第137页)也指出这一点。
② "财政一体化"借用砺波护《三司使の成立について——唐宋の変革と使職》一文中的说法。
③ 《权德舆诗文集》卷二四《唐故银青光禄大夫守吏部尚书兼御史大夫充诸道盐铁转运等使上柱国赵郡开国公赠尚书右仆射李公墓志铭并序》,第341页。

书·食货志》涉及他更有另一方面的评述：

> 设官分职，选贤任能，得其人则有益于国家，非其才则贻患于黎庶，此又不可不知也。如裴耀卿、刘晏、李巽数君子，便时利物，富国安民，足为世法者也。①

这里将李巽与开创东南漕运盐铁事业，由此奠定唐后期经济政策的裴耀卿、刘晏并列，认为他们不仅能够应时之急而善于兴利，且理财同样有益国计民生、"足为世法"，无疑更是看到了李巽改革在裴、刘之后稳定和恢复国家经济的意义。的确可以这样说：以盐铁漕运为主体的唐朝东南经济在经过裴耀卿、刘晏的开拓之后，至李巽改革，又步入了一个新的发展阶段。

对于历史人物，过分的颂扬是不必要的。李巽没有也不可能完全解决藩镇割据给唐朝廷的财赋运营带来的困窘和危机。但是其所作所为表明他毕竟不愧为一个有抱负、有见识的理财家和政治家，一个顺应历史潮流而善于扭转局面的改革家。然而可惜的是，李巽主持财政只有三年。墓志铭说："天子方推心竦意，倚以为相，奄然大病，斯可痛也。"李巽的早逝使他没有能够为当时的政治统一发挥更大作用，也没有被列入中兴名臣之列，但他毕竟在历史的转折时期作出了不可磨灭的贡献。他的理财思想和原则遗留下来，不仅对于唐代后期的经济生活有深远的影响，甚至在今天也有着可供借鉴的意义——这正是我们今天要提出对他的事迹进行深入研究的原因所在。

---

① 《旧唐书》卷四八《食货志上》，第2086页。

叁 唐后期的户部司与户部钱

唐中期后,由于户部钱的特殊建置,唐初尚书省户部四司之一的户部司,开始以他官"判户部"的新形式来掌管这一机构。如《五代会要·建昌宫使》所说:

> 唐代以户部、度支掌泉货,盐铁则特置使名。户部、度支则尚书省本司侍郎、郎中判其事。①

又《资治通鉴》卷二四九宣宗大中十年(856)九月胡三省注也指出:

> 唐自中世以后,天下财赋皆属户部、度支、盐铁,率以他官

---

① 《五代会要》卷二四《建昌宫使》长兴元年八月敕注,上海古籍出版社,1978年,第379页。

分判。户部侍郎判户部，乃得知户部一司钱货、谷帛出入之事。[①]

与财政三司中的其余二司相同，户部司及其所掌之户部钱，是为唐后期使职财赋分掌制的重要组成部分。因此，在我们研究这一财政组织及制度的过程中，户部司机构的变化以及户部钱的建置和对后期中央财政的意义，是不可忽视的内容之一。

[①] 《资治通鉴》卷二四九大中元年九月条，中华书局，1956年，第8060—8061页。

一 唐中期以后户部司机构的变化及户部钱与"判户部"官职的产生

据《唐六典》卷三《尚书户部》的有关记载，唐前期举凡建造户籍、均田收授、贡赋课役乃至于官吏的永业职分、俸禄食封之类的事务无不统归之户部司，户部本司由此成为律令格式所规定的户部四司中职任最为繁重之司。

不过，开元二十五年（737）《唐六典》成书之时，户部司职掌的实际情况已与律令格式的规定颇有出入。因为事实上自开元九年侍御史宇文融任租地安辑户口诸使、"括逃移户口及籍外田"以来，诸如户口均田之事便已逐渐脱离了户部司而权移他官。[①]裴耀卿改革漕运后，征调财赋之任则委于转运使。与此同时，度支司也以财赋出入之务转剧而改以他官专判。开元二十二年九月萧炅以太府少卿知度支事，别官"判度支"的情况开始出现；[②]安史之乱后，"判度支"（即度支使）与诸道盐铁转运等使一道，作为实际上的理财官职渐次

[①] 参见《资治通鉴》卷二一二开元九年，第6744页；《新唐书》卷一三四《宇文融传》，中华书局，1975年，第4557—4558页；《旧唐书》卷一〇五《宇文融传》，中华书局，1975年，第3217—3219页。

[②] 《唐会要》卷五九《别官判度支》，上海古籍出版社，1991年，第1196页。

固定下来。

代宗永泰元年（765），判度支第五琦与转运使刘晏始实行以地域划分的财赋分掌制。这一分掌制度在德宗贞元八年由度支使班宏与诸道盐铁转运使张滂确立下来，而使职理财的结果是促使原有的户部机构发生进一步的变化。其中度支司由于一直作为度支使支配下的机构与户部司繁简互调，就连设置也作了相应改动。《册府元龟·邦计部·总叙》称：

> 建中三年正月，户部〔侍〕郎判度支杜祐（佑）奉（奏）：天宝以前，户部事繁，所以郎中、员外各二人判署。自兵兴以后，户部事简，度支事繁，度支郎中、员外各一人，请回辍户部郎中、员外各一人分判度支案，待天下兵革息却归本曹。[①]

因此，德宗贞元初陆长源《上宰相书》语及当时"户部无版图""金仓不司钱谷""官曹虚设、俸禄妄请"的情况[②]，应正是当时户部诸司（除度支外）已虚有其名成为闲司的真实写照。

然而户部司这种职闲任轻的状况却终于因李泌建置户部钱一举而改变，事由李泌增百官俸而起。《新唐书·食货志五》略曰：

> 建中三年，复减百官料钱以助军。李泌为相，又增百官及

---

① 《册府元龟》卷四九三《邦计部·总叙》，中华书局，1960年，第5770页。
② （唐）陆长源：《上宰相书》，见《唐文粹》卷七九，商务印书馆《四部丛刊初编》本，第526页。

畿内官月俸，复置手力资课，岁给钱六十一万六千余缗。……李泌以度支有两税钱，盐铁使有管榷钱，可以拟经费，中外给用，每贯垫二十，号"户部除陌钱"。复有阙官俸料、职田钱，积户部，号"户部别贮钱"。御史中丞专掌之，皆以给京官，岁费不及五十五万缗。京兆和籴，度支给诸军冬衣，亦往往取之。①

李泌建"户部别贮钱"的时间，《唐会要·户部侍郎》系于贞元四年（788）二月。②此举将原来由度支支给的京官俸料，改由户部支给，同时规定户部钱由他官专判。在此之前，由他官兼判户部司事的情况虽亦有之，如《旧唐书·德宗纪上》建中二年十一月乙亥，"以江淮转运使、度支郎中杜佑代判度支、户部事"③，却与此不同。因为胡三省所谓掌判"户部一司钱货、谷帛出入之事"的"判户部"一职正是自贞元以后才出现，并逐渐确立下来。此外《新唐书·食货志》所说御史中丞，就是当时兼任户部侍郎的窦参。唐代后期，以户部侍郎"判户部"，称"判本司"者占绝大多数。文宗时还作了特别规定，《旧唐书·文宗纪》称：

（开成三年，夏四月）辛卯，户部侍郎崔龟从判本司事。诏曰："户部侍郎两员，今后先授上者，宜令判本司钱谷；如带平

---

① 《新唐书》卷五五《食货志五》，第1401页。
② 《唐会要》卷五八《户部侍郎》贞元四年二月条，第1187页。
③ 《旧唐书》卷一二《德宗纪上》，第331页。

章事，判盐铁度支，兼中丞学士不在此限。"①

此外"判户部"者的选任，元和以后也极不一般。《新唐书·孟简传》称：

> 户部有二员，判使案者居别一署，谓之"左户"，元和后，选委华重，宰相多由此进。②

足见此职在当时极受崇重。之所以如此，应和其所掌户部钱对于朝廷意义特殊有直接的关系。

他官"判户部"的形式既已确定，户部司也就顺理成章为户部使主持下的机构。唐后期户部司虽仍设郎中、员外郎，但"判使案者"杂以他司郎官的现象却极其普遍③，反映了财政部门内部"官"与"职"进一步发生了分离。户部除设判官外，元和六年（811）四月，还增置巡官二人。④巡官不仅要对本司财物的征收使用进行巡视监督，还往往被派遣主持和籴、和粜等事务，"专丰耗发敛之任"⑤。

掌判财赋的户部司，在主要职能方面也与唐初户部司有所不同。除了仍旧掌管官吏职田及其子孙世袭食封等事外，更重要的是主持京

---

① 《旧唐书》卷一七下《文宗纪下》，第573页。
② 《新唐书》卷一六〇《孟简传》，第4968页。
③ 《唐会要》卷五九《户部员外郎》会昌元年二月条，第1195—1196页。
④ 《唐会要》卷五八《户部侍郎》元和六年四月条，第1187页。
⑤ （唐）杜牧：《樊川文集》卷一九《赵元方除和粜巡官（下略）等制》，上海古籍出版社，1978年，第292页。

官俸料的发放,用户部财赋进行和籴。元和、长庆以后,诸州常平义仓的管理发放等也要知会户部。此外,户部使作为财政长官之一,还需同度支盐铁使一道共商财政大计,决定财经政策。例如元和七年兵部尚书判户部王绍、判度支卢坦以及诸道盐铁转运使王播有关飞钱的奏章[①],就是史料记载中最早的三使共同发布的法令。而正是这一奏章与法令,第一次充分体现和明确了户部司作为财政三司之一的作用与地位。

二 户部钱的组成及收入

前述《新唐书·食货志》载李泌所置"户部别贮钱"内仅包括度支两税与盐铁"中外给用"每贯垫二十的除陌钱,以及阙官俸料及职田钱。《册府元龟》卷四八四关于此项经费的记载则尚有其他:

(贞元)四年二月诏,以中外给用除陌及阙官俸,外官一分职田(《唐会要·户部侍郎》作"外官阙官职田"),停额内官俸及刺史、执刀、司马、军事等钱,令窦参专掌之,以给在军、京文武官俸料。[②]

---

① 《新唐书》卷五四《食货志四》,第1389页。
② 《册府元龟》卷四八四《邦计部·经费》,第5787页;并参《唐会要》卷五八《户部侍郎》,第1187页。

上编／三司、财政与使职 87

此处之"额内官"者，亦属正员之外，其数"当正官三分之一"。①李泌所停"额内官俸及刺史、执刀、司马、军事等钱"，就是《唐会要》卷五八《户部侍郎》所说"减员官诸料"及地方官的一应手力杂给。此项财赋未详其数，但另一项财赋也即阙官俸料等，却在后来的史料中再次出现：

> （元和六年）八月，户部侍郎李绛奏请诸州府阙官职田禄米，及见任官抽一分职田，所在收贮，以备水旱。②

又据李绛《论户部阙官斛斗疏》：

> 元和六年，户部侍郎李绛奏曰："天下州县皆有户部阙官俸料职田禄粟，见在计有三百余万石。"③

此处所说三百余万石，是元和六年阙官俸料职田等（也应包括外官的

---

① 关于额内官，《资治通鉴》卷二三二贞元四年《考异》曰："（陆贽《论两税状》）又云：'额内官勿更注拟，见任者三考勒停。'此盖用李泌之策也。按《邺侯家传》：'泌请罢天下额外官。'又云：'陛下许复所减官员，臣因请停额外官，许其得资后停。额外官员当正官三分之一，则今年计已停一半。'据此，则仍有额内官，又有额外官，皆在正员之外。不则'内'皆应作'外'字之误也。"笔者按：《唐会要》卷八一《考上》："（贞）四年正月敕文，九品已上正员，及额内官得替者，委诸长史闻荐，见任者三考勒停。"又：《册府元龟》卷四八四贞元四年二月诏，亦皆曰当时所停为额内官。据此则似当作额内官为是。
② 《唐会要》卷五八《户部侍郎》，第1187页。
③ 《李相国论事集》卷五《论户部阙官斛斗疏》，见商务印书馆《四部丛刊》本，下引李绛疏同。

一分职田在内）的总收入。其数额应与贞元时相差不远，也应是唐后期无水旱之灾的正常情况下可达到的标准。

此外，对于这项财赋，户部一般并不在全国各地再设专门机构去管理。据李绛疏中说，此项户部钱"旧例便牒诸道（度支盐铁）监院准时价籴货市绫绢，送纳户部"，但是由于"巡院官少有公心"，谎报估价，贱籴贵买，"计度所籴斛斗，回市轻货，比及到京输纳之时，损折奸欺，十无七八。枉破官物，利入私人，无益于公，有害于理"，再加上送纳户部的做法也不便于赈贷救灾，所以李绛提出"伏请便令州县收贮，如是观察州即令观察判官一人专知判，诸州即录事参军专知判"。也即元和六年之前诸道度支盐铁监院代管，而在元和六年之后，则委于地方州县"所在收贮，以备水旱"了。

在上述两大项财赋之外，则是度支盐铁两税、筦榷等的除陌钱。除陌钱是户部"可以拟经费"的一项主要来源。它从"中外给用"的政府支出中抽贯而得。据《资治通鉴》卷二三三德宗贞元四年正月李泌奏增京官俸条《考异》引《实录》称：

初除陌钱隶度支，至是令户部别库贮之，给俸之余，以备他用。①

除陌钱其实唐后期度支、户部分别有之。如前所述属于户部之"垫陌"最初仅每贯二十文，但元和中又有所增加。先是元和九年八月

---

① 《资治通鉴》卷二三三德宗贞元四年正月，第7509页。

敕，以"诸司食利本钱，出放已久，散失颇多"，令以除陌钱"量其所欠，添本出放"。当时规定，"户部除陌钱每缗增垫五钱，四时给诸司诸使之餐，置驱使官督之，御史一人核其侵渔，起明年正月，收息五之一，号'元和十年新收置公廨本钱'"。①所以至元和十年，户部除陌钱已是每贯二十五文。

除陌钱的比率，元和后期至长庆初更以朝廷对藩镇的战争不断升级而增长。元和十一年，"会吴元济、王承宗连衡拒命，以七道兵讨之，经费屈竭。皇甫镈建议，内外用钱每缗垫二十外，复抽五十送度支以赡军"，"穆宗即位，京师鬻金银十两亦垫一两，籴米盐百钱垫七八"。②最多时朝廷甚至敕令"诸道除上供外，留州留使钱内每贯割二百文以助军用，贼平后仍旧"。③不过所增部分当时显然大部隶于度支供军，并不割归户部。那么户部下之除陌钱比率元和、长庆以后究为多少呢？《旧唐书·食货志上》：

长庆元年九月，敕："泉货之义，所贵通流。如闻比来用钱，所在除陌不一。与其禁人之必犯，未若从俗之所宜，交易往来，务令可守。其内外公私给用钱，从今以后，宜每贯一例除垫八十，以九百二十文成贯，不得更有加除及陌内欠少。"④

---

① 参见《唐会要》卷九三《诸司诸色本钱下》，第1991页；《新唐书》卷五五《食货志五》，第1402页。
② 《新唐书》卷五四《食货志四》，第1389—1390页。
③ 《旧唐书》卷一六《穆宗纪》长庆元年十二月乙亥，第493页。
④ 《旧唐书》卷四八《食货志上》，第2105页。

对此,《新唐书·食货志四》也有穆宗即位,"寻以所在用钱垫陌不一,诏从俗所宜,内外给用,每缗垫八十"的记载[①]。试想仅凭一道敕文,当然不可能控制除陌额的增长。不过这里所规定的"内外公私给用"的"每贯一例除垫八十",大概就是户部属下之除陌钱了。《唐会要·延资库使》载懿宗咸通五年(864)七月夏侯孜奏,即说到"请于诸道州府场监院,合纳户部所收八十文除陌钱内割一十五文,属当使自收管",此语在咸通八年九月延资库使曹确奏中又有重复。[②]足见每贯八十文,正是唐后期户部除陌钱的定制。此外从夏侯孜奏中也可知道,户部除陌钱因为要从度支盐铁钱"中外给用"中抽贯而得,所以也一直由诸道州府场监院代管而直接送交上都。

关于唐后期户部除陌钱的收入情况,史料中并没有明确的记载。但据《通典》卷六《赋税下》建中初朝廷供内供外的总支出,已达四千六百余万贯石(内中钱三千余万贯,其二千五十余万贯以供外费,九百五十余万贯供京师),贞元中若不少于此数,则除陌钱的收入或已在六十万贯以上。[③]元和后期至长庆以后,朝廷的收入虽已开始下降,但据史载,开成中王彦威上《供军图》,尚称当时租赋一岁所入,"总不过三千五百余万(贯),而上供之数三之一焉"。[④]三千五百余万贯即上供、送使、留州钱的总数。虽然留州、送使恐已

[①] 《新唐书》卷五四《食货志四》,第1390页。
[②] 《唐会要》卷五九《延资库使》,第1200—1202页。
[③] 《通典》卷六《食货六·赋税下》,中华书局,1988年,第111页。按:此处仅按千分之二十比例估算,米粮之数未计在内。原统计为百万有误,目前已作修改。
[④] 《旧唐书》卷一五七《王彦威传》,第4157页。

不再由中央控制支配，但彼时除陌比率已逐渐提高，所以元和以后相当长的一段时间内，户部除陌钱的收入可能不减反增。开成中即使仅按上供钱除垫八十的比率计算，也能超过九十万贯（缗），它在整个户部钱中，无疑始终占据重要的地位。

此外，关于上述诸项，也即除陌钱、阙官俸料、职田钱及所停额内官俸等于贞元四年之际的总收入，据《旧唐书·德宗纪下》记载是"岁得三百万贯"，而《册府元龟》卷四八四《邦计部·经费》亦曰时"岁贮钱仅三百万贯"。[1]这个年总收入，当然尚不包括后来增加的税茶钱。

贞元八年，朝廷因诸道盐铁转运使张滂所奏而行税茶。据《新唐书·食货志四》称，时"出茶州县若山及商人要路，以三等定估，十税其一。自是岁得钱四十万缗"[2]。税茶钱一开始就规定置于户部，《旧唐书·王绍传》所说户部诸项收入中即包括茶税[3]。又陆贽《均节赋税恤百姓六条》"其五请以税茶钱置义仓以备水旱"亦称：

> 近者有司奏请税茶，岁约得五十万贯，元敕令贮户部，用救百姓凶饥，今以蓄粮，适副前旨。[4]

---

[1] 《旧唐书》卷一三《德宗纪下》，第364页；《册府元龟》卷四八四《邦计部·经费》，第5787页。
[2] 《新唐书》卷五四《食货志四》，第1382页。
[3] 《旧唐书》卷一二三《王绍传》，第3521页。
[4] 王素点校：《陆贽集》卷二二《均节赋税恤百姓六条》，中华书局，2006年，第765页。

不过此处陆贽说茶钱"岁约得五十万贯",或者是初税时有司估算,实际则可能更接近于两《唐书·食货志》等所说的四十万缗(贯)。唐后期茶法屡变,茶钱也随着税率或榷价的提高而不断增长。如穆宗长庆中,盐铁使王播"乃增天下茶税,率百钱增五十",即以此来推算,则此后户部之茶税年收入总额,便至少应在六十万缗(贯)以上。①这样开成中仅除陌、税茶两项,至少已有一百五十万(贯),较之贞元、元和之数,即或总数有减少,但唐中央政府还是尽力通过户部的"别贮",以保障其收入的。

茶钱虽入户部,但一应税茶及有关事务,其初即被委于诸道盐铁转运使及其属下茶场、巡院等机构。如陆贽要求"望令转运使总计诸道户口多少,每年所得税茶钱,使均融分配,各令当道巡院主掌,每至谷麦熟时,即与观察使计会,散就管内州县和籴"②。不过后来的情况则有所不同。《新唐书·食货志四》言长庆初盐铁使王播增茶税后,"江淮、浙东西、岭南、福建、荆襄茶,播自领之,两川以户部领之"。③所谓"两川以户部领之",据《旧唐书·庾敬休传》,乃是户部侍郎崔元略奏请将剑南西川、山南西道每年税茶及除陌钱"委度支巡院勾当榷税,当司于上都招商人便换"。也即两川税茶事分归度支,茶钱等需经度支转户部。但至大和元年(827),判户部崔元

---

① 王播增税事见《新唐书》卷五四《食货志四》,第1382页。按:此处六十万缗是据其改"十税其一"为十税一点五的比率计算。又:据同书同卷,载文宗以后改易茶法,或税或榷,盐铁使王涯、令狐楚、崔珙等皆曾奏请增税或加价。因此后期茶税收入,某些时候可能还会超过穆宗时期。
② 《陆贽集》卷二二《均节赋税恤百姓六条》,第765页。
③ 《新唐书》卷五四《食货志四》,第1382页。

略奏请将税茶事委于西川节度使，每年出四万贯送省，此后由于节度使司"不依元奏，三道诸色钱物，州府逗留，多不送省"，所以庾敬休判户部，便"请取江西例，于归州置巡院一所，自勾当收管诸色钱物送省"①，此即山南西道秭归院。可见两川税茶事，中间几度变化，最后由户部自设巡院以主之，这是不同于东南各道的较为特殊的做法。

至于东南各道的税茶事，文宗时也曾由于王涯、郑注等人改易茶法，重增榷税发生混乱。"（大和）九年，涯以事诛，而令狐楚以户部尚书右仆射主之，以是年茶法大坏，奏请付州县而入其租于户部"，但开成元年李石任盐铁使后，又将税茶事归于盐铁，所谓复"贞元之制也"。②值得注意的是，茶法如此屡经变化，税茶事或"付州县"，或"归盐铁使"，但"入其租于户部"的原则始终未改。

三 户部钱的支配与管理

唐后期朝廷与藩镇长期对峙和不断进行战争的结果，造成了中央政府税赋经常入不敷出。为了摆脱财政日益困窘和空虚的局面，政府即不得不想方设法在原来的财税收入之外挖掘新的财源，户部钱就

---

① 《旧唐书》卷一八七下《庾敬休传》，第4913—4914页。
② 《旧唐书》卷四九《食货志下》，第2121页；《新唐书》卷五四《食货志四》，第1382页。按：《唐会要》卷八八《盐铁》（第1906页）言开成"五年九月敕：'税茶法起来年却付盐铁使收管'"，与此不同。

正是在这样的形势下建立和集中起来的一笔财赋。陈明光《唐代"除陌"试论》一文分析唐政府行使除陌钱的原因曾指出,由于除陌的对象主要是政府财政支出中"充外费"的那一大部分,因此在上供、送使、留州三级分成的财政制度确立后,朝廷仍可通过"除陌"从送使、留州两部分抽得巨额财赋直隶中央支配。①

除陌钱使唐朝廷在收入外增加了收入,扩大到整个户部钱无不是如此。举凡阙官、减员官俸料、职田钱乃至于茶税,都或由紧缩开支,或由增加征敛,无不是两税盐铁主要收入之外,唐政府惨淡经营所得。而中央政府所以要将它们一一集中于户部,则有其特殊的用意。《旧唐书·许孟容传》载其贞元十九年上疏称:"户部所收掌钱,非度支岁计,本防缓急别用。"②又柳宗元《上户部状》也说到,"户部钱是准敕收贮,不合别支"③。足见户部与一般属于中央政府的财赋不同:它不在度支的计划用度之内,也不允许任何财政部门(特别是经手财赋的地方州县)随便挪用旁支,而是被作为朝廷严格控制之下,专款专用及应付国家临时急需的一笔特别经费。

那么,贞元、元和以后每年约三百四五十万的户部钱,究竟如何支配呢?从史料记载看,主要包括以下几项:

---

① 陈明光:《唐代"除陌"试论》,载《中国史研究》1984年第4期,第113—120页,说见第117—118页。
② 《旧唐书》卷一五四《许孟容传》,第4101页。
③ 尹占华、韩文奇校注:《柳宗元集校注》卷三九《上户部状》,中华书局,2013年,第2501页。

(一) 官员俸料及在京诸官司办公费用的支付

李泌在建立户部钱时，首先是为了使京官俸料能够有固定的来源，所以由除陌钱、阙官俸、职田钱等（元和以后主要是除陌钱及茶钱）组成的"户部别贮钱"，规定由户部侍郎专掌，"皆以给京官，岁费不及五十五万缗"。①

五十五万缗当是贞元四年时户部钱内一项主要的固定支出。京官俸料李泌定后变化不大，但元和中李吉甫对于"名存而职废、额去而俸在者"有所削减。此后某些官司及官员的俸钱又有增加。如元和十五年及大和元年，翰林学士及中书待诏两度增加每日杂买钱各百文，即规定仍"以户部现钱充"。②

其次元和六年之后，户部所需支付俸料钱，尚不止于京官。《唐会要·内外官料钱上》载：

> 元和六年闰十二月敕："河东、河中、凤翔、易定四道，州县久破，俸给至微，……宜以户部钱五万五千贯文，充加四道州县官课。"
>
> （元和）七年五月，加赐泽、潞、磁、邢、洺五州府县官料钱二万贯文。其年十二月，以麟（按：当作"鄜"）、坊、邠三州官吏近边俸薄，各加赐其料钱。③

---

① 《新唐书》卷五五《食货志五》，第1401页；下引文同。
② 《唐会要》卷五七《翰林院》，第1149、1152页。
③ 《唐会要》卷九一《内外官料钱上》，第1973—1974页。

据此，则元和中某些地区州县官特别增加的俸料也由户部支付，元和六年闰十二月与元和七年十二月两次敕中所加之钱可能后来即成为定制。《唐会要·内外官料钱下》载会昌元年（841）中书门下奏，即称据此两敕，户部应给河东、凤翔、鄜坊、邠州、易定等道的课料钱，共六万二千五百贯文。[1]所以如将此数加上，则元和以后每年户部内外俸料钱的总支出，至少超过了六十万缗（贯）。

发放京文武官俸料外，户部钱尚要充"百司纸笔等用"[2]。如前所述，元和九年，户部除陌钱又每缗增垫五文。这笔钱不仅用于在京诸司食利本钱，且所得利还"并充添修当司廨宇什物"之用，号"元和十年新收置公廨本钱"。[3]而某些机构大的修缮，还需户部另外拨款。如元和中之弘文馆，即曾以"左户羡财百万，附益而修饰之"[4]。

因此户部钱建置的一个重要意义，就在于保障了唐后期政府部门官员俸料和日常办公用度，由此维持了国家机器的正常运转。

（二）备水旱与和籴

《旧唐书·王绍传》曾明确指出，户部收阙官俸、税茶和诸色无名之钱是在"兵革旱蝗之后"，"以为水旱之备"。[5]因此户部钱

---

[1] 《唐会要》卷九二《内外官料钱下》，第1979页。
[2] 《唐会要》卷五八《户部侍郎》，第1187页。
[3] 《唐会要》卷九三《诸司诸色本钱下》元和十年正月条，第1993页；并参《新唐书》卷五五《食货志五》，第1402页。
[4] 郭广伟校点：《权德舆诗文集》卷三一《弘文馆大学士壁记》，上海古籍出版社，2008年，第480页。
[5] 《旧唐书》卷一二三《王绍传》，第3521页。

建置后的第二项用途,就是备水旱与和籴。《册府元龟·邦计部》及《新唐书·食货志》都曾述及以户部钱用于京兆和籴。又前揭《旧唐书·许孟容传》在说到户部钱"本防缓急别用"后即提出:"今此炎旱,直支一百余万贯,代京兆百姓一年差科。"①可见户部钱首先可以用于京兆地区的灾荒救济。其次以户部钱行此措施也还不限于京兆府,前述贞元十年陆贽《均节财赋恤百姓六条》其五"请置义仓以备水旱",即要求将茶税"散就管内州县和籴"。②此措施或行之未久,但以户部财赋在州府行赈济或和籴则确有其事,如前述李绛元和六年八月奏请将户部在各地的阙官俸料、职田钱等交州县代管,"在所收贮,以备水旱"。又如《唐会要·和籴》载:

(长庆)四年八月,诏于关内及关外折籴、和籴粟一百五十万石,用备饥欠。其和籴价以户部钱充,收贮,寻常不得支用。③

户部钱物用于赈济的具体例子,还见于文宗时庾敬休关于"请㮼西川阙官职田禄米以救贫人"的奏请。④除此类情况外,唐后期度支盐铁在边境军州或江南地区和籴、和粜,也往往"贷户部别库物

---

① 《旧唐书》卷一五四《许孟容传》,第4101页。
② 《陆贽集》卷二二《均节财赋恤百姓六条》,第765页。
③ 《唐会要》卷九〇《和籴》,第1944页。
④ 《旧唐书》卷一八七下《庾敬休传》,第4914页。

充用"。①由此推测，在《册府元龟》所说经费中除去支付俸料、和籴等用度外，所余"常贮仅二百余万，国计赖焉"的那部分户部钱中，②用于和籴者应占其中极大部分。此种做法，说明户部钱在当时对于国计民生确有着一定的积极意义。

这里还要连带提及的，是宪宗元和元年正月制书规定了"应天下州府每年所税地子数内，宜十分取二分，均充常平仓及义仓，仍各逐稳便收贮"的制度。③此后，户部为州县所管的诸项钱物虽没有明确划入常平仓义仓范围，但有关常平仓义仓事务却显然划归户部。如《唐会要》卷八八所载元和十三年户部侍郎孟简关于州县常平义仓减价出粜的奏疏，长庆四年三月关于义仓由诸州录事参军专主勾当，"考满之日"由"户部差官交割"的制书等④，都清楚地说明了这一点。而此类事务所以归户部，应与户部司所掌诸项"别贮钱"也用于备水旱、和籴、赈济，性质"有类义仓"（陆贽语）有关。

（三）军费支出

在上述用途之外，"户部别贮钱"还有一项重要的支出，这就是前述《新唐书·食货志》所说："度支给诸军冬衣，亦往往取

---

① 《陆贽集》卷一八《请减京东水运收脚价于缘边州镇储蓄军粮事宜状》，第598页。
② 《册府元龟》卷四八四《邦计部·经费》贞元四年二月，第5787页。
③ 《册府元龟》卷五〇二《邦计部·常平》，第6023页。
④ 《唐会要》卷八八《仓及常平仓》，第1917页。

之。"①说明户部钱在最初,就有一部分被用于供军。元和后期户部除陌钱的增长,更使这部分支出不断增加。文宗时王彦威说度支收入的"三分之中,二给衣赐。自留州留使兵士衣赐之外,其余四十万众,仰给度支"②。可见度支压力之大,故诸军冬衣不得不从户部取用。武宗会昌五年(845)九月,李德裕建备边库,明确规定"收纳度支、户部、盐铁三司钱物"。备边库大中三年(849)以后改名延资库,四年八月敕以宰相判,"其钱三司率送。初年,户部每年二十万贯匹,度支盐铁每年三十万贯匹"。尽管史料中称"次年以军用足,三分减其一",但可能并未成为事实。因为在咸通五年(864)延资库使夏侯孜奏中,已说到"户部每年合送钱二十六万四千二百八十五贯匹",而咸通八年九月曹确奏,此钱计为"三月、九月两限绢二十一万四千一百匹,钱五万贯",足见后来户部应纳延资库的钱物不但没有逐年减少,反而不断增加。这种现象与夏侯孜所说"又缘累岁以来,岭南用兵,多支户部钱物"的情况都表明③,唐大中、咸通以后,由于中央政府从度支盐铁系统所获税收明显下降,户部钱承担军费的比例便不得不大大提高了。

① 《新唐书》卷五五《食货志五》,第1401页;并参《册府元龟》卷四八四,第5787页。
② 《旧唐书》卷一五七《王彦威传》,第4157页。
③ 以上参见《资治通鉴》卷二四九,第8020页;《唐会要》卷五九《延资库使》,第1200—1202页。

（四）羡余贡奉

在一般的"军国之用"之外，户部钱与度支、盐铁同样，每年也要拿出相当的部分充作对皇帝的贡献。如元和时宪宗曾问李绛："故事，户部侍郎皆进羡余，卿独无进，何也？"说明在此之前以户部钱充羡余贡献，已成为惯例。此类使职的贡献虽由李绛等一度废止，所谓"讫绛在位，献不入禁中"[①]，但在元和后期，则再度恢复。

上述情况说明，户部钱虽然在"度支岁计之外"，但"国计赖焉"，实际上是唐朝廷不可或缺的一项流动资金。唐后期朝廷与藩镇及边境少数民族的战争愈来愈频繁，财赋征收愈来愈困难，其时，中央对于户部钱采取的办法，除了提高除陌钱的比率和茶税的税率等外，更加强了对于这部分钱的控制和管理。实际上自元和末起对于户部钱就和度支、盐铁钱一样有严格的出纳制度。《唐会要·户部侍郎》略云：

> （元和）十三年十月，中书门下奏："户部、度支、盐铁三司钱物，皆系国用，至于给纳，事合分明。比来因循，都不剖析，岁终会计，无以准绳。盖缘根本未有纲条，所以名数易为盈缩。伏请起自今以后，每年终，各令具本司每年正月一日至十二月三十日所入钱数及所用数，分为两状，入年来二月内闻奏，并牒中书门下。其钱如用不尽，须具言用外余若干见在；如用尽，

[①] 参见《资治通鉴》卷二三八元和六年正月，第7682—7683页；《新唐书》卷一五二《李绛传》，第4841页。

及侵用来年钱并收阙,并须一一具言。……户部出纳,亦约此为例。条制既定,亦绝隐欺,如可施行,望为常典。"从之。[①]

然而制度虽定,执行起来却绝非容易,就户部来说尤其如此。上面已经谈到,户部与度支、盐铁二司的一个不同点,是它在地方一般不设巡院。户部的钱物或由诸道度支、盐铁场院代管(如茶税及除陌钱),或交归州县负责(如元和六年后阙官职田钱等)。因此在征集管理的过程中困难很多,地方州县所负责的那部分钱尤其如此。据《唐会要》同卷载开成五年三月户部侍郎崔蠡奏,当时对于这些要经州县官之手的"户部诸色斛斗",曾特别要求"自今以此,刺史、观察使除授到任交割后,并须分析闻奏",但此规定似乎并未奏效。至大中二年兵部侍郎判户部魏扶奏,仍称这些钱物由于"散在天下州府,缘当司无巡院觉察,多被官吏专擅破除,岁久之后,即推在所由腹内。徒烦勘诘,终无可征"。因此又只好制定更为严密的出纳交接手续及奖惩办法:"今后诸州府钱物斛斗文案,委司录、〔录〕事参军专判,仍与长史通判。每至交替,各具申奏,并无悬欠。至考满日,递相交割,请准常平义仓斛斗例,与减选,仍每月量支纸笔钱。若盗使官钱,及将借贷与人,并请准元敕,以赃论。如征收欠折及违限省条,并请量加惩殿。如缺司录,即请令选诸强干官员专知,不得令假摄官权判。"

如此严格的制度,一方面固然体现了当时对于户部钱的重视,另

[①] 《唐会要》卷五八《户部侍郎》,第1188页;下引文并见1189—1190页。

一方面则反映了在户部钱的管理与使用问题上中央与地方发生的矛盾愈来愈多。而"盗使""欠折"之类的问题则经常发生。事实上从元和末以后,对于积年悬欠,"推在所由腹内""终无可征"的户部财赋放免的规定,已在皇帝即位的"德音"中一再出现。尽管如此,户部方面的积欠仍在不断增加,特别是到了大中咸通以后。据前述咸通四年延资库使夏侯孜奏,自大中八年以后至咸通四年,户部积欠延资库钱已达一百五十万五千七百余贯匹;而据咸通八年曹确奏,自六年至八年户部积欠又增加了三十六万五千五百七十贯文(匹?)。而且由于户部司拒绝了夏侯孜所要求的将"八十文除陌钱内割十五文,由延资库使收管以填积欠"的做法,"其除陌十五文当司仍旧收管"而"钱绢依前不旋送纳",所以曹确不得不再次请求"诸道州府场监院合送户部钱绢内分配,令勒留不(按当依《册府元龟》作"下")合送延资库数目,令本处别为纲运,与户部纲同送上都,直纳延资库,则户部免有逋悬,不至累年积欠"。①也即将度支和盐铁场监院将应按比例给户部的除陌钱,计算应给延资库部分扣下,直接由户部纲运送京城延资库以解决。

户部钱如按贞元定制当有每年所贮三百五十余万,此后虽有变化,也不应有太大出入。每年二十余万延资库钱仍应只占很少比例,但户部却积欠如此之多,这反映了大中以后,随着度支盐铁诸项正入减少,以除陌钱、茶税等为主体的户部钱的征集也愈来愈困难,为中

---

① 《唐会要》卷五九《延资库使》,第1201—1202页;并参《册府元龟》卷四八四《邦计部·经费》,第5791—5792页。

央直接掌握的财赋已经少得可怜,乃至于完全不敷分配。《资治通鉴》卷二五三载僖宗广明元年(880)六月宰相卢携、豆卢瑑上言:

> 大中之末,库府充实。自咸通以来,蛮两陷安南、邕管,一入黔中,四犯西川,征兵运粮,天下疲弊,逾十五年,租赋太半不入京师,三使、内库由兹空竭,战士死于瘴疠,百姓困为盗贼,致中原榛杞,皆蛮故也。①

说明自懿宗咸通对南诏用兵后,中央财源已濒于枯竭。此后唐朝再经黄巢农民起义,形势更加急转直下。光启元年(885)以后,"国命所能制者,河西、山南、剑南、岭南西道数十州。大约郡将自擅,常赋殆绝,藩侯废置,不自朝廷,王业于是荡然"。中央政府的经济在此形势下面临全面崩溃,"三司转运无调发之所"②,以除陌钱、茶钱等为主体的户部钱,至此也已名存实亡。

四 小结

以上,对于唐中期以后户部司机构的变化以及户部钱的建置使用等诸问题进行了初步的探讨。不难看出,掌握户部钱的"判户部"一

---

① 《资治通鉴》卷二五三广明元年,第8227页。
② 《旧唐书》卷一九下《僖宗纪》光启元年三月、四月,第720—721页。

使及户部司在财政三司中具有极其重要的地位,而以除陌钱、阙官俸料和榷茶税收等组成的户部钱,作为唐中央政府可以直接并随时调动的一项"别贮",无论是用于维持政府机构的日常用度和官员俸禄,还是和余救灾,乃至军事费用的紧急支出,都起了不可忽视的作用。因而,尽管户部钱与度支钱和盐铁钱不是上供收入最多的部分,却是完全用于朝廷开支,也是唐中央政府最能够把控的一项财赋,财政三司中,如缺少了户部一项,则是不可想象的。

因此,户部钱是完全为唐中央政府所掌握,以保障朝廷日常运转的最重要经费来源。随着唐后期形势紧张化和正税收入的不断减少,唐朝廷对于户部钱的依赖性愈来愈大,控制愈来愈严。户部钱作为最重要的财政经费之一,其作用也一直持续至唐末。但随着唐朝统治的崩溃,户部钱与盐铁、度支钱同样,也失去了调发的基础,完全丧失了维持朝廷存在的功能。这一点,并非缘自最初的设计不合理,却是无法避免的趋势。

肆 中唐后财政官制变革刍议

　　唐代中期以后,由财政使职逐渐发展形成的户部、度支、盐铁三司取代了尚书户部而分掌中央财政。这一财政官制的演变,不仅涉及机构本身的调整,也意味着从财政长官的职权到整个系统的理财机能,从对于财赋的经营管理方式到财务人事制度,都发生了一系列深刻的变革。这些变革作为唐宋间社会经济发展形势下的产物,作为当时国家财政经营思想变化的体现,无疑是值得重视的。

一 从尚书省户部到使职理财

唐代前期,由尚书户部主掌财政,但自玄宗开元九年派宇文融括田括户开始,设立财政使职,从而代替户部参与理财的情况便多了起来。使职理财与户部理财的不同之处,首先表现在长官及其下属机构职能方面的变化。根据《唐六典》卷三记载,唐初户部设尚书一人,侍郎二人,"掌天下户口井田之政令,凡徭赋职贡之方,经费赐给之算,藏货赢储之准,悉以咨之。"具体职务则交给下属四司。其中户部司负责户口、贡赋、徭役、差科等;度支司主掌国计,"支度国用";金部掌"库藏出纳之节,金宝财货之用,权衡度量之制";而仓部则负责天下仓储"受纳租税、出给禄廪"以及仓粮的转运等工作。每司都设郎中、员外郎数人以主其事。[①]

任务虽然庞杂,但根据这种安排,诸部门官员之间便能做到既各司其职,又互相制约。租税从征敛、送纳、运输、贮藏到支用都必须由诸司共同调度完成,而支配动用任何一项财赋也不得不同时经几个

---

① 陈仲夫点校:《唐六典》卷三,中华书局,1992年,第63—84页。按:唐中央负责财务的部门除户部四司外还有九寺中的太府、司农等寺监。但四司任务主要为"掌政令",寺监则负责具体施行。参见严耕望:《唐仆尚丞郎表》卷一《述制·尚书省之职权及其在行政系统中所居之地位》,中华书局,1986年,第1—3页。

部门之手。如需支用国家左藏库的财货，就不仅要由度支计划，金部出纳，而且还要经过它的直接保管部门九寺中的太府寺左藏署。不仅部门间是如此，就以户部的长官尚书侍郎来说，尽管有明文规定，似乎各项财政事务都需向其请示，但事实上，他们个人却没有支配决定权。由于户部是六部之一，通过尚书都省受宰相的直接领导，财赋出入等事不但要由度支作账，而且要知会宰相，户部长官及其下属充其量不过是奉行中央政府统一命令而完成日常性工作的机器。因此，户部长官虽有理财的名义，却无理财的实质，从严格的意义上讲，户部长官可以说是并无财权的。

此外对于户部官的任命，按照唐制规定，户部尚书正三品、侍郎正四品下，需据官资"以名闻，送中书门下，听制授焉"[1]，其下属郎中、员外郎等，也要由吏部量资注拟，故长官对其下属无任免拣选之权。而唐朝前期在任命户部尚书、侍郎时，大多也并不考虑他们是否有理财的特长。唐制规定六部之中，兵、吏二部为前行，刑、户二部为中行，工、礼二部为后行[2]，所以户部尚书、侍郎常常不过是按照资序递进迁转的官职。也正因为如此，唐代前期就很少有以理财知名的户部长官，如太宗时戴胄、唐俭、刘洎、高履行，高宗时杜正伦、戴至德、许圉师等都任过户部（间称民部或度支）尚书，但诸人声名却无一因理财显。

当然在具体理事的诸司中也有些官职比较重要，如度支郎中。

---

[1] 《唐六典》卷二吏部尚书侍郎条，第27页。
[2] 《唐会要》卷五七《尚书省分行次第》，上海古籍出版社，1991年，第1159页。

《资治通鉴》卷一九五载房玄龄就曾"以度支系天下利害,尝有阙,求其人未得,乃自领之"。胡三省注:"唐制:度支郎中,掌天下租赋,物产丰约之宜,水陆道途之利,岁计所出而支调之,以近及远,与中书、门下议定乃奏,国之大计所关也。"①可见其职事在四司中是至为关键的。即使如此,前期度支郎中之权仍不能和后来的度支使相比。《旧唐书·崔仁师传》曾记载这样一件事:"仁师后为度支郎中,尝奏支度财物数千言,手不执本,太宗怪之,令黄门侍郎杜正伦赍本,仁师对唱,一无差殊,太宗大奇之。"②身为度支郎中的崔仁师虽博得太宗赏识,却也只是靠了他能熟记账目的本领。由此可证在唐前期三省六部制度下,理财官不过循规蹈矩,照章办事,并无创造发挥的余地。

但使职参与理财后,情况却发生了明显变化。据两《唐书》本传和《资治通鉴》等书的记载,宇文融开元九年(721)任括逃、租地安辑户口、劝农等使后,即亲自巡视全国,"赋役差科于人非便者,并量事处分",与此同时,他抛开户部机构,另置十道判官,"括正丘亩,招徕户口而分业之"。在括逃的过程中,"事无大小,先牒上劝农使而后申中书,省司亦待融指挥而后决断"。括逃的结果,不仅得到"客户八十余万,田亦称是"的成绩,而且还有"羡钱数百万缗"直接进

---

① 《资治通鉴》卷一九五太宗贞观十三年,中华书局,1956年,第6143—6144页;并见(宋)王谠撰,周勋初校证:《唐语林校证》卷二《政事下》,中华书局,1987年,第107页。
② 《旧唐书》卷七四《崔仁师传》,中华书局,1975年,第2620页。

献给皇帝。①这说明宇文融已将户部的诸种权力,例如户口、赋役、租税、差科等揽于一身,同时,不通过度支等部门而直接掌管所获财赋,其行动也不再受中书门下宰相统一领导的限制。

宇文融之后,韦坚、杨慎矜、王鉷、杨国忠等人相继以理财进用,"皆兼重使以权天下"②,这种权力集于一身的做法就愈益明显。如天宝中王鉷领户口色役,身兼二十余使,杨国忠最多时凡领四十余职,其中直接间接有关财务者,就有"判度支""权知太府卿事""两京太府、司农出纳、监仓……"等。③陆贽曾经评论度支与太府这两个部门的关系说:"总制邦用,度支是司;出纳货财,太府攸职。凡是太府出纳,皆禀度支文符,太府依符以奉行,度支凭按(案)以勘覆,互相关键,用绝奸欺。"④互相关键的诸项职务既完全被集中在一起,则财赋出入彼此牵制、"互相关键"的原则也就自然而然被打破了。

事实上自开元、天宝以后,使职对于财赋自行支配经营的特点已经体现得十分突出。如宇文融用括逃税丁为羡钱,曾"上表请用《禹贡》九河旧道,开稻田以利人,并回易陆运本钱,官收其利"⑤。

---

① 参见《新唐书》卷一三四《宇文融传》,中华书局,1975年,第4557—4558页;《旧唐书》卷一〇五《宇文融传》,第3217—3219页;《资治通鉴》卷二一二开元九年,第6744—6745页。
② 《唐会要》卷八七《转运盐铁总叙》,第1822页。
③ 《资治通鉴》卷二一六天宝十一载三月、十一月条及胡注,第6910、6915页。
④ 王素点校:《陆贽集》卷二一《论裴延龄奸蠹书一首》,中华书局,2006年,第671—672页。
⑤ 《旧唐书》卷一〇五《宇文融传》,第3221页。

《新唐书》本传说他"居宰相凡百日去,而钱谷亦自此不治"[①]。裴耀卿改革漕运后,唐中央政府在东南地区推广回造纳布政策,此后理财者,除户口色役的搜刮外,也多专力于此。如韦坚"乃请于江淮转运租米,取州县义仓粟,转市轻货"[②],杨国忠则更令州县"所在粜变为轻货,及征丁租地税皆变布帛输京师"[③]。

而使职搜刮的财赋也常常作为羡余,不入国计。《新唐书》本传说他们"岁进羡缗百亿万为天子私藏,以济横赐"[④],《旧唐书·食货志》更言道:"又王鉷进计,奋身为户口色役使,征剥财货,每岁进钱百亿,宝货称是。云非正额租庸,便入百宝大盈库,以供人主宴私赏赐之用。"[⑤]也正因为如此,使职进身便无须再经过论资排辈、选叙迁除的寻常途径。以宇文融为首的开元、天宝使职,几乎无一例外的出身不高且位卑资浅,如宇文融本人最初仅监察御史,杨国忠乃所谓"刀笔吏",但凭借经营财富的本领不数年就专掌财政,以至宰相。而由于重视经营之道,故当时甚至专事聚敛勾剥的理财世家也应运而生。《旧唐书·食货志》同卷还言道:

> 时又杨崇礼为太府卿,清严善勾剥,分寸锱铢,躬亲不厌。转输纳欠,折估渍损,必令征送。天下州县征财帛,四时不止。及老病致仕,以其子慎矜为御史,专知太府出纳,其弟慎名又专

---

① 《新唐书》卷一三四《宇文融传》,第4559页。
② 《旧唐书》卷四八《食货志》,第2086页。
③ 《资治通鉴》卷二一六天宝八载春二月,第6893页。
④ 《新唐书》卷一三四《韦坚、王鉷等传》赞,第4567页。
⑤ 《旧唐书》卷四八《食货志上》,第2086页;下引文同。

知京仓,皆以苛刻害人,承主恩而征责。

此外,从宇文融置诸道判官开始,诸使也都自置僚属。如韦坚"转运江淮租赋,所在置吏督察",王鉷领户口色役使,"近宅为使院"①,这些判官属吏的任免显然也都不必经过吏部,而使职考虑任用他们的标准和依据则主要是才能。如宇文融所奏十道判官二十九人,多为任实职而有干能的县尉或州县录事参军等,"皆当时名士,判官得人,于此为独盛"②。使职及其判官属吏,开始形成一支新的专门理财队伍。

二 分掌制下财政使职职权与功能变化

安史之乱以后,使职理财的制度逐渐固定下来。永泰、大历之初(765—766),由刘晏、第五琦掌领的度支(也称判度支)及诸道盐铁转运二使财赋分掌制正式施行。③贞元八年(792)因班宏、张滂分任,二使职名及以地域划分的财赋分掌制度更趋成熟。④加上贞元四

---

① 《旧唐书》卷一〇五《韦坚、王鉷等传》,第3222、3230页。
② 《唐会要》卷八五《逃户》,第1851—1852页。
③ 第五琦、刘晏始行分掌制度的时间,据《册府元龟》卷四八三《邦计部·总叙》,《唐会要》卷八七《转运使》及同书卷八八《盐铁使》,并参严耕望:《唐仆尚丞郎表》卷一四《辑考四附考下·盐运》刘晏条,第789—795页。
④ 《旧唐书》卷一二三《班宏传》,第3519—3520页;《唐会要》卷八四《两税使》,第1835页。

年判户部一使的成立①,遂使财政三使分理财赋成为唐后期的常规。在此期间,财政官职能和权限的变化更为显著,尤表现在以下三个方面:

(一)主持财政事务及对财经政策、法令的建议决策和监督实施

使职作为财政长官,不仅躬亲理财、主持负责甚或直接处理理财过程中所发生的各类具体问题,而且对于国家重大财经政策、法令措施也有建议制定和监督实施的全权。

与开元、天宝中的使职一样,安史之乱后的度支、诸道盐铁转运等使,不再像原来的户部尚书、侍郎那样,仅仅领导郎中、员外郎十数人的机构,按照律令格式的死板程式,来完成一般财政事务;而是负有理财重任,身兼多种实职,如判度支、租庸(两税)、盐铁、转运、青苗、铸钱等使(以后职名简化,许多职务不再标明),这些职务标志着他们在财务税收的各个领域内有着直接指挥和统一调配的全权。而作为财政长官,为了掌握全局和取得实效,常常需要深入实际,调查研究,体察下情和亲自处理许多问题,如刘晏领使,不但"小大之政,必关于虑;出入农里,止舍乡亭;先访便安,以之均节",而且"自案租庸。至于州县否臧,钱谷利病之物,虚实皆得而知"。②又如比刘晏低一级的官员,肃、代时期曾任江西道租庸盐铁

---

① 《新唐书》卷五五《食货志五》,第1401页;《唐会要》卷五八《户部侍郎》贞元四年二月条,第1187页。
② 《全唐文》卷四一一《授刘晏吏部尚书制》,中华书局,1983年,第4212页;《唐会要》卷八七《转运盐铁总叙》元和十三年王播奏,第1888页。

等使的裴倩,权德舆作墓志铭说他曾"四颛使车,连佩数印,督课郡国,调其盈虚。吏禄兵食之仰给,输将转漕之回远,法钱牢盆之制,田租口赋之差,权其轻重,商其功利;察下人之疾苦,廉长吏之善否,车不辍靷,有劳于时"。①这种自上而下,躬亲职事而身体力行的作风,自然也影响到后来继任者,成为唐后期财政使职的重要特点之一。

在躬亲理财的同时,财政使职职权之所在,还往往必须就国家财经大政方针不失时机地提出建议,可以据以证明的是唐后期有不少财经政策、法令措施都是经使职提议和付诸实施的。如曾被学者称为中央财政两大支柱之一的盐铁专卖,就是由度支盐铁使第五琦"初变盐法""尽榷天下盐"而始作,继而盐铁转运使刘晏"上盐法轻重之宜"②,改革推广至于全国的。以后的度支或诸道盐铁转运使,对于盐法的贯彻推行也多有贡献。如顺宗时,度支兼诸道盐铁转运使杜佑"重奏盐法",宪宗元和初,盐铁使李巽又针对"榷盐法大坏"的局面"大正其事",进行整顿。③

而在贯彻改革盐法的过程中,涉及盐价的调整、常平盐的设施、盐的行销范围、处置私盐的法令等,都无不是出自使职。如元和六年度支使卢坦提出将河中盐放入兴元府、洋、兴、凤、文、成六州界粜货,以解决当地食用不足的问题④,这一做法以往被学者视为后

---

① 郭广伟校点:《权德舆诗文集》卷一七《唐尚书度支郎中赠尚书左仆射正平节公裴公神道碑铭》,上海古籍出版社,2008年,第261页。
② 《新唐书》卷五四《食货志四》,第1378页。
③ 《唐会要》卷八七《转运盐铁总叙》,第1887页。
④ 《唐会要》卷八八《盐铁》,第1903页。

代引岸制度的始基。又如盐价,第五琦初定为每斗钱百一十,后因建中战争暴增。但至顺宗时,杜佑领使"始减江淮盐价,每斗为钱二百五十,河中两池盐,斗钱三百"。至宪宗元和中讨伐淮西时,"度支使皇甫镈加剑南东西两川、山南西道盐估以供军"。[①]可见无论池盐、海盐抑或井盐榷价,常常都是由使职根据情况进行调整的。

除盐法之外,茶、酒等专卖法也大体都由使职制定。另外从文献记载看,一些特别重要的经济改革政令措施的起草,中央更是明确委于使职。如宪宗时两税法改革方案虽出自宰相裴垍,但具体条令皆"俾有司奏请厘革"[②]。《唐会要·两税使》载元和四年(809)六月敕称:"两税法总悉诸税……度支盐铁、泉货是司,各有分巡,置于都会,爰命帖职;周视四方,简而易从,庶协权便,政有所弊,事有所宜,皆得举闻。"[③]是两税的监督执行权也全委度支、盐铁使司及其所属地方机构。

又如从两《唐书·食货志》记载的有关钱货铸造诸法看得出,唐前期法常因宰相而定,如开元五年(717)宋璟知政事,奏请一切禁断恶钱;后宰相张嘉贞"驰其禁"。又开元二十二年中书侍郎张九龄知政事,奏请不禁铸钱,事下百官议,为宰相裴耀卿等反对而事不行。乾元以后却多出自使职,如乾元元年(758)、二年第五琦铸乾元重宝及重轮乾元钱;建中元年(780)户部侍郎判度支韩洄请停罢江淮七监;贞元九年(793)诸道盐铁转运使张滂奏禁销铜为器;贞元十四年李若初奏请恢复钱币流通,任商贾以往来;元和三年盐铁使

---

① 《新唐书》卷五四《食货志四》,第1378—1379页。
② 《唐会要》卷八三《租税上》元和四年十二月条,第1822页。
③ 《唐会要》卷八四《两税使》,第1835—1836页。

李巽请置桂阳钱监；等等。特别唐后期钱重货轻的矛盾日益尖锐，元和三年六月诏"欲著钱令出滞藏，加鼓铸以资流布"，元和六年二月制"公私交易，十贯钱已上，即须兼用匹段"，其具体条令措施也都是"委度支、盐铁使及京兆尹，即具作分数，条流闻奏"。此后著名的"许令商人于三司任便换见钱"的"飞钱"制度也是在元和七年由户部、度支、盐铁三使共同奏行的。①

以上，可以证明使职对于国家财政方针政策的制定是有着相当大的决策权的。

（二）对财赋的掌管及调动经营和使用支配

在分掌财赋制度下，使职对于所部财赋开始有了明确的主管经营权和较大程度上的支配权。唐代后期，财政使职的一项中心任务便是尽一切可能为中央政府开拓财源，敛集财赋。围绕这一中心任务，使职所采取的方法一方面当然是开创新税，包括专卖税和临时增加的各种杂税。如建中战争时期，户部侍郎判度支赵赞请税间架、算除陌、置常平轻重本钱，"阅商人财货，计钱每贯税二十文。天下所出竹、木、茶、漆，皆十一税之"②，即属此类。但另一方面，也是更为经常性的，就是在征敛财赋的过程中转换经营。例如两税是"定税之

---

① 《旧唐书》卷四八《食货志上》，第2096—2103页；《新唐书》卷五四《食货志》，第1384—1389页。内李巽初事并见《册府元龟》卷五〇一《邦计部·钱币三》，中华书局，1960年，第6001页。
② 《新唐书》卷五二《食货志二》，第1353页；《唐会要》卷八四《杂税》，第1830页。

数，皆计缗钱；纳税之时，多配绫绢"①，其实就是政府利用绢帛虚实估间的差价经营的一例。

不过两税既由地方官府征收运送，通过度支判入国计，所以能够由度支使经营的余地不多。相比之下，其他专卖税收，特别是盐税，由于种种原因，可经营的成分就大多了。所以，负责东南盐铁漕运的盐铁转运使对于财赋的经营权体现得更为明显。以刘晏为例，刘晏在盐铁官营中首创商销之法，目的还不仅仅是通过商人来扩大征税面。《新唐书·食货志》称："刘晏盐法既成，商人纳绢以代盐利者，每缗加钱二百，以备战士春服。"②唐朝安史之乱后丧失了绢帛的重要产区之一河北，使朝廷对于绢帛的来源深感困难。刘晏盐法对于商人纳绢代利采取鼓励的政策，实际上便是借助商人经销食盐的过程转换取得政府所需要的物资，解决由于战争所造成的绢帛严重匮乏问题。此即所谓的均输。史载刘晏深通均输之道，还有其他一些做法："至湖峤荒险处，所出货皆贱弱，不偿所转，晏悉储淮、楚间，贸铜易薪，岁铸缗钱十余万。"③这应当说是盐铁使利用盐利进行商业性经营的最好例证。

在转换经营的同时，盐铁使对于盐利的使用也有了相当的支配处置权。如刘晏首创以盐利为漕佣的制度，"自江淮至渭桥，率十万斛佣七千缗，补纲吏督之，不发丁男，不劳郡县，盖自古未之有也"④。这个漕佣的数量由盐铁使自行决定。后来运粮数减少，与漕

---

① 《陆贽集》卷二二《均节赋税恤百姓六条》，第725页。
② 《新唐书》卷五四《食货志四》，第1379页。
③ 《新唐书》卷一四九《刘晏传》，第4796页。
④ 《唐会要》卷八七《转运盐铁总叙》，第1883页。

上编/三司、财政与使职　　117

佣多少直接有关，可见并不固定。

漕佣之外，还有造船。《资治通鉴》卷二二六建中元年：

> 晏于扬子置十场造船，每艘给钱千缗。或言"所用实不及半，虚费太多"。晏曰："不然，论大计者固不可惜小费，凡事必为永久之虑。今始置船场，执事者至多，当先使之私用无窘，则官物坚牢矣。若遽与之屑屑校计锱铢，安能久行乎！异日必有患吾所给多而减之者；减半以下犹可也，过此则不能运矣。"其后五十年，有司果减其半。及咸通中，有司计费给之，无复羡余，船益脆薄易坏，漕运遂废矣。①

说明造船费用自刘晏始也一向由盐铁转运使司决定数量以支给，给付多少则直接关乎运船的质量。另外，刘晏还常以盐利盈余办常平事业，用于救灾需要。如《新唐书》本传引陈谏著《刘晏论》，说他对于"常岁平敛，荒年蠲救"之道，"尤能时其缓急而先后之"。"每州县荒歉有端，则计官所赢，先令曰：'蠲某物，贷某户。'民未及困，而奏报已行矣。"而《旧唐书·刘晏传》也言及李灵耀之乱，"河南节帅所据，多不奉法令，征赋亦随之；州县虽益减，晏以羡余相补，人不加赋，所入仍旧，议者称其能"。②据此则无论蠲免救助抑或以丰补歉也完全凭使职个人周转调度。另外两传还都记载了这样

---

① 《资治通鉴》卷二二六建中元年，第7287页。
② 《新唐书》卷一四九《刘晏传》，第4798页；《旧唐书》卷一二三《刘晏传》，第3514—3515页。下引文分见两书第4796页、3515页。

的事情:"自江淮茗橘珍柑,常与本道分贡,竞欲先至,虽封山断道,以禁前发,晏厚赀致之,常冠诸府,由是媢怨益多。馈谢四方有名之士无不至,其有口舌者,率以利啖之,使不得有所赀短。"更可证明在钱帛的支配使用问题上,盐铁使是个人说了算的。

应当说,使职在征集财赋过程中的主管经营权是分掌制从一开始就规定和承认了的。因为在永泰、大历之初第五琦和刘晏初行分掌制时,即明确规定了东西二使按地域划分,对于"天下财赋始分理焉"①;贞元八年,当度支使班宏与诸道盐铁转运使张滂又一次恢复分掌制时,再度宣告两税等钱物以东渭桥为界为二使分别主之。②此外贞元四年宰相李泌始建"户部除陌钱"和"户部别贮钱",此项钱物后也成为户部使(也称"判户部")所专掌的财赋。③

所以尽管在原则上,各使职所掌财赋作为国有仍需纳入计划,服从中央政府的需要和调遣,如大历中居国赋之半的盐利,"宫闱服御、军饷、百官禄俸皆仰给焉"④,但使职既被允许经营、可以在一定的范围内进行适当的调整安排,当然也就无异于有了灵活运用财赋的"赢缩"之权。特别贞元十年以后,由于"裴延龄专判度支,与盐铁益殊途而理矣"⑤,使职各自经营、分主财赋的界限就益为

---

① 参见《册府元龟》卷四八三《邦计部·总叙》,第5769—5770页;《旧唐书》卷一一《代宗记》,第282页。
② 《唐会要》卷八四《两税使》,第1835页。
③ 《旧唐书》卷一三《德宗纪下》,第364页;《新唐书》卷五五《食货志五》,第1401页。
④ 《新唐书》卷五四《食货志四》,第1378页;《唐会要》卷五八《户部侍郎》,第1187页。
⑤ 《唐会要》卷八七《转运盐铁总叙》,第1886页。

明确。此后的一个时期，盐铁使所掌盐利很大程度已不入度支，而完全由盐铁使个人支配。由于这样做严重损害了唐中央政府的利益（详后），故宪宗元和初度支盐铁使李巽改革，便强调所收盐价缗钱"其数除为煮盐之外，付度支收其数"①，也即确定了盐利完全纳入国计，由中央统一调度的原则。这个原则后来虽被执行且对使职有所限制，但由于并没有改变财赋出入仍直接由使职经手负责的状况，也就不可能完全取消使职的上述权力。唐后期关于使职各类经营活动的记载虽不甚多，但我们对于这一点仍然能够肯定。一个强有力的证据是，诸使对于"羡余"的经营几乎是贯穿于整个唐后期而历久不衰的。

羡余者，顾名思义，是应纳赋税额之外多余的部分。经营羡余并以此作为名义向皇帝额外进奉财物如前所述是始自开元、天宝。以后使职由于仍能因擅长此道而进用，故这种做法即更为普遍。特别德宗一朝，诸使与地方曾竞相进奉，盛极一时。时度支创"别库"，盐铁有"月进"，户部也有自己的进献制度。②永贞、元和初，诸如此类虽都明文取消，但时值不久，进献制度即又全都恢复。《资治通鉴》卷二四一元和十四年（819）载称："自淮西用兵以来，度支、盐铁及四方争进奉，谓之'助军'；贼平又进奉，谓之'贺礼'；后又

---

① 《唐会要》卷八七《转运盐铁总叙》，第1887页。
② 关于"别库""月进"事见《新唐书》卷七《顺宗纪》贞元二十一年二月乙丑"罢盐铁使月进"，第206页；《旧唐书》卷一三五《裴延龄传》，第3720页；《唐会要》卷五九《度支使》永贞元年八月条，第1193页。户部进奉见《新唐书》卷一五二《李绛传》，第4841页。

进奉，谓之'助赏'；上加尊号又进奉，亦谓之'贺礼'。"[1]进奉的钱物当然仍是出自所谓"羡余"。以后文宗时盐铁使王播曾岁进钱百万缗，也属此类。[2]

羡余既可作贡献，又常常被说成是"税外方圆"，当然不纳国库。但它的来源是什么？对此，元稹在《钱货议状》一文中早已提出过质问。他针对"又国家置度支转运已来，一则管盐以易货，一则受财以轻费。近制有年进、月进之名，有正至三节之献"的现象提出："彼（按：指度支盐铁使）之管盐有常也，受财有数也，此又何从而得之？"[3]从《旧唐书·王播传》揭露他"于铜盐之内，巧为赋敛，以事月进，名为羡余，其实正额"来看[4]，这个问题已经得到了解答，即所谓羡余都不过是巧立名目的正入而已。但度支、盐铁使等既能够将正入"变"作羡余，说明他们在经手财赋的过程中是有着相当大的回旋调配余地的。

（三）使职对其下属机构官吏的派设任用与举荐选拔

辟举制的实行，尤使长官的举荐用人权得以充分体现。与唐代前期户部长官并不强调才能相反，唐中期以后，朝廷对理财官的选任却极重才干。从第五琦、刘晏等任职开始，财政使职不仅本人常常以精明强干、擅长理财闻名，他们所领导的机构在贯彻执行政令方面也

---

[1] 《资治通鉴》卷二四一元和十四年，第7770页。
[2] 《新唐书》卷一六七《王播传》，第5117页。
[3] 冀勤点校：《元稹集》卷三四《钱货议状》，中华书局，1982年，第396页。
[4] 《旧唐书》卷一六四《王播传》，第4277页。

以雷厉风行的办事效率而著称。《旧唐书》卷一二三《刘晏传》即说到他通过巡院,能够使"四方之物价,虽极远不四五日知",与此同时还说道:"其部吏居数千里之外,奉教令如在目前,虽寝兴宴语,而无欺绐,四方动静,莫不先知,事有可贺者,必先上章奏。"①此外同卷《李巽传》也说道:"巽持下以法,吏不敢欺,而动必察之。""巽精于吏职,盖性使然也。虽在私家,亦置案牍簿书,勾检如公署焉。人吏有过,丝毫无所贷,虽在千里外,其恐栗如在巽前。"在唐代后期的财政使职中,刘晏和李巽的行事作风是颇具代表性的。事实上从上述事迹所反映出他们作为财政长官的廉察干练,其机构属吏的指挥如一、令行禁止都已被看成是使职所特具的优点之一。而所以能如此,与这个系统内体现长官权威的辟举用人制是分不开的。

根据文献记载,唐朝财政官系统内的举荐用人制度最初是伴随安史之乱,中央向地方分遣租庸使和租庸从事,以及由于实行榷盐、使职在地方设置专卖机构而开始的。《旧唐书·韦伦传》载其曾因度支使第五琦荐"有理能"拜商州刺史、充荆襄等道租庸使。②又刘禹锡撰崔倰神道碑铭也提到:"会第五丞相以善言利得幸,尽付利权,始有盐铁使之目。慎选僚属,表公为介。""韩晋公时为户部侍郎,掌邦赋,急于用材,荐公为监察御史,主河东租庸之务。"③

---

① 《旧唐书》卷一二三《刘晏传》,第3515页;下引文见同卷《李巽传》,第3522页。
② 《旧唐书》卷一三八《韦伦传》,第3781页。
③ 《唐故朝散大夫检校尚书吏部郎中兼御史中丞赐紫金鱼袋清河县开国男赠太师崔公神道碑铭》,《刘禹锡集》整理组点校,见卞孝萱校订:《刘禹锡集》卷三《碑中》,中华书局,1990年,第38—39页。

举荐或直接由使职署置属吏的做法在刘晏任职期间更得到了大力推广。《新唐书·刘晏传》称："初，晏分置诸道租庸使，慎简台阁士专之。时经费不充，停天下摄官，独租庸得补署，积数百人，皆新进锐敏，尽当时之选，趣督倚办，故能成功。"①这些"新进锐敏"，一部分在大历初作为盐铁转运使刘晏向东南诸道派遣的"留后"（按：也称"转运留后"），如韩洄就是因刘晏"盛选从事，分命四方"而任为"屯田员外郎兼侍御史，知扬子留后"的。②另一部分则被安插到盐铁使各级专卖组织中去。这些组织便是刘晏设立的十监、四场和十三巡院。唐代后期，院场监组织作为度支、盐铁的地方派出机构伸向全国各地，从贞元八年陆贽关于水运脚价的奏议中可知道，当时巡院已发展到西北沿边。③而后来沈亚之《学解嘲对》一文也曾道及东南"自渭以东，督稽之官凡四十七署，署吏不下百数，岁费钱十千万为大数"的情形④，足见从南至北整个财政组织已逐渐发展得规模极其庞大。

对于这个组织，后来的财政使职也和刘晏同样，一方面拥有对它的派设权，即可以就机构本身进行某些调整，并根据需要奏请增设、

---

① 《新唐书》卷一四九《刘晏传》，第4795页。
② 《权德舆诗文集》卷二〇《唐故大中大夫守国子祭酒颍川县开国男赐紫金鱼袋赠户部尚书韩公行状》，第312—313页。
③ 《陆贽集》卷一八《请减京东水运收脚价于缘边州镇储蓄军粮事宜状》，第590页；《资治通鉴》卷二三二德宗贞元八年八月条及胡注，第7535页。关于巡院、留后等的派设并详见[日]高桥继男：《劉晏の巡院設置について》，载《集刊東洋学》28号，1972年，第1—26页。
④ 《沈下贤集》卷三《杂著·学解嘲对》，商务印书馆《四部丛刊初编》本。

裁撤或升降级别。如长庆元年（821）三月盐铁使王播奏"扬州、白沙两处纳榷场，请依旧为院"①，就是盐铁使要求将已经降格为场的巡院重新恢复的例子；又如同卷长庆四年五月敕，"东都、江陵盐铁转运留后并改为知院者，从盐铁使王涯请也"，也是根据盐铁使的建议裁撤了作为盐铁转运中心的留后院，改为一般的巡院。

另一方面也是更为重要的，就是使职对于这个组织的各级官吏仍旧有着选拔任用的人事权。因为在这个组织内，从较高级的官员度支、盐铁副使与留后，到一般的官吏甚至"微冗散职"，几乎都无不是通过举荐或由使职直接辟署而任职的。例如顺宗时盐铁副使潘孟阳，是"杜佑判度支，奏以自副"②，宪宗时王播则由"李巽领盐铁、奏为副使"③。刘禹锡作《子刘子自传》述父刘绪："后为浙西从事（按：时王纬以浙西观察使领盐铁），本府就加盐铁副使，遂转殿中，主务于埇桥。"④元稹撰《李立则知盐铁东都留后敕》也有："敕：李立则：国有移用之职曰转运使，每岁传置货贿于京师。其大都要邑之中，则委吏以专留事，瀍洛之间，盖其一也。"⑤留后与副使平级，是盐铁使设在各个转运中心要地的代表。这个制中的内容还表明，李立则的东都留后就是盐铁使柳公绰举荐的。

唐代后期，度支、盐铁、户部三使在中央的使司或使院设判案官

---

① 《唐会要》卷八八《盐铁》，第1904页；下引文见1905页。
② 《新唐书》卷一六〇《潘孟阳传》，第4972页。
③ 《旧唐书》卷一六四《王播传》，第4276页。
④ 《刘禹锡集》卷三九（原《外集》卷第九）《子刘子自传》，第590页。
⑤ 《元稹集》卷四八《李立则检校虞部员外郎知盐铁东都留后》，第524页。

（简称判官）、巡官和推官。判官的地位较高，多由使职自尚书诸司郎中、员外郎中选择差判，奏请充职。①巡官和推官则也多由使职表荐或辟署。如刘晏侄孙刘潼，"（杜）悰判度支、表为巡官"②，王凝则"崔璪领盐铁、辟为巡官"③，李德裕兄子从质，盐铁使柳仲郢"取为推官"。巡官与推官也常被使职派出巡察或鞫狱，作知（巡）院官，如李从质被派知盐铁苏州院。④文宗时，姚勖也以盐铁推官知河阴院。⑤

至如一般的地方知院官与监官之类，刘晏任使时，即"搜择能吏以主之"⑥。唐后期，朝廷对巡院官和监官常假以御史、员外郎之衔，对他们的任命虽名义上也由敕除，但实际却是根据使职的意见作安排。类似的例子不胜枚举，如宣宗时韦宗立被授以检校仓部员外郎知盐铁卢寿院之职，敕书中明确说到任命敕书是出自盐铁使裴休对他"清白处己、勤慎奉公"的力举。⑦《太平广记·陈通方》一则，说他曾被盐铁使王播"署之江西院官，赴职未及其所，又改为浙东院。

---

① 参见《唐会要》卷五九《户部员外郎》会昌元年二月条中书门下奏（第1195—1196页）。奏中对于判案官选派，要求户部、度支"悉令本司郎官分判"，并"委中书门下选择与公务相当除授"，但如"本行员数欠少"，也允许于其他诸行内选择。
② 《新唐书》卷一四九《刘晏传》，第4800页。
③ 《旧唐书》卷一六五《王凝传》，第4299页。
④ 《旧唐书》卷一六五《柳仲郢传》，第4307页。
⑤ 参见《册府元龟》卷四六九《台省部·封驳》，第5592页。按：《旧唐书》卷一六八《韦温传》姚勖职作判官（第4379页），恐有误。
⑥ 《唐会要》卷八七《转运盐铁总叙》，第1884页。
⑦ （唐）：杜牧《樊川文集》卷一九《韦宗立授检校仓部员外郎知盐铁卢寿院等制》，上海古籍出版社，1978年，第286—287页。

仅至半程，又改为南陵院。如是往复数四，困踬日甚"①。由此可见使职署置调配院官权力之大。顾况《嘉兴监记》，也专门提到那里的监官是由"大臣奉法，为事选人，拔其贤干，升于宪署，以宣原隰光华之宠"，还说由于这样做，"趋其署者，如好鸟之栖茂林。相国刘公尝以大监小州不相若也，故其职员不忝乎爵秩，其刀布必倍于租入"②。嘉兴监在东南十监中居首，顾况的记载，说明监官的选拔任免乃至爵秩升迁，也完全由使职而定。

至于场官以下，及常所说盐铁院、监胥吏，则一般被视为"贱品"，不仅可由盐铁使，甚至也可由留后或院、监官直接署置。如四场之一的杭州场，位于"鱼盐大贾所来交会之地，每岁官入三十六万千计"。沈亚之《杭州场壁记》提及其场官韦子谅，"官始县主簿，有能名，及秩谢当归，是时尚书职方郎中崔稜为扬子留后使，闻其行，遂邀署之"③。又如顺宗时潘孟阳为盐铁副使兼留后，巡省江淮租赋，至盐铁院，"广纳财贿，补吏职而已"④。由此，在整个财政系统内，从上到下实行长官决定任命的举荐辟除制是显而易见的。

集权的官僚体制下，属吏既为长官举荐任免，当然也难免造成任人唯亲的状况。但辟举制的前提是朝廷对于财政使职机构官员责其成效。因此，被选任者就不能不多是真具理财特长的人。两《唐书·刘晏传》说他对于"权贵干请，欲假职仕者"，虽"厚以廪入奉

---

① 《太平广记》卷二六五《陈通方》，中华书局，1961年，第2074—2075页。
② 《文苑英华》卷八〇八《嘉兴监记》，中华书局，1966年，第4269页。
③ 《文苑英华》卷八〇七《杭州场壁记》，第4268页。
④ 《旧唐书》卷一六二《潘孟阳传》，第4239页。

之，然未尝使亲事，是以人人劝职"。而按照他的标准，为唐朝培养了一支人才济济的理财队伍，"其所领要务，必一时之选，故晏没后二十余年，韩洄、元琇、裴腆、包佶、卢徵、李衡继掌财赋，皆晏故吏"。①这些人由于在理财中能够贯彻刘晏的原则，所以作为属吏曾使刘晏指挥起来得心应手，以后作为长官，对于维系中央财政也起到很大的作用。

不仅如此，由于刘晏的用人准则对继任者也颇有影响，所以后来由举荐而升迁的人中不少仍是优秀人才。如李若初，"事晏为微冗散职"，为晏判官包佶所重，后也成为有名的理财家。②又如程异，曾坐王叔文事贬职，元和初盐铁使李巽"荐异晓达钱谷，请弃瑕录用，擢为侍御史，复为扬子留后"，以后升为盐铁使。③类似这种例子，唐后期是很多的。相反，由于理财系统体现的"专业性"越来越强，一些没有实际经验和才能的人，便常常不被录用。如盐铁使柳仲郢反对宣宗用医工为场官，认为"医工术精，宜补医官；若委务铜盐，何以课其殿最！"④文宗时还特别规定，盐铁户部度支三使下监院官，"使虽更改，官不得移替，如显有旷败，即具事以闻"⑤。更是试图从制度上保证不因使职好恶用人而出现"一朝天子一朝臣"的状况。

唐代后期，理财官系统如前所述已发展的势力规模极其雄厚庞

---

① 《新唐书》卷一四九《刘晏传》，第4795页；《旧唐书》卷一二三《刘晏传》，第3515页。
② 《旧唐书》卷一四六《李若初传》，第3965页。
③ 《旧唐书》卷一三五《程异传》，第3738页。
④ 《资治通鉴》卷二四九宣宗大中九年，第8058页。
⑤ 《唐会要》卷八八《盐铁》开成二年十月敕，第1906页。

大。《新唐书·食货志》就曾经言道："自江以南，补署皆剌属院监。"①由于在这个系统内，选人和升迁主之于长官而不必徇常规经吏部，且不重官资而重才干，所以理财官常常可以从多种人士中选拔。在他们之中，不仅有初"解褐"的明经、进士，也有无出身的流外冗员胥吏；不仅有曾厕身朝列，或为天子亲假郎官、御史衔的朝廷要员，也有名虽隶于州县，职却系于转运的丞尉簿录等。此外，从崔敖《大唐河东盐池灵庆公神祠碑碑阴记》记载的贞元十三年度支河中院立碑官员名录②，更可证明在这个系统之内，不仅有着以散、试、检校等各种名义充职领事的现任官，还有着相当多的前资待选人员。这给理财官的选聘无疑提供了非常广阔的来源，同时也给各阶层人士提供了发挥才能与仕进升迁的一条现实出路。

三 财政使职职权变化的背景与原因

以上，论述了在唐后期新的财政体制之下，理财官员在职能方面所发生的变化。通过这些变化，特别是使职在财赋经营权和机构人事权方面的变化，不仅反映出财政长官职权的扩大，也体现了整个中央财政系统独立性、能动性的增强。那么，为什么会出现这种情况呢？我以为就社会政治经济发展变化这一因素来说，主要包括以下三点：

---

① 《新唐书》卷五三《食货志三》，第1370页。
② 《金石萃编》卷一〇三《大唐河东盐池灵庆公神祠碑碑阴记》，中国书店，1985年。

第一，是财赋供求之需与经营思想变化。开元中期以后，由于经济发展和各种消费的增长，整个社会供求关系已经发生了变化。一方面，唐朝中央政府人员编制的迅速膨胀、边境战争的日益扩大以及由于承平日久，从皇室至民间奢侈享乐之风的增长，都使财赋的重要性和需求量与唐朝初年不能比并。另一方面，大规模土地兼并的发展，使得均田制迅速破坏，仅仅依仗所谓"有田则有租，有家则有调，有身则有庸"而"任土所出"一成不变的传统租庸调法已完全不能满足需要[1]，在这种情况下，裴耀卿改革漕运，通过扩大商品和税物间的交换与交流，提高了税收，这在政府的财经政策中，已掺入了活跃的因素。安史之乱以后，"大盗屡起，方镇数叛，兵革之兴，累世不息，而用度之数，不能节矣"，所谓"取之有度，用之有节""量其入而出之为用度之数"的"量入为出"之法，更不得不被"量出制入"之法所代替。[2]而在财政主导思想上，守成之道也不能不让位于经营之道。刘晏在盐专卖事业中实行商运商销法后，整个国家财政对于商品经济的依赖成分已越来越大。反映在税收上，由于从数量、品种等各方面都必须以扩大征收为前提，所以不要说是盐税以钱为计，就是后来的两税法，也是所谓"违任土之通方，效算缗之末法""但估资产为差，便以钱谷定税，临时折征杂物，每岁色目颇殊"。[3]国家税收既然已经是这样以贸易和转换经营为手段的经济，则整个理财官系统的职权和理财方式就不能不受其影响而发生变化。

---

[1] 《陆贽集》卷二二《均节赋税恤百姓六条》，第719—720页。
[2] 《新唐书》卷五一《食货志》，第1341—1342页。
[3] 《陆贽集》卷二二《均节赋税恤百姓六条》，第737—738页。

第二，是唐朝廷对东南财赋的依赖和转漕之需。由于唐朝开元、天宝中经费极度缺乏的危机是通过裴耀卿改革漕运而逐步得到缓解的，因而在此之后，中央经济依靠东南已成定局。安史之乱使唐朝财政重心进一步南移，这是当时唐朝廷努力修复漕运和实施盐铁专卖的前提。这两项事业的进行都是为了促进江南经济的活跃。但两项事业之间必须相辅相成，缺一不可：专卖有赖于漕运的畅通而扩展，而漕运则也依靠固定的专卖收入以维持，此即《唐会要》所谓刘晏以"盐铁兼漕运""始以盐利为漕佣"的道理。[①]除了漕运之外，唐朝中央政府兴办的其他事业，如和籴、常平等，也与盐铁及茶、酒等专卖有直接互利的关系。总之，在新的形势下，各项事业环环相扣，需要有"总均输，变而能通，宏适时之务；居难若易，多济物之心"的财政长官运筹帷幄，周转斡旋[②]，使整个国家财政经济能够自如而有效地运营，这就不能不形成财政使职"食货之重轻，尽权在掌握"的局面。[③]

第三，是中央与地方争夺财赋及监督地方的要求。唐后期中央与藩镇长期对峙的形势之下，唐中央财政与地方财政已经不是完全统一和一体的关系。两者在赋税的征敛分配问题上始终存在着矛盾。为了维持中央集权的利益，巩固其统治，就必须有一为使职所领导，从中央直贯地方，同时又高居于地方各级行政组织之上的专门理财系统机构。这个系统机构一方面承担专卖，要极力防止地方对此项事业利益

---

① 《唐会要》卷八七《转运盐铁总叙》，第1882—1883页。
② 《全唐文》卷四六《授刘晏吏部尚书平章事制》，第503页。
③ 《旧唐书》卷一二三《刘晏传》，第3515页。

的染指瓜分，另一方面作为中央集权的代表，也要对地方官吏在赋税征收分配方面的违法行为实行监督，这就使它不能不被赋予相当的权力且保持相对的独立性；同时如前所述，为了使它保持较高的效率，这个组织在人员任用上，就不能不实行较为灵活的长官辟举制，并以才干作为选拔官吏的主要标准。

总而言之，唐代财政官制的演变，及其在长官权力、理财方式和用人制度上的变革，都是唐后期政治、经济形势下促成的结果，也是社会转折交替之际，适应需要的商品经济获得发展，影响国家财政运营思想发生变化的结果。从总的情况看，这些变革还是较为合理和进步的，其直接效果便是使财政系统真正发挥了理财效能，从而能够维持唐后期百余年的统治，不仅如此，它们对于五代乃至宋以后的社会政治制度，对于其时商品经济的进一步繁荣发展，应当说也都有着积极的影响和作用。

然而尽管如此，财政使职作为中央集权政体下的官制也仍然不是没有缺陷的。上述变化说明，从使职机构脱离了原来与吏、礼、兵、刑、工并列的局面开始，实际上财政权力已经下放，这虽然是必须的，却架空了中书门下的领导，使职与宰相的关系长期以来很难协调。加之最初由于皇帝常常任用私人，不通过宰相，故使职与宰相的矛盾十分突出。[①]唐后期原则上使职应由宰相任命，且宰相兼职理财的情况也越来越多。李巽改革盐法，也强调了盐铁系统作为中央财政机构的统一，但使职权力过重，以及与宰相之间对于财政的领导不能

---

① 见拙文《论唐代财政三司的形成发展及其与中央集权制的关系》，已收入本书。

完全协调一致的问题仍未能完全解决。可见宰相从"事无不统,故不以一职名官"到"常以领他职",不仅是"时欲重其事"[1],也是协调权力的需要。

另外,由于财政权力特别是经营权的下放,使职对于财赋可以灵活支配,其下属机构场监院等也直接掌管财赋;加之经营手段的增加,流通领域的扩大,以及财务出纳手续的不严格等,都使贪贿现象有机可乘。这种情况开元、天宝中已见端倪。至肃、代时期,第五琦判度支,曾将左藏并入百宝大盈内库,由宦官专掌,"天子以取给为便,故不复出。是以天下公赋,为人君私藏,有司不得窥其多少,国用不能计其赢缩"[2],竟成了本末倒置的情形。

刘晏任使时期,虽然为了避免徇私欺罔,实行"检劾出纳,一委士人,吏惟奉行文书而已"的士吏分用制度[3],但他本人用盐利买通关卡,贿赂朝廷官吏,客观上也等于为贪贿之风大开方便之门。所以《资治通鉴》卷二二六有云:"大历以前,赋敛出纳俸给皆无法,长吏得专之;重以元(载)、王(缙)秉政,货赂公行,天下不按赃吏者殆二十年。"[4]德宗以后,这种情况并没有改善多少。"素嫉钱谷诸使颛利罔上",曾经是贞元二年(786)致使崔造提出改易钱谷法的一个主要原因。[5]崔造的改革当然也并未奏效。这从贞元八年张滂攻击度支使班宏的一段话中已经看出,时张滂指责班宏"丧公钱,纵

---

[1] 《新唐书》卷四六《百官志一》,第1183页。
[2] 《旧唐书》卷一一八《杨炎传》,第3420页。
[3] 《新唐书》卷一四九《刘晏传》,第4795页。
[4] 《资治通鉴》卷二二六德宗建中元年九月条,第7289页。
[5] 《新唐书》卷五三《食货志三》,第1369页。

奸吏",还说:"且凡为度支胥吏,不一岁,资累钜万,僮马第宅,僭于王公,非盗官财,何以致是?"①又如前述裴延龄判度支,与盐铁实行"殊途而理"的政策,此后诸使以羡余进奉的问题日益突出。

经营羡余实际上是以权谋私的手段。《新唐书·食货志四》说贞元末李锜"盛贡献以固宠,朝廷大臣,皆饵以厚货,盐铁之利,积于私室,而国用耗屈,榷盐法大坏"②。为此元和初曾一度取消进奉,并将盐利系于度支。元和十三年(818)平定淮西后,更特别重申财务制度。笔者在《唐后期的户部司及户部钱》一文中已谈到其年十月中书门下奏,要求户部、度支、盐铁三使财赋出入严格作账。规定"每年终,各令具本司每年正月一日至十二月三十日所入钱数及所用数分为两状,入年来二月内闻奏,并牒中书门下"③。

但此规定仍未能从根本上解决问题。除了经营羡余,以权谋私的活动承前依然不减之外,史料的记载也说明贪贿之风仍在各级财政组织官吏中盛行,如《旧唐书·卢简辞传》载:"又福建盐铁院官卢昂坐脏三十万,简辞按之,于其家得金床、瑟瑟枕大如斗。昭愍见之曰:'此宫中所无,而卢昂为吏可知也!'"④足见贪污的程度已十分惊人。这种情况在唐朝前期的财政机构官吏中是罕见的。因此扩大经营范围,下放甚至在某种程度上集中财政权力,虽然能够获取更多财赋,但理财环节中官吏各行其是,相互制约能力减弱,也存在着官

---

① 《旧唐书》卷一二三《班宏传》,第3520页。
② 《新唐书》卷五四《食货志四》,第1379页。
③ 《唐会要》卷五八《户部侍郎》,第1188页。
④ 《旧唐书》卷一六三《卢简辞传》,第4270页。

僚体制难以解决的弊病，这是我们在研究唐代财政使职制度时应特别注意的一个问题。

四 小结

正如我在《论唐代财政三司的形成发展及其与中央集权制的关系》一文中所表达的，财政使职取代唐前期的户部理财有其长期的过程，也有其适应经济发展形势的必然性。本文试图从机构与官职设置、分掌制下的职权与功能变化，以及产生变化的原因和背景等方面对财政官制的变革加以具体分析和总结。其中财政长官躬亲理财、主持负责甚或直接处理各类具体事务，对于国家重大财经政策、法令措施的建议决策和监督实施权，分掌制下使职对于所部财赋的调动经营权和较大程度的支配权，乃至对其下属机构官吏的派设任用和举荐选拔权，都是财政使职和整个财务系统不同于唐前期三省制下户部理财的特色。所体现的整个中央财政系统职权的扩大与独立性、能动性的增强，正是与唐后期朝廷与藩镇地方争夺领属地和统治权，以及两税的中央地方三分制相配合的。庞大的使职系统从中央贯穿地方，如触角般深入唐国家的各个财赋领域和权力所到之处，是使国家统治命脉得以延伸和持续的基本保障。并且这个中古后期不断健全的新兴财政官制和理财方式，代表了某些传统理念的变化，在新的社会结构中的存在和融入，作为中古社会变革中不可或缺的一环，对于五代、宋以后国家的影响是不可估量的。

唐后期五代财务勾检制探微

唐代前期国家负责财务勾检审计的部门是刑部的比部司。《唐六典》卷六记比部郎中一人,从五品上;员外郎一人,从六品上;其职"掌勾诸司百僚俸料、公廨、赃赎、调敛、徒役课程、逋悬数物,以周知内外之经费而总勾之"[1]。业师王永兴先生曾在《唐勾检制研究》一书中,借助正史及敦煌文献,详细论述了比部作为领导机构,对于中央诸司及地方诸州、军实行全面勾检的情况。[2]比部的勾检显然是唐前期财务勾检的主体和核心。

但是,唐后期财务勾检体制是否仍复如此?引起我们疑问的正是时隔数纪后,史料对于宋初财务勾检机构完全不同的记载。北宋孙逢吉《职官分纪》在关于三司的设置下有"勾院"一条:

---

[1] 陈仲夫点校:《唐六典》卷六比部郎中员外郎条,中华书局,1992年,第194页。
[2] 王永兴:《唐勾检制研究》,上海古籍出版社,1991年。

> 国朝初三部各有勾院，止本部判官主之。至开宝五年，以盐铁、户部勾院为一院，度支勾院为一院。太平兴国五年合三勾院为一，……大中祥符九年，分勾院为三。时议以三部勾院并为一司，实为繁剧，虽重官为之，徒益事势，于勾稽则愈疏矣。至是复分为三，选才力干敏者为之。①

《宋史·职官志》亦载：

> 三部勾院判官各一人，以朝官充。掌勾稽天下所申三部金谷百物出纳帐籍，以察其差殊而关防之。盐铁院、度支院、户部院勾覆官各一人。②

在宋代国初的中央财务审计部门，已是户部、度支、盐铁三司系统所属的勾院。宋朝的勾检，远较唐代为复杂。据上两书记载，与财务勾检有关的部门，还有陆续设立的都磨勘司、都主辖支收司、拘收司、都理欠司、都凭由司、开拆司、勾凿司、催驱司等。此外，又有"掌诸军兵马逃亡收并之籍，诸司库物给受之数"的勾当马步军专勾司。这些部门也无一例外地隶属于三司，分担有关的勾检项目，承担不同的勾检之责。它们和唐前期六部二十四司之一的比部，显然已无丝毫联系及共同之处。

---

① （宋）孙逢吉：《职官分纪》卷一三，中华书局，1988年，第302—303页。
② 《宋史》卷一六二《职官志二》，中华书局，1985年，第3809页。

从唐代尚书省的比部司如何变为宋代三司的勾院、勾司，史料并无明确记载。但由唐至宋，中间不仅有唐安史之乱后的一百数十年，更历经争战频仍的五代，虽然政权的更替天翻地覆，但制度的变化却绝不至于突起突兴。更何况，宋代勾官系统归属的三司，是早自唐后期已逐渐形成。北宋前期的三司理财，既沿自唐五代，而与之相适应的勾检制度又何能没有渊源？从纷繁的史料中，也许不难寻求到它的蛛丝马迹。

一 唐后期两税三分制下比部职权的变化与勾检制的破坏

　　唐朝比部领导的财务勾检，是建立在财赋统一规划的基础上。唐前期在量入为出的指导方针下，由户部的度支司根据全国人口统计租赋收入，制定相应的"支度国用计划"，而以此计划为准，支配中央和地方的财赋征收、转运、贮藏与支用。按照制度，中央与地方机构必须按时向比部申报财赋的出入与使用情况，这是比部实行勾检的依据。与此同时，比部的勾检还必须与度支对于计划执行的检覆，和金、仓二司对于财物出纳的核准相配合，方能做到"检无稽失"。①

　　安史之乱爆发后，随着财务机构的解体及财赋统一原则的破坏，勾检制已荡然无存。建中元年（780），杨炎作两税法，曾强烈地批评当时"军国之用，仰给于度支、转运二使；四方征镇，又自给于节度、都团练使。赋敛之司数四，而莫相统摄"，以及在这种状况下"纲目大坏，朝廷不能覆诸使，诸使不能覆诸州，四方贡献，悉入内库。权臣猾吏，因缘为奸，或公托进献，私为赃盗者动万万计。河南、山东、荆襄、剑南有重兵处，皆厚自奉养，王赋所入无几"

---

① 关于勾官"勾检稽失"的职能及文书中"检无稽失"一语的出现，见王永兴：《唐勾检制研究》，第49—58页。

的现象。①他的话,明确地指出当时财赋征收、出纳已经是由诸州诸使各自为政、全无约束的状况。而既然"朝廷不能覆诸使,诸使不能覆诸州",当然更提不到财政检辖。《资治通鉴》关于大历时政的两处评述,似乎也印证了杨炎的说法。其一处即卷二二六大历十四年(779),记"天下金帛皆贮于左藏,太府四时上其事,比部覆其出入"的"旧制",因第五琦任度支盐铁使,奏将财赋"尽贮于大盈内库,使宦官掌之"而遭到破坏:

> 天子亦以取给为便,故久不出。由是以天下公赋为人君私藏,有司不复得窥其多少,校其赢缩,殆二十年。②

另一处是同卷建中元年(780):

> 大历以前,赋敛出纳俸给皆无法,长吏得专之;重以元、王秉政,货赂公行,天下不按赃吏者殆二十年。

这两段话,前一段是就杨炎改革国库,恢复"凡财赋皆归左藏,一用旧式"的制度而发。后一段虽然是《通鉴》作者的评论,但"赋敛出纳俸给皆无法"显然也代表了杨炎本人的看法。而且正是针对于此,杨炎在恢复左藏不久,才又建言"尚书省,国政之本,比置诸使,分

---

① 《旧唐书》卷一一八《杨炎传》,中华书局,1975年,第3421页。
② 《资治通鉴》卷二二六大历十四年,中华书局,1956年,第7273页;下引文见第7289页。

夺其权，今宜复旧"，使德宗诏令"天下钱谷皆归金部、仓部"，罢免了刘晏所任度支、盐铁诸使①，从而全面恢复了尚书理财制度。在相继创立的两税法中，杨炎明确提出两税"以尚书度支总统焉"②，而随着两税法的推行，比部大概也成为他着意恢复职能的机构。

《唐会要》卷五九记建中元年四月比部状称，"天下诸州及军府赴勾帐等格，每日诸色勾征"，须"令所由长官、录事参军、本判官，据案状子（仔）细勘会，其一年勾获数，及勾当名品，申比部"。在三月内申到后，复由"省司检勘，续下州知，都至六月内结，数关度支，便入其年支用"。状中并说明，虽有大历十二年六月十五日敕，要求"诸州府请委当道观察判官一人，每年专按覆讫，准限〔申〕比部者"，但"自去年以来，诸州多有不到"，说明并未执行。所以状中请对"其不到州府，并委黜陟使同观察使计会勾当，发遣申省"，以便"庶皆齐一，法得必行"。③

按此件奏状所上时间，正当两税法颁布之初。状中要黜陟使参与对诸州勾帐的监督执行，说明比部对地方勾检的恢复正是乘了两税法颁布的契机。王永兴先生书中，曾据此指出武则天时创建的勾帐制度，至唐后期仍然执行。陈明光《唐代财政史新编》一书也对比部关于州府两税的审计监察作过详细的探讨。④事实上，由于两税的分

---

① 《资治通鉴》卷二二六建中元年，第7276页。
② 《旧唐书》卷一一八《杨炎传》，第3422页。
③ 《唐会要》卷五九《尚书省诸司下·比部员外郎》，上海古籍出版社，1991年，第1218页。
④ 陈明光：《唐代财政史新编》，中国财政经济出版社，1991年，第249—252页。

配采取"上供、送使、留州"的三分制,故所谓"天下州府两税,占留支用有定额"便成为比部勾检的依据。《唐会要》卷五九长庆元年(821)六月比部奏文,除称"准制,诸道年终勾帐,宜依承前敕例",又针对性地提出对刺史于"留州数内,妄有减削,非理破使"的问题,不但要委观察使"风闻按举,必重加科贬,以诫削减者",且要由诸州府"仍请各委录事参军,每年据留州定额钱物数,破使去处,及支使外余剩见在钱物,各具色目,分明造帐,依格限申比部"。[①]诚如陈明光先生前书已指出的,上述规定并非只是具文,通过勾帐审核检计地方两税的"占留支用",确为比部对地方财务承担的主要勾检职责。不过,这只是问题的一个方面。

另一方面也应看到,《唐会要》比部员外郎数条史料所强调的,似乎只限于地方年终勾帐及两税留州钱物破用帐。《唐六典》所规定的"凡仓库出内,营造佣市,丁匠功程,赃赎赋敛,勋赏赐与,军资器仗,和籴屯收"等唐前期比部对地方诸州许多理应勾覆的项目[②],如与两税无关者似已并不完全包括在内。这表明,比部勾检的范围和权限已在缩小。事实上,在两税三分制下,地方的财政独立权限愈来愈大,通过使州自行上报而比部按制勾检的做法并不能有效地限制地方的税外加征与"非理破使",这样比部对于地方的勾检之责,也必然会日益成为具文。而中央对地方的财务勾检,则不得不采取比部之外的办法。关于此点,则要留待下文再进行讨论。

---

① 《唐会要》卷五九《尚书省诸司下·比部员外郎》,第1218—1219页。
② 《唐六典》卷六比部郎中员外郎条,第195页。

二 财赋分掌制对中央"内费"勾检的影响与破坏

根据《唐六典》关于"周知内外之经费而总勾之"的规定,对于地方财赋所需之"外费"的勾检,只为其职任的一半。而另一半则是对中央财政之"内费"的勾检。大历前后,中央财赋由度支与转运二使分掌已渐成定制。但与此同时,财赋的管理也产生了相应的问题。《新唐书·刘晏传》在列述刘晏所用的种种不合规范的经济手段后说:

> 大历时政因循,军国多仰晏,未尝检质。①

"未尝检质"就是不曾检辖,没有约束。这与《资治通鉴》所说"赋敛出纳俸给皆无法"是一致的,与"天下金帛"不入左藏的二十年也是同时的。由此得知,财赋管理制度的破坏是与分掌制的实行直接有关的。而宰相杨炎对时政的不满,在相当程度上是针对盐铁转运使刘晏而发。李锦绣曾撰文指出,大历之际,度支所掌财赋事实上仍有出入左藏的记录,所谓"有司不得窥其多少,国用不得计其赢缩"的财赋,应当是指东南盐运使主掌下的盐铁钱物。②杨炎正是为此,才不但恢复了左藏,而且恢复了金部、仓部。当然杨炎的这次复旧活动为时甚短,因为不久朝廷即宣布以谏议大夫韩洄为户部侍郎、判度支,令金

---

① 《新唐书》卷一四九《刘晏传》,中华书局,1975年,第4796页。
② 李锦绣:《第五琦与唐中央财政机构的再造》,见《学土》卷三,广东高等教育出版社,1997年,第134—138页。

部郎中杜佑权勾当江淮水陆运使，所谓"一如刘晏、韩滉之则"了。[①]

不过此后相当长的一段时间内，朝廷始终在统一财赋与设使分掌二者之间徘徊。而无论是建中时设汴东、西水陆运两税盐铁使，"以度支总大纲"[②]；抑或是贞元中将度支、盐铁合为一使，而分别正、副以主财政，似乎都未能解决使职间因财赋分配而引起的争端和矛盾。直至贞元八年（792），按照"大历故事"重新规定的班宏、张滂财赋分掌制[③]，才最终明确了二使关于财赋的独立支配权，但它也因此导致了后来度支盐铁"益殊途而理"的结局。[④]

正如我在已往的文章中已论述过的，所谓"殊途而理"不过是盐利不系度支的代名词。史料记载曾一再反映，德宗由于利于贡献，在贞元十年以后任用裴延龄为度支使，而以浙西观察使兼判盐铁，"委在藩服，使其均平"[⑤]，造成度支、盐铁进奉大行，以及特别是李锜任使后，"盛贡献以固宠"，弄得"盐铁之利，积于私室，而国用日耗"的情况。[⑥]史料记载同样表明，由于虚估盛行，盐铁使向中央申报盐利亦是虚假和不严格的。在这方面，《册府元龟》卷四九三《邦计部·山泽一》元和四年（809）二月条的记载很值得注意。在这个

---

① 《旧唐书》卷一二《德宗纪上》，中华书局，1975年，第325页。
② 《新唐书》卷五三《食货志三》，第1369页。
③ 《唐会要》卷八四《两税使》，第1835页。
④ 《唐会要》卷八七《转运盐铁总叙》，第1886页。
⑤ 《唐会要》卷七七《巡察按察巡抚大使》永贞元年八月诏，第1675—1676页。
⑥ 参见《新唐书》卷五四《食货志四》，第1379页；《唐会要》卷八七《转运盐铁总叙》，第1887页。

记载中，唯将盐铁使李巽所报元和三年江淮等道监院盐利虚、实估数与"贞元二年（786）收粜盐虚钱六百五十九万六千贯"作了比较，以下便是永贞元年（805）及其后盐铁使申报的盐利之数，记录中贞元二年以前以后的数字则完全没有被提到。①

德宗建中初，度支盐铁使刘晏被罢免，不久即爆发了唐朝廷与河北、山东诸镇的战争，持续数年。如果说，建中、贞元初盐利数字未得到反映尚是由于受战争影响而难于统计，那么贞元二年以后逐年盐利的缺失又作何解释呢？或认为此不过是一般性的省略。但《文苑英华》载元和二年《亢旱抚恤百姓德音》有关此期盐铁财赋放免的规定却似乎与之相应：

> 盐铁使下诸盐院旧招商所由欠贞元二年四月已前盐税钱，及永贞元年变法后新盐利经（轻）货折估钱共二十八万七千七百五十六贯文，并宜放免。除此钱外，诸色所由人户及保人有积欠钱物，或资产荡尽，未免禁身；或身已死亡，系其妻子；虽始于冒没，而终可哀矜。宜委盐铁转运使即据状事疏理，具可征可放免数闻奏。②

这个放免极值得推敲，因为永贞、元和以前，历来只有对度支两税榷酒钱的放免，却不曾提到盐税。这次对盐税钱的放免，应当说是自有

---

① 《册府元龟》卷四九三《邦计部·山泽一》，中华书局，1960年，第5898—5899页。
② 《文苑英华》卷四三五《亢旱抚恤百姓德音》，中华书局，1966年，第2204页。

榷盐法以来的第一次。这本身就体现了中央政府对盐利已加强控制。不过这次放免又很奇怪，其放免的具体时间，包括贞元二年四月以前及永贞元年改法以后，其中间的年份却不在内。比较这一盐利放免的年代限制，与前述盐利上报缺失的时间恰好相合，两者之间似乎不能说没有联系。考虑到建中、贞元之际盐利申报已受盐铁使包佶"广虚数已罔上"的影响①，和贞元中期以后，盐利已完全不受度支支配的情况，则盐铁使虚报或甚至不报盐利乃是其中的主因，而中央也因此不能掌握其真实的盐利收入及欠负之数。这样，贞元二年四月以后的盐利逋欠便不能直接进入放免，而是只能放到"德音"所说"宜委盐铁转运使即据状事疏理，具可征可放免数闻奏"的那部分去了，也即其逋欠之数尚待监铁使根据旧案去核实处理。

严格、真实的赋税收支申报是比部实行勾检、审计的基础。而且比部的勾检如上所述必须与度支对于所支财赋的勘覆和金、仓二司关于财赋出纳的审核相配合。所以唐代前期中央诸司或地方州、军有关财赋的申报是同时给于比部、度支和金部（或仓部）的。②如果度支对于盐利收入的真实情况无从得知，且无支配之权，那么比部又何能得知呢？由此可见，杨炎虽然恢复了比部关于地方税赋的勾检，却仍然没有能实现它对于盐铁使所掌财赋的勾检。换言之，至少建中以后，比部对于盐铁系统的勾检是不曾实行的。

永贞、元和初，通过杜佑、李巽改革盐法，"盐铁使煮盐利系度

---

① 《新唐书》卷五四《食货志四》，第1379页。
② 参见李锦绣：《唐代财政史稿》上卷第一分册，北京大学出版社，1995年，第55—56页。

支"和盐铁使上报盐利以实估,被作为两条原则规定下来①,并在一段时间内得到落实。史料有关于永贞元年(805)至元和八年(813)以前盐铁使逐年申报盐利虚实估的记录,其中盐铁使王播报元和七年盐利,尤分别了"榷盐本"及"榷利",并称"请以利付度支收管"。②这说明,国家财赋在一定程度上实现了统一。

但是,统一是相对的。据两《唐书》传及其他记载,受战争影响,元和后期,进奉死灰复燃。度支、盐铁使皇甫镈、程异及其后任使的王播等均大事贡献。盐铁利系度支的原则再度被破坏。这一点,也在会计制度方面反映出来。《唐会要》卷五八《户部侍郎》:

(元和)十三年十月,中书门下奏:"户部、度支、盐铁三司钱物,皆系国用,至于给纳,事合分明。比来因循,都不剖析,岁终会计,无以准绳。盖缘根本未有纲条,所以名数易为盈缩。伏请起自今以后,每年终,各令具本司每年正月一日至十二月三十日所入钱数及所用数,分为两状,入来年二月内闻奏,并牒中书门下。其钱如用不尽,须具言用外余若干见在;如用尽,及侵用来年钱并收阙,并须一一具言。其盐铁使所收,议列具一年都收数,并已支用及送到左藏库欠钱数,其所欠亦具监院额缘某事欠未送到。户部出纳,亦约此为例。条制既定,亦绝隐欺,如可施行,望为常典。"从之。③

---

① 《唐会要》卷八七《转运盐铁总叙》,第1887页。
② 《册府元龟》卷四九三《邦计部·山泽一》,第5899页。
③ 《唐会要》卷五八《户部侍郎》,第1188页。

这条奏文涉及三司钱物出纳上报的具体制度。奏文强调度支、盐铁、户部三司，必须分别将本司每年自始至终的收支明细账，于来年二月上奏中书门下。其中不但包括全年每一笔"所入钱数及所用数"；而且对于"用外余若干见在"的"羡余"及提前支用、收阙等也"并须一一具言"，这些要求作为会计制度无疑是严格的。

但是，首先引人注意的却是奏文在宣布这些制度的同时，还批评作为国用的三司钱赋"比来因循，都不剖析"，"盖缘根本未有纲条，所以名数易为盈缩"。也就是说，严格计奏出入的会计制度不但没有，而且成为使职奏报"名数"不实的主因。这一新的"条制"不过是为了弥补纠正往日的疏忽才建立的。

其次，这个新的会计制度所规定的赋税收支申报也与比部无关。唐朝前期，规定"凡京司有别借食本，每季一申省，诸州岁终而申省，比部总勾覆之"，和"京师仓库，三月一比，诸司、诸使、京都，四时勾会于尚书省，以后季勾前季；诸州，则岁终总勾焉"。① 也即履行京司、诸使、京都三月一勾，地方诸州岁终而勾的制度。比部如果按诸使三月勾的制度及时得到报告，就不能说是"盖缘根本未有纲条"，也不可能使中书门下对此毫无所知。反之，如果正式的、具体的奏报全然没有，那比部又从何而行勾检和审计呢？并且就是这个"中书门下奏"，所强调的也只是三司财赋向中书门下的报告，而完全越过了尚书省户部诸司，更毋论比部。

---

① 参见《唐六典》卷六比部郎中员外郎条，第195页；《新唐书》卷四六《百官志一》，第1200页。

种种迹象表明，李巽虽然强调了"利系度支"的原则，但在诸使有实际支配权和财赋单独核算的制度下，财赋的统一其实已大打折扣。何况他既不能通过严格申报出纳以适应其原则，也就不可能重新恢复比部对诸使财赋的勾检。从上述奏文可以得知，无严格出纳申报之制的并非只有盐铁，也包括户部、度支。既然财赋的确实和详尽申报为勾检的基础，那么，可不可以说，比部对户部、度支、盐铁三司不再行勾检，或者，它对于诸使所掌"内费"的勾检，已经名存实亡了呢？我以为答案应当是肯定的。

这里，涉及"内费"问题，还可用比部对国家仓库出纳、京都及京司财用的勾检来说明。

京都即京兆与河南两府。唐前期如前所述由比部对其财用实行三月勾之制。唐后期两府财用虽主要来自两税，但作为都城和陪都都有备和籴、馆驿、供军及某些朝廷用费的任务，不足处且由度支、户部钱补充①，故与国用很难完全划分。中央对其财赋管理亦仍不同于

---

① 参见《册府元龟》卷四八四《邦计部·经费》（第5786—5787页）贞元二年十月度支奏："京兆、河南、河中、同华、陕虢、晋绛、鄜坊（坊）、丹延等及（'及'疑衍）州府秋夏两税、青苗等物悉折籴粟麦，所在贮积，以备军食。京兆兼给钱收籴。"同年十一月度支奏："请于京兆府折明年夏秋税钱二十二万四千贯文，又请度支给钱添成四十万贯，令京兆府今年内收籴粟麦五十万石，以备军食。"同卷贞元四年二月诏，户部别库税"其京兆和籴物价及度支给诸军冬衣等阙，悉以是钱充之"。此皆可证明京兆、河南府两税备和籴供军诸用途。又同卷（第5785-5789页）记开元二十六年正月制及三月乙酉制，长安、万年两县及河南、洛阳两县分别给本一千贯，"收利供驿"。长庆元年四月，河南尹章贯之请以供馆驿残钱代百姓逋欠及当年夏税。《唐会要》卷六一《御史台·馆驿》（第1059页）记河南尹充河南水陆运使薛珏引永泰元年京兆尹第五琦奏关于馆驿供给事，均说明京兆、河南府供驿事与度支及两府皆不可分。

地方。据《唐会要》卷五九《比部员外郎》载贞元八年闰十二月十七日尚书右丞卢迈奏，称比部对京兆、河南府有"既勾府且勾县"的制度，请求改同诸州不再勾县；但至贞元十一年正月制，"令比部复旧敕，勾京兆留府税租"。①说明中央对京都的两税勾检仍严于地方。不过，是否能照章执行已成问题。《旧唐书·奚陟传》记时判度支裴延龄恶京兆尹李充，"专意陷害之，诬奏充结陆贽，数厚赂遗金帛。充既贬官，又奏充比者妄破用京兆府钱谷至多，请令比部勾覆，以比部郎中崔元翰陷充，怨恶贽也"②。使人感到，比部对京兆府的勾勘之责虽在，但出了事才由度支去找比部，不仅比部已沦为度支工具，而且似乎也表明它的勾勘已不像原先那样经常化。

权德舆作韦聿墓志铭记曰：

> 贞元十二年，征为水部员外，转比部郎中。德宗召见，赐以金紫命服。……再为尚书郎，业以修计部稽百事财用之数。曾欲覆视禁军，董正其簿书，虽事适中止，而闻者竦叹。③

贞元中的比部虽有"稽百事财用"之权，但员外郎韦聿"覆视禁军"的例行公事却遭到抵制。其中"闻者竦叹"一语，便道出此事已多时不行。事虽明显出于宦官所领神策诸军的跋扈，却很能够说明比部勾

---

① 《唐会要》卷五九《比部员外郎》，第1218页。
② 《旧唐书》卷一四九《奚陟传》，第4022页；并参《新唐书》卷一六四《奚陟传》，第5041页；《册府元龟》卷四五九《台省部·公正》，第5455页。
③ 郭广伟校点：《权德舆诗文集》卷二三《唐故朝议大夫太子右庶子上柱国赐紫金鱼袋韦君墓志铭并序》，上海古籍出版社，2008年，第348页。

"诸司"之职某些方面早已形同虚设。

《唐会要·经籍》关于秘书图籍管理方面的记载，或更能说明唐前、后期在这方面的变化：

> 文明元年十月敕："两京四库书，每年正月，据旧书闻奏；每三年，比部勾覆具官典，及摄官替代之日，据数交领。如有欠少，即征后人。"①

但以上制度，大概并没有严格执行，所以开元七年（719）九月敕，已有"比来书籍缺亡及多错乱，良由簿历不明，纲维失错，或须批阅，难可校寻"的说法。天宝十一载（752）十月，敕令"秘书省检覆四库书，与集贤院计会填写"，不过是一般的整理登记而已。安史之乱后，早先的勾勘图籍之制更是荡然无存。直到文宗时才被重新提起。

> 开成元年七月，分察使奏：秘书省四库见在新旧书籍，共五万六千四百七十六卷，并无文案及新写文书。自今已后，所填补旧书及别写新书，并随日校勘，并勒创立文案，别置纳历，随月申台。并外察使每岁末，计课申数，具狀闻奏。"从之。

但是开成初恢复的文案纳历检核新制，明令委于御史台及"外察使"，表明已与比部无关。值得提起注意的是，图书检勘制度虽然似乎只关系秘书省，但它其实反映了在唐后期诸使主掌财赋的前提下，诸司的

---

① 《唐会要》卷三五《经籍》，第751页；下引文见752—753页。

各项财务勾检已不通过比部。这一点，自然还须从钱的来源方面作进一步探讨。

《唐会要·诸司诸色本钱下》：

> （元和）九年十一月，户部奏："准八月十五日敕，诸司食利本钱，出放已久，散失颇多，各委本司勘会，其合征钱数，便充食钱，若数少不充，以除陌五文钱，量其所欠，添本出放者，令准敕各牒诸司勘会。得报，据秘书省等三十二司牒，应管食利本钱物五万三千九百五十二贯九百五十五文。……敕：宜委御史台仔细简勘，具合征放钱数，及量诸司闲剧人目加减，条流奏闻。①

至其年十二月敕，除宣布放免和自元和元年十月起"准前计利征收"外，复重申秘书省三十二司食利本钱，"其诸司应见征纳及续举放，所收利钱，并准今年八月十五日敕，充添修当司廨宇什物，及令史驱使、官厨料等用，仍委御史台勾当，每常至年终，勘会处分"。于是不久即有御史台的回应：

> （元和）十年正月，御史台奏"秘书省等三十二司，除疏理外，见在食利本钱，应见征纳及续举放，所收利钱，准敕并充添修当司廨宇什物，及令史驱使、官厨料等用，准元和九年十二月二十九日敕，仍委御史台勾当，每至年终，勘会处分，及诸司疏理

---

① 《唐会要》卷九三《诸司诸色本钱下》，第1991—1992页，下引文见第1992—1993页。

外，见在本钱，据额不得破用。如有欠失，即便勒主掌官典所由等填陪者。其诸司食利本钱疏理外，合征收者，请改案额为元和十年新收置公廨本钱。应缘添修廨宇什物，及令史、府史等厨并用，勒本司据见在户名钱数，各置案历，三官通押，逐委造帐，印记入案，仍不得侵用本钱。至年终勘会，欠少本利官典，诸〔司？〕节级准法处分，庶官钱免至散失，年额既定，勾当有凭"。

敕旨："宜依。"

诸司食料钱即诸司公廨本钱，据前引《唐六典》文，唐前期亦是实行每季申省，"比部总勾覆之"的制度。唐后期，食料钱从来源看主要是户部司的除陌钱，故由户部总掌，"准敕并充添修当司廨宇什物，及令史驱使、官厨料等用"。而据上揭户部奏其总数，知它的"勘会"之责首先是在户部。其次，由于元和九年、十年唐朝廷已将它的年终"简（同检）勘"委于御史台，所以关于公廨钱的勾检实际是由户部司与御史台分承其职。

当然公廨本钱只是诸司财用的一部分。提供诸司财用的还不止于户部。元稹在《钱货议状》中谈到诸使分工时说：

> 又国家置度支、转运已来，一则管盐以易货，一则受财以轻费。①

度支的"受财轻费"显系沿唐前期支度国用而来。但这个"受财轻

---

① 冀勤点校：《元稹集》卷三四《钱货议状》，中华书局，1982年，第396页。

费"并非仅停留于计划,而是与"管盐易货"同样有承担实际费用的职责,其中一部分就是供给京司。《唐会要》卷五九《度支使》记永贞之际杜佑改革度支:

> 先是,度支以制用惜费,渐权百司之职,广置吏员,繁而难理。佑始奏营缮归之将作,木炭归之司农,染练归之少府,纲条颇整,公议多之。①

度支由于提供营缮、木炭、染练之费而兼有将作、司农、少府之权,说明度支在控制操作的同时也行检核之责。

提供经费的度支、户部使司本身就是勾检之司,并且使御史台从监察的角度实际参与,两者(或三者)的合作取代前期度支、金仓与比部共同配合的勾检,这就是唐后期京司勾检的实情,而同样的做法也表现于对国家仓库出入的勾检方面。

陆贽在《论裴延龄奸蠹书一首》中针对度支使裴延龄在左藏内建别库指出:

> 总制邦用,度支是司;出纳货财,太府攸职。凡是太府出纳,皆禀度支文符,太府依符以奉行,度支凭按(案)以勘覆,互相关键,用绝奸欺。②

---

① 《唐会要》卷五九《度支使》,第1192页。
② 王素点校:《陆贽集》卷二一《论裴延龄奸蠹书一首》,中华书局,2006年,第671—672页;下引文见672页。

陆贽所说的"度支凭案以勘覆"唐前期已有之，但他这里强调的显然是唐后期而非前期制度。因为唐前期度支与太府之间尚谈不到"互相关键"。按照《唐六典》等书的记载，唐前期太府（左藏）或司农（太仓）贮存之财货粮米出纳虽需禀度支文符，却要与金部、仓部所置木契相勘合。金、仓二司检辖出纳，它们才是与太府、司农关键之司。而度支与太府、左藏关系的直接化，显然是在金、仓二司职能渐废以后才形成的。按照陆贽的说法，它们一掌勘覆，一掌出纳，财货出入"用绝奸欺"已无问题，而在此之上，更有御史的监察，三者的配合，正如陆贽所说：

> 其出纳之数，则每旬申闻；其见在之数，则每月计奏。皆经度支勾覆，又有御史监临，旬旬相承，月月相继，明若指掌，端如贯珠，财货少多，无容隐漏。

度支的勘覆加上御史的监临，是唐后期国库勾检的实质，而这里御史的作用复值得注意。

御史监临左藏及太仓的制度唐前期已实行（如洛阳含嘉仓出土的武则天时期砖铭上已有监仓御史的署名[①]），唐后期则更得到加强。《唐会要》卷六〇《御史台上·殿中侍御史》记文宗大和元年（827）六月御史大夫李固言奏，针对以殿中侍御史各一人充监太仓

---

① 河南省博物馆、洛阳市博物馆：《洛阳隋唐含嘉仓的发掘》，载《文物》1972年第3期，第54页。

使及左藏库使,同时又"各领制狱"的"台中旧例",造成御史"所监遂不专精,往往空行文牒,不到仓库,动经累月,莫审盈虚。遂使钱谷之司,狡吏得计,至于出入,多有隐欺"的弊病,请求让"监仓御史,若当出纳之时,所推制狱稍大者,许五日一入仓;如非大狱,许三日入仓;如不是出纳之时,则许一月两入仓检校"。至于左藏库公事则由于"寻常繁闹",更甚于太仓,故"监库御史所推制狱,大者亦许五日一入库;如无大狱,常许一旬内计会,取三日入库勾当"。① 至开成元年(836)正月中书门下奏,更要求监察太仓、左藏库御史,"请于新入台监察中,择精强干用两人,分监仓、库,全放朝谒,每月除本官俸钱外,别给见钱三十千,隔日早入"②。御史监仓、监库一类最初不过是其财务监督职能的具体化,但由此却导致了比部相关职能的逐步差遣化,以至于到唐后期,御史的作用不断被强调,形成了在中央政府"内费"勾检方面,御史台与三司配合取代比部,从而比部全面失职的情况。

比部的失职既成事实,则德宗以后朝廷虽有恢复之举,终究收效甚微。《全唐文》卷六六穆宗《南郊改元德音》:

> 比部令勾诸司钱谷,载在格令。其事讹谬,岁月已深。宜令中书门下,精择比部郎官,修举典制,勾诸司钱谷,仍立时限,具条疏闻奏。③

---

① 《唐会要》卷六〇《御史台上·殿中侍御史》,第1241页。
② 《唐会要》卷六〇《御史台上·监察御史》,第1245页。
③ 《全唐文》卷六六《南郊改元德音》,中华书局,1983年,第702页。

据此，穆宗朝比部"勾诸司钱谷"之职，已不过是"载在格令"的旧文。朝廷虽明令"修举典制"，但"其事讹谬，岁月已深"，比部勾检诸司的实质已很难恢复，其对诸司行使职权也必然步履维艰。所以到唐中期以后，我们便发现比部郎官虽设却另兼他职的现象。

《旧唐书》卷一六四《王起传》：

> 元和十四年，以比部郎中知制诰。穆宗即位，拜中书舍人。[1]

《新唐书》卷一七五《杨汝士附杨知至传》：

> 知至为宰相刘瞻所善，以比部郎中知制诰。瞻得罪，亦贬琼州司马，擢累户部侍郎。[2]

查《新唐书》卷六三《宰相表》及同书卷一八〇《刘瞻传》，其事当在咸通十至十一年（869—870）之间。以郎官（常兼翰林学士）知制诰，是唐中晚期兴起之制度，其中以比部郎中知者尚不多见，但发展至五代似乎已很平常。如《旧五代史·后唐庄宗纪四》：

> 以翰林学士、守尚书膳部员外郎刘昫为比部郎中、知制诰，依前充职。[3]

――――――――――

[1] 《旧唐书》卷一六四《王起传》，第4278页。
[2] 《新唐书》卷一七五《杨汝士附杨知至传》，第5250页。
[3] 《旧五代史》卷三〇《后唐庄宗纪四》，中华书局，2015年，第477页。

同书《后唐明宗纪四》：

> 以比部郎中、知制诰刘赞为中书舍人，以河阳掌书记程逊为比部员外郎、知制诰。①

同样，同书卷八〇《后晋高祖纪六》与卷八四《后晋少帝纪四》亦分别记载了以礼部郎中边归谠为比部郎中知制诰和以翰林学士、主客员外郎范质改比部郎中知制诰的事例。②此外，卷一〇一《后汉隐帝纪上》还有"以枢密直学士、尚书比部员外郎王度为祠部郎中，并依前充职"的任命。③以比部郎中、员外郎兼翰林学士知制诰或充枢密直学士，说明比部郎官在事实上已为寄禄官，其不知勾检已是显然。而比部郎官不知勾检的同时，亦并不见有"知比部"或"判比部"这样一类以比部为名的差遣之职出现，由是可以断定，以比部为中心的勾检至唐末五代已完全解体。

三 财政使职内部勾检制的重建

比部勾检职能的消亡在财政诸使分掌制实行后几乎是必然的。财

---

① 《旧五代史》卷三八《后唐明宗纪四》，第601页。
② 《旧五代史》卷八〇《后晋高祖纪六》、卷八四《后晋少帝纪四》，第1229、1288页。
③ 《旧五代史》卷一〇一《后汉隐帝纪上》，第1573页。

赋收支、管理在事实上的不统一，自然不可能使原先仅凭文书上下，受国家一体支配的勾检方式继续下去。而由于前期比部对于财赋的检核，从来必须与度支及金、仓二司相配合，所以当着尚书省机构全面解体，金、仓二司名存职废之际，比部的勾检职能亦不会独存。上述关于"内费"勾检的论述以及唐末五代比部郎官职兼他任的情况已充分证明了这一点。

但是旧制度的破坏从来是新制度诞生的契机。在唐后期诸使对所掌财赋各负其责的前提下，不仅京司财用勾检发生了受使职支配及强化御史台监察职能的变化，而且也不难发现，在使职领导的财政三司机构内部，勾检制度得到重建的迹象。颇具讽刺意味的是，正当杨炎指责盐铁财赋"未尝检质"的同时，对于勾检一事的重视和实践却正从他所指责的对象刘晏开始。

史称刘晏领使，不但"自案租庸，至于州县否臧，钱谷利病之物，虚实皆得而知"①，即对勾检一事身体力行，而且极为重视对财务管理及勾检人才的选拔培养。在这方面，他是有自己的用人原则的。《资治通鉴》卷二二六建中元年言他"常以为：'办集众务，在于得人，故必择通敏、精悍、廉勤之士而用之；至于勾检簿书，出纳钱谷，必委之士类；吏惟书符牒，不得轻出一言'"②。《新唐书·刘晏传》所言"检劾出纳，一委士人，吏惟奉行文书而已"③，其意一也。由此可见当时财务出纳与勾检，是被作为两项最重要的职

---

① 《唐会要》卷八七《转运监铁总叙》元和十三年王播奏，第1888页。
② 《资治通鉴》卷二二六，第7285页。
③ 《新唐书》卷一四九《刘晏传》，第4795页。

务分配给士人承担。其理由是"士有爵禄,名重于利;吏无荣进,则利重于名"。刘晏用此原则选人,以减少盐铁机构内部的贪贿现象,但其发展的一个结果便是在使职领导的三司系统内,出现了愈来愈多专门从事勾检的官职。

《唐会要》卷三一《舆服上·杂录》:

> 其年(大和六年)七月,度支、户部、盐铁三司奏:"准今年六月敕,令三司官典及诸色场库所由等,其孔目、勾检、勾覆、支对、勾押、权遣、指引进库官、门官等,请许服细葛布折造……"①

案:此条史料涉及对"三司官典及诸色场库所由等"所作的专门服饰规定。在所提到的职名中,如孔目、勾检、勾覆、支对、勾押等从名称一望而知即与勾检有关。它们被排在三司官典的第一等第一类,虽亦皆属差遣之职,但是"许服细葛布织造,及无纹绫充衫及袍袄,依前通服绿,暗银蓝铁充腰带",仅仅"不得乘毛色大马(许乘小马),鞍辔踏蹬用鍮石"。其服饰马匹鞍辔等级约在官与吏之间,而待遇仍在下面提到的有正官无正官驱使官、在城及诸色仓场官、令史、通引官及各类胥吏之上。这说明,勾检官在三司官吏中,是实际地位较高、职权较重的一种。

《唐会要》提到的孔目等官职名不同,反映三司的勾检官所承担

---

① 《唐会要》卷三一《舆服上·杂录》,第672页。

上编/三司、财政与使职

的职责及所在部门不一。其中排在第一的孔目，是唐后期使府军镇所见最多者。论者曾指出它在开元中已有出现。《资治通鉴》玄宗天宝十载记安禄山骄恣，有轻中国心，"孔目官严庄、掌书记高尚因为之解图谶，劝之作乱"。胡三省于"孔目官严庄"下注曰：

> 孔目官，衙前吏职也，唐世始有此名；言凡使司之事，一孔一目，皆须经由其手也。①

同书卷二二八复注曰：

> 唐藩镇吏职，使院有孔目官，军府事无细大皆经其手，言一孔一目，无不综理也。②

据学者考论，藩镇使府的孔目官职掌非一，但诚如严耕望先生所说："财计出纳当为其重要职务。"③如《资治通鉴》卷二三二贞元二年载镇海节度使韩滉入朝，道过汴州节度使刘玄佐，"大出金帛赏劳将士"后，归"问孔目吏，今日所费几何，诘责甚细"。④可见孔目吏

---

① 《资治通鉴》卷二一六，第6905页。
② 《资治通鉴》卷二二八，第7357页。
③ 参见严耕望：《唐代方镇使府僚佐考》，见氏著《唐史研究丛稿》，（香港）新亚研究所，1969年，第202页。关于孔目官职掌，并见冻国栋：《旅顺博物馆藏〈唐建中五年（784）"孔目事贴"〉管见》，载《魏晋南北朝隋唐史资料》第14辑，武汉大学出版社，1996年，第127—132页。
④ 《资治通鉴》卷二三二贞元二年，第7474—7475页。

是掌知财赋出入的。故严先生亦认为，"使府孔目官与判官之性质为近"，其"或为判官之属欤？"①而孔目既掌出入，根据"一孔一目无不综理"的原则，其知勾检便顺理成章。事实上唐后期五代不少使府军镇的孔目官都是军府财计的真正负责人。如后唐庄宗的租庸使孔谦、后唐明宗三司使张延朗、后汉三司使王章在主掌国计之前，都有过任军镇使府孔目官或都孔目官的资历。②其权力应即来自掌出入，知勾检。三司的孔目官虽权力无法与之相比，但性质是相同的。

《旧五代史》卷六九《孟鹄传》略曰：

> 孟鹄，魏州人。庄宗初定魏博，选干吏以计兵赋，以鹄为度支孔目官。明宗时为邢洺节度使，每曲意承迎，明宗甚德之。及孔谦专典军赋，征督苛急，明宗尝切齿。及即位，鹄自租庸勾官擢为客省副使、枢密承旨，迁三司副使，出为相州刺史。会范延光再迁枢密，乃征鹄为三司使。初，鹄有计划之能，及专掌邦赋，操割依违，名誉顿减。期年发疾，求外任，仍授许州节度使，谢恩退。帝目送之，顾谓侍臣曰："孟鹄掌三司几年，得至方镇？"范延光奏曰："鹄于同光世已为三司勾官，天成初为三司副使，出刺相州，入判三司又二年。"③

五代的孟鹄有着从度支孔目官、租庸判官到三司副使、正使的理财经

---

① 《唐代方镇使府僚佐考》，第203页。
② 分见《旧五代史》卷七三《孔谦传》注引《旧五代史考异》，第1124页；卷六九《张延朗传》，第1071—1072页；卷一〇七《王章传》，第1640页。
③ 《旧五代史》卷六九《孟鹄传》，第1070—1071页。

历，而从范延光奏称他"于同光世已为三司勾官"得知，所谓勾官即是指度支孔目官。以孟鹄的发展经历及他"有计划之能"的特点来看，作为孔目官的度支勾官与知财赋出入之职是不可分的。

又上揭旧史所说孟鹄曾任租庸勾官，《北梦琐言》卷一九则记作"三司勾押官"①。勾押官据上引《唐会要》文也在勾检官的序列。《旧五代史·杨邠传》记孔谦领度支，即将杨邠补为勾押官②，成为其手下的一名干吏。

与孔目、勾押官同时，还有其他一些《唐会要》提到或未提到的勾检官职也在唐五代三司机构内部设立。如《唐代墓志汇编》大和〇九八录有南京博物院藏扬州出土的《解府君墓志》，题曰"唐故盐铁转运江淮留后勾检官文林郎试太常寺协律郎骑都尉解府君墓志铭并序"。据日本学者高桥继男结合镇江出土《殷府君墓志》考释，证实这位墓主人解少卿就是长庆中任扬子也即江淮留后的殷府君的勾检官。按照唐朝的品级规定，他所任的官品序列应在"四等官"制的判官与主典之间。③

《金石萃编》卷一〇三载《大唐河东盐池灵庆公神祠碑碑阴记》下，录有贞元十三年判度支苏弁和度支河中院下属官吏的名单。其中

---

① 贾二强点校《北梦琐言》卷一九《明宗讽孟鹄》，中华书局，2002年，第352页。
② 《旧五代史》卷一〇七《杨邠传》，第1639页。
③ 周绍良主编，赵超副主编：《唐代墓志汇编》大和〇九八《唐故盐铁转运江淮留后勾检官文林郎试太常寺协律郎骑都尉解君墓志铭并序》，上海古籍出版社，1992年，第2165页；并参[日]高桥继男：《唐代後期の解府君墓誌と殷府君墓誌》，载《唐代史研究會報告》第VII集《東アヅア古文書の史的研究》，东京刀水书房，1990年，第263—278页。

在"专知度支河中院"及知解县、安邑池官之后，依次是度支河中院巡官、两池都巡检官，及如"盐□（池？）""方集""盐宗""东郭"等池、监、场名的勘会官，在此之下，才是各监、场官。[①]从名称而言，至少巡检、勘会二种可能有检核、勾勘之责。而它们的检勘对象应当就是池、场、监。

以上勾检官都是财政三司内专职的财务勾检官，他们以不同的名称出现，并存在于使职系统的各层机构之中，虽官职不高，但职称显然，标志着使职系统内部的财务勾检是作为常务，在各种场合与环节中，有专人负责和承担的。

但上述这些较为低级的勾检官，尚不能代表三司勾检体制的全部。如果仔细翻检史料，我们还可发现在另外一些官吏身上，也具备勾检的资格与职能。

首先是度支判官。《唐代墓志汇编》大和○五四王衮墓志铭记曰：

> 未几，迁度支郎中，急召赴阙。时窦司空初领计务，先是，巫易大吏，吏缘为蠹，泉货散落，浩无端涯。公即尽阅簿书，心计笔扶，不旬月得钱八十万贯，黠胥老吏，相顾失色。[②]

墓志中提到的"窦司空"，即穆宗朝的度支使窦易直。墓主人度

---

① 《金石萃编》卷一○三《大唐河东盐池灵庆公神祠碑碑阴记》，中国书店，1985年。
② 《唐代墓志汇编》大和○五四《唐故朝散大夫守尚书吏部郎中兼侍御史知杂事上柱国临沂县开国男食邑三百户琅琊王府君墓志铭并序》，第2134页。

支郎中王柷即其判官。作为度支判官，王柷的职责并不是仅掌判案，而是在判案同时，可以"尽阅簿书"，检察其中的蠹弊，既判且勾。度支判官的这一特点，并非是在王柷身上偶然发生，而是出自前面所说的度支"勘覆"之职。唐后期使职的直接掌管财赋，使度支的这一职能突出了。不独王柷如是，《旧唐书·裴延龄传》记裴为建别库，"乃多设钩距，召度支老吏与谋，以求恩顾"①，也明显是利用了度支的这一职能。当然度支所勘覆者，不仅有度支中央机构支配在京诸司及太府、司农的赋案，更有度支直接掌管、统筹的上供两税、酒税及两池盐钱等。而在这个意义上，度支判官也可被派出使，勾勘税赋。如《资治通鉴》卷二三二贞元三年（787）记国用不充，宰相李泌奏请遣使检察藩镇州县违法聚敛，"争权率、征罚以为军资，点募自防"的行径，于是，"以度支员外郎元友直为河南、江、淮南勾勘两税钱帛使"。元友直的任务，就是将"自非于法应留使、留州"的钱物，勾检得"悉输京师"。②

《新唐书·卢弘止传》：

> 初，两池盐法弊，得费不相偿，弘止使判官司空舆检钩厘正，条上新法，即表舆两池使，自是课入岁倍，用度赖之。③

大中初度支使卢弘止（止，《旧唐书》卷一六三本传作"正"）遣判

---

① 《旧唐书》卷一三五《裴延龄传》，第3720页。
② 《资治通鉴》卷二三二贞元三年，第7492页。
③ 《新唐书》卷一七七《卢弘止传》，第5284页。

官司空舆整顿盐法，所谓"检钩厘正"者显然亦包括对于税案进行勾检。

判官对本司税案行勾勘的情况，唯见于度支，盐铁、户部未见其例。但推测作为常务是共同的。所以，进入五代以后，三司判官亦同样掌勾税赋。《旧五代史·刘昫传》：

> 清泰初，兼判三司。……初，唐末帝自凤翔至，切于军用，时王玫判三司，诏问钱谷，玫具奏其数，及命赏军，甚愆于素。末帝怒，用昫代玫，昫乃搜索簿书，命判官高延赏计穷诘勾，及积年残租，或场务贩负，皆虚系帐籍，条奏其事，请可征者急督之，无以偿官者蠲除之。吏民相与歌咏，唯主典怨沮。①

据《通鉴》说，当时帝"问三司使王玫以府库之实，对有数百万在。既而阅实，金、帛不过三万两、匹"②，所以王玫才被黜免。而此处刘昫使三司判官钩稽簿书，很类似于前述藩镇使府以孔目官掌勾检。这似乎又一次证明了严耕望先生关于孔目官与判官性质相近的判断。而以掌判财赋出入的官吏主持勾勘，在唐五代使职差遣制度下也是很突出的。

其次是诸司巡官。巡官本亦为使府藩镇僚佐。所见有节度、观察、防御、营田、馆驿巡官等多种，其名非一。财政三司属下的巡官

---

① 《旧五代史》卷八九《刘昫传》，第1363页。
② 《资治通鉴》卷二七九潞王清泰元年，第9116页。

是很重要的一类，但除户部巡官数限为四人外，盐铁、度支在人数上都无规定，也不必以诸司郎官兼充。所以巡官较判官品级相对为低，职掌范围似也较为宽泛，如户部即有和籴巡官、出使巡官，盐铁、度支也有派巡官出巡，或兼其他职务的。不过无论何种巡官，监察、巡视看来都是它的本职。而在这个意义上派生出来的勾检之责看来更应引起注意。

《唐代墓志汇编》咸通一一三《唐故河中少尹范阳卢府君墓志铭并序》：

洎兰陵公邺总司邦计，辟兄为计巡，素仰洁廉，奉公立事，历边鄙，覆军储，果以精专无私为边人所伏。时河东公相国璩振抚北门，礼遇极厚。河东公不逾年，征急判计，邀兄为计推。①

"兰陵公邺"即宣宗大中之际任过度支使的萧邺。所以身任"计巡"的墓主人便是度支巡官。在此期间他曾"历边鄙，覆军储"，当是勘覆度支的供军粮草。后来在刘璩手下任"计推"，即度支推官，看来仍负责勾检之务。

《千唐志斋藏志》一一九八杨思立墓志铭：

迨司版籍，乃署君为巡职，迁里行监察。江淮诸州，道积繁

---

① 《唐代墓志汇编》咸通一一三《唐故河中少尹范阳卢府君墓志铭并序》，第2465页。

猥，委君理之。①

墓主人是宰相魏謩判户部时的"巡职"，也即户部巡官。户部财赋"散在诸州"的有阙官俸禄、职田钱等，故杨思立以户部巡官出勾诸州。

元稹撰《赵真长户部郎中兼侍御史等制》内有"应可某官、充户部巡官，勾当河南、淮南等道两税"②。这个户部巡官"应"的任务也是代度支勾检东南两税。

《太平广记》卷二五二《吴尧卿》（出《广陵妖乱志》）略云：

高骈因署尧卿知泗州院，兼利国监。……会军变，复归广陵。顷之，知浙西院，数月而罢。又知扬州院，兼榷粜使，伪朝授尧卿御史大夫。……三数年间，盗用盐铁钱六十万缗。时王棨知两使勾务，下尧卿狱。③

按《唐语林·政事下》也载吴尧卿以"执事人"负责造船，"为扬子县官，变盐铁之制，令商人纳榷，随所送物料，皆计折纳，勘廉每船板、钉、灰、油、炭多少而给之"④。是将勾剥之事极尽所能地用来

---

① 《千唐志斋藏志》一一九八《唐故朝议大夫前凤翔节度副使检校尚书兵部郎中兼御史中丞上柱国赐紫金鱼袋弘农杨府君墓志铭并序》，文物出版社，1989年，第1198页。
② 《元稹集》卷四八《赵真长户部郎中兼侍御史等》，第518页。
③ 《太平广记》卷二五二《吴尧卿》，中华书局，1961年，第1962—1963页。
④ （宋）王谠撰，周勋初校证《唐语林校证》卷一《政事下》，中华书局，1987年，第61页。

刻薄商人，但所贪墨的钱财又被王棨检得。这里只说王棨"知两使勾务"，未言具体官职，然据崔致远《右司马王棨端公摄盐铁出使巡官》，点明"权（榷？）课方殷，勾稽匪易"，"事须请摄盐铁出使巡官，勾勘当司钱物"。①知其具体职务，便是以盐铁转运巡官勾检钱物。

又《唐代墓志汇编》咸通〇七九《唐故盐铁河阴院巡官试左武卫兵曹参军彭城刘府君墓志并序》：

> 无何，知己在朝，以府君详练榷算之事，署左武卫兵曹参军，为盐铁河阴院巡官。②

河阴院是"留后"一级的大巡院，"详练榷算"是勾检财赋必备的能力。可以认为，盐铁河阴〔留后〕院下属的巡官也知勾检。

与巡官性质相同的又有巡覆官，有时巡官也兼巡覆官。《千唐志斋藏志》一〇四一《唐故泗州司仓参军诸道盐铁转运等使巡覆官刘府君墓志》，记墓主人刘茂贞曾任东都院巡官、知集津分巡院官，后"转河阴院巡官都催上运"，迁为盐铁使巡覆官后，"依前都辖运事"。③辖即检辖，如尚书都省之勾官左右司称"左右辖"。由于刘

---

① 〔新罗〕崔致远撰，党银平校注《桂苑笔耕集校注》卷一三《右司马王棨端公摄盐铁出使巡官》，中华书局，2003年，第419—420页。
② 《唐代墓志汇编》咸通〇七九《唐故盐铁河阴院巡官试左武卫兵曹参军彭城刘府君墓志并序》，第2440页。
③ 《千唐志斋藏志》一〇四一《唐故泗州司仓参军诸道盐铁转运等使巡覆官刘府君墓志》，第1041页。

茂贞任巡官与巡覆官前后职无变化，且"巡覆"与"都辖"相结合，所以巡覆官也职当勾检，只是与巡官相比，职权范围可能更大了些。

程存洁《新发现的后梁吴存锷墓志考释》一文，记墓志内言："吴太楚，咸通三年（862）后任岭南东道监铁院都巡覆官并南道十州巡检务，试左武卫兵曹参军。"①监铁院的"都巡覆官"竟能兼"南道十州巡检务"，亦可见其职权之大。同类的情况还有《唐语林》所载"度支司书手"骆浚。骆浚因作诗受到度支使赏识，被擢为度支巡官：

> 浚请兼巡覆官。自以微贱，不敢厕士大夫之列。月余，九门内勾出数十万贯；数月，关右、蒲、潼、京西、京北、三辅勾四百万，佐大门，却河阴斗门。曹、汴、宿、宋，无水潦之患。②

骆浚任度支巡覆官，勾检的范围包括京师九门内及关辅诸州，并且看来已将勾得的钱直接用于修浚漕运，助度支输赋，真可谓是由内及外。

这里，如果将巡官与巡覆官的勾检算作一类，而将它们与判官或孔目加以比较，就可以看出两者的不同。两者职能虽或有交叉，但后者主要是就机构内的文案或财赋出入进行随时随地、系统全面的勘覆，而前者则主要是就某一事物或方面作横向的巡检，目的是访察漏洞，其专门性、灵活性的特点比较突出。判官与巡官从纵、横两个方

---

① 程存洁：《新发现的后梁吴存锷墓志考释》，载《文物》1994年第8期，第69—73页。
② 《唐语林校证》卷三《识鉴》，第259—260页。

面结合，其勾检的覆盖面便较大。而若将前面所述每一基层机构内负责具体勾检事务的官员如勾押、支对等作为第一个层次，则判官与巡官的勾检便可算作第二个层次。在他们之上，则还有户部、度支、盐铁各级机构长官及使职参与勾检的第三个层次。

财政使职掌勾检，可追溯至开元、天宝中租庸使的派设。五代后唐窦专曾批评租庸使之设，认为不过是安史乱后征敛不时的临时产物："总三司货财，发一使征赋，在处勘覆，目曰租庸，才收京城，寻废职务。"①但租庸使"在处勘覆"的特点，其实在开元中宇文融初任租庸使时已很突出。皇甫憬曾批评他"务以勾剥为计"，而史书载他于"诸道括得客户凡八十余万，田亦称是"②，显然也是自勾检得来。唐后期的财政诸使在亲掌财赋的情况下也继承了这一特点。除了刘晏以外，史载大历中韩滉判度支，也是"清勤检辖，不容奸妄"，甚至"苛克颇甚，覆治案牍，勾剥深文，人多咨怨"。③

同样《旧唐书·李巽传》称：

> 巽精于吏职，盖性使然也。虽在私家，亦置案牍簿书，勾检如公署焉。人吏有过，丝毫无所贷，虽在千里外，其恐栗如在巽前。初，程异附王叔文贬窜，巽知其吏才明辨，奏而用之，宪宗不违其请。异勾检簿籍，又精于巽，故课最加衍，亦异之助焉。④

---

① 《五代会要》卷二四《建昌宫使》，上海古籍出版社，1978年，第378—379页。
② 《旧唐书》卷一〇五《宇文融传》，第3218页。
③ 《旧唐书》卷一二九《韩滉传》，第3600页。
④ 《旧唐书》卷一二三《李巽传》，第3522页。

同书《王播传》略曰：

> （元和）六年三月，转刑部侍郎，充诸道盐铁转运使。播长于吏术，虽案牍鞅掌，剖析如流，黠吏诋欺，无不彰败。……先是，李巽以程异为江淮院官，异又通泉货，及播领使，奏之为副。当王师讨吴元济，令异乘传往江淮，赋舆大集，以至贼平，深有力焉。①

曾任度支、盐铁使的刘晏、韩滉、李巽、程异、王播都以勾检精细见长，可见勾检本身亦使职常务，是其对主管财赋明察秋毫所必须。而这一点在使职派出机构的留后、巡院官也是同样的。如上述程异的勾检之长就是在任江淮留后、副使时已有表现。

李商隐《为河东公上杨相公状二首》略曰：

> 右件官是某亲弟。颇长政事，早履宦途。然至于稽勾缗钱，掌司财币，未尝留意，素非所长。自某年月日，蒙今荆州李相公差知埇桥院后，常所兢惶。②

"稽勾缗钱，掌司财币"是知院官的要务。又《千唐志斋藏志》所载孙公乂墓志铭有：

---

① 《旧唐书》卷一六四《王播传》，第4276页。
② （唐）李商隐著，（清）浩详注，钱振伦、钱振常笺注：《樊南文集·补编》卷四《为河东公上杨相公状二首》，上海古籍出版社，1988年，第632页。

上编 / 三司、财政与使职　　171

故上相太傅裴公之绾司计也,假以尚书金部员外郎,奏补西蜀巡院,岁周榷课登,就加祠部正郎,复领东川院事。后二年,故盐铁王相国以江左䤘院累任失职,官镪百万,变为逋亡,辄自裴公,密下其奏。公迫于知己,不得已而行。①

墓志所言裴公者,乃文宗大和初判度支裴度。盐铁王相国即王播。墓主孙公义受裴度及王播之托,去解决江左巡院"官镪百万,变为逋亡"的问题。虽未详其所带何官,但从墓志下文称他不久即因"观察使故兵部沈公传师"和"故宣城裴公谊"的赞誉,拜为高平郡太守即泽州刺史的情况,推测此前他所任官职很可能是江淮(扬子)留后。

《唐代墓志汇编》咸通〇六二令狐纮墓志铭也言:

大司计熟君政事,连委重务,自河中院转河阴院,奏授侍御史,又转解县池院及安邑院事,得检校比部员外郎。久之,署摄东渭桥给纳使,复检校比部郎中知陕州院事,累考十六,授五品命服。君亟领烦剧,弥彰利用,剖剔盘错,铓刃不顿。②

内称令狐纮连续转任盐铁度支诸院官,"剖剔盘错"是其职也。

---

① 《丁唐志斋藏志》———三《唐故银青光禄大夫工部尚书致仕上柱国乐安县开国男食邑五百户孙府君〔公义〕墓志铭》,第1113页。
② 《唐代墓志汇编》咸通〇六二《唐故朝散大夫检校尚书比部郎中兼侍御史知度支陕州院事令狐府君墓志铭并序》,第2427页。

留后与巡院官作为使职派出机构的长官负有对内勾检之责，而留后的勾检之职可能与它作为转运中枢，及负责对盐铁官吏的选拔、处置有关。杜牧曾谓"江淮自废留后以来，凡有冤人无处告诉"，又谓"若问于盐铁吏，即不欲江淮别有留后。若有留后，其间百事自能申状谘呈，安得货财，表里计会，分其权力，言之可知"。①《唐代墓志汇编》会昌〇〇八韦府君墓志铭亦曰：

又为今相国盐铁崔公奏留务江淮，假御史中丞印。泉货之司，汇蠹之府，吏无强弱，例皆偷容。君之至，止剖而裁之，奸者老者无得而欺矣。②

使盐铁吏不能"表里计会"，及对"例皆偷容"者"止剖而裁"的原因，正来自留后对所隶巡院、监、场账目的勘察。使职与留后对盐铁吏的制裁，正是其履行勾检之职的一个结果。

以使职、留后、巡院官为一层，判官、巡官为一层，各机构内的专职勾检官复为一层，从上至下，组成了唐后期财政使职机构内纵横交错、相互结合的勾检体系。应当说，财务勾检是在财政三司机构内部不断地进行与完善，它是中央政府财费正常运营支出的一项保证。在此基础上，三使共同支配财赋，并原则上通过度支"受财轻费"，

---

① （唐）杜牧：《樊川文集》卷一三《上盐铁裴相公书》，上海古籍出版社，1978年，第196—197页。
② 《唐代墓志汇编》会昌〇〇八《唐故朝议郎使持节明州诸军事明州刺史上柱国赐绯鱼袋韦府君墓志铭并序》，第2216页。按：原标点有误，此处已改正。

形成以使职自检自察为其核心的勾检主体，这就是唐五代勾检制发展的大趋势。

四 唐后期中央对地方的财务勾检与监察

开元、天宝时期的使职常官兼宪衔，出使对州县、边军财务实行勾勘。监察御史宇文融及敦煌文书所见活跃在河西的和籴使窦侍御都是很突出的例子。[1]唐代后期，针对地方的出使勾勘并不一定由财政使职亲自进行，而是往往被委派给下属的官吏，如上面已提到有判官、巡官等出使勾检两税的情况。除此之外，度支、盐铁的留后或分巡院官，元和以后也常被派出使而承担对外的勾检之务。元稹《有唐赠太子少保崔公（倰）墓志铭》记曰：

> 会朝廷始置两税使，俾之听郡县，授公检校膳部郎中，襄州湖鄂之税皆莅焉，且主转运留务于江陵。公乃取一大吏，劾其赃，其余眇小不法者牒按之，所莅皆震竦。岁余计奏，宪宗皇帝深嘉之，面命金紫，加检校职方郎中，移治留务于杨子，仍兼淮浙宣建等两税使。[2]

---

[1] 见据敦煌P.3559和P.3664文书整理的《唐天宝十三载（754）敦煌郡勾征帐》，转引自李锦绣：《唐代财政史稿》上卷第一分册，第252—254页。按："窦侍御"其人也见于（唐）高适《送窦侍御知河西和籴还京序》，见《文苑英华》卷七一九，中华书局，1966年，第3722页。
[2] 《元稹集》卷五四《有唐赠太子少保崔公倰墓志铭》，第580页。

宪宗元和中分别以盐铁转运扬子、江陵留后和度支山南西道分巡院官兼充东、西南地区两税使，崔倰是其中之一。元和四年置两税使诏称："度支盐铁，泉货是司，各有分巡，置于都会，爰命帖职，周视四方，简而易从，庶协权变。政有所弊，事有所宜，皆得举闻，副我忧寄。"①时当盐法与两税物价改革，留后兼两税使的职责就是对地方两税是否按中央政府规定的虚实估比例、价格及上供、送使、留州的限额征收运送实行勘核。此后元和十一年，朝廷以急需军用，遣盐铁副使程异"出巡江淮，具州府上供钱谷，一切勘问"②，其意也同。而留后和巡院官的出使勾勘与唐朝廷赋予他们的监察职能又是结合的。《唐会要·御史台》：

元和四年，御史台奏："诸道州府有违法征科者，请委盐铁转运、度支巡院察访报台，以凭举奏。"从之。③

唐后期的留后与巡院官常常根据级别和资历带有不同的宪衔。所以根据奏文，它们被作为御史台僚属，其对内、对外的勾检监察也被隶于御史台的直接领导下，成为一而二、二而一的关系。至文宗开成四年（839），"天下三司监院官带御史者"，作为"外台"，"得以访察所在风俗，按举不法"的职权又在御史中丞高元裕的上奏中再次被强调，并下令"三司知监院官带御史者，并属台司，凡有纪纲公

---

① 《唐会要》卷八四《两税使》，第1836页。
② 《唐会要》卷八七《转运盐铁总叙》元和十三年王博奏，第1888页。
③ 《唐会要》卷六〇《御史台》，第1227—1228页。

事，得以指使"。①这说明，监院官的对外监察职能及御史台对其业务的指挥、参与都是在不断强化的。

唐后期，院、监的对外监察业务可谓包罗万象，对地方官的伺察也无孔不入。关于巡院的监察及其在监视藩镇、协调中央地方关系的诸多作用日本学者高桥继男已有过专门的论述②，本文不拟重复。但这里涉及财务监察尚需强调一点，即元和以后两使下院、监在这方面的加强，显然是为了弥补两税法以来，中央对地方在财务勾检管理方面的一些缺憾和漏洞。

如前所述杨炎在建立两税法之初，即意图恢复中央政府对于财赋的统筹及正常的管理秩序，所以在实行两税三分制后，对地方的赋税征收和财务支出是采取了比较传统的三级制勾检管理方式，即对两税大体是府州勾县，而比部勾府州。至于"天下诸州及军府"交赴比部的年终勾帐，诸色勾征，则是"令所由长官、录事参军、本判官据案状子细勾会"，并由录事参军具体根据钱物破使及剩余见在"各具色目，分明造帐"的。③其中作为勾官的录事参军作用很关键。严耕望先生曾根据《新唐书·食货志》及《唐会要》等诸多史料记载，指出州县之司录、录事参军本为纪纲之职，"中叶以后又常特令加重此职对于财务处理监督之权责"，举凡"涉及两税、盐课、仓储、官俸，及户部存储钱物之管理等等，皆特别责成司录录事参军处理监督

---

① 《册府元龟》卷五一六《宪官部·振举一》，第6173页。
② 见[日]高桥继男：《唐代後半期における巡院の地方行政監察業務について》，见《星博士退官紀念中國史論集》，1978年，第41—60页。
③ 《唐会要》卷五九《比部员外郎》建中元年至长庆元年条，第1218—1219页。

之"。并认为"司录、录事参军既为府州行政最具关键之职位,兼内外督察之任,故府州财务即委任责成也"。①

州县司录、录事参军作为地方勾检之基础不容忽视,但与唐前期不同,在州县之上还有道的一级。唐国家在制定两税法之初,已委黜陟使与诸道观察使同"计会勾当",且不但要求观察使对诸州违法征科及使用"风闻按举",复要对州府交报比部的勾帐"委诸道观察判官一人,每年专按核讫"。②这使得诸道在州县之上参与地方勾检,实际上已有"府勾州"的性质。唐后期有令节度观察使判官与州司录、录事参军同察私盐③,及河东、振武、易定、京西北等道阙官料钱,仰少尹或"观察判官与录事参军同勾当"的实例④,而节度观察使府中勾覆判官⑤,及孔目院、孔目官、都孔目官、勾押官等名称的出现⑥,也使人感到在节度观察使下已有其自成体系的勾检班子。

一般而言,唐中央政府是依赖地方勾官以及特别是节度观察使对属州进行勘察的。《旧唐书·吕元膺传》记"江西观察使裴堪奏虔州刺史李将顺赃状,朝廷不覆按,遽贬将顺道州司户。元膺曰:'廉使奏刺史赃罪,不覆检即谪去,纵堪之词足信,亦不可为天下法。'

---

① 见严耕望:《唐代府州僚佐考》,见氏著《唐史研究丛稿》,第129—131页。
② 见[日]高桥继男:《唐代後半期における巡院の地方行政監察業務について》,第41—60页。
③ 《新唐书》卷五四《食货志四》,第1380页。
④ 《全唐文》卷八二《大中改元南郊赦文》,第857页。
⑤ 见《金石萃编》卷七九《华狱题名》:"郑县尉李憺……充京畿探访使勾覆判官。"《石刻史料新编》,(台湾)新文丰出版公司,第1340页。
⑥ 藩镇及诸州有孔目官、都孔目官、勾押官等,见《五代会要》卷一九《县令》后唐天成四年五月五日户部奏,上海古籍出版社,1978年,第315—317页。

又封诏书，请发御史按问，宰臣不能夺"①。观察使奏刺史赃竟可不覆问，充分说明观察使在地方财政检察中的决定性作用。但是这样一来，却无法避免节度、观察使一手遮天，垄断地方财务。元和中，监察御史元稹"奉使东蜀，劾奏故剑南东川节度使严砺违制擅赋"，时严砺已死，但所属"七州刺史皆责罚"②，很可以说明节度使对属州财赋的控制（详见后文《元稹集》）。《旧唐书·韦贯之传》记元和中盐铁副使程异使诸道督课财赋，讽令方镇进献。"贯之谓两税外不忍横赋加人，所献未满异意，遂率属内六州留钱以继献，由是罢为太子詹事，分司东都"③。虽然遭到责罚，但仍反映观察使随意调动属州财赋的权力。

节度观察使的这份权力，在相当程度上是来自两税法所规定的留使钱，需"配管内诸州供送"。元和四年改革以"事颇重叠"为由，改为"诸州府先配供军（即送使）钱，回充送省。带使州府，先配送省钱，便留供军"。④但是在此前后，我们便发现委观察使检责及"风闻按举"虽依旧，但使与属州的关系明显已有限制。《唐会要·刺史上》曰：

> 元和二年正月，制度支："如刺史于留州数内，妄有减削，

---

① 《旧唐书》卷一五四《吕元膺传》，第4104页。
② 《旧唐书》卷一六六《元稹传》，第4331页。
③ 《旧唐书》卷一五八《韦贯之传》，第4175页。
④ 参见《唐会要》卷八三《租税上》元和四年十二月度支奏、卷五八《户部尚书》元和五年二月李仁素奏，第1821、1186页。

及非理破使，委观察使风闻按举，必当料加量贬，以诫列城。如刺史不奉制敕，不得称有公事，请赴本使。其录事参军，亦不得擅离本州。"①

《唐大诏令集》卷七〇《元和二年南郊赦》称：

> 诸道年终勾当（据《册府元龟》"当"字无）宜停。刺史、录事参军并不得擅离州。其事类已后制敕，速令有司删定。②

综合两条史料，不难得知唐朝廷在削弱观察使对属州财赋支配权的同时还企图减少观察使与州的联系，甚至打算停止诸道对属州的年终勾。而御史台与度支盐铁巡院系统勾检监察职能的加强亦显然是为了弥补甚或取代这一缺环。元和以后，中央对诸州两税征收支用额曾一再有所强调，例如《册府元龟》卷四八八载长庆四年（824）三月制下令"自今已后，州府所由（申？）户帐及垦田顷亩，宜据见征税案为定"。除了要求州府"申省后，户部类会，具单数闻奏，仍敕五年一定税"和州县对于"逃亡死损"必须"随事均补，亦仰年终申户部"之外，"如有隐漏"，亦"委御史台及所在巡院察访闻奏"。③

---

① 《唐会要》卷六八《刺史上》，第1422页。
② 《唐大诏令集》卷七〇《元和二年南郊赦》，商务印书馆，1959年，第391页；《册府元龟》卷八九《帝王部·赦宥八》，第1068页。按："勾当"或作"勾并"，见下文懿宗《勾并年终赋租委御史郎官论奏制》。
③ 《册府元龟》卷四八八《邦计部·赋税二》，第5836—5837页。

同样，《唐会要》卷八四《租税下》会昌元年（841）正月制，在强调"自今已后，州县每县所征科斛斗，一切依额为定，不得随年检责"和"仍委本道观察使每年秋成之时，具管内垦辟田地顷亩，及合征上供留州若使斛斗数，分析闻奏"的同时，也是"仍令出使郎官、御史及度支盐铁知院官，访察闻奏"。①

总之，为了实施中央对两税的控制，及改变两税法实行以来"制敕不下支郡，刺史不专奏事"的积习②，元和以后御史台和巡院已大量参与其间。事实上派遣巡院官或"出使郎官御史"实行对包括观察使在内的地方违法征科"访察闻奏"，已成为中央政府不得不经常依靠的手段。而"访察闻奏"有时就是监察加勾征的结合，前揭盐铁转运江陵留后兼两税使崔倰之例已可证明。元稹《弹奏剑南东川节度使状》与《弹奏山南西道两税外草状》③，亦很好地说明元稹就是以监察御史兼剑南东川详覆使的身份对两道的违法征科进行了检察。其前状是关于剑南东川节度使严砺于管内擅籍没庄宅、奴婢、财物及擅加征粮草的报告。以下是这件奏状的有关部分：

    剑南东川详覆使

    故剑南东川节度观察处置等使严砺在任日，擅没管内将士、

---

① 《唐会要》卷八四《租税下》，第1828页；《册府元龟》卷四八八，第5838页。
② 《新五代史》卷二六《孔谦传》，中华书局《点校本二十四史修订本》，2015年，第321页。
③ 《元稹集》卷三七《弹奏剑南东川节度使状》《弹奏山南西道两税外草状》，第419—425、428—429页。

官吏、百姓及前资寄住等庄宅、奴婢，今于两税外加配钱、米及草等，谨件如后：

严砺擅籍没管内将士、官吏、百姓及前资寄住涂山甫等八十八户，庄宅共一百二十二所，奴婢共二十七人，并在诸州项内分析。

右，臣伏准前后制敕，令出使御史，所在访察不法，具状奏闻。臣昨奉三月一日敕，令往剑南东川详覆泸川监官任敬仲赃犯，于彼访闻严砺在任日，擅籍没前件庄宅奴婢等，至今月十七日详覆事毕，追得所没庄宅、奴婢。文案及执行案典耿琚、马元亮等检勘得实。……臣访闻本主并在侧近，控告无路，渐至流亡。伏乞圣慈勒本道长吏及诸州刺史，招缉疲人，一切却还产业，庶使孤穷有托，编户再安。其本判官及所管刺史，仍乞重加贬责，以绝奸欺。

严砺又于管内诸州，元和二年两税钱外，加配百姓草共四十一万四千八百六十七束，每束重一十一斤。

右，臣伏准前后制敕及每岁旨条："两税留州留使钱外，加率一钱一物，州府长吏并同枉法计赃，仍令出使御史访察闻奏。"又准元和三年赦文："大辟罪已下，蒙恩涤荡。惟官典犯赃，不在此限。"臣访闻严砺加配前件草，准前月日追得文案，及执行案典姚孚检勘得实。……本判官及刺史等，伏乞准前科责，以息诛求。

严砺又于梓、遂两州，元和二年两税外，加征钱共七千贯文，米共五千石。

右，臣准前月日追得文案，及执行案典赵明之检勘得实。……其本判官及梓州、遂州刺史，悉合科处，以例将来。擅收没涂山甫等庄宅、奴婢，及于两税外加配钱、米草等，本判官及诸州刺史名衔，并所收色目，谨具如后：

擅收没奴婢庄宅等（下列诸州刺史擅收没及加征草数量略）

右，已上本判官及刺史等名衔，并所征收名目，谨具如前。其资、简等四州刺史，或缘割属西川，或缘停替迁授，伏乞委本道长吏，各据征收年月，具勘名衔闻奏。

（下为元稹关于此事总结及中书门下牒御史台奉敕处理意见，并略）

以上奏文，可以详细说明元稹如何在详覆任敬仲赃犯之际，由"访闻"严砺不法，到具体检勘的过程。奏状中严砺及参与籍没加征的刺史、判官名衔及所收具体色目、数额一一具列，它作为御史依据制敕勾检地方税赋之真实报告是毋庸置疑的。元稹的另一件《弹奏山南西道两税外草状》性质也大体相同。

出使御史、郎官及度支盐铁系统留后、巡院官对地方勾检的执行和参与，证实本文前面所说，比部的职能虽在令式与制敕中予以保留，但中央对地方的财务勾检已逐渐地或主要地不再依靠比部。这里应当提出且耐人寻味的还有《唐会要·刺史上》所载文宗大和四年（830）九月，比部奉旨拟定"起请条"一事。这个起请条鉴于刺史支用留州结余"每被举按,即以公坐论赃"的情况,具体规定了刺史可以合法使用留州额结余的五种财务范围。其中包括修建城郭屋宇器械、送往迎来供应宴饯、追捕盗贼赏赐程粮等。并要求:"其所费用者,并须立文案,以凭勘验。"值得注意的是,起请条的制定者虽为比部,但文宗的批复却是:"宜依,仍委御史台准此勾当。"[①]说明御史台是具体的执行者,其监察举按仍不能与勾检分。

御史台、巡院官等对地方勾检的参与,应当是比部最终名存职废的一个原因。不过由于他们的"访察闻奏"虽然在诏令中频频强调,但毕竟还不是制度所规定的固定性质的勾检,所以诚如论者所说,对其所起到的作用尚不能估计过高,特别是在唐后期藩镇权力日盛的形势下。如武宗在《加尊号赦文》中即点明"其留使钱物,更令诸道分析破用去处,所立文帐,皆是构虚文"的事实[②],说明所谓"访察闻奏"在一般情况下并不一定能辖制藩镇。《全唐文》载懿宗《勾并年终赋租委御史郎官论奏制》称:

> 旧以天下赋租,年终勾并,或刺史入府,或县令上州,所科群胥,尽出百姓。且官有理所,安可擅离,物犯赃条,何须枉法。从今委知弹御史出使郎官,凡系抵违,明具论奏,仍委预为条目,各遣闻知。[③]

---

① 《唐会要》卷六八《刺史上》,第1425页。
② 《全唐文》卷七八《加尊号赦文》,第814页;以上并参陈明光《唐代财政史新编》第九章第二节,第249—252页。
③ 《全唐文》卷八三《勾并年终赋租委御史郎官论奏制》,第866页。

从中可知宪宗时即欲取消的年终府勾州，实际是到懿宗朝还在继续。可见藩镇对于地方财务的控制决不会因朝廷一纸空文即予以取消。然而，当懿宗再次宣布，并试图以"知弹御史出使郎官"取代这一府州县相辖的"年终勾并"惯例同时，或者也就完全结束了比部领导两税勾勘的形式和历史。这，大概也可以间接解释为什么唐中期以后会出现"比部郎中知制诰"一类的差遣职名吧！

五 新财务勾检体系的形成特色及五代的租庸使和内勾司

以上，对自唐中叶开始的中央财务勾检体制的变化大略作了探讨，可以看出如下特点：

第一，无论是在中央机构内部（内费）抑或是地方（外费）的勾检方面，比部的勾检职能都在不断减少和消亡，唐末以后，比部的勾检已完全不存在。

第二，在诸使分掌财赋的基础上，勾检职能也逐步差遣化。新的中央财务勾检体系，正在三司内部逐步建成，在中央使司及地方派出机构的场、监、院中，都有不同名称的勾检官分承专职的勾检之务，并有判官对文案的随时勾检及巡官的专门性出使巡覆相结合，在此基础上，运筹帷幄的财政使职与其下属机构的留后巡院官亦在掌管支配财赋的同时主持和领导勾检，形成了财政三司内部多层次的自检自察及财赋管理与勾检不可分的特色。

第三，三司勾检除本司财赋外，已开始通过遣使和巡院官勾勘两税而由内及外。其勾检并与作为御史台"外台"的监察任务相结合。唐后期由观察使对州县财赋征收支用行检察，与派遣出使郎官御史和度支、盐铁巡院官对地方财赋行监察成为中央监控地方财赋的两大方面，而后者复对加强中央集权起到不可或缺的作用。

第四，御史台作为财务监察部门实际参与了中央及地方的财务勾检。在朝廷内费方面，御史台与度支、盐铁、户部三司的合作取代了唐前期度支、金仓与比部的合作。而在地方，御史台所遣之御史及巡院官的出使勾勘或"访察闻奏"，也在事实上取代了比部对地方财赋的勾检。御史台的参与，使勾检与监察一而二，二而一，不仅加强了中央与地方的联系，也是新旧勾检体制交替的过渡与必须。

总括上述，在唐五代三司理财制度下，新的勾检体系也在形成。这个从三司机构内部逐渐脱胎而成的新体制已发展为国家财务勾检的主体。

不过也应看到，这个新体制毕竟还很不完善。事实上它在唐末五代之际，甚至还谈不上是一个统一独立的体系。特别是在唐后期财务管理中枢多元化的前提下，反映出来的勾检体制也是各行其是的。三司和御史台的勾检和监察并不能包揽一切。其时不仅藩镇节度使有各自的管理系统和勾检官，且其他使职及禁军内部也都别设勾检官。如《唐会要》卷七二会昌元年二月敕，在左右神策军定额官各十员中，就有判官三员和勾覆官、支计官各一员。[①]从前揭神策

---

① 《唐会要》卷七二《京城诸军》，第1536页。

军拒绝比部勾检可知，此勾覆官、支计官等不承比部指令，当然也不属三司管辖。

《唐代墓志汇编》大中〇五六《南阳张府君墓志铭并序》略曰：

> 开成五祀，东都留守尚书崔公，〔以？〕府君干能，补河阴镇遏副十将。……会昌司徒李公又加留守讨击使兼河阴盐铁留后，每岁请受当军衣赐。三年，太傅牛公惑听小人之谮，降为衙前。四年夏，请公检覆苑内营田。公在留司之年，精于慎选，及检勾之日，情靡徇私，又却补讨击使。①

东都留守下有"检覆苑内营田"的勾检官，此官与河阴盐铁留后无关，亦不属三司。

同书大中〇〇八《梁郡成氏墓志铭并序》记其子一为内庄宅使东都院勾押官，一为内庄宅使东都院勘覆官；同书大中〇四〇，墓主人清河张汶的职衔便是"内庄宅使都勾官"②，可见宦官内部的财务勾检也是自成系统。

以上勾检官只是禁军、诸使、宦官系统内进行"自检"的职系，唐代的财政三司并不能将它们统一在同一领导之下。不仅如此，三司自身的勾检其实也是一分为三。前揭元和十三年中书门下关于三使财

---

① 《唐代墓志汇编》大中〇五六《唐故东畿汝防御使都押衙兼都虞候正议大夫检校太子宾客上柱国南阳张府君墓志铭并序》，第2292页。
② 《唐代墓志汇编》大中〇〇八《大唐清河府君故夫人梁郡成氏墓志铭并序》、大中〇四〇《唐内庄宅使都勾官清河张府君墓志》，第2258、2279页。

赋出入年终报检的上奏，就毋宁说是这种不统一之下，宰相亲主审计的结果。

但是进入五代以后，租庸使和三司使的成立可能成为财赋管理及国家财务勾检统一的契机。《五代会要·建昌宫使》载后唐同光二年（924）正月敕，令盐铁、度支、户部，"凡关钱物委租庸使管辖"。租庸使按照窦专的说法，虽然是"伪梁不知故事，将四镇节制征输，置宫室名目管系，既废宫后，改置租庸"①，但从建昌宫使到租庸使是后梁从藩镇体制向国家财务体制的过渡。同样，从孔谦等人由孔目官而任租庸使，也可以明了后唐的租庸使仍旧是藩镇体制与国家体制的合并。

租庸使的一个重要特点是不仅专知三司财赋，且开始帖牒州县。《新五代史》卷二六《孔谦传》：

> 故事：观察使所治属州事，皆不得专达，上所赋调，亦下观察使行之。而谦直以租庸帖调发诸州，不关观察，观察使交章论理，以谓："制敕不下支郡，刺史不专奏事，唐制也。租庸直帖，沿伪梁之弊，不可为法。今唐运中兴，愿还旧制。"诏从其请，而谦不奉诏，卒行直帖。②

租庸使下帖州县，是五代以来中央财务机构对地方财务管理发生

---

① 《五代会要》卷二四《建昌宫使》，第378—379页；下引窦专说同。
② 《新五代史》卷二六《孔谦传》，第321页。

的最大变化。租庸既可下帖征调，即可派官勾检，所以像前揭孟鹄那样的"租庸勾官"名称出现了。不过租庸毕竟有临时设置的色彩，故窦专说"租庸总三司追科，因丧乱之时制置，在京无此名目，乃是出使权宜"，以为"若要委一官之能，何妨总三司合判"，请求"敕郡县重集户口，计定租税，令盐铁却归三司，收其征赋。务使仍旧会计到京，且便上供，何须直进"。也即恢复三司，以实现财赋统一，将"会计"之权归于朝廷。至后唐明宗裁撤租庸使，改设三司使后，财务机构和管理确乎是更趋于一体，这也影响及于勾检体系。时不仅有诸如三司勾官、孔目官，更见到了"三司都勾官"的名称。《旧五代史·汉隐帝纪》，记被诛杀的官吏中有"三司都勾官柴训"[①]。"都勾官"一称，虽藩镇及宦官内或有之，但置于三司，是都勾三司之事。此外，从墓志中发现，十国中的吴越国内部，不仅有负责"勾检征科务"的"孔目院押衙"，且有军事押衙"充省勾院勾□官"的记载。[②]省勾院及都勾官的出现，是否意味着五代十国之际某些割据政权自身的勾官系统已趋于统一呢？

尽管如此，彼时似乎尚没有单独的财务勾检机构，而三司财务勾检的不独立在唐后期五代亦是突出的。唐前期主掌勾检审计的比部司属刑部，不属户部，与户部四司是平行而非上下级关系。中央诸司及军府州县虽设勾检官，其业务却受比部领导，而比部这一勾检体系则独立于财政系统之外。李锦绣在《唐代财政史稿》一书中曾提出比部

---

① 《旧五代史》卷一〇三《汉隐帝纪下》，第1597页。
② 《全唐文补遗》第5辑《大吴越国明州故汝南郡袁府君（从章）墓铭并序》，三秦出版社，1998年，第447页。

隶属关系的变化是中古时期审计制度不断完善的表现。[①]但是唐后期三司的勾检却在本司长官的领导之下。长官、判官本身又兼勾检官，财政审计检核都不脱离理财事务，是理财与勾检不分，这不能不说是在原基础上的一个"倒退"。

此外，勾检与理财不分，虽可使之具备"自检"职能，但"他勾"却相对减弱。唐前期各部门内自勾与来自比部等外部门他勾相结合的特点唐后期已很难体现。如果说，地方诸州诸使尚能通过御史台和巡院对其多少进行"他勾"的话，那么三司本身的"他勾"却反而谈不到。这是因为三司机构内使职、留后、院监场的逐级检辖无一不在本系统内，而无论是何种检查亦基本不脱离自检范畴。例如懿宗时曾命将放免的三司钱物，"宜各令本司差办事官典，据年额人户姓名所欠钱物色目检勘，便下文帐，不得更起条样，勘逐所征可放，生事扰人"[②]。但对其究如何执行竟毫无外部监督机制。另加上留后、院官多带法宪官，使勾检、监察混为一谈，更加模糊了内外概念，使得财政机构内部的财赋收支合理与否，贪贿有无这些问题，只能指望内部来自行发觉。

这样便不免会造成两种结果：一是赋税收支、勾检不分，极易产生监守自盗和贪贿现象，特别是对长官而言。唐史料中颇多院场监官吏贪污、盗使官钱之例，此不能不说是原因之一。二是即使机构内部检括严格，但由于长官支配财赋，取舍任意，也难保在财

---

① 李锦绣：《唐代财政史稿》上卷第一分册，第310页。
② 《全唐文》卷八五《即位赦文》，第892页。

赋使用方面完全遵守制度，而不以权谋私。唐后期度支、盐铁、户部三使的"羡余"供奉废而复兴，盐铁"利系度支"之制不能坚持，也应有这方面的因素。而唐后期的宰相兼使理财，似也与此不无关系。从史料得知，唐宰相如兼领度支，就可能有权另立判勾机构。《唐会要》卷五三《杂录》记元和十三年宰相皇甫镈奏，平章事判使，即可例置判案郎官二人，"并量抽官典七人，随官勾检文案"①。这些勾官的设置似在原度支之上，它有便于宰相实际掌握财赋，不过显然是临时和不固定的。

五代后唐在设立租庸使同时，还曾一度置内勾司。据《旧五代史·职官志》及新、旧《五代史·郭崇韬传》，同光元年宰相郭崇韬曾以宦官、判内侍省马（李）绍宏失职怨望，置内勾使，以绍宏领之，"凡天下钱谷簿书，悉委裁遣。自是州县供帐烦费，议者非之"，"凡天下钱谷出入于租庸者，皆须内勾。既而文簿繁多，州县为弊，遽罢其事"。②内勾使及内勾司设立时间不长，旋即停废。但内勾是勾出入租庸的"天下钱谷簿书"，包括州县上报文簿，似乎是最先出现于财政部门之外的勾检之司，尽管它与宦官专权尚有着很密切的关系。

以宦官任"内勾使"而主勾"天下文簿"，应当说不是偶然的。唐自中叶以后，宦官究竟在多大程度上参与国家财政颇值得研究。《南部新书》乙部记曰："开元天宝间，有内三司，置于禁中，内

---

① 《唐会要》卷五三《杂录》，第1083页。
② 《旧五代史》卷一四九《职官志》、卷五七《郭崇韬传》，第2322、887—888页；《新五代史》卷二四《郭崇韬传》，第281页。

职有权要者掌之。天下财谷著之簿间，毫发无隐。"①《南部新书》此条史料只是孤证，且不知来源为何。开元、天宝并无三司机构，故"内三司"者从名称看似也不可信。不过，从彼时直接管理宇文融、王鉷等入内的财赋，到乾元、大历中，宦官因百宝大盈而实知国家左藏，"以冗名持簿书，领其事者三百人，皆奉给其间，连结根固不可动"却是事实。②

而宦官能否因杨炎"将财赋归左藏"的动议就完全放弃对国家财计知会的权力也很值得怀疑。敦煌P.3723郁知言《记室备要》便有宦官总监使"兼知太仓出纳"的记载。③唐后期度支、盐铁使如裴延龄、王播等许多人的任命是依靠宦官，他们与宦官的勾结自不必说。唐末在财赋极端困乏的情况下，朝廷赖以苟延的盐税亦尤为宦官所控制。论者多知宦官田令孜与王重荣争盐赋致僖宗播迁，及宰相、判度支张濬、崔胤等与宦官的权力争夺。其实在此之前，朝廷早已派宦官知两池勾检。《唐代墓志汇编》乾宁〇〇五便记载了墓主内枢密使吴承泌，乾符末以本官充解县榷盐催勘副使及使，"搜考勾稽，尽取黠史（吏）"的事实④，很可以说明唐末企图通过宦官勾检两池赋税的情况。因此五代内勾司的成立应有其基础。

---

① （宋）钱易撰，黄寿成点校：《南部新书》乙部，中华书局，2002年，第22页。
② 《旧唐书》卷一一八《杨炎传》，第3420页。
③ P.3723郁知言《记室备要》中卷《贺总监使兼知太仓出纳》，录文见赵和平：《敦煌表状笺启书仪辑校》，江苏古籍出版社，1997年，第98页。
④ 《唐代墓志汇编》乾宁〇〇五《大唐故内枢密使特进左领军卫上将军知内侍省事上柱国濮阳郡开国侯食邑 千户食实封 百户吴公（承泌）墓志并序》，第2532—2533页。

但内勾司的设立是很短暂的，它的取消，史载只是因"既而州郡供报，辄滋烦费，议者以为十羊九牧，深所不可"①。但凭这句话可以认为内勾司的勾检并没有与朝官方面的宰相及三司取得协调。所以直到宋初，已发展为专职勾检的勾院勾司亦并没有从三司系统真正脱离，反而是所有的勾检机构仍隶属于三司之下，这就是本文开头所说的情况。而勾检系统的真正独立据知还是在熙宁六年（1073）提举帐勾磨勘司成立之后。《职官分纪》卷一三记熙宁五年右正言知制诰曾布言，以为对"内自府库，外至州县，岁会月计"的文簿，"三司虽有审覆之名，而三部胥吏所行职事非一，不得专意于其间，近岁以来因循，不复省阅，其为弊也已甚矣"。他建议"于三司选人吏二百人，专置一司，委以驱磨天下帐籍"。②这个"委以驱磨天下帐籍"的"提举帐勾磨勘司"于次年成立后，便不再隶属三司，而真正成为三司之外的财务审计机关。元丰改制后，这一新机构与三司勾院等重新回归比部，形成新的结合与统一。有关宋代的勾检这里只是约略提及，限于本文题目及篇幅，其具体发展即不在论述的范围之内了。

六 小结

勾检官制是唐朝官制中一个极为特殊的成分，据王永兴先生的

---

① 《旧五代史》卷七二《马绍宏传》，第1113页。
② （宋）孙逢吉撰：《职官分纪》卷一三，中华书局，1988年，第304页。

研究，勾检制包括行政勾检与财务勾检两大部分，借助正史及敦煌文书，唐前期的两种勾检制都得以复原，由此证明唐朝廷的财务运营和行政效率通过勾检制的实施而有所保证。

但是唐后期在官僚机构特别是财务体制变化的格局下，勾检制如何进行？本文正是在王先生论著的启发下，试图对此问题加以解答并作出补充。而就本文的讨论来看，财务机构的解体及财赋统一原则的破坏，导致原来以比部为核心的财务勾检制破坏，而在唐朝财政三使的分掌制度形成后，比部不仅对全国地方，对中央政府内部经费的审核监察也已经名存实亡。然而与此同时，勾检制度却在三使的系统内逐渐得以恢复和重建，不仅出现了诸多新的勾检官职，且从下而上，组成了唐后期财政使职机构内纵横交错、相互结合的多层次勾检体系。而中央政府为了控制地方财赋的征收使用，更通过以三司监院官兼带御史之职而对地方实行检勘监察，以此弥补两税法以来，中央对地方在财务勾检管理方面的缺憾和漏洞。

此外勾检体系多元化，藩镇节度使有各自的管理系统和勾检官，宦官内库和禁军内部也都别设勾检官。五代租庸使和内勾司的成立，都与勾检制的建立有关。但三司财务勾检的不独立和勾检与理财往往不分，导致虽可自检而"他勾"不足，成为使职与各系统分理财赋制下难以克服的弊病。加之财政长官主掌、调动财赋之权大大超过前期，其下属部门职掌也与其他机构、官员不相关涉，故使职及各系统内部的贪腐问题要较唐前期理财机构严重得多，这些或许也是宋代重新回归比部而将勾检部门重新统一的原因。

因此就勾检官制变化而言，从唐前期比部主掌审计，到财政三司分掌制下，比部勾检审计之权消退，三司内部勾检官制发展，逐渐取比部而代之；再到三司勾检系统独立统一，并再度回归比部，这是唐宋之际勾检制发展的基本轮廓与主要线索。完成了这一变化，也许即是实现了历史长河中又一个否定之否定的过程。[①]

[①] 本文在材料方面，曾得到李锦绣先生的支持和帮助，特此说明并致谢。

也谈两税的"量出制入"与"定额给资"

唐朝德宗建中初,由杨炎提议实行两税法。两税法"以资产为宗",与唐初以来"以丁身为本"的租庸调制在征收方式上发生了根本的变化。与此同时,其税法原则也产生了从"量入以为出"到"量出以制入"的变迁。那么,如何理解这一变化的真实意义及其原因,从而做出正确的判断和评价,则是唐代财政史研究中不可忽略的一个问题。

一 问题的提出

"量出制入"一语,最初源于《旧唐书·杨炎传》载杨炎关于两税法的一段奏疏。①长期以来,它被许多学者认定为唐朝制定两税法的基本原则之一。但《历史研究》1986年第1期所载陈明光《"量出制入"与两税法的制税原则》一文却提出了相反的意见。他的看法是:"量出制入"作为一种主张虽然符合杨炎的原意,但由于为各种因素所制约,却并没有能够成为两税法的制税原则。②文中根据大多数学者的意见,将"量出制入"的含义解释为先计算出国家每年所需要的经费,再据以规定相应征收额的情况,并提出了两税法没有依照以上原则制定的主要根据是:

第一,各州两税额及全国两税定额并不是在重新做过财政预算之后自上而下地确定的。而是根据所谓"据旧征税数"的含糊其词的规定,并由黜陟使和地方官在定税过程中上下其手,"每州各取大历中

---

① 《旧唐书》卷一一八《杨炎传》,中华书局,1975年,第3421页。
② 陈明光:《"量出制入"与两税法的制税原则》,载《历史研究》1986年第1期,第89—99页;下同。

一年科率钱谷数最多者，便为两税定额"①。

第二，以较长的时间跨度去衡量，各州两税额是基本固定的。而非经常增减和遵照"量出制入"的要求而经常变动。

陈明光先生还提出，两税法所规定的"上供、送使、留州"税额三分，也都不是根据杨炎"量出制入"的原则所制定的。它们所反映的不是征派赋役的国家机器与承担赋役的"编户齐民"之间的关系问题，而是体现了统治集团内部对于赋税收入的瓜分，体现了中央分配地方经费的定额原则。此外，陈明光还在讨论以上问题的基础上，针对有些学者将杨炎表述的"量出制入"当作新的财政原则去评论的做法，认为即使从财政原则的角度去考察"量出制入"，也未见唐朝奉行。

对于陈明光的上述意见，笔者认为都是值得重视的。长期以来，确如陈文所说，研究者"多把'量出制入'是两税法的制税原则当作一个既成事实而阐述其意义和影响。并未循名责实地加以考察"。因此，关于"量出制入"的真正含义及其实行与否，历来存在着一些含糊其词、模棱两可的认识和说法。陈明光所进行的考察，首先是有助于澄清这些模糊的认识。其次关于两税法，传统的研究多侧重其内容形式本身，很少从财政的角度作专门的探讨。陈明光关于"量出制入"以及他另文对两税预算定额管理体制的论述②，却都

---

① 引文见王素点校：《陆贽集》卷二二《均节赋税恤百姓六条》，中华书局，2006年，第721页。
② 陈明光：《论唐朝两税的定额管理体制》，载《中国史研究》1989年第1期，第26—37页。

是变换了思考问题的方式，运用财政学原理，站在更高的层次剖析两税法，从而不仅使两税的研究更为深入，也有助于提高对唐后期财政史的宏观认识。

陈文经过考察所证明的两点，即全国两税定额并不是在重新作过财政预算之后由上而下确定，以及各州两税额基本固定的看法显然也是正确的。后一点尤为其他研究者所注意和论及，例如张泽咸先生就明确指出两税是"素有定额"，且一经确定"在一般情况下不能肆意加征"，"地方官吏不能轻易变通"。①杨志玖、张国刚合撰《唐代藩镇进奉试析》一文，也曾说到唐后期藩镇进奉是"当时中央政府在两税上供定额之外，分割藩镇财政收入的重要形式；它是两税三分死定额的一个补充，是中央筹措军费的一个不可忽视的重要手段"。②他们的看法，都证明了陈明光所说两税额是唐中央政府与藩镇双方"均小心翼翼不愿正面打破的限额"。另外，陈明光论述两税三分、定额给资体现统治集团内部分割财赋的关系，以及从此出发，在上述另文中讨论定额管理对于中央加强两税宏观控制和支配权的意义，也都是很有见地和令人信服的。

---

① 张泽咸：《唐五代赋役史草》第四章第二节《两税法的内容·两税有无税额》，中华书局，1986年，说见第136、140页。
② 杨志玖、张国刚：《唐代藩镇进奉试析》，载《文史》第28辑，1987，第127—134页，说见133页。

二 "量出制入"和"定额给资"作为定税原则的用意与依据

尽管如此,关于"量出制入"是否是两税法的制税原则,以及它与定额征收、定额给资的关系问题,笔者认为仍有必要再研究。因为"量出制入"不仅涉及财政思想,也关乎唐代赋税制度之变化。这里仅提出自己的一些不同看法,以与陈明光先生商榷。

首先,要明了两税法是否"量出制入",还必须就杨炎提出"量出制入"的真正用意进行讨论。诚然,如依照陈明光的解释,即根据国家需要作出预算,再据以定征收总额那样精确严格现代概念之上的量出制入,在唐朝确实是不可能实行的。这一点,身为宰相的杨炎应当是清楚的。既然如此,他为什么还要提出"量出制入",以上解释是否符合他的本意呢?

早年鞠清远著《唐代财政史》就曾经评论道,杨炎两税法"只是根据'旧征额数',照新审定的税源,来重新定税而已。……他不求支出与税赋征收的合理,而只是量出以制入,不顾及财政政策的社会影响,还谈不到健全的预算制度。并且这时候,中国财政政策中之要务,'储积',也未能作到。如果以善意的态度,来估量杨炎的话,'量出以制入',我们只能说这是他的一种不甚健全的财政思想"[①]。这里鞠氏评价杨炎的"量出以制入",似乎并没有把它与"健全的预算制度"画等号。所以他才得出"不甚健全的财政思想"

---

① 鞠清远:《唐代财政史》,商务印书馆,1940年,第150页。

这样的结论。

这一点很值得注意。如果仔细分析一下杨炎关于两税法的奏疏就会发现，疏中除了极陈租庸调久弊，无法再按人丁征税之外，所说"赋敛之司数四，而莫相统摄，于是纲目大坏，朝廷不能覆诸使，诸使不能覆诸州，四方贡献，悉入内库。权臣猾吏，因缘为奸，或公托进献，私为赃盗者动万万计"。以及天下宿重兵处"皆厚自奉养，王赋所入无几"，"科敛之名凡数百，废者不削，重者不去，新旧仍积，不知其涯"这些话[1]，主要的并不是批评朝廷所需过甚，或用度太奢，而是深嫉中央集权无力约束诸使诸州，致使各自为政，税收混乱，赋敛无节，损害了朝廷自身的利益。因此，杨炎制定两税法，既不是为了减少和限制朝廷用度，也无意对国家预算重作统计，他只是在现实条件之下，做到统一税制，并将征敛总数，限制在一个额定数目之内，以便保证朝廷的收益，并约束地方的征敛和支出。

如果这样来考虑杨炎所说"凡百役之费，一钱之敛，先度其数而赋于人"的"度其数"就知道它并非是指度需用之数，而是指限征敛之数了。当然这个征敛之数，也不能认为是与朝廷所需完全无关。陆贽已谓大历间赋税是"取之极甚者也。今既总收极甚之数，定为两税矣"[2]，足见所定之数是可以在一定程度上保证朝廷支出需要的最高限额。同时这个限额一定，则上供、送使、留州的总额也已固定。再来看元稹在《钱货议状》中所说"自国家置两税已来，天下之财，

---

[1] 《旧唐书》卷一一八《杨炎传》，第3421页。
[2] 《陆贽集》卷二二《均节赋税恤百姓六条》其二，第745页。

限为三品：一曰上供，二曰留使，三曰留州。皆量出以为入，定额以给资"①，便可体会到限额也正是一种约束。这里"定额以给资"，恰可以作"量出以为入"的注脚。就是说，无论上供、送使、留州，都必须以划定的征敛数额获取其赋税，由此约束征敛和支出，这样，对地方的限制就形成了，所以定额体现了量出。这应当是杨炎制定两税法的本意，也符合唐人对"量出制入"的理解。何以得出这样的结论？为了能进一步说明杨炎"量出制入"的含义，我们不但需要首先弄清与"量出制入"相对的"量入为出"，而且要将体现"量入为出"原则的租庸调制与杨炎的两税法作一对比。

"量入为出"之语，源自《礼记·王制》："冢宰制国用，必于岁之杪，五谷皆入，然后制国用。用地小大，视年之丰耗，以三十年之通，制国用，量入以为出。"②对于它所体现的原则，《新唐书·食货志》发挥得很清楚，即所谓："古之善治其国而爱养斯民者，必立经常简易之法，使上爱物以养其下，下勉力以事其上，上足而下不困。故量人之力而授之田，量地之产而取以给公上，量其入而出之以为用度之数。"③这里"量其入而出之以为用度之数"，与《礼记·王制》所说的"五谷皆入，然后制国用"意思是相同的，也即度量（或斟酌）财政收入的状况而安排国家的财政支出，这应当就是"量入以为出"的含义。

---

① 冀勤点校：《元稹集》卷三四《钱货议状》，中华书局，1982年，第396页。
② 《礼记正义》卷一二《王制》，中华书局《十三经注疏》本，1980年，第1334页。
③ 《新唐书》卷五一《食货志一》，中华书局，1975年，第1341页。

在我国传统社会中,"量入为出"一向代表了儒家的理想,被作为国家政权财政支配的准则与核心。但它的实行不是没有条件的。能够体现"量入为出"原则的,必须是所谓"经常简易之法"。传统的田租口赋意义上的租庸调制,便是这样的税法。租庸调制的特点,是能够使"有田则有租,有家则有调,有身则有庸",其基础是以人丁或曰"以丁身为本"。①纳税的总额可以根据人丁的增减而变化,或多或少,但每丁,也即人均赋税额却是长期统一和固定不变的。这样的做法,被认为是充分考虑纳税人的能力,不轻易增加百姓的负担。又因为它能够使纳税人长期固着于土地上,所以陆贽曾称赞它是取法远、立意深、敛财均、域人固。②

另外"量入以为出"从"入"的一方面固然是所谓"敛之必以道",从"出"的一方面,也必须与"节用而爱人"即"度财省费,盖用之必有节"这样的原则联系在一起。③鞠清远认为,唐前期当朝廷赋税不足支用时,则往往会采用和籴、和市等方式,因此政府每年均须提出一种预算,以便分配税赋或籴买,支出"因政治的稳定,似渐趋于定额"。但政治清明的时候,国家财政都是依据《礼记·王制》所说:"是在'三年必有一年之储,九年必有三年之积'的政策下运用着,在平时总以能'致蓄积'为原则,尽量缩减。"④总而言之,

---

① 《新唐书》卷五二《食货志二》,第1354页;《均节赋税恤百姓六条》其一,第722页。
② 《陆贽集》卷二二《均节赋税恤百姓六条》其一,第718页。
③ 《旧唐书》卷四八《食货志上》,第2085页。
④ 《唐代财政史》,第148页。

"量入为出",考虑之基点在"入","出"则必须服从于"入",在"入"的允许范围内计划安排。

但两税法的情况却与之相反。上面已经一再谈到两税法征收总额固定及各州税额固定的情况。但固定总额之下,人均税额却既不统一又无定准,这一点也已为陈明光指出。两税既以资产为宗而不以丁身为本,又"不量物力所堪,唯以旧额为准"[①],所以并不像租庸调税法那样顾及纳税人丁增减与条件变化。无论纳税人的境况如何,或者他们本身的负担轻重,国家的赋入都不能因此减少。此外租庸调所遵循的度财省费、节用爱人,显然也都不是两税法的宗旨。陆贽《均节赋税恤百姓六条》曾说到遇有灾荒疾疫,人口减耗时"牧守苟避于殿责,罕尽申闻;所司姑务于取求,莫肯矜恤。遂于逃死阙乏税额,累加见在疲甿"。此即陈明光已论之摊逃,足见定额之下,谈不到爱民为先。

另外从总的国家分配情况看,两税之征收额,必须服从上供、送使、留州三方面之需要,不能有任一减少。从中央政府本身财政看,两税也必须用以应付许多固定和额外的支出,这些支出体现不出"量入为出"的计划性,反倒是常常使掌握两税的度支使陷于经费入不敷出、捉襟见肘的窘境,关于这一点,只要从唐后期度支供军的情况,也就可以得见一斑了。所以租庸调"致蓄积"的原则,在两税法时期,也是完全不适用的。

总括上述,我认为杨炎两税法虽然没有能够做到"先根据国

---

① 《陆贽集》卷二二《均节赋税恤百姓六条》其一,第724页;下引文见第727页。

家的支出作出预算，再制定相应的征收额"那样意义上的"量出制入"，但它毕竟是以国家财政需要和支出作为主导和前提，一方面保证用度，一方面约束征敛，是考虑之基点在"出"，以"入"服从于"出"的税法。从这个意义上说，两税法可以说是"量出制入"的。至于为什么"量入为出"的租庸调赋入并不封顶，而"量出制入"的两税法反倒要限制征收额呢？我以为是唐后期特殊形势所决定的。定额毕竟是保证唐朝廷用度以及协调中央与地方关系的唯一办法。如无定额，地方税敛无度，"王赋所入无几"，唐朝廷所需之经费也就谈不到了。这就是为什么我们说定额本身不但与"量出制入"没有矛盾，而且是杨炎"量出制入"原则的体现。

三 为何会发生从"量入为出"到"量出制入"的变化

从"量入为出"到"量出制入"，反映了从租庸调到两税法赋税原则的变化。那么，为什么会发生这种变化呢？

究其根源，是"量入为出"作为原始正统的皇朝赋税原则有其本身的局限性。它虽然被认为是代表了儒家的理想，是政治清明的体现，但事实上，却也是经济不发达基础上的产物。一般地说，它只能适应于生产力虽然较低，但政治稳定，国家财政支出较有节制的情况，一旦经济有所发展，或者由于某些政治因素，破坏了财赋收支平衡，影响了供求关系，则量入为出的原则也就自然会发生变化。就唐朝的情况看也是如此。高宗武则天以后，对外战争频繁，官僚机构膨胀，统治阶级的奢侈需求也大大增加，故财政入不敷出的情况已日益突出。《新唐书·食货志》说高宗"即位之岁，增户十五万。及中书令李义府、侍中许敬宗既用事，役费并起。永淳以后，给用益不足。加以武后之乱，纪纲大坏，民不胜其毒"①。当时，有人就以"太府积天下之财，而国用有缺；少府聚天下之伎，而造作不息；司农治天下之粟，而仓庾不充；太仆掌天下之马，而中厩不足"的议论来形容国用之匮乏。②

故至唐玄宗开元中，始有不少兴利措施相继出笼，并伴之以频繁的理财活动，其目的正是为了解决日益严重化的赋税不足供费的矛盾。如开元九年（721），玄宗始任宇文融"括籍外剩田，色役伪滥"，《新唐书·宇文融传》论其原因说，"于时天子见海内完治，偃然有攘却四夷之心，融度帝方调兵食，故议取隐户剩田，以中主欲"③。另外差不多同时，左拾遗刘彤上《论盐铁表》，建议以盐铁官营，增加国用，达到"惠群生""备水旱"和"柔荒服"的目的。不久，朝廷即派将作大匠姜师度等人，"检责海内盐铁之课"。④与此同时，兴修水利，疏浚漕运的工作也在不断进行。开元二十一年，京兆尹裴耀卿曾明确谈到其改革漕运的原因是"国用渐广，漕运数倍，犹不能支"⑤，说明当时从皇帝到朝臣，都以解决财用作为其经

---

① 《新唐书》卷五一《食货志一》，第1344—1345页。
② 《唐会要》卷八三《租税上》永淳元年，上海古籍出版社，1991年，第1815页。
③ 《新唐书》卷一三四《宇文融传》，第4567页。
④ 《通典》卷一〇《食货一〇·盐铁》，中华书局，1988年，第231页。
⑤ 《旧唐书》卷四九《食货志下》，第2115页。

济政策和行动的核心。这种情况发展到开元末和天宝以后，便是一批计臣以"利说"相继进用，而他们的进用及其所采取的种种征敛手段本身，也都表明当时朝廷所奉行的理财方针，已经远远超出了"量入为出"原则的限制。

安史之乱以后，唐朝廷的财政曾几度陷入极其困窘的境地，其时曾不惜采取一切可能的手段以获取财赋。如肃宗即位就有所谓率贷和税商贾，"钱一千者有税"①。录事参军第五琦以钱谷得见，"请于江、淮分置租庸使，市轻货以救军食"。②又有卖空名告身，度僧尼道士等。此后这类应急措施也因朝廷和藩镇战争的需要而不断兴起，其中一些名目被固定下来，有些后来被并入两税。

唐后期的情况表明，无论是临时性的征敛，还是已被作为长期固定经费的税收，其建立的目的性从一开始就都十分明确，所有赋税名目的增加都是以迫切的支用为前提的。例如盐铁钱，《新唐书·食货志》说道："自兵起，流庸未复，税赋不足供费，盐铁使刘晏以为因民所急而税之，则国用足。"又谓大历末"天下之赋，盐利居半，宫闱服御、军饷、百官禄俸皆仰给焉"③，就体现了这一点。又言代宗时青苗钱，"天下苗一亩税钱十五，市轻货给百官手力课。以国用急，不及秋，方苗青即征之，号'青苗钱'"。又如其时还曾有以部分户税置军的措施，此见于大历五年（770）八月宰相元载上疏，"以关辅、河

---

① 《新唐书》卷五一《食货志一》，第1347页。
② 《旧唐书》卷四九《食货志下》，第2116页。
③ 《新唐书》卷五四《食货志四》，第1378页；下引文见卷五一《食货志一》，第1348页。

东等十州户税入奉京师,创置精兵五万,以威四方"①。

两税法建立的德宗建中初年,"税法既行,民力未及宽,而朱滔、王武俊、田悦合从而叛,用益不给,而借商之令出"。以后又以度支供军不足,有所谓税间架、算除陌,竹、木、茶、漆等也都有税。此外德宗贞元四年,宰相李泌因度支有两税钱,盐铁使也有筦榷钱,"可以拟经费,中外给用",故建"户部除陌钱"和"户部别贮钱",以户部侍郎专掌,"皆以给京官,岁费不及五十五万缗"。②这项钱物后来不仅被用作官俸,也被作为中央政府"本防缓急别用"的一笔特别经费。③又如武宗时建备边库,宣宗改名延资库。"其钱三司率送",以用为军费。"初年,户部每年二十万贯匹,度支、盐铁每年三十万贯匹,次年以军用足,三分减其一。"咸通中,诸司延资库钱都有积欠,时不仅被勒令填还,而且还要户部等"自立填纳期限"。④凡此种种,都说明了在唐朝后期政治形势之下,财政并非因财而举事,量入以制出,而是常常因事以集财,因出以置入,一切赋税征集均因不得不面对的需求而产生——唯此后者,则正是我们所说"量出制入"原则的一个突出特点。

其次,还应看到的是商品货币经济的发展对于税法原则的影响。胡寄窗、谈敏著《中国财政思想史》指出:"在国家财政收入基本上以农产品为征课基础的条件下,除量入为出外不可能采行其他原则。

---

① 《旧唐书》卷一一《代宗纪》,第297页。
② 《新唐书》卷五二《食货志二》、卷五五《食货志五》,第1352、1401页。
③ 《旧唐书》卷一五四《许孟容传》,第4101页。
④ 《唐会要》卷五九《延资库使》会昌五年九月、咸通五年七月条,第1200—1201页。

一旦货币经济有相当程度的发展,货币税收的作用日渐增大,有时连以实物形式征收的田赋也暂时改折货币交纳。在此情况下,最高统治者可能基于自己的贪欲,任意增收货币税,国家财政事实上已是在量出为入。"①这种看法是很对的。"量入为出"原则,强调赋税的征收要"任土所宜",但从租庸调制实行的后期及后来的两税法看,情况并不是完全如此。唐代自裴耀卿改革漕运后,商品经济获得发展。从开元二十五年回造纳布、折租造绢政策到天宝中杨国忠令州县将仓库所积"粜变为轻货,及征丁租地税皆变布帛输京师"②,都表明在赋敛过程中,税物转换为"轻货"甚至钱币的成分已经大大增加。

唐中期以后,盐铁两税赋额皆以钱为计,反映商品货币经济在税法中已有进一步体现。陆贽所说两税"定税之数,皆计缗钱;纳税之时,多配绫绢"以及"今之两税,独异旧章。违任土之通方,效算缗之末法","但估资产为差,便以钱谷定税,临时折征杂物,每岁色目颇殊"③,最为充分地说明了在商品经济原则之下,唐朝廷在两税征收过程中的经营活动。这些活动使唐中央政府在实际上提高了税收,表明唐后期无论从赋税原则到财政原则,都并没有遵循唐朝廷曾一再标榜的"量入而为出"。相反杨炎所提出的"量出以制入"倒可以认为是对现实政策的反映和补充。尽管唐朝廷口头上并不一定承认这一点,但这并不妨碍他们在事实上对此原则的接受和实行。而且

---

① 胡寄窗、谈敏:《中国财政思想史》第四节一之(二)"量出为入原则之提出",中国财政经济出版社,1989年,第330页。
② 《资治通鉴》卷二一六天宝八载,中华书局,1956年,第6893页。
③ 《陆贽集》卷二二《均节赋税恤百姓六条》其二,第725、737页。

这样做看来也并非全无意义。因为尽管杨炎的"量出制入"与现代意义上的量出制入还有一定的距离，且作为赋税原则在当时也有其不完善和消极的一面，但它毕竟有着试图使赋税征收合理化的积极意向，且其顺应了商品经济发展的趋势，而这一点无论在当时还是今天都是值得肯定的。

四 小结

"量出以为入，定额以给资"，相对于"量入以为出"，是"以资产为宗"的两税法针对"以丁身为本"的租庸调制在赋税原则上的变迁。本文讨论两税法制税原则的用意与依据，认为杨炎只是在现实条件之下，试图做到统一税制，并将征敛总数，限制在一个额定数目之内，以便保证朝廷的收益，同时约束地方的征敛和支出。从这个意义上说两税法虽然没有能够做到"先根据国家的支出作出预算，再制定相应的征收额"那样意义上的"量出制入"，但它毕竟是以国家财政需要和支出作为主导和前提，一方面保证用度，一方面约束征敛，是考虑之基点在"出"，以"入"服从于"出"的税法。而唐后期政治形势下，定额毕竟是保证唐朝廷用度以及协调中央与地方关系的唯一办法，也是实现"量出制入"的前提。

至于从"量入为出"到"量出制入"产生的原因，笔者认为是经济运行和体制发生变化的结果。"量入为出"虽是儒家的理想，却也是经济不发达基础上的产物，一方面，其一味强调节俭的原则不能应对日益增长的用度需求。唐朝廷对外战争频繁，官僚机构膨胀，统治阶级奢侈欲望的增加，使财政入不敷出的情况愈演愈烈，由此围绕和服从生产与收入的财经政策，必然向着以经费索取调配为中心转化，唐后期朝廷的财赋征收事实上都是因突发事件和无法削减的支出而不断创置和扩大的，所谓"定额"也是有条件的。

另一方面，商品和货币经济的发展给社会注入了新鲜血液，不仅为社会经济和民生增添了活跃的色彩，也使得中央政府的财政赋入有了更多的来源和出路。唐后期盐、茶等税本来就是间接的商业税性质，而盐铁、两税钱定额之下的转换征收及轻货与货币数量的扩大，也体现了商品经济原则之下，唐朝廷通过经营提高财政赋入的一种趋向。因而当着传统社会性质发生转换变革的时候，税法原则的变化也是适时发生和可以认定的了。

柒 试析刘晏理财的宫廷背景——兼论唐后期财政使职与宦官关系

一代理财家刘晏的事迹，为治唐史者所熟知。史籍关于他的赞颂和褒扬使之千载之下仍成为人们钦服和向往的对象。纵观刘晏一生，尽管他最终还是未免于在政治斗争中失败遭诛杀的命运，但专就其理财的成就和为治理国家经济所作的贡献而言，却非汉之桑弘羊、宋之王安石可以望其项背。然而数十年来关于刘晏的研究仍多集中于其理财原则及方法，将他的成功也归之于个人的才能与努力。如何看待刘晏这个特殊人物的产生，如何更客观深入地认识他取得成功的身后背景及原因尚待进一步发掘，本文只是尝试在这方面作一些努力。

一 封泰山与少年刘晏的宫廷际遇

作为安史之乱后拯救唐朝经济于水火的理财家，刘晏和第五琦同样，其主要的活动是在肃、代两朝，而刘晏的任使时间又较第五琦略晚且稍长一些。陈寅恪先生曾就二人的事迹及地位评述说：

> 转运江淮及创盐法间接税，乃天宝后维持中央政权之最大政策，第五琦、刘晏地位之重要可知也。①

制定及推行如此重大的决策，第五琦、刘晏自然功不可没。而二者之所以取得如此能够运筹帷幄、调动一切的权力和地位，除了与他们个人的能力有关，也非得皇帝的信任和支持不能办。细研有关史料记载，便可发现他们曾为保住职权费尽心机，而且即使是在身居高位和全力投入理财事务的同时，也必须防备来自各方面的明枪暗箭。

《旧唐书·刘晏传》载刘晏上元载书：

---

① 《陈寅恪读书札记·旧唐书新唐书之部》，上海古籍出版社，1989年，第104页。

晏宾于东朝，犹有官谤，相公终始故旧，不信流言。①

《新唐书·刘晏传》略曰：

常衮执政，忌晏有公望，乃言晏旧德，当师长百僚，用为左仆射，实欲夺其权。帝以计务方治，诏以仆射领使如旧。

……　……

然任职久，势轧宰相，要官华使多出其门。自江淮茗橘珍甘，常与本道分贡，竟欲先至，虽封山断道，以禁前发，晏厚赍致之，常冠诸府，由是媢怨益多。馈谢四方有名士无不至，其有口舌者，率以利啖之，使不得有所訾短。故议者颇言晏任数固恩。②

尽管为了争功及阻塞逸言采取了种种算不得是光明磊落的贿赂之举，到头来还是免不了争夺权势的流言官谤和"任数固恩"之类的讥弹。事实证明，刘晏和第五琦的历次贬官均与朝廷政争密切相关；而一旦丧失皇帝的信任，那就不但是职权尽削，而且身死异地、首领不保，亦就遑论是非，遑论什么理财之功了。

但有一点却是不争之事实。那就是如史料所载，刘晏的政敌如果不算被他整倒的元载，也还有萧华、常衮、杨炎等人。此辈于肃、代之际，或身居宰相，或为尚书、侍郎，其影响、势力不可谓不大，于

---

① 《旧唐书》卷一二三《刘晏传》，中华书局，1975年，第3512页。
② 《新唐书》卷一四九《刘晏传》，中华书局，1975年，第4795—4796页。

刘晏的政治沉浮也或多或少都有些关系。不过如仔细注意一下就会发现，刘晏在肃宗末及代宗初年虽有两次贬官，却都为时甚短，旋即官复原职，甚至迅速迁升。而在代宗广德初乃至大历末的十数年中，更可算得上是始终仕途风顺而重权在握。据两《唐书·刘晏传》，在此期间他除了一直担任东部诸道转运租庸盐铁常平等使外，还曾任京兆尹、国子祭酒，并两任吏部尚书，一度更兼宰相、御史大夫等职。"大历四年六月，与右仆射裴遵庆同赴本曹视事，敕尚食增置储供，许内侍鱼朝恩及宰臣已下常朝官咸诣省送上。八年，知三铨选事。"①如此身兼数职的任用及隆重的待遇，体现了他在肃、代两朝是受到充分信任的。这说明彼时来自四方的谗毁，并没有发生太大的作用。

肃宗及代宗何以能如此任用刘晏？除了迫于财政困境和欣赏刘晏的才干外，当不无其他因素。《新唐书》本传记刘晏安史之乱后曾避地襄阳，他坚决地拒绝了永王璘所给的高官厚禄，并移书房琯，论封建诸王的危害说："今诸王出深宫，一旦望桓、文功，不可致。"②此后被朝廷任为度支郎中，兼侍御史，领江淮租庸使，又协助采访使李希言固守余杭，发兵坚壁，直至永王璘失败。这说明刘晏在永王璘事件中，是支持肃宗朝廷的，并通过具体行动，帮助朝廷保卫江南，给以财富物资的支持（按：租庸使即负责财物筹集转输的官员）。这一点当然会见重于当时尚立足不稳的肃宗。只要对比曾供奉玄宗内廷的诗人李白，怎样因受职永王璘，后来竟弄得流放边陲的命运，便可以知道在这场争夺天下的斗争中站"对"了立场有多么重要。史言刘

---

① 《旧唐书》卷一二三《刘晏传》，第3514页。
② 《新唐书》卷一四九《刘晏传》，第4793—4794页；下同。

晏对此事"终不言功",但朝廷不可能不留意。所以论功行赏,刘晏很快被任命为彭原太守,以后又一路攀升,此点揆诸事理,本无奇异。但是如果追究一下刘晏为什么竟能置永王璘予富贵于不顾,而毫不犹豫地尽忠肃宗朝廷,恐怕问题就不是那么简单了。这一点或可从史料所载刘晏第一次贬职经过透露些许信息。据知刘晏第一次任使是在上元元年(760)第五琦铸钱失败被贬之后。但是这次任使时间很短。《旧唐书》卷一二三本传仅言其"为酷吏敬羽所构,贬通州刺史",而《新唐书》卷一四九本传似乎不同:

> 会司农卿严庄下狱,已而释,诬劾晏漏禁中语,宰相萧华亦忌之,贬通州刺史。①

《资治通鉴》卷二二二肃宗上元二年建子月(十一月)记载更详于《新唐书·刘晏传》:

> 或告鸿胪卿康谦与史朝义通,事连司农卿严庄,俱下狱。京兆尹刘晏遣吏防守庄家。上寻敕出庄,引见。庄怨晏,因言晏与臣言,常道禁中语,矜功怨上。丁亥,贬晏通州刺史。②

可知其间虽有个人的恩恩怨怨,但刘晏得罪的真正罪名是"常道禁中

---

① 分见《旧唐书》卷一二三《刘晏传》,第3511页;《新唐书》卷一四九《刘晏传》,第4794页。
② 《资治通鉴》卷二二二,中华书局,1956年,第7117页。

语，矜功怨上"。至于《旧唐书》本传所说"为酷吏敬羽所构"，则如翻检两《唐书·酷吏传》，就不难得知原来穷按康谦的本是敬羽。《旧唐书·刘晏传》追根溯源，于是便不分皂白，将诬陷事加在敬羽头上。所以二书所载，实为一事。问题关键不在于弄清此事是否真是诬陷或由谁来诬陷，而在于刘晏是否有"常道禁中语"的条件。禁中语者，顾名思义是皇帝宫中私下的言语。能"常道"此等禁中语，非经常接近皇帝及其身边的人如何能办到？

《新唐书》本传记刘晏八岁时，即以玄宗封泰山，"献颂行在，帝奇其幼，命宰相张说试之，说曰：'国瑞也。'即授太子正字。公卿邀请旁午，号神童，名震一时"[①]。旧传则谓刘晏七岁即"举神童，授秘书省正字"[②]。《唐语林》卷三《夙慧》略曰：

> 开元初，上留心理道，革去弊讹。不六、七年间，天下大理，河清海晏，物殷俗阜……人物欣然，咸思登岱告成，上犹惕厉不已，执让数四。是时彭城刘晏年八岁，献东封书，上览而奇之，命宰相出题，就中书试。张说、源乾曜咸相感慰荐。上以晏间生秀妙，引于内殿，纵六宫观看。杨妃坐于膝上，亲为画眉总髻，宫人投花掷果者甚多。拜为秘书正字。张说问曰："居官以来，正字几何？"刘晏抗颜对曰："他字皆正，独'朋'字未正。"说闻而异之。[③]

---

① 《新唐书》卷一四九《刘晏传》，第4793页。
② 《旧唐书》卷一二三《刘晏传》，第3511页。
③ （宋）王谠撰，周勋初校注：《唐语林》卷三《夙慧》，中华书局，1987年，第309—310页。

按：此段记载无异为《新唐书·刘晏传》做底注，不过内容更丰富些而已。内中提到晏对说言"独'朋'字未正"一语颇应注意。由于玄宗登封泰山是在开元十三年，其时宰相源乾曜引宇文融任使括田括户，为张说反对未果，两党争权颇剧，刘晏所言当正指其事，才会使张说"闻而异之"。如果真有其事，则少年的刘晏对政治斗争已十分敏感。

此外《明皇杂录》卷上也有一则专谈刘晏，与此有关，唯文字略异：

> 玄宗御勤政楼，大张乐，罗列百妓。时教坊有王大娘者，善戴百尺竿，竿上施木山，状瀛州方丈，令小儿持绛节出入于其间，歌舞不辍。时刘晏以神童为秘书正字，年方十岁，形状狞劣，而聪悟过人。玄宗召于楼上帘下，贵妃置于膝上，为施粉黛，与之巾栉。玄宗问晏曰："卿为正字，正得几字？"晏曰："天下字皆正，唯'朋'字未正得。"贵妃复令咏王大娘戴竿，晏应声曰："楼前百戏竞争新，唯有长竿妙入神，谁谓绮罗翻有力，犹自嫌轻更著人。"玄宗与贵妃及诸嫔御欢笑移时，声闻于外，因命牙笏及黄文袍以赐之。[①]

刘晏以献东封书举为神童事，是他人生遭际的起点。但上述诸记载颇有出入。如刘晏举神童及入宫时间、原因都不一样，《唐语林》言张说与晏对答，《明皇杂录》又记作玄宗与晏。就连刘晏的相貌，

---

① （唐）郑处诲撰，田廷柱点校：《明皇杂录》卷上《神童刘晏》，中华书局，1994年，第13页。

《唐语林》谓"间生秀妙",而《明皇杂录》言"形状狞劣"也大相径庭。但如按照研究问题应注重"通性真实"而不必过于拘泥"个性真实"的原则去综合诸史料,便不难得出刘晏因上东封书受到玄宗和张说赏识,并得以接近内宫的总体印象。其中提到的"杨妃""贵妃",读者很容易望文生义误以为是杨国忠之妹杨贵妃。但彼杨贵妃入宫至少在开元二十六年以后,此"杨妃"或"贵妃"却在开元十三年(按晏八岁计),至迟不过开元十五年(按晏十岁计),按照时间推算,此处提到的"杨妃"只能是肃宗生母元献皇后杨氏。《旧唐书·后妃传下》记其事略曰:

> 玄宗元献皇后杨氏,弘农华阴人。曾祖士达,隋纳言,天授中,以则天母族,追封士达为郑王,赠太尉。父知庆,左千牛将军,赠太尉、郑国公。[1]

杨氏景云初被选入太子宫,后生肃宗与宁亲公主。开元中,肃宗为忠王,杨氏为妃。《旧唐书·后妃传》言其开元十七年死。肃宗于灵武即位后,玄宗诰追册为元献皇后。

如按《旧唐书·后妃传》,则开元十三至十五年间,杨妃正在内廷。她的地位原在皇后王氏之下。但玄宗开元十二年废王皇后,其后武惠妃地位上升,"宫中礼秩,一同皇后"[2]。惠妃在开元宫中是仅次于皇后的最高品级,杨妃的封号不详,但根据其受恩宠的程度,估

---

[1] 《旧唐书》卷五二《后妃传下》,第2184页。
[2] 《旧唐书》卷五一《后妃传上》,第2177页。

计不会是超过惠妃的贵妃①，所以《明皇杂录》很可能是将杨妃误为后来入宫的杨贵妃了。不过杨妃是隋纳言杨士达的后人，又是则天母族，宫中地位也不算低。更兼她生肃宗时曾受到张说的保护，与张说关系极不寻常。两《唐书·后妃传》和小说杂记均记有玄宗煮去胎药而三为神人所覆，及张说以为是"天所命也，不可去之"的传说②。《旧唐书·后妃传》并言开元、天宝中"张说以旧恩特承恩宠"，并以此归心肃宗，宁亲公主也降说子垍。而杨氏死后，肃宗又令张说做墓志铭。杨妃外既有张说为援，内也受到玄宗相当的礼遇，故死后其子仍被立为太子。

张说与杨妃的关系，使人很容易理解刘晏为何会被带到杨妃面前。而刘晏既受到张、杨的赏识喜爱，也就不会不与肃宗有所接触。值得注意的一点，是他书言刘晏拜官均为"秘书正字"，唯《新唐书》本传作"太子正字"。查《唐六典》卷二六司经局下设正字二人，从九品上。③司经局即相当于中朝的秘书省。按照刘晏的年龄资历，任太子正字的可能性似乎更大些。这样他与太子诸王的接触也因此会更多些。开元十三年前后的太子虽为赵丽妃之子瑛，但当时肃宗也不过十五岁上下④，一起读书游戏不是没有可能。《太平广

---

① 按据《唐六典》卷二司封郎中（中华书局，1992年，第38页）下有"凡内命妇之制，贵妃、淑妃、德妃、贤妃并为夫人，皆正一品"。无惠妃名，但以贵妃为最高。
② 见《太平广记》卷一三六《唐玄宗》（出《柳氏史》），中华书局，1961年，第973页。
③ 《唐六典》卷二六，第666页。
④ 按原写作"十三四岁"，但据《旧唐书》卷一〇《肃宗纪》（第239页），肃宗生于景云二年，故此改正。

记》卷三八《李泌》，记泌七岁时被抱入宫中，时"偕在帝（玄宗）侧"的"奇童"就有员俶（员半千之孙）和刘晏。李泌生于开元十年（722），比刘晏小四五岁。据说，他被"送忠王院，两月方归"，后又"敕与太子诸王为布衣交"，故有了"忠王友"的身份。①刘晏与肃宗的关系似不及他深，但既有出入宫廷的机会，又有被杨妃、张说二人相荐过从的可能，以刘晏之聪明，不会不与忠王（后为太子）及其左右有较深私交。②

总之刘晏与内廷的关系，可能开始很早。《旧唐书·李泌传》记天宝中，泌为杨国忠所忌，奏其写《感遇诗》讽刺时政，"诏于蕲

---

① 《太平广记》卷三八《李泌》（出《邺侯家传》），中华书局，1961年，第238—239页。
② 今按：以上为笔者原来依两《唐书》特别是《旧唐书·后妃传》对刘晏入宫和"杨妃"其人的解读，现在看来必须有所纠正。本文发表后，得陈丽萍告知，因翻检《全唐文》，注意到卷二三二张说撰《节愍太子妃杨氏墓志铭》。墓志称节愍杨氏死于开元十七年二月，并言："初，上在东宫，时妃有女娣（集作'弟'），选为良媛，生忠王。卜者曰：不宜养。爰自襁褓，命妃举字。及开元正位，良媛为嫔而卒。妃之视忠王也，隐僾之，教（集作'训'）诲之，竭从母之仁慈，陪（集作'倍'）犹子之珍爱。"又言："忠王之托妃也，敬爱焉，听顺焉，生尽因心之乐，没过如母之感。且夫慈懋鞠育，孝思顾复，仁叶恩亲，爱备恭睦"云云（《全唐文》卷二三二《节愍太子妃杨氏墓志铭》，中华书局，1983年，第2351页；熊飞：《张说集校注》卷二六，中华书局，2013年，第1243—1244页），有元献早亡而肃宗少为节愍妃杨氏尽心竭力看顾鞠养之意。由此知肃宗母生时位号仅为嫔，而旧传所说杨妃薨日及玄宗命张说为志文者，乃节愍妃，节愍妃乃"贵嫔长姨、宠王从母"，是此杨妃非彼杨妃也。旧传所引铭文"石兽涩兮绿苔黏"四句，对照墓志也完全相合。如此看来旧传和笔记小说是将墓志张冠李戴，节愍妃事迹因也移于元献而混为一谈，而刘晏初次见到者，也应是禁中照拂忠王之节愍妃而并非元献。此为笔者粗疏不查致误。不过，张说与二妃及杨氏家族关系以此反而更能得到证明，故刘晏得与内宫和太子接近的推测仍可成立而不受影响。另外杨氏是武则天母族，姐妹二人均入宫为妃抑有由焉！而张说于武则天朝任凤阁舍人，睿宗朝已任至宰相，杨氏根基深厚而张说与之家族往还或非偶然。

春郡安置，乃潜遁名山，以习隐自适"①。刘晏离开宫廷的时间可能更早于泌，但从小耳濡目染对宫廷间隐秘复杂的政争认识不会少于李泌。而这些与一般仅凭科举进身和积宦坐至高位的人是不一样的。由此也就不奇怪，他为什么会在动乱之际义无反顾地效忠肃宗朝廷，并且在处理政事和人际关系时，手腕如此机智圆滑了。

不过从关于刘晏"私道禁中语，矜功怨上"的记载来看，刘晏后来私下里还是对肃宗有所不满。刘晏的职务当时是户部侍郎兼御史中丞充度支盐铁铸钱等使，肃宗对他的委任不可谓不重，因此说他"怨上"似乎没有什么根据。然而毕竟无风不起浪。"禁中语"者，当然不是一般的话。试想什么"禁中语"能够与"矜功怨上"联系在一起呢？肃宗末年，身体很差。《资治通鉴》卷二二二宝应元年（762）谓玄宗崩，"上（肃宗）以寝疾，发哀于内殿"，"上自仲春寝疾，闻上皇登遐，哀慕，疾转剧，乃命太子监国"。②这是刘晏贬逐次年的事。但"寝疾"只是病重不能起床，实际上肃宗的病大概早就开始了。同书卷二二一记上元元年（760）李辅国矫诏将玄宗自南内（兴庆宫）迁至西内（太极宫），"上初犹往问安，既而上亦有疾，但遣人起居"③。肃宗的身体不好，大概也是李辅国得肆行逼迫玄宗的原因之一。而唯其如此，储君的问题也会日益紧锣密鼓地提到日程上来。鉴于代宗与皇后张氏的关系，当时他的太子地位并不很稳固，"禁中语"者难保不涉及这方面的内容。而透露禁中语者，就有着

---

① 《旧唐书》卷一三〇《李泌传》，第3621页。
② 《资治通鉴》卷二二二，第7123页。
③ 《资治通鉴》卷二二一，第7094、7096页。

"矜功怨上",盼储君即位之嫌。这样一来,即使是诬告,也不能说没有根据,也就难怪肃宗动怒,要将刘晏贬至远恶处了。他所贬的通州隶属山南西道,"在京师西南二千三百里,去东都二千八百七十五里"①。白居易有诗曰:"通州海内恓惶地"②,元稹也曾作"黄泉便是通州郡""我望通州感道穷"的苦语③。肃宗对刘晏的处分真可谓是一贬到底而不可谓之不重了。

二 与宦官关系及任使资历所反映的宫廷背景

肃宗对于刘晏的远贬,因其"晏驾"而仅行数月即告结束。代宗即位是在宝应元年四月,同年六月,刘晏便以户部侍郎兼京兆尹,充度支、转运、盐铁、诸道铸钱等使而官复原职了。④

对于刘晏在代宗初迅速复职的一个合理解释是,他在过去对代宗的太子地位是全力支持的(泄漏"禁中语"一事会不会与此有关?姑存疑),故代宗对他必有以回报。但是另一更为合理的解释乃是他与肃宗朝用事宦官李辅国、程元振等关系极不寻常。试想刘晏先前如欲取得肃宗信任,则必然会与其身边亲信者周旋。而李、程彼时也正以

---

① 《旧唐书》卷三九《地理志二》,第1532页。
② 见顾学颉校点:《白居易集》卷一五《得微之到官后书,备知通州之事,畅然有感,因成四章》,中华书局,1979年,第310页。
③ 冀勤点校:《元稹集》卷二〇《岁日赠拒非》《酬乐天雨后见忆》,中华书局,1982年,第225、231页。
④ 《旧唐书》卷一一《代宗纪》,第269—270页。

拥立代宗炙手可热，宰相重臣任命均出二人之手；以元载、萧华升降为例。《旧唐书·萧华传》称：

> 时中官李辅国专典禁兵，怙宠用事，求为宰相，讽宰臣裴冕等荐己，华颇拒之，辅国怒。肃宗方寝疾，辅国矫命罢华相位，守礼部尚书，仍引元载代华。肃宗崩，代宗在谅闇，元载希辅国旨，贬华为硖州员外司马，卒于贬所。①

同书《元载传》：

> 载与倖臣李辅国善，辅国妻元氏，载之诸宗，因是相昵狎。时辅国权倾海内，举无违者，会选京尹，辅国乃以载兼京兆尹。载意属国柄，诣辅国恳辞京尹，辅国识其意，然之。翌日拜载同中书门下平章事，度支转运使如故。
>
> 旬日，肃宗晏驾，代宗即位，辅国势愈重，称载于上前。载能伺上意，颇承恩遇，迁中书侍郎、同中书门下平章事，加集贤殿大学士，修国史。②

萧华罢相与元载代华均出辅国之意。而刘晏的任职显然也与辅国间接有关。据《元载传》，这次刘晏任使，是由于元载"以度支转运使

---

① 《旧唐书》卷九九《萧华传》，第3096页。
② 《旧唐书》卷一一八《元载传》，第3410页；下引文同。

上编 / 三司、财政与使职　　223

职务繁碎，负荷且重，虑伤名，阻大位，素与刘晏相友善，乃悉以钱谷之务委之，荐晏自代"。但元载与李辅国相善，"悉以钱谷之务委之"的大事如不通过李辅国是不可能的。对比萧华，由于不附李辅国，在代宗即位后，即更贬远官乃至卒于贬所，这和刘晏迅速复职的命运形成鲜明对照。上面已经提到，萧华与刘晏在朝中恰是对头，刘晏之贬，华可谓"有力焉"，二人戏剧般颠倒的人生遭遇实可为刘晏其时的政治关系作一生动的解说。

不仅如此，刘晏得李辅国支持的同时，尚有程元振的一层烘托。李、程二人相比，刘晏与程元振的关系似更紧密些。代宗即位后，李辅国渐以骄横疏远，而程元振如日中天。《资治通鉴》卷二二三广德元年（763）谓"骠骑大将军、判元帅行军司马程元振专权自恣，人畏之甚于李辅国"①。襄阳节度使来瑱，因与元振有私憾坐诛，宰相山陵使裴冕，以与元振议事不合贬施州刺史。②但刘晏于元振当权之日，却位至宰相。所以当代宗迫于藩镇及朝廷压力，将程元振贬逐出朝后，刘晏也受到牵连，"坐与程元振交通"，立自宰相之位罢为太子宾客。③此事性质与后来的大历五年，度支使第五琦因鱼朝恩被诛株连罢官事相同，清楚地反映了刘晏与程元振交情的深厚。

对于刘晏与李、程的关系如何解释呢？或以为，此乃刘晏于代宗初即位不得已而为之。然据《旧唐书》言李辅国，本为"闲厩马家小儿"，"为仆，事高力士，年且四十余，令掌厩中簿籍。天宝中，

---

① 《资治通鉴》卷二二三广德元年十月，第7155页。
② 《旧唐书》卷一八四《宦官·程元振传》，第4762页。
③ 《资治通鉴》卷二二三广德二年正月癸亥，第7161页。

闲厩使王鉷嘉其畜牧之能，荐入东宫"①，也即李辅国东宫用事，是早在天宝之初，程元振则为其后来党羽。以刘晏之通晓利害，则他与李、程之周旋如果不是始于彼时，也是在肃宗朝便早有铺垫。否则，何能在代宗即位二人用事之初一经元载之请便迅即召呼，而二人一旦失势便立即罢免呢？无论如何，刘晏自宝应元年（762）六月被任使，至广德二年正月去职，不过一年半的时间，却是刘晏人生的第二次大起落。不可否认的是，这次起落恰与李、程在代宗朝的用事相终始，则刘晏的这第二次任使理财与宦寺有关乃不争之事实。

刘晏的第三次被任使是在广德二年三月。这次他被任为"河南、江、淮以来转运使，议开汴水"②。自此，刘晏进一步开展了他的盐法漕运改革计划，并专力于东南财赋达十六七年之久，他的才能在此期间得到最大的发挥。而关于他的再度被任，从他上元载书中所说"贾谊复召宣室，弘羊重兴功利，敢不悉力以答所知"来看③，则似乎是出于元载之力。然细研背后的原因尚不尽然。《资治通鉴》卷二二三记刘晏罢为太子宾客时，"李岘为詹事，并罢政事。晏坐与程元振交通；元振获罪，岘有功焉，由是为宦官所疾，故与晏皆罢"。④

李岘深恨宦官。他与李辅国的矛盾在肃宗乾元中已有爆发，为此竟不得久在相位。在程元振问题上他的态度也很坚决，他与刘晏一功一过，下场相同，不能不说是元振虽去，其势力尚在。又代宗虽逐元

---

① 《旧唐书》卷一八四《宦官·李辅国传》，第4759页。
② 《资治通鉴》卷二二三，广德二年三月己酉条，第7164页。
③ 《旧唐书》卷一二三《刘晏传》，第3512页。
④ 《资治通鉴》卷二二三广德二年正月癸亥，第7161页。

振，只是迫于压力，并未对元振之党加以处置。甚至当元振本人"衣妇人服，私入长安，复规任用，京兆府擒之以闻"，敕流溱州后，代宗仍"念元振之功，寻复令于江陵安置"。①代宗既顾念元振，对刘晏就不会有深恨，而左右也就不难说得进去话。加之国难当头，汴水重开沟通南北为当务之急。用人之际，舍刘晏其谁？这样刘晏一旦被召回便顺理成章，其得到代宗的信任支持也是可以想见的。

有一点史料记载是明白无误的。那就是刘晏的第三次任使，真可谓是他的得意之秋。大历一朝终代宗之世，刘晏眷遇未衰。且不仅是在经济危机之时，即使在国家财政状况全面好转之后，代宗也始终放任刘晏将"食货之重轻，尽权在掌握"。而除了担任使职之外，刘晏大历四年以后还始终任吏部尚书兼知三铨选事，这为他对理财人员的选用提供了条件。史称"其所领要务，必一时之选"，"时经费不充，停天下摄官，独租庸得补署，积数百人，皆新进锐敏，尽当时之选"。代宗还给了刘晏特权，"尝命考所部官吏善恶，刺史有罪者，五品以上辄系劾，六品以下杖然后奏"。这说明代宗全力支持刘晏，对其用人也无掣肘，所以竟能使"要官华使多出其门"。②但代宗对刘晏却似乎从无猜忌之心，而刘晏为代宗深所信任，还可以除元载一事为证。

《旧唐书》卷一二三《刘晏传》略谓：

---

① 《资治通鉴》卷二二三广德元年，第7158—7159页。
② 以上参见《旧唐书》卷一二三《刘晏传》，第3515页；《新唐书》卷一四九《刘晏传》，第4795—4796页。

（大历）十二年三月，诛宰臣元载，晏奉诏讯鞫。

初，杨炎为吏部侍郎，晏为尚书，各恃权使气，两不相得。炎坐元载贬，晏快之，昌言于朝。及炎入相，追怨前事，且以晏与元载隙憾，时人言载之得罪，晏有力焉。①

《新唐书·杨炎传》又曰：

又以刘晏劾载，已坐贬，乃出晏忠州。用庾准为荆南节度使，诬晏杀之，朝野侧目。②

杨炎因元载向刘晏报怨之事，久为治唐史者所知悉。刘晏与元载的关系，本来似乎不错，元载甚至提携过刘晏。后来是否因争夺权力闹翻，史无明文，但刘晏对于除元载显然是出了力的。刘晏"任职久，势轧宰相"，因此与元载各引朋党，不能相容恐怕也是事实。不过无论如何有一点尚须弄清楚，即此次之除元载，相信并非始于二人纠纷，而是出自代宗本意。代宗深恨元载专权。史言元载"智略开果，久得君，以为文武才略莫己若。外委主书卓英倩、李待荣，内劫妇言，纵诸子关通货贿。京师要司及方面，皆挤遣忠良，进贪猥。凡仕进干请，不结子弟，则谒主书"。其聚敛货财，室宇豪奢，"名姝异

---

① 《旧唐书》卷一二三《刘晏传》，第3514—3516页。
② 《新唐书》卷一四五《杨炎传》，第4725页。

伎，虽禁中不逮。帝尽得其状"。代宗曾于独见时"深戒之，警然不悛"，又杀上书告事人李少良。于是：

> 帝积怒，大历十二年三月庚辰，仗下，帝御延英殿，遣左金吾大将军吴凑收载及王缙，系政事堂，分捕亲吏、诸子下狱。诏吏部尚书刘晏、御史大夫李涵、散骑常侍萧昕、兵部侍郎袁傪、礼部侍郎常衮、谏议大夫杜亚讯状，而责辨端目皆出禁中。①

因此从整个过程来看，此事完全由代宗亲自发动。其中收捕元载和王缙的，就是代宗亲舅、章敬皇后弟吴凑。代宗对元载的积恨，竟使得他在其死后，"遣中使发元载祖父墓，斫棺弃尸，毁其家庙，焚其木主"②，以泄其愤。除元载是除代宗的心病，因此刘晏在此中奉旨行事的成分似乎居多。也正因为此，他在审讯过程中，才"不敢专断，请他官共事"而预为自己留后路。并且在"承旨"应将载党宰相王缙处极法时，仍请求"重刑再覆"，代宗"乃减缙罪从轻。缙之生，晏平反之力也"。③当时刘晏官任吏部尚书，并无法宪官职。所以元载的审讯乃是"制狱"，刘晏除元载正如以前元载除鱼朝恩一样，如不是作为代宗心腹并受到特殊委任，又岂能主持完成如此大事！而正如元载取代鱼朝恩一样，他在代宗心中的地位，应当也是取代了元载的。因此刘晏于大历末年，可认为是真正地登上了权力的巅峰。

---

① 《新唐书》卷一四五《元载传》，第4713页。
② 《资治通鉴》卷二二五代宗大历十二年六月庚午，第7246页。
③ 参见《旧唐书》卷一二三《刘晏传》，第3514页。

但是，问题也正是出在这里。刘晏为什么能够在大历的十数年间身居高位并且取得代宗的终始信任呢？这当然仍可用刘晏的理财有功和深通为官之道来解释。但有一点很显然，"君恩"毕竟是难以维持的，正像元载，虽然因"久得君"可以擅行不法，但一旦失去信任则一切皆失。那么，如何维持君恩呢？前揭《新唐书·刘晏传》称：

> 馈谢四方有名士无不至，其有口舌者，率以利啖之，使不得有所訾短。故议者颇言晏任数固恩。[1]

杜绝谗言是不是"馈谢四方有名士"就足够的呢？以第五琦为例，《旧唐书》卷一二三本传称他第二次被贬是"鱼朝恩伏诛，琦坐与款狎，出为处州刺史"[2]。此后第五琦虽经量移，历饶、湖二州刺史，以太子宾客分司东都，但一蹶不振，再未回到中朝。可见如在内廷的皇帝"左右"没有了支持和依靠，是很难有所作为的。这样看来，刘晏"以利啖之"的对象，大概不止于朝官。

但是刘晏经程元振后，终代宗朝并没有再因宦官事受到牵连。李辅国、程元振被诛后，接替他们在朝中用事作威福的正是被任为"观军容宣慰处置使、左监门卫大将军兼神策军使、内侍监"的宦官鱼朝恩。[3]鱼朝恩的威风，令历事三朝，有功唐室的郭子仪都不能不畏惧三分，但刘晏看来与之过往不深。在鱼朝恩被诛之际，刘晏并没有像

---

① 《新唐书》卷一四九《刘晏传》，第4796页。
② 《旧唐书》卷一二三《第五琦传》，第3518页。
③ 《资治通鉴》卷二二四，第7210页。

第五琦那样受到远贬的处罚。相反，从史料记载这时代宗已开始对元载也"稍恶之"，和后来参与主治元载的情况，他所受之宠信一定是愈来愈增加了。不过这一点恰恰仍不能说明刘晏是内廷无人，而从刘晏第三次被贬经过中也同样可以发现一些蛛丝马迹。

《旧唐书·刘晏传》记此事曰：

> 炎将为载复仇，又时人风言代宗宠独孤妃而又爱其子韩王迥，晏密启请立独孤为皇后。炎因对歔流涕奏言："赖祖宗福祐，先皇与陛下不为贼臣所间。不然，刘晏、黎幹之辈，摇动社稷，凶谋果矣。今幹以伏罪，晏犹领权，臣为宰相，不能正持此事，罪当万死。"①

又《新唐书·刘晏传》也言德宗在东宫，"宦人刘清潭（忠翼）与嬖幸请立妃为后，且言王数有符异，以摇东宫。时妄言晏与谋"②，使杨炎得为口实事。而杨炎所说黎幹、刘忠翼伏诛事复见《资治通鉴》卷二二五大历十四年（779）纪事：

> 兵部侍郎黎幹，狡险谀佞，与宦官特进刘忠翼相亲善。忠翼本名清潭，恃宠贪纵。二人皆为众所恶。时人或言幹、忠翼尝劝代宗立独孤贵妃为皇后，妃子韩王迥为太子。上即位，幹密乘舆诣忠翼

---

① 《旧唐书》卷一二三《刘晏传》，第3516页。
② 《新唐书》卷一四九《刘晏传》，第4796页。

谋事；事觉，丙申，幹、忠翼并除名长流，至蓝田，赐死。①

两《唐书·黎幹传》也均有载，文字大同小异，当都源于《德宗实录》。刘晏参与黎幹、刘忠翼立储阴谋是杨炎说动德宗诛杀刘晏的一个主要原因，因为涉及皇位之争当然最为德宗所猜忌和不能容忍。但是，黎幹、刘忠翼是否真的是合谋干预立储？千载之下难明。而刘晏是否参与其间，甚至密上表奏，更是德宗宰相崔祐甫所谓事出暧昧的"虚语"，查无实证。试想以刘晏的聪明和为人，决不致这样露骨地表态。据北图藏拓本黎幹子黎燧墓志，记黎幹为"皇尚书兵部侍郎，赠太子少保、封少春公"，既有赠官，则与同藏黎幹墓志所说"寻沐恩昭雪，以本官归葬"相合。②是黎幹的事后来已被平反，那么刘晏参与此事当更是无稽之谈。不过，从"常道禁中语"到"密启请立"，刘晏能够参与皇帝家事近密的嫌疑毕竟难以排除，而刘晏与黎幹的关系似乎也并非全无踪迹可寻。黎燧墓志记燧"当宰相刘公晏之任仆射兼转运使也，辟公充水陆运判官，除河南府士曹参军，声籍于当时，自公卿逮于布衣之士，无不望风而趋向"。是黎燧很受刘晏的辟举和重用。事在大历十二年，正当黎幹在朝任兵部侍郎时。刘晏对黎燧提拔重用，也从侧面反映出他与黎幹的关系确非一般。

刘晏既与黎幹相善，与刘忠翼亦绝不会毫无往来。查刘忠翼事迹

---

① 《资治通鉴》卷二二五大历十四年，第7260页。
② 录文见周绍良主编、赵超副主编：《唐代墓志汇编》贞元〇三四《唐故银青光禄大夫尚书兵部侍郎寿春郡开国公黎公墓志铭并序》、开成〇〇七《唐故河南府士曹参军黎公墓志铭并序》，上海古籍出版社，1992年，第1861、2173页。

最早见于代宗初。《新唐书·回鹘传上》称：

> 代宗即位，以史朝义未灭，复遣中人刘清潭往结好，且发其兵。比使者至，回纥已为朝义所诱，曰："唐荐有丧，国无主，且乱，请回纥入收府库，其富不赀。"可汗即引兵南，宝应元年八月也。清潭赍诏至其帐，可汗曰："人言唐已亡，安得有使邪？"清潭为言："先帝虽弃天下，广平王已即天子位，其仁圣英武类先帝，故与叶护收二京、破安庆绪者，是与可汗素厚，且唐岁给回纥缯绢，岂忘之邪？"是时，回纥已逾三城，见州县榛莱，烽障无守，有轻唐色。乃遣使北收单于府兵、仓库，数以语凌靳清潭。清潭密白帝："回纥兵十万向塞。"朝廷震惊。①

又同传言大历中：

> 回纥之留京师者，曹辈掠女子于市，引骑犯含光门，皇城皆阖，诏刘清潭慰止。

按此事《资治通鉴》系于大历七年。又《新唐书·黎幹传》附曰：

> 忠翼本名清潭，与左卫将军董秀皆有宠于代宗。当盛时，爵

---

① 《新唐书》卷二一七上《回鹘传上》，第6117—6118页；下引文见6120页，并参《资治通鉴》卷二二四大历七年，第7219页。

赏在其口吻,掊冒财贿,赀产累皆巨万。至是积前罪,并及诛。①

综合以上记载,知刘忠翼在代宗之初即得到宠信。唐朝安史之乱后与外族的关系以回纥最为重要。而当着朝廷意欲结回纥兵灭史朝义的关键时刻,刘忠翼则被作为主要的代表出使回纥,后来又去平息京师回纥的骚乱,可见他被代宗倚任的程度并不下于鱼朝恩,而且也和鱼朝恩一样,参与了朝廷的大政外务。只是幸运的是,他虽然贪酷堪比鱼朝恩,但却保持了代宗对他的始终信任。而他作为"嬖幸",在代宗朝储位之争中,没有站在太子一边,却是站在一度可能立为皇后的独孤贵妃一边也是极其自然的,当然这在代宗朝并不是罪名。可想而知,如果不是代宗突然去世,刘忠翼的"爵赏在其口吻"还会继续下去,正像刘晏也会被继续任用一样。

因此,刘忠翼代宗朝终始用事的事实很可能便是刘晏十数年身居高位、职权在握的一个原因,刘忠翼本人也应是有别于鱼朝恩及其手下刘希暹、王驾鹤之流的另一宦寺之党的魁首。②虽然,我们仅据上述史料不能得知刘忠翼与李辅国、程元振等是否有关,也没有理由认为刘晏与黎干、刘忠翼就一定是结合紧密的政治集团。但有一点却可以推断,即在如此之长的时间里,刘晏一定是维持了与刘忠翼的关系的。因为刘忠翼既贪,就决不会拒绝刘晏所与之"馈谢",不能"有所赀短";而刘晏既知刘忠翼对代宗的影响,亦就决不会舍不得"以

---

① 《新唐书》卷一四五《黎干传》,第4721—4722页。
② 《旧唐书》卷一八四《刘希暹传》,第4765页。

利啖之"，任其生口舌事端。刘晏一定要通过刘忠翼等权宦坐稳自己的职位，而代宗既能将刘晏作为心腹以办元载大事，那就更不可能不获得内廷"左右"的支持。唯其如此，在德宗面前刘晏也就无法洗刷他与刘、黎等结党营私的嫌疑。

对于刘晏来说，不幸的是他虽然可以费尽心机保持代宗在位时的荣宠，却无法逆料皇帝的突然死亡。史载代宗死于五十二岁。《资治通鉴》卷二二五大历十四年记"五月，癸卯，上始有疾，辛酉，制皇太子监国。是夕，上崩于紫宸之内殿"[①]，从发病至亡不到二十日。如此之短的时间也许无法使刘晏与羽翼已丰的新皇帝有所沟通，但更重要的是"一朝天子一朝臣"的皇帝所起用者正是刘晏的对头，如杨炎、常衮等辈，使刘晏的罪名被坐实。但所有这一切，也许都及不上刘忠翼等作为对立面被诛来得要紧。因为在此同时，内廷受到皇帝信任的阉党人物已有所更换，刘忠翼一派被铲除，刘晏也就失去了最后的依傍与立朝的基础，不得不遭到彻底的贬逐和诛杀。

三 羡余问题与财政使职理财之关系

以上，我们以刘晏三次任使理财为线索，考察了其被任用和职权升降的内在原因。可以看到，刘晏三次任使，均与来自内廷的支持分不开。除了得到皇帝本人的信任外，也几乎无一次不与宦寺有关。而

---

① 《资治通鉴》卷二二五，第7256页。

无论是位隆遇重，抑或是废弃贬杀，也无不与宫廷的事态相呼应。因此刘晏一生的命运，与宫廷政治分不开，而他与宦官的关系，更是其中无可回避的事实。

刘晏作为财政使职而与宫廷政治及皇帝宦官发生如此密切的关系，并不能仅从个人品质或个人机遇寻找原因。尽管刘晏本人可能有一些特殊背景，其中包括他少年接近宫廷所受到的习染及获得某些他人未遇的条件。但是，刘晏的际遇在财政使职中既不是第一次出现，也不是唯一的一次。就财政使职与皇帝的特殊关系而言，至少应当追溯到开元、天宝之际。其时皇帝为了开拓财源和达到聚敛目的，抛开宰相系统而任用私人，宇文融、王鉷、韦坚、杨慎矜、杨国忠辈均是，从而成为使职制形成的一个因素。凡此已往学者多有论证，不须赘述。而安史之乱后，皇帝任用使职聚敛私财也颇为多见，如德宗时任用度支使裴延龄、宪宗时任用度支使皇甫镈、盐铁使程异均遭到宰相反对，而皇帝任之不疑。使职成为皇帝私人，这也是使职制发展过程中十分常见的一种现象。

使职既与皇帝关系特殊，则与宦官结党营私也为势所必然。陈寅恪先生在《唐代政治史述论稿》曾论及中晚唐的牛李党争盘结根固与宦官的关系。两党各结一派阉寺，于是"外朝士大夫朋党之动态即内廷阉寺党派之反影"[①]，成为党争此消彼长、绵延数朝的原因。财政使职与宦官勾结背景虽尚不尽相同和明显，但追溯起来却更要早得

---

① 陈寅恪：《唐代政治史述论稿》中篇《政治革命及党派分野》，生活·读书·新知三联书店，1957年，第112页。

多。早期的使职第五琦与鱼朝恩、元载与李辅国、刘晏与程元振、刘忠翼的关系都十分典型。此后的财政使职与宦官勾结更属常见。

财政使职勾结宦官的一个明显原因是为谋进取。史籍中不乏宦官操纵财政使职选任及使职为此贿赂宦官的实例。结合两《唐书》及《册府元龟》等史料，便不难发现许多财政使职，诸如德宗时的裴延龄、王绍，宪宗时的皇甫镈、程异，穆宗、敬宗时的张平叔、王播，文宗时的王涯、王彦威，其上升或任职途径都并不正常。其中皇甫镈为谋进取，除不惜与金吾将军李道古勾结，荐引方士柳泌、僧大通给宪宗外，也对用事权阉大下功夫："中尉吐突承璀恩宠莫二，镈厚赂结其欢心，故及相位。"[1]王播更是在敬宗初被免去盐铁使后，"广求珍异"，令腹心吏内结宦官王守澄，"以为之助"。结果由于"守澄乘间启奏，言播有才"，敬宗则不顾众多大臣"请开延英面奏播之奸邪"的请求，力排众议仍用王播为盐铁使。[2]同样，盐铁使王涯也不惜受王守澄请托，将"旧管右神策军及诸色人假商人名，中纳材木计支价直三十三万二千四百余贯"交于其手。而度支使王彦威由于"心希大用"，竟勾结内官仇士良、鱼弘志，将神策军所赐衣服于度支按"中估"厚给其价。并且"大结私恩，凡内官请托无不如意"[3]。王涯、王彦威皆朝廷中颇通礼法的重臣，在使职与宦官的关系问题上竟也未能免俗。

财政使职为谋任职及保身固位，借用理财便利贿赂宦官以打成一

---

[1]《旧唐书》卷一三五《皇甫镈传》，第3741页。
[2]《旧唐书》卷一六四《王播传》，第4277页。
[3]《册府元龟》卷五一〇《邦计部·交结》，第6119—6120页。

片，固然是两者勾结的原因及方面之一。但其性质并不比一般朝官的做法特殊，也不是最重要的。在此之外，使职与宦官勾结紧密应当还有制度上的原因，对此当追溯开元、天宝时使职最初的做法。

《旧唐书》卷四八《食货志上》略曰：

> 开元中，有御史宇文融献策，括籍外剩田、色役伪滥，及逃户许归首，免五年征赋。每丁量税一千五百钱，置摄御史，分路检括隐审。得户八十余万，田亦称是，得钱数百万贯。……又王鉷进计，奋身自为户口色役使，征剥财货，每岁进钱百亿，宝货称是。云非正额租庸，便入百宝大盈库，以供人主宴私赏赐之用。①

宇文融"得钱数百万贯"，《新唐书》卷一三四《宇文融传》称为"羡钱数百万缗"，这个钱既是"羡钱"，大概计入的方式及用途也与王鉷相同。

据唐前期制度，国家财赋确有供国与供御之别。供御亦即皇帝及帝室后宫的用度。这项财赋虽支给有别，但与国用来源统一，也即基本上应由度支左藏和司农提供。即使临时给赐也出自国库。②但百宝大盈库的建立，终使宫中的财赋出入更加独立。宇文融和王鉷等将数百巨亿的钱财不通过度支而直接纳入百宝大盈，为唐后期供国供御财赋的混乱和"羡余"的大量进用作了铺垫，而所谓内库之

---

① 《旧唐书》卷四八《食货志上》，第2086页。
② 参见李锦绣：《唐代财政史稿》上卷第三分册，北京大学出版社，1995年，第1175—1178页。

制大约也自此始。《资治通鉴》卷二二八建中四年（783）记泾原叛兵扬言"闻琼林、大盈二库，金帛盈溢，不如相与取之"。胡三省于"琼林、大盈二库"下注曰："玄宗时，王鉷为户口色役使，征剥财货，每岁进钱百亿，宝货称是，入百宝大盈库，以供人主宴私赏赐之用。则玄宗时已有大盈库。陆贽谏帝曰：'琼林、大盈，自古悉无其制，传诸耆旧之说，皆云创自开元，聚敛之臣，贪权饰巧求媚，乃言"郡国贡献，所合区分。赋税当委于有司，以给经用；贡献宜归于天子，以奉私求"。玄宗悦之，新置是二库，荡心侈欲，萌祸于兹。迨乎失邦，终以饵寇。'则库始于玄宗明矣。宋白曰：大盈库，内库也，以中人主之。至德中，第五琦始悉以租赋进入大盈库，天子以出纳为便，故不复出。"①

大盈等内库既建，则战乱中始夺国库之权。《旧唐书·杨炎传》略曰：

> 初，国家旧制，天下财赋皆纳于左藏库，而太府四时以数闻，尚书比部覆其出入，上下相辖，无失遗。及第五琦为度支、盐铁使，京师多豪将，求取无节，琦不能禁，乃悉以租赋进入大盈内库，以中人主之意，天子以取给为便，故不复出。是以天下公赋，为人君私藏，有司不得窥其多少，国用不能计其赢缩，殆二十年矣。中官以冗名持簿书，领其事者三百人，皆奉给其间，连结根固不可动。及炎作相，顿首于上前，论之曰："夫财赋，

---

① 《资治通鉴》卷二二八，第7352页。

邦国之大本，生人之喉命，天下理乱轻重皆由焉。……请出之以归有司，度宫中经费一岁几何，量数奉入，不敢亏用。如此，然后可以议政。惟陛下察焉。"诏曰："凡财赋皆归左藏库，一用旧式，每岁于数中量进三五十万入大盈，而度支先以其全数闻。"炎以片言移人主意，议者以为难，中外称之。①

杨炎成功地使内库与国库分家，被看作是他最大的贡献之一。议者论使宦官掌权的原因则归之第五琦，但第五琦在这方面也许并不是创始人。《南部新书》乙部说：

开元天宝间，有内三司，置于禁中，内职有权要者掌之。天下财谷著之簿间，毫发无隐。②

关于开元、天宝中置"内三司"，从名称看不可能。但其中透露出内官染指国家财赋的一些信息。在大盈内库建立和"御用"急剧增加的同时，宦官很可能通过使职掌握国赋出入的动态和情报，第五琦只不过使宦官的权力更加扩大并直接化了。从上引文所说宦官领其事三百人，"连结根固不可动"来看，内库的规模及势力已是足够庞大。史载第五琦肃宗乾元元年（758）任度支使，上元元年（760）因铸钱失败被罢免。代宗宝应元年（762）以后再度任使。以史料所言"殆

---

① 《旧唐书》卷一一八《杨炎传》，第3420页。
② （宋）钱易撰，黄寿成点校：《南部新书》乙部，中华书局，2002年，第22页。

二十年"为计,则时间恰好为代宗一朝。宝应元年之际,是鱼朝恩权势最盛之时,则第五琦与鱼朝恩的"款狎"当以向他交出国库之权为最大条件。

但是大历五年之后,第五琦、鱼朝恩已或贬或死,权宠不再。杨炎所针对的当然不是他们,就杨炎的用心及"殆二十年"的说法而言,他的主要攻击目标只能是作为继任者的刘晏。

刘晏对于第五琦的做法显然是萧规曹随的。对此李锦绣曾作过讨论,指出大历中度支财赋并未完全入于百宝大盈,而度支使韩滉也曾作"赋敛出入之法",因此入百宝大盈的,主要是盐铁使主掌的盐利。这一部分收入在租庸正赋之外,因此,便可以作为羡余计入内库。①这,应当是刘晏延续第五琦的制度。尽管达到国用之半的盐铁财赋还主要是用于国计支出,但以羡余直入内库的做法大概也就这样保持了下来。

"羡余"直入内库的做法是出于皇帝的意志,也是使职与宦官交接的基础。台湾学者林伟洲曾注意到此两者关系,并特别指出它对于使职与皇权联系的意义。认为"杨炎既奏罢宦官所掌大盈财赋,也等于罢去了刘晏与王权间的直接联系"②。此点确实深得其关乎政事之要,但是就制度而言并非能够完全解决问题。因为尽管杨炎要求"每岁于数中量进三五十万入大盈,而度支先以其全数闻",其实不

---

① 《第五琦与唐中央财政机构的再造》,载《学土》卷三,广东教育出版社,1997年,第115—143页。
② 见林伟洲:《政治冲突与中唐税政——以刘晏、杨炎为中心》,载《唐代文化研讨会论文集》,(台湾)文史哲出版社,1991年,第439—485页。

能约束皇帝的使用。特别是战乱之际，国赋入内的旧制仍被皇帝拾起再用。德宗即在兴元中避难的行宫廊庑之下，"贮诸道贡献之物，榜曰琼林大盈库"①。贞元中李泌试图约束德宗，提出"古者天子不私求财，今请岁供宫中钱百万缗，愿陛下不受诸道贡献及罢宣索。必有所须，请降敕折税，不使奸吏因缘诛剥"。他并将元友直运淮南钱帛二十万"悉输之大盈库"。德宗虽口头同意，然"犹数有宣索，仍敕诸道勿令宰相知。泌闻之，惆怅而不敢言"。②

德宗由于急于聚敛，贞元十年前后以裴延龄判度支、王绍判户部，使使职的进奉由盐铁扩大到度支、户部。特别是裴延龄在左藏内开了建"欠、负、耗、剩"的"别库"和"季库""月库"等专为纳储"羡余"的先例。③史料虽未明言其与宦官的关系，但国库与内库之间的联系很可能更由此而巩固。而这也就无疑成为裴延龄虽数遭陆贽、权德舆等宰相重臣的攻击却始终不为德宗所弃的原因。在他之后，三使的贡奉更加合法化、制度化，以致盐铁使有"月进""日进"之名。如唐后期使职王播竟一次贡献羡余绢动辄百万匹；为敬宗造竞渡船"计用转运半年之费"④，由此严重地影响了国用支出的计划性。

由于有关唐后期内库的进奉来源和支配是一复杂问题，涉及三使进奉与国用支出的关系也非数语可以说清，限于篇幅，本文不拟在这

---

① 《资治通鉴》卷二二九兴元元年，第7396页。
② 《资治通鉴》卷二三三贞元三年、四年，第7501、7510页。
③ 《旧唐书》卷一三五《裴延龄传》，第3720页。
④ 《资治通鉴》卷二四三敬宗宝历元年，第7844页。

里再作过细的分析。但是，通过内库和羡余问题的发展，确乎可以找到使职与内廷宦寺结合的根基和线索。这一点不仅初期的使职如此，后期的使职也更不例外。《册府元龟》卷四八四《邦计部·经费》：

> （敬宗宝历二年）七月壬辰，户部侍郎崔元略进准宣索见在左藏库梃银及银器十万两，金器七千两。旧制，户部所管金银器悉贮于左藏库，时帝意欲使于赐与，故命尽输内藏。①

这也是通过三司（使职）将国库之财直入内库的突出例证。而使职暗中以国库之财"中纳"或采用变换手段转公入私，以前揭王涯、王彦威事例最典型。《册府元龟》卷五一〇在王彦威勾结仇士良、鱼弘志使左神策军以衣赐于度支货卖事下注曰：

> 一说开成二年四月彦威奏："左神策及立（右？）三军共中纳衣赐紫绫二万二千五百匹，请与收纳。"从之。近年诸司于度支纳卖，货蠹国用，积弊不能去之，自开成初时降明诏禁断。至是，彦威以仇士良威福日炽，故复为奏请，时论大为不可。②

这里所谓"中纳"者应即纳于内库的财赋。而将内库的衣赐之货高价卖与度支，以国家钱偿之，此损公肥私自不待言，但使职因国家制度

---

① 《册府元龟》卷四八四《邦计部·经费》，第5790页。
② 《册府元龟》卷五一〇《邦计部·交结》，第6120页。

内外不严而与宦官勾结则历历在目。可以想见,在唐末宦官如田令孜等夺使职之权自掌之前,基本上是通过使职而达到对于财赋的占有和使用。至于国家财赋的总体支配,虽然名义上仍是归于度支,但内廷对财赋的分割和监控,是绝不可以小觑的。此点乃制度发展使然,亦为刘晏、第五琦理财之客观情势,非关乎个人品德,而既涉时代与宫廷背景,则也应为研究刘晏者给以更多的注意。

四 小结

早年鞠清远的《刘晏评传》对刘晏的理财事迹做了全面评述[①],但于其人生平及来历,仅有家世、时代背景和人物传略的简单介绍,而并未有将此类事实与其为官资历和任使理财相结合的具体论证。这之后的研究也大多集中于刘晏理财方式和成就,这使作为政治人物和财政专家的刘晏事迹,缺乏动态的、鲜活的人文背景和形成基础。而本文即尝试从刘晏的人生遭际和政治关系做些弥补。

从文中论述可知,刘晏之所以获得肃、代两朝皇帝的信任,在二十余年中并无掣肘而理财成功,其政治生涯也基本无一蹶不振的起落和搅扰,除了他个人才能及通晓理财之术外,与他因少年时代特殊经历而建立的政治关系,其中特别是宫廷际遇分不开。内中包括与大臣、皇亲乃至于储君的往还及宦官的交结,前者决定了他的仕途风

---

① 鞠清远:《刘晏评传附年谱》,商务印书馆,1937年。

顺和重权在握，后者也是其职权升降和保身固位的基础。二者若长期获得可使之才能及理想得以发挥和实现，一旦失去则不但权力尽失，甚至身首异处。这是刘晏所以能够取得成功的背景，也是他人生的悲哀。他的事迹最终证明一点，即无论个人有怎样的作为，却始终在皇权的支配和控制下，国家财政也不能脱离这一背景而独立。刘晏之成败无法摆脱此客观环境，于是他的努力也只能是一时生效，而无法作为成功经验被完全吸收和继承下去。以此为例，我们或者能够理解整个中古中国何以不能接受先进思想而走向发达的症结所在。

尽管如此，刘晏事迹并非毫无意义。因为他在唐朝危难之际受命，其理财不仅起到维系唐朝廷统治的作用，也因推动社会变革，而使唐后期的国计民生获得相当长时间的安定和发展。其对于经济规律的领会和灵活运用的手段更为后代提供了典范。关于这一点，我们在讨论物价问题时还会有进一步的论证和发挥。

下编

盐价、物价与盐法

浅谈大历高物价与虚实估起源

唐后期物价的虚实钱和虚实估，长期以来曾是中古财政经济史上一个颇受关注的疑难问题。而关乎两者的产生来源和发展最为扑朔迷离而引人深思，不仅因为它们的存在影响及于国计民生，还由于它们的出现与唐朝国家财政的变革有着极为重要的关系。早在20世纪40年代末，业师王永兴先生已对虚实钱和虚实估问题做过深入的探讨[①]，期间对于钱币的铸造及减少对估法的影响，估法与两税法计钱折纳、定额均征，涉及虚实估问题的虚估、省估、中估及折估钱的意义，以及与政府各项财政收支，包括与两税盐利之支计、供军制度和俸料制度、进奉及物价的关系等，均有全面解释及论说。之后又有一些学者对此问题有所关注，并进一步讨论虚实估与虚实钱的关系及其产生

[①] 王永兴：《中晚唐的估法和钱币问题》，载《社会科学》5卷第2期，1949年4月，第31—49页；并见署名刘淑珍的《中晚唐之估法》，载国立北京研究院史学研究所《史学集刊》第6期，1949年10月，第59—90页。

原因。①然而由于两者的产生早在两税法之前,不仅关乎商运商销盐法的实行,也与国家的物价政策与经济运行紧密相连。因而对于其起源,除了业师已经谈到的税法性质的改变,或许还有另外的因素值得进一步发掘,而这对于理解唐国家后期财政和商品经济的内涵也是不可或缺的。

---

① 如赵和平:《中晚唐钱重物轻问题和估法》,载《首都师范大学学报》1984年第4期,第83—89页;李锦绣:《唐后期的虚钱、实钱问题》,载《北京大学学报》1989年第2期,第11—23页;《唐代财政领域的"加饶"现象》,载《浙江社会科学》1999年第1期,第123—127页;魏道明:《略论唐朝的虚钱和实钱》,载《青海师范大学学报》1992年第2期,第54—57、79页;徐东升:《论唐代物价的几个问题》,载《文史哲》2002年第5期,第134—138页;程剑波:《六十余年来大陆学者关于唐代虚、实钱与虚、实估问题的研究》,载《青海师范大学学报》2014年第2期,第76—78页。

一 大历高物价的质疑

谈到唐后期的物价，特别涉及虚实估问题，论者多认为是与两税法的折纳有关。这一点业师已经谈到，其最重要的依据便是德宗时陆贽在《均节赋税恤百姓六条》中所说：

> （两税）定税之数，皆计缗钱；纳税之时，多配绫绢。往者纳绢一匹，当钱三千二三百文；今者纳绢一匹，当钱一千五六百文。往输其一者，今过于二矣。虽官非增赋，而私已倍输。

> 今之两税，独异旧章。违任土之通方，效算缗之末法，不稽事理，不揆人功，但估资产为差，便以钱谷定税，临时折征杂物，每岁色目颇殊。……往者初定两税之时，百姓纳绢一匹，折钱三千二三百文，大率万钱，为绢三匹，价计稍贵，数则不多。及乎颁给军装，计数而不计价，此所谓税入少而国用不充者也。近者百姓纳绢一匹，折钱一千五六百文，大率万钱，为绢六匹，价既转贱，数则渐加。向之蚕织不殊，而所输尚欲过倍，此所谓供税多而人力不给者也。[①]

[①] 王素点校：《陆贽集》卷二二《均节赋税恤百姓六条》其一、其二，中华书局，2006年，第725、737—738页。

两税的"定税之数,皆计缗钱;纳税之时,多配绫绢"和"但估资产为差,便以钱谷定税,临时折征杂物,每岁色目颇殊",被视为虚实估产生的直接原因。对此,李翱《疏改税法》也给予证明:

> 臣以为自建中元年初定两税,至今四十年矣。当时绢一匹为钱四千,米一斗为钱二百。税户之输十千者,为绢二匹半而足矣。今税额如故,而粟帛日贱,钱益加重。绢一匹,价不过八百,米一斗,不过五十。税户之输十千者,为绢十有二匹然后可。①

另外,他在《进士策问第一道》中,也提到"初定两税时,钱直卑而粟帛贵,粟一斗价盈百,帛一匹价盈二千"②。两文所说绢帛价格每匹四千(文)或二千(文)或可视为两税法初定前后物价。这个价格比陆贽所说还要略高。综合二人说法,则大历建中初,绢帛约每匹3200—4000文;两税法实行后,降至每匹1600—2000文;贞元后期至元和,大约即降至李翱所说每匹不足800文。大历绢价与贞元、元和相比,约为4:1或5:1,谷帛比价也大体相类。所以一般的看法是,绢价在两税法实行后不断下降,由于大历物价作为官定省估依然保留,所以,便逐渐形成了虚实估间2倍乃至4—5倍的差距。

但是,所谓虚实估的产生是不是完全源于两税法呢?弄清这一点,我们必须首先判断陆贽和李翱所说每匹3200—4000文的绢价是不

---

① 《李文公集》卷九《疏改税法》,商务印书馆《四部丛刊》本;《全唐文》卷六三四,中华书局,1983年,第6403页。
② 《李文公集》卷三《进士策问第一道》;《全唐文》卷六三四,第6399页。

是实在的大历物估。而如将此价与开元、天宝时期的物价及唐后期物价相比，就会发现都有很大的不同。

《通典》卷七《食货七·历代盛衰户口》：

> 至（开元）十三年封泰山，米斗至十三文，青、齐谷斗至五文。自后天下无贵物，两京米斗不至二十文，面三十二文，绢一匹二百一十二文。①

"绢一匹二百一十二文"是开元中期物价。天宝以后的物价可能有所增加。池田温先生复原的大谷文书《交河郡市估案》A、B两卷是反映天宝中交河郡各类物品交易的价格表，这件文书的年代池田先生定为天宝二年（743）。②由于市估是管理市场的市司在每旬之初依时价上、中、下估所定，所以它是真正的时估即后来所谓实估，亦为官私交易之物价依据。其A、B两卷价格微有不同，卢向前认为是不同旬日所定价格。③根据这个市估案所列绢𫄧匹价（详附表L），包括上、中、下估在内，练绢𫄧其最高者不过每匹650文，最低者不过每匹370文，高低之间在每匹510文左右。

另外伯3348背《唐天宝四载河西豆卢军为和籴账事上河西节度使

---

① 《通典》卷七《食货七·历代盛衰户口》，中华书局，1988年，第152页。
② 见[日]池田温撰，韩昇译：《中国古代物价初探——关于天宝二年交河郡市估案断片》，见刘俊文主编：《日本学者研究中国史选辑》四《六朝隋唐卷》，中华书局，1992年，第445—513页。
③ 卢向前：《唐代前期市估法研究》，见中国敦煌吐鲁番学会《敦煌吐鲁番学研究论文集》，汉语大词典出版社，1990年，第693—714页，说见第693—696页。

牒》也反映了天宝中豆卢军为付和籴帐请得的绢帛匹段价格（详附表II.）①。这个价格与上述市估价相差不远，大约最高每匹600文，最低每匹460文，高低之间平均价格为530文。

附表I.

品名	卷别	上估（文/匹）	中估（文/匹）	下估（文/匹）
大练	A	470	460	450
	B	470	460	450
梓州小练	A	390	380	370
	B	410	400	390
河南府生䌷	A	650	640	630
	B	630	620	610
蒲陕州䌷	A	630	620	610
	B	610	600	590
生绢	A	470	460	450
	B	470	460	450
缦紫	A	560	550	540
	B	550	540	530
缦绯	A	500	490	480
	B	500	490	480

附表II.

品名	估价（文/匹）
大生绢	465
河南府䌷	550
缦绯	550

---

① 转引自王永兴：《伯三三四八背文书研究》，见《敦煌吐鲁番学研究论文集》，第157—173页，价见第166、168页。

续表

品名	估价（文/匹）
缦绿	460
大练	460
陕郡熟绝	600

但是上述物价特别是交河郡市估只能代表天宝初年交河郡的物价。由于生产与交通运输等原因，各地的绢帛价格本有差异，估计京城长安地区的市易时估应比交河郡略低一些。

官府依据民间交易时估所定的价格也被作为判罪执法平赃定估的依据，《唐会要》卷四〇《定赃估》称：

> 开元十六年五月三日，御史中丞李林甫奏："天下定赃估，互有高下，如山南绢贱，河南绢贵。贱处计赃不至三百即入死刑，贵处至七百已上方至死刑。即轻重不侔，刑典安寄？请天下定赃估，绢每匹计五百五十价为限。"敕："依。其应征赃入公私，依常式。"①

从李林甫奏中得知，开元十六年（728）以前，各地平赃定估没有统一价格。至开元十六年才根据各地估价的平均值定为一律"绢每匹计五百五十文价为限"，而这个标准甚至维持到安史之乱结束。同条又称：

---

① 《唐会要》卷四〇《定赃估》，上海古籍出版社，1991年，第850—851页；下同。

至上元二年正月二十八日，敕："先准格例，每例五百五十价，估当绢一匹。自今已后，应定赃数，宜约当时绢估，并准实钱，庶叶从宽，俾在不易。"（刑部尚书卢正己奏）。

肃宗上元二年又取消了天宝以来550文当绢一匹的平赃定估标准，而改为"宜约当时绢估"的老办法。这说明，当时各地的绢价已有了较大的波动。特别值得注意的是这里已经提到了绢估"并准实钱"的问题。尽管这里并未提到所谓实钱究竟多少，但根据上引李林甫奏所说绢贵处比绢贱处量刑轻和"庶叶从宽，俾在不易"的原则，我怀疑当时的实钱也即市易时估已比原来有所提高。

再有就是除李翱所述约元和十五年（820）前后绢帛价格每匹不到800文外，元稹在《为河南府百姓诉车状》中提到河南府应供行营般粮草车，"钱二千八文，共给盐利虚估匹段。绢一匹，约估四千已上，时估七百文。𬙊一匹，约估五千，时估八百文"①。元稹元和初被出为河南尉，其文当作于彼时。所提到的绢𬙊价格在700—800文之间，与李翱所说相近。

由于绢帛市易时估在唐后期有所增长，而且唐晚期可能更高一些，所以在此基础上，官府议定的平赃定估绢价亦有增加。《册府元龟·刑法部·议谳三》大中六年（852）十月中书门下针对同年闰七月敕，平赃定估宜准名例律，"皆据犯处当时物价及土绢估"的刑部上奏称：

---

① 冀勤点校：《元稹集》卷三八《为河南府百姓诉车状》，中华书局，1982年，第433页。

准敕应犯赃人，宜平赃定估等……臣等今商量，伏以京邑元无土绢，市中所货，皆是外州将到。若据律处，当处绢价，定赃平估，即京师当处之绢。若取河南一千一百价绢，即见在市肆又无此实估。将行新敕，须立定规。今京中市肆，所货诸府绢估各有等差，但据罪人所犯赃，如是见在绢及金银杂物等一事已上，并请取京时价估定。如结赃，即在京诸府土绢上价实估结计，如罪人所取已费使，及不记得当时州土色目，即请便取杂州土绢市肆所货实价，中估平结计赃，准前取诸州府土绢上估实价定罪。伏以京中诸州府绢价逐旬移改，贵贱不定。……令（今）责两市绢牙人侯建武等状，京城元不出土绢，所货者诸州土县。果、阆州绢最贵，每匹九百五十文……其次宋、亳州土绢估，每匹九百文实估价，其河南土绢价亦无一千实估。今以果、阆州绢尺每与寻常绢不同，已次校贵于宋、亳州上县，伏请永为定例。……兼以诸州府绢价，除果、阆州绢外，别无贵于宋、亳州上估绢者，则外州府不计有土绢及无土绢处，并清一例取宋、亳州土绢估，每匹九百文结计。①

大中时期平赃定估每匹900文的绢价是取当时各地绢估中较高者。这个绢帛时估高于上元二年以前价，亦超过元和中绢帛实估。这说明，唐后期的绢帛时估或实估还是在增加，而不是愈后愈低的。不过即使如此，奏中所说绢价最高者也未超过每匹千文，五代以后，绢帛实估

---

① 《册府元龟》卷六一六《刑法部·议谳三》，中华书局，1960年，第7410—7411页。

下编／盐价、物价与盐法

似乎也与唐中后期水平比较接近。《册府元龟·邦计部·赋税二》记后周世宗显德三年（956）改变州府察头盐征税不均的状况，齐州管内原一石征3000文，改为1500文；沧、棣、滨、淄、青等州每石原征绢一匹改为二匹，也即1500文相当二匹绢，每匹绢当750文。[1]由此可见，无论是唐前期，抑或唐后期五代，市易时估或实估的绢帛价格都相对平稳，如将唐后期最高时估与天宝中相比，不到两倍。其升降幅度并不是很大。所以，大历建中绢帛实估如为3200—4000文是十分可疑的。

二 虚实钱与虚实估的存在

诚然，唐代物价因战争或灾荒等原因曾有过急剧升降，如代宗广德二年（764）值仆固怀恩反叛初定，"关中米斗千钱，百姓揠穗以给禁军，宫厨无兼时之积"[2]。建中四年（783）朱泚围攻奉天，"上尝遣健步出城觇贼，其人恳以苦寒为辞，跪奏乞一襦袴。上为之寻求不获，竟悯默而遣之"[3]。兴元中李怀光反叛，"关中米斗千钱，仓廪耗竭"，至贞元初仍是"河中斗米五百，刍藁且尽，墙壁之间，饿殍甚众"[4]。在粮食物资等极度缺乏的状况下，绢帛价格上涨也是可

---

[1] 《册府元龟》卷四八八《邦计部·赋税二》，第5843页。
[2] 《资治通鉴》卷二二三，中华书局，1956年，第7164页。
[3] 《资治通鉴》卷二二九，第7371页。
[4] 《资治通鉴》卷二三一，第7448、7453页。

以想见的。但是大历及建中初显然不属于此种情况。自代宗朝刘晏开通漕运，并扩大盐专卖的经营之后，唐中央的财政状况已有所缓解。史言"大历五年（770）已后，蕃戎罕侵，连岁丰稔"[①]。大历十数年无战争，各地包括京师在内已无因兵乱灾荒而粮帛极度紧张缺乏的迹象。特别到了大历末，东南盐利已达六百余万贯（缗），"天下之赋，盐利居半"[②]。既然如此，何以两税法定立之初，会有绢帛匹至3200—4000文的估价呢？前揭《唐会要》上元二年正月敕，已提到"应定赃数，宜约当时绢估，并准实钱"。既有实钱，则相对亦有虚钱，那么这个虚实钱和大历建中的绢估是否有关呢？

虚估与虚钱的最早出现据史料记载与铸钱有关。《新唐书·食货志四》记"肃宗乾元元年，经费不给，铸钱使第五琦铸'乾元重宝'钱，径一寸，每缗重十斤，与开元通宝参用，以一当十，亦号'乾元十当钱'"。至第五琦任相，又铸径一寸二分的"乾元重宝钱"，"每缗重十二斤，与开元通宝钱并行，以一当五十。是时民间行三钱，大而重棱者亦号'重棱钱'"，于是造成混乱；"法既屡易，物价腾踊，米斗钱至七千，饿死者满道。初有'虚钱'，京师人人私铸……肃宗以新钱不便，命百官集议，不能改"。

由此可见，所谓"物价腾踊"，乃是第五琦铸大钱一时引起的通货膨胀，同时，据《旧唐书·食货志上》，"人间抬加价钱为虚

---

① 《旧唐书》卷一二九《韩滉传》，中华书局，1975年，第3600页。
② 《新唐书》卷五四《食货志》，中华书局，1975年，第1378页；下引文见1386—1387页。

钱"；也是"缘人厌钱价不定"①，即不信任当时币值的结果。

或认为乾元中的虚实钱问题只是一时的，与后来所说虚实估无关。但是虚实钱的使用需落实在市肆交易中，《新唐书·食货志四》同上明言："上元元年，减重轮钱以一当三十，开元旧钱与乾元十当钱，皆以一当十，碾硙鬻受，得为实钱（按'实钱'下疑脱'虚钱'二字）。虚钱交易皆用十当钱，由是钱有虚实之名。"所谓碾硙鬻受如何用钱，也见《册府元龟》卷五〇一《邦计部·钱币三》：

（上元元年）十二月诏，应典贴庄宅店铺田地碾硙等，先为实钱典贴者，令还以实钱赎；先以虚钱典贴者，令虚钱赎。其余交关并依前用给赏（偿）价钱，由是钱有虚实之称。②

可见市肆交易中，用虚钱、实钱算者皆有。实钱即按货币原来的价值估物，以一当一，从事买卖；虚钱则是按政府规定的币值估物，以一当十。这样，用于交换的绢帛也就会同时存在按两种算法的虚实估问题。上面所说平赃定估的绢价须"准实钱"就是这一道理。

不过当代宗即位后的宝应元年（762）五月，即下令对混乱的币制加以改革，乾元重宝钱被改为一当二，重轮钱以一当三，"凡三日而大小钱皆以一当一"。其结果是乾元、重轮二钱都被民间销铜为器，"不复出矣"③。乾元大钱退出历史舞台，与之相关的虚实钱、

---

① 《旧唐书》卷四八《食货志上》，第2100页。
② 《册府元龟》卷五〇一《邦计部·钱币三》，第5999—6000页。
③ 《新唐书》卷五四《食货志四》，第1387页。

虚实估似乎也已无存在的基础。但如此又何以解释大历建中初绢帛匹估3200—4000文的高价位呢？特别是绢帛的高价位，看来也不是到了大历末才又出现。

《元次山文集》卷七永泰二年通州《问进士》第四曰：

> 问：往年粟一斗估钱四百〔十？〕犹贵，近年粟一斗估钱五百尚贱；往年绢一匹估钱五百犹贵，近年帛一匹估钱二千尚贱。今耕夫未尽，织妇犹在，何故？往年耕织，计时量力，劳苦忘倦，求免寒馁，何故今日甘心寒馁，惰游而已。於戏！时粟帛至贱，衣食至易，今日粟帛日贵，衣食至难，而人心勤惰如此，其何故也？试一商之，欲闻其说。[①]

元结作"通州问"的永泰二年（766）即大历元年，其时"帛一匹估钱二千尚贱"的物价虽然赶不上后来的匹值三千，但与"绢一匹估钱五百犹贵"相比已经很不正常。"问"中没有明确价贱的"往年"与价贵的"近年"在时间上的界限。但代宗即位，不过数年，其间历经战乱兵灾同于肃宗，所谓"粟帛至贱，衣食至易"和匹绢五百的估价似乎与之无关，唯有加之天宝才比较相合。而高物价的现象如认为是代宗以来甚至上溯肃宗也是比较合理的。总之，如果是永泰二年以前绢价就达到了匹估二千，那就说明代宗虽废除大钱，却并未能使物价完全回归。究其原因，元结只将它与衣食难易及人心勤惰联系起来，我却认为它与肃宗朝的虚钱仍不无关系，换言之，是大钱的废止并没

[①]　（唐）元结：《问进士》，见《元次山文集》卷七，商务印书馆《四部丛刊》本。

能消除虚估物价的存在。

虚估物价之所以在代宗朝继续存在，乃在于它的产生有着比前述虚实钱更深刻的原因。本文前面曾谈到两税的"定税之数，皆计缗钱；纳税之时，多配绫绢"，被学者认定为虚实估产生的内在根源。但计钱为税而折纳实物者，不仅两税法确立前的户税已然如此，而且在唐后期也并非只有户税、两税。乾元中实行的盐专卖法，使我们对唐政府关于盐钱的征纳，无法不得出相同的结论。

《新唐书·食货志四》记第五琦为诸州榷盐铁使，"尽榷天下盐，斗加时价百钱而出之，为钱一百一十"。同时并称：

> 晏之始至也，盐利岁才四十万缗，至大历末，六百余万缗。①

盐钱无论专卖价格或税额皆完全以钱为计，此点贯彻唐后期始终如此。所以元稹《中书省议赋税及铸钱等状》说：

> 盐利酒利，本以榷率计钱，有殊两税之名，不可除去钱额。②

"本以榷率计钱，有殊两税之名"的盐钱，其实在征收中，照样是可以以物代钱。《新唐书·食货志四》在"负海州岁免租为盐二万斛以输司农"下曰：

---

① 《新唐书》卷五四《食货志》，第1378页。
② 冀勤点校：《元稹集》卷三六《中书省议赋税及铸钱等状》，中华书局，1982年，第415页。

青、楚、海、沧、棣、杭、苏等州,以盐价市轻货,亦输司农。①

《大唐新语》卷一〇《厘革》:

肃宗初即位,在彭原,第五琦以言事得召见,请于江淮分置租庸使,市轻货以济军须。肃宗纳之。②

"轻货"的本意乃指微小而贵重的财货③,在唐代则主要指绢帛。安史之乱爆发后,税赋锐减,唐政府主要的财赋来源地河北又丧失,中央政府急切中无以供军,轻货的征集成为最大的难题。由于第五琦任租庸使的同时已开始榷盐,李锦绣撰文指出"以盐价市轻货"创自第五琦,为其榷盐法中的一项重要举措。④

"以盐价市轻货"是不是始于第五琦,严格说还值得探讨。因为天宝中,杨国忠等已将河南北折租造绢、江南回造纳布的政策扩大为"奏请所在粜变为轻货,及征丁租地税皆变布帛输京师"⑤。江南负海

---

① 《新唐书》卷五四《食货志四》,第1377页。
② (唐)刘肃撰,许德楠、李鼎霞点校:《大唐新语》卷一〇《厘革》,中华书局,1984年,第154页。
③ 见《韩非子·六反》"夫陈轻货于幽隐,虽曾史可疑也;悬百金于市,虽大盗不取也"。陈奇猷集释引太田方曰"轻货,货之可怀者"。转引自《汉语大词典》卷九,第1269页。
④ 李锦绣:《第五琦与唐中央财政机构的再造》,见苏晨主编:《学土》卷三,广东高等教育出版社,1997年,第115—143页,说见第123—128页。
⑤ 《资治通鉴》卷二一六天宝八载春二月,第6893页。

下编 / 盐价、物价与盐法

诸州除"免租为盐二万斛以输司农"之外①，也可能已有用盐转换轻货的问题。更何况乱后颜真卿在河北组织军队抗击安史，在清河北库的"租布"用尽之后，便接受了李萼榷盐的建议。②其榷盐的目的，看来已与"轻货"有关。颜真卿之法为第五琦窃而用之，故"以盐价市轻货"遂成为其盐法主要的原则之一。因此榷盐自第五琦始，已为政府取得轻货的主要途径，而征收中以物代钱亦为后来者承袭。《新唐书·刘晏传》称：

第五琦始榷盐佐军兴，晏代之，法益密，利无遗入。……至湖峤荒险处，所出货皆贱弱，不偿所转，晏悉储淮、楚间，贸铜易薪，岁铸缗线十余万，其措置纤悉如此。③

《新唐书》卷五四《食货志四》：

刘晏盐法既成，商人纳绢以代盐利者，每缗加钱二百，以备将士春服。包佶为汴东水陆运、两税、盐铁使，许以漆器、玳瑁、绫绮代盐价，虽不可用者亦高估而售之，广虚数以罔上。④

刘晏、包佶等不仅继承了第五琦的政策，而且将"轻货"折纳的内容

---

① 《新唐书》卷五四《食货志四》，第1377页。
② 参《新唐书》卷一五三《颜真卿传》，第1855—4856页；殷亮：《颜鲁公行状》，见《全唐文》卷五一四，第5226、5228页。
③ 《新唐书》卷一四九《刘晏传》，第4796页。
④ 《新唐书》卷五四《食货志四》，第1379页。

扩大到可能范围。这样，盐税以"轻货折估"便自然成为一种既定的计税方式。宪宗《亢旱抚恤百姓德音》：

> 盐铁使下诸盐（监？）院，旧招商所由欠贞元二年四月已前盐税钱，及永贞元年变法后新盐利经（轻）货折估钱，共二十八万七千七百五十六贯文，并宜放免。①

"轻货折估"是以物价折算钱，而盐钱既可以轻货折估，便存在着可能的价格差异。事实上，政府所规定的物估，历来即与市易"时估"有一定差距，特别是朝廷需要某种物资之际，官府是可以抬价收购的。其例如《资治通鉴》卷一九五贞观十四年尚书左丞韦悰勾司农木橦贵于民间，奏其隐没。太宗召大理卿孙伏伽问司农罪，伏伽认为司农无罪，理由是"只为官橦贵，所以私橦贱。向使官橦贱，私橦无由贱矣"。同书卷二一五天宝五载，记王忠嗣在朔方河东，"每互市，高估马价，诸胡闻之，争卖马于唐，忠嗣皆买之"。官价高于私价，是政府征集短缺物资，平衡物价的手段，也符合官与民和市的原则，此点已为前人所论。②不过安史之乱前的官估与市估存在的差距绝不至有数倍之多。永泰大历初绢估达到匹价2000文，大历末建中初甚至升至匹价3200—4000文，超过正常市估之多倍，完全是政府实行特殊政策的结果。

---

① 《全唐文》卷六二《亢旱抚恤百姓德音》，第665页。
② 《资治通鉴》卷一九五贞观十四年、同书卷二一五天宝五载，第6158、6871页；并参刘淑珍：《中晚唐之估法》，载《史学集刊》第6期，第60—61页。

三 虚实估产生的原因与刘晏高物价政策

肃、代二朝在平息安史和藩镇叛乱的同时，绢帛的需求都不是减少而是增加，其原因有二：一在于绢帛乃是供军春冬衣及赏赐所必需；二在于铜钱不足的状况下，绢帛乃是可以代替货币使用的最广泛之"轻货"。后者在专卖制中体现尤突出。《文献通考·钱币二》引南宋叶水心所论，认为唐开元、天宝后苦于用兵，"朝廷急于兴利，一向务多钱以济急，如茶酒盐铁等末利既兴，故自肃、代以来，渐渐以末利征天下，反求钱于民间。上下相征，则虽私家用度，亦非钱不行，天下之物隐没不见，而通行于世者惟钱耳"[1]。专卖计钱而榷和官府民间围绕这一政策所进行的交易固然会使货币的使用激增，并从而引起货币的严重短缺。但与此同时，可以代钱而用的绢帛同样会显得紧缺而贵重。何况这时官府对绢帛的需求又恰恰与河北等绵绢产区的丧失相对应，政府从正常赋税途径取不到的只能从市取。因此，当着"以盐价市轻货"的榷盐法兴起之际，市肆交易绝不至于钱重物轻，而是钱重物重，否则，当宰相房琯提出反对用第五琦聚敛时，肃宗何能有"天下方急，六军之命若倒悬，无轻货则人散矣。卿恶琦可也，何所取财"的反驳！[2]而在其时绢帛急需的情况下，其市易时估无疑也是在升高的。

正是在这种情况下，遂有乾元中第五琦的铸大钱。铸大钱一方

---

[1] 《文献通考》卷九《钱币二》，中华书局，1986年，第102页。
[2] 《唐会要》卷八四《租庸使》，第1834页。

面固然是为了缓解上下征利，货币短缺的危机；但另一方面也是更重要的，乃是为了平衡已经不断升高的市易时估。政府将一当十、一当五十的大钱投入市场，这样在转换取得轻货时，便不会吃亏，如第五琦所说是"冀实三官之资，用收十倍之利"[①]。是以一得十，以虚得实，通过抬高币值、压低物价，实现高征敛。但是这样一来，效果却适得其反，因为币值的不稳定和不合理引起通货膨胀，百姓商人以抬高物价来对抗政府的货币升值，使得物价不但未降反而陡增，商品交易仍然按照市场的规律进行，结果是以十当一，以虚对虚，政府收入只能随物价升高而减少。这便是第五琦钱法所以失败的根由。所以官府不得不放弃此策，取消所谓大钱，第五琦也遭到贬降。

但大钱虽取消，钱少物重的问题却未解决；市易时估不可能一时即回落到原先水平，更何况绢帛的需求仍旧，从元结《进士问》可以知道，代宗初"粟帛日贵"的形势正是与"衣食至难"的现实相匹配的，这正反映了当时粟帛的短缺。而唐政府若想解决其短缺的矛盾，就只能是顺应市场规律，在一定程度上实行所谓高物价政策。大历建中初绢帛的高价格，就是实行这一政策的结果。至于采用这一政策的原理，则正如《史记·货殖列传》引计然之说：

论其有余不足，则知贵贱。贵上极则反贱，贱下极则反贵。贵出如粪土，贱取如珠玉，财币欲其行如流水。[②]

---

① 《旧唐书》卷四八《食货志上》乾元元年七月诏，第2100页。
② 《史记》卷一二九《货殖列传》，中华书局，2013年，第3924页。

高物价的原理是物极必反，贵极而贱。当某种货物稀少时，便高价买进，这样便可以刺激钱货的流通，不但可以较顺利地取得政府所需要的物资，而且也可以在促进流通、物资丰足的情况下使物价自然下落。其意义正同于前述孙伏伽论官榷贵于私榷，和王忠嗣高价买马。而唐后期真正能通过调控物价促进流通，做到使财币"行如流水"的，正是"通百货之利，自言如见地上钱流"的刘晏。[①]事实说明，刘晏也正是高物价政策的执行者和创始人。刘晏自上元元年五月任户部侍郎，取代第五琦，此后在将近20年中，共三度任使理财。他集东南盐铁、转运、常平、铸钱诸职于一身，末年并东、西兼理。可以说在两税法以前，特别是代宗一朝，刘晏是国家财政的主要负责人，也是第五琦后货币、物价政策的制定者，史料在这方面有颇多记载，可证刘晏于此取得的成功。

刘晏在这方面的具体做法之一，便是如前述于榷盐中鼓励商人以绢代利，"每缗加钱二百"。前人虽将此视作虚估滥觞，但都多从当时临时需要出发，很少从物价政策的角度予以考虑。而这其实也正是刘晏行高物价的一个突出体现。史料记载没有明确其行此办法的具体时间。但据上述元结所说，是永泰大历初或者在此之前绢价就已经不止每匹2000文。根据刘晏任使的时间，他行此策有可能是在此之后。而如果确如《新唐书》所说，那就是在已经带有虚估色彩且并不正常的市价之上，又至少增加了20%。

不过，这个20%显然不应是在每匹2000文基础上增加。因为如其

---

① （唐）李肇：《唐国史补》卷上，古典文学出版社，1957年，第22页。

如此，与后来陆贽、李翱所说大历建中初绢估3200—4000文的价格还是有一定差距的。那么对此如何解释？笔者在2000年发表的原文和脚注中曾提出是涉及租税征收中钱、物兼纳的问题，认为刘晏许商人以绢代盐利，"每缗加钱二百"者，很可能是指原来必须依实估纳钱的部分，而不是本来就以虚估计折的实物部分。但这一说法可能将问题复杂化了。因为盐钱的征榷确实可能像后来的两税那样，有缴纳现钱和实物折估的区别。但如果钱的部分允许以物代纳，那么价格应该是一定的。现在提出一种可能，即如果两税法制定前也即大历和建中初的物价是绢已每匹3200—4000文，就说明政府彼时，也就是大历中征税的绢价很可能已不是2000文，而是在3200文到4000文之间。而如果将3200文作为最低或者原定的征收价，那么它与4000文的高价之间，差价800文，恰合"每缗加钱二百"的比例。推测这就是刘晏鼓励商人纳绢帛，在每匹之上的增加，而给商人的让利和优惠。

以上涉及租税征收中的折估问题，笔者不拟深论。但有一点可以肯定，那就是如果说永泰初或永泰以前匹估2000文的价格还是受乾元、上元虚钱影响而抬升的市易时估的话，那么大历、建中初匹估3200—4000文的这个最后高估却已经是官定价格的虚估，或曰政府在榷盐及当时已征的户税（后改为两税）中绢帛折纳的价格，这一点可以由唐后期两税盐利估价作对比时说明。也就是说，两税制定时的绢估于大历虚估是有继承性的，而它的制定者其实是刘晏。

或有人认为，从匹估2000文到匹估3200文以上，不过是大历绢帛时估在逐渐上升，它和建中以后时估、也即实估下降的情况正好相反，官府所定省估应当是实估的反映。但这一看法显然与事实不符。

下编／盐价、物价与盐法

据《新唐书·食货志》记刘晏于江淮"广铸钱,岁得十余万缗,输京师及荆、扬二州,自是钱日增也。"钱币短缺的情况有所改善,则钱货流通,加之大历风调雨顺,物价没有一涨再涨的道理。且如元结所说,绢帛时估2000已是"衣食至难",倘若时估升为3000、4000,岂不是要民不聊生,又何能有刘晏"斡山海,排商贾,制万物低昂,常操天下赢赀,以佐军兴"的成功之道呢![1]

因此我认为所谓匹估3200—4000文的估价只是官定物价的省估,而非市肆交易的时估或实估,它是政府专卖及赋税征收中以绢帛折钱的价格。而之所以有此价格,乃是刘晏在大历时估之上,充分留有余地的表现。此是刘晏一贯的精神,其正如刘晏初议造船,在每船所需"五十万犹多"的情况下却"用钱百万"。所谓"大国不可以小道理。凡所创置,须谋经久","减半,犹可也;若复减,则不能用。船物既堕,国计亦圮矣"[2]。圮的意思是倾覆、坍塌,两税法后赋税中绢帛估价的一减再减,"国计亦圮"的情况恰同于造船。

绢帛在赋税中的高估价相对是低征敛,它无疑减轻了人民的负担,这是陆贽和李翱在进行对比时其实都论到的。《资治通鉴》卷二二六建中元年:

> 晏又以为户口滋多,则赋税自广,故其理财以爱民为先。[3]

---

[1] 以上参《新唐书》卷五四《食货志四》、卷一四九《刘晏传》,第1388、4806页。
[2] (宋)王谠撰,周勋初校证:《唐语林校证》卷一《政事上》,中华书局,1987年,第60—61页。
[3] 《资治通鉴》卷二二六,第7285页。

相对于第五琦实行过的低物价、高征敛，刘晏的高物价政策，不仅通过鼓励商人纳绢帛"轻货"的积极性而促进生产和流通，找到了解决政府所需物资的办法，反过来也会因绢帛的增加而使市易时（实）估自然下降。所以一方面是减少税赋，另一方面是降低实估，此无疑最符合"理财以爱民为先"的原则。

这里，笔者还想大胆补充一点，即刘晏在食盐就场专卖中对商人实施的高物价政策，及因之而引起的物价虚实估问题，说到底，笔者认为就是现代经济学理论中的"价格双轨制"。价格双轨制在今天的解释，是指对同种商品，采取国家统一价和市场调节价并存的价格管理制度。这种制度其实是同时实行计划调节和市场调节两种运行机制的产物。它的形成，是针对物资短缺困境的一种逆向选择，就唐代而言，并不能认为完全是刘晏个人的主观创造，而是政府在经济改革过程中必须接受的现实和面对价格规律不得不有的选择。

不过采取高物价政策，对于国家财政和社会经济而言也是十分危险的。国家制定的赋税绢帛高估价对于市易时估确实具有指导意义，所以短期内市场可能还会保持高物价。但是根据"贵上极则反贱"的原理，随着这一政策的实行，调动百姓商人求取、折换轻货的积极性，于是绢帛的来源扩大，同时铜钱不敷应用的危机也会相对缓解。但经过一段时间之后，绢帛的市易时估将会不可遏止地降低，特别是铜钱紧缺的问题从根本上未得到解决，钱、帛的入市比例是不协调的。两者差距增加，钱重货轻的问题也迟早会发生。建中以后匹绢750文的实估与其看成是政府有意降抑估价、增加收入的结果，不如说是刘晏的成功，是市场规律最终起了作用。根据唐前后期绢帛时

（实）估的升降幅度，这个匹绢750文的价格才是正常的。并且从其变化趋势看，我怀疑大历中市场时估已与政府规定的绢帛折估有愈来愈大的差距。这个差距虽然是高物价政策的必然，却是稍一不慎，便会引起物价混乱，或官府征收中降虚就实的问题。

或有人会问，如果如此，那么大历中为何未能发生这一两税法以后才发生的问题呢？窃以为这一方面是因为大历中的高物价政策某种程度上受到严格监控。《旧唐书·刘晏传》：

> 自诸道巡院距京师，重价募疾足，置递相望，四方物价之上下，虽极远不四五日知，故食货之重轻，尽权在掌握，朝廷获美利而天下无甚贵甚贱之忧，得其术矣。[①]

《资治通鉴》卷二二六建中元年：

> 诸道各置知院官，每旬月，具州县雨雪丰歉之状白使司，丰则贵籴，歉则贱粜，或以谷易杂货供官用，及于丰处卖之。知院官始见不稔之端，先申至，某月须如干蠲免，某月须如干救助，及期，晏不俟州县申请，即奏行之，应民之急，未尝失时，不待其困弊、流亡、饿殍、然后赈之也。由是民得安其居业，户口蕃息。[②]

[①] 《旧唐书》卷一二三《刘晏传》，第3515页。
[②] 《资治通鉴》卷二二六，第7285—7286页。

刘晏如此重视物价的作用，并将巡院监控物价的功能发展到极致，还将它与贵买贱卖、以丰补歉的常平法则结合到一起，成为"能权万货重轻"的一个基本立足点和方式①，这在后来的盐铁使是做不到，也认识不到的。如建中时的盐铁轻货等使包佶，虽然在江淮百姓"市肆交易钱，交下粗恶"，"致使绢价腾贵，恶钱渐多"的情况下也再次地应用了高物价政策，而且以轻货代盐价也用得更广泛，所谓"许以漆器、玳瑁、绫绮代盐价，虽不可用者亦高估而售之"，却只落得"广虚数以罔上"②，也即使虚者更虚，造成虚实比例更大的差距。所以史称刘晏能"变通有无，曲尽其妙"，但所行之道"惟晏能行之，他人效者终莫能逮"。③这也是后来者论物价言必称大历的原因。

但也应看到，在两税法制定以前，虽然地税、户税的征收是有标准，但对地方的限制并不如两税法以后严格。据杨炎所说："军国之用，仰给于度支、转运二使；四方征镇，又自给于节度、都团练使。赋敛之司数四，而莫相统摄，于是纲目大坏，朝廷不能覆诸使，诸使不能覆诸州，四方贡献，悉入内库。权臣猾吏，因缘为奸，或公托进献，私为赃盗者动万万计。河南、山东、荆襄、剑南有重兵处，皆厚自奉养，王赋所入无几。吏职之名，随人署置；俸给厚薄，由其增损。故科敛之名凡数百，废者不削，重者不去，新旧仍积，不知其

---

① 语出《新唐书》卷一四九《刘晏传》，第4796页。
② 《唐会要》卷八九《泉货》，第1931页；《新唐书》卷五四《食货志四》，第1379页。
③ 《资治通鉴》卷二二六，第7285页。

涯。"①虽然其中有相当的成分和目的是批判大历时政,指斥刘晏,但也能说明当时地方赋税在很大程度上不受限制,尤其没有像两税法以后那样,实行上供、送使、留州三级分成的定额给资制度。这样,节度使与州县就无须在固定的钱额之内翻筋斗、打算盘,在物价高低之间上下其手,使中央政府防不胜防。而刘晏当时所针对的,也主要是市场、商人而不是地方官吏。这是两税法以前的客观环境使然,也是其时虚实估问题不突出的原因之一。

总之,抛去原因不谈,笔者的看法是大历绢价从本质上看已经是虚钱、虚估。但是由于其时此价被定为榷盐和赋税的折估绢价而使得虚估不"虚"。建中以后,此价作为官定省估虽然仍保留,但随着刘晏被罢职,所行物价政策被停止和破坏,特别又受到战争和藩镇体制日渐强盛的影响,中央政府对物价的监控与调节能力已从根本上被削弱,所以两税法后的降虚就实,基本上是高物价政策的下滑与摒弃,是政府征税物价不得不屈从现实的结果。由于征税中降虚就实,所以大历省估逐渐成为名副其实的虚估,这是建中以前与以后的实在区别。当然这之中,如榷盐、茶及两税等都有杂虚实估而受之的情况,也即按不同比例分别以虚实估征收,政府的支出,如官员俸禄,供军、运输费用也同样有虚实估兼用的问题。从元和李巽的盐法改革,已经知道"省中估"就是虚、实两者的结合,而此后中央政府为了在定额中提升收入,也只能增加或强调实估的征收。于此前人已多有论述,本文不拟赘言,但此种做法,虽有唐朝廷不得已之多种原因,却

---

① 《旧唐书》卷一一八《杨炎传》,第3421页。

毕竟造成了币制与物价更大的矛盾和混乱。

这里，还有必要再强调一下榷盐与虚实估的关系。上面已经讨论过虚实估在榷盐确比两税为早。除了已经谈到的"以盐价市轻货"之外，我以为榷盐中盐帛交易价格的敏感性也是深值得注意的。盐作为"食肴之将"于百姓一日不可少，而除了产地之外，百姓食盐必须通过市买，盐帛交易在一定程度上比谷帛交易甚至更普遍，交易比率也常常被作为市易价格的一种标准。比如高宗朝制定的《唐律疏议·名例律》"诸平赃者，皆据犯处当时物价及上绢估"条，《疏议》特举"假有人蒲州盗盐，巂州事发，盐已费用，依令'悬平'，即取蒲州中估之盐，准蒲州上绢之价，于巂州断决之类"为例[1]，并不是偶然的。实际上，唐后期以轻货（绢帛）折估的盐价已是物价的晴雨表，而且在榷盐中所形成之虚实估价格，乃是唐后期税赋钱折估的依据。

就榷盐与两税相比，前者可谓虚实估产生之因，后者乃为其形成利用之果，二者表里相依。且首先通过盐价以表现，所以如欲改革物价，必先整顿盐法。德宗时陆贽注意到两税降虚就实，输一过二的问题。但兴元中的《议减盐价诏》首先提出的却是"近者军费日增，榷价日重，至有以谷一斗，易盐一升"及"应江、淮并峡内榷盐，宜令中书门下及度支商议，裁减估价，兼厘革利害，速具条件闻奏"。[2] 同样，永贞元和初也是由杜佑、李巽先对盐价做了调整，才有后来裴垍两税法改革，规定"诸州府应供上都两税匹段，及留使、留州钱物

---

[1] （唐）长孙无忌等撰，刘俊文点校：《唐律疏议》卷四《名例律》，中华书局，1983年，第91页。

[2] 《陆贽集》卷四《议减盐价诏》，第119—120页。

下编 / 盐价、物价与盐法

等，自元和四年已后，据州县官正料钱，数内一半，任依省估例征纳见钱支给，仍先以郭下两税户合纳见钱充"①。本文不拟对李巽与裴垍改革的关系做过细的分析，但须知道的是，裴垍改革所说两税供上都及留州送使钱如同州县官正料钱一样，其中一半依省估征纳见钱的规定，与李巽改革中盐钱征收见钱的比例是完全相同的②，也即两税折估价实依盐法。可见盐价改革乃两税改革的基础，两税因物价虚实估而与榷盐发生着内在的联系。

不仅如此，穆宗朝以后围绕钱重货轻问题，关于两税盐钱如何以钱帛兼纳的争论仍在继续。元和十五年八月，中书门下奏根据户部尚书杨於陵等，"伏请天下两税、榷盐、酒利等，悉以布帛丝绵任土所产物充税，并不征见钱"的提议，规定两税上供、送使、留州的旧额，按照原纳虚实估物的比例计数，"皆易以布帛、丝纩，〔如？〕租庸课调不计钱而纳布帛"，而"唯盐酒本以榷率计钱，与两税异，不可去钱"③，所以专卖收入仍以课额计钱。且既然是仍要计钱，则按比例折纳的虚实估也就仍不能取消。由此，唐代榷盐于虚实估产生的影响，不仅存在于乾元大历，也存在于整个唐后期，盐价作为物价之标尺的作用是始终一贯的。

---

① 《唐会要》卷八三《租税上》，第1821页。
② 盐钱中一半依省估征纳的比例，可从《册府元龟》卷四八三《邦计部·山泽一》与《唐会要》卷八三《转运盐铁总叙》记李巽、王播等奏报盐利虚实估钱数字计算出来。参见拙文《从张平叔的官销之议试论唐五代盐专卖方式的变迁》，已收入本书。
③ 参见《唐会要》卷八四《租税下》元和十五年八月中书门下奏，第1825页；《新唐书》卷五二《食货志二》，第1360—1361页。

四 小结

以往在讨论虚实钱和虚实估来源的时候,人们想到的往往是两税法,注意的则是二者出现时的具体表现,而很少就其出现原因作深入追究,更遑论将之与适应经济规律的必然性、合理性结合起来,因此,很难对唐朝的这一涉及钱币和物价的问题作出充分的评估。基于此,本文结合比两税制定更早的盐法,通过刘晏在大历时期实行的高物价政策,尝试对其来源及意义作更合理的解释。

本文认为,唐朝的虚实钱是在安史之乱以后,伴随着物质的极度短缺和物价的极度增长而产生的。第五琦为了扩大赋税征收,特别是获取绢帛轻货的需要,通过制造大钱采取了交易中提高币值、降低物价做法的高征敛政策,结果反使物价腾踊,"人间抬加价钱为虚钱",政府达不到实现高征敛的目的,大钱不得不被厌弃与废止。但由于市场交易的以物折钱,特别是政府税收中"市轻货以济军须",虚钱和虚估仍然存在。刘晏就是利用盐专卖中的"以盐市轻货",反其道行之,实施高物价、低征敛政策,在向商人行销食盐时,通过征收绢帛等轻货的折估有意提高物价,以此不仅增加了绢帛轻货的回收,也使之市场价格向着实估回落。因而一方面,优惠商人的专卖权税价格,是就场专卖商销法顺利运行的基础,其显著的成果就是大历时期的盐铁收入从40万贯增加至600余万贯,实现了税收的高增长;另一方面,市易实估的回归也使社会民生获得短暂的喘息与解脱。

因此刘晏所行高物价税收制度是食盐专卖制最大的成功,也是其理财的核心。史料所言其"理财以爱民为先",即以其物价政策为前提。及其使巡院监控物价、砚报物价的功能，乃至在造船费用上留有余地，等等，都建立在调控物价的思想基础上。因此大历高物价才是虚实估的真正起源。而笔者在此基础上提出，无论是榷盐所行商运商销就场专卖法，还是因政府赋税优惠绢价和市场价格差异所导致的虚实估问题，本质上都是"价格双轨制"的体现。它的实行，是唐朝廷与刘晏这样的有识之士因应市场经济发展和价格规律采取的策略。唐中后期市易实估始终保持在较低的水平，而虚估在朝廷赋税实物的折征中也同时保留一定的比例，都是这一政策长期执行的结果。尽管最终因朝廷难于控制，双轨制也被打破，但无论如何，虚实估"双轨制"在唐后期两税和盐法征收体系中还是发挥过一定积极效用的。

玖 试析唐后期物价中的"省估"

唐代物价的虚实钱和虚实估问题，是涉及唐后期社会民生，乃至国家赋税与财政收支的一个重点和难点。早自上世纪40年代始，学界已开始了对相关问题的探讨。其中王永兴先生《中晚唐的估法和钱帛问题》、刘淑珍《中晚唐之估法》是最早全面论述估法的文章。此后，赵和平《中晚唐钱重物轻问题》《唐代两税法实行后的两个突出问题》、李锦绣《唐后期的虚钱、实钱问题》《唐代财政领域的"加饶"现象》和日本学者日野开三郎《藩镇时代的州税三分制》等文，均从不同角度作了深入探索。①笔者也有《浅谈大历高物价与虚实估

---

① 以上论文依次分见《社会科学》第5卷2期，1949年；《史学集刊》第6期，1949年；《北京师院学报》1985年第4期；《唐史学会论文集》，陕西人民出版社，1986年；《北京大学学报》1989年第2期；《浙江社会科学》1999年第1期；末篇论文原名《藩鎮時代四州税三分制に就いて》，载《史学雜誌》第65卷7期；并见《日野開三郎東洋史論集》4，三一書房，1982年。

起源问题》一文①，试对虚实估的产生与大历盐专卖中实行高物价的关系，及其性质加以辨析。本文就是在前文基础上，对唐史料中的"省估"问题作进一步研讨，以期对中晚唐影响国家财政的物价问题获得更准确的认识和评估。

---

① 氏著：《'98法门寺唐文化国际学术讨论会论文集》，陕西人民出版社，2000年。

一 省估与大历物价

"省估"一词,初见于诸史籍关于裴垍两税法改革的记载,其如《旧唐书·裴垍传》称:

> 先是,天下百姓输赋于州府:一曰上供,二曰送使,三曰留州。建中初定两税时,货重钱轻;是后货轻钱重,齐人所出,固已倍其初征。而其留州送使,所在长吏又降省估使就实估,以自封殖而重敛于人。及垍为相,奏请:"天下留州、送使物,一切令依省估。其所在观察使,仍以其所莅之郡租赋自给,若不足,然后征于支郡。"其诸州送使额,悉变为上供,故江淮稍息肩。①

裴垍因货轻钱重、地方加征问题于宪宗元和初年改革两税法,诸书所记略同。②其中裴垍奏"天下留州、送使物,一切令依省估",《资治通鉴》卷二三七元和三年(808)记作"请一切用省估"。胡三省

---

① 《旧唐书》卷一四八《裴垍传》,中华书局,1975年,第3991—3992页。
② 参见《新唐书》卷一六九《裴垍传》,中华书局,1975年,第5149页;《唐会要》卷八三《租税上》元和六年条,上海古籍出版社,1991年,第1822—1823页。

于"所在又降省估就实估,以重敛于民"下注曰:"省估,都省所立价也。"①都省即尚书省,严格说应是掌支度国用的尚书度支;所以省估应是唐国家通过尚书度支制定的征税中物价统一标准,它不同于一般的民间市易时估或实估是肯定的。

国家或地方官府由于某种需要订立不同于市估的官估在唐前期已有之。《资治通鉴》卷一九五贞观十四年(640)十月条记尚书左丞韦悰勾司农木橦价贵于民间,奏其隐没。但大理卿孙伏伽以为司农无罪,理由是"只为官橦贵,所以私橦贱;向使官橦贱,私橦无由贱矣"。同书卷一九九永徽元年(650)十一月条记中书令褚遂良以官估抑买中书译语人史诃担宅地。韦思谦奏曰:"估价之设,备国家所须,臣下交易,岂得准估为定!"同书卷二一五天宝五载(746)复记王忠嗣在朔方河东任节度使,"每互市,高估马价,诸胡闻之,争卖马于唐"。②以上数例都说明官私交易中,确有官估存在。但官估只是官府"临时特定之超然价格也"③,除和籴外未见明确于征税,更未见有"省估"之称。

因此真正的省估应出现于唐后期,由于唐人言及贞元、元和税价,常与后来称为虚估的大历税价进行比较,而某些史料在提及省估时也有以虚估代之者;所以一般的看法是所谓省估即是虚估而等同大历税价。笔者过去也采同样的看法。从上述引文称两税制定后货轻钱

---

① 《资治通鉴》卷二三七,第7655页。
② 分见《资治通鉴》卷一九五、卷一九九、卷二一五,第6158、6273、6871页;褚遂良事并参《唐会要》卷六一《弹劾》,第1257页。
③ 语出刘淑珍:《中晚唐之估法》,载《史学集刊》第6期,1949年,第60页。

重、"所在又降省估以就实估"来看,认为这个"省估"是高于市易时价(实估)的虚估显然是不错的。而且,如果仅就大历制度而言,则"省估"和虚估也几乎可以说是一回事。

笔者在前文中已经说明,唐代的虚估最早出现是因为乾元初第五琦的铸大钱。安史之乱后唐中央政府经费不给,第五琦为解决财政困难铸钱一当十、一当五十;结果大钱的行用造成市肆交易的混乱,引起通货膨胀。"物价腾踊","人间抬加价钱为虚钱"。[①]这本是民间针对政府政策采取的因应行为,但"由是钱有虚实之名"[②],民间交易中也出现了两种钱值:依照原来币值以一当一者,是为实钱;按政府规定以一当十、一当三十五十者,则为虚钱。而以虚、实钱估绢帛等物,则物价便会有虚、实估之分。代宗即位后改革混乱的币制,大钱被取消,但由于彼时绢帛等物资的紧缺,高抬的物价并未能回归原位。刘晏为了促进商品流通,达到贵极反贱的目的,因势利导,甚至在盐专卖中,实行"商人纳绢以代盐利者,每缗加钱二百"的做法,导致了赋税征收中绢帛的高价位。这一高价位与建中以后税价的不断降低形成巨大反差,所以陆贽在《均节赋税恤百姓六条》中说:

(两税)定税之数,皆计缗钱;纳税之时,多配绫绢。往者纳绢一匹,当钱三千二三百文;今者纳绢一匹,当钱一千五六百文。往输其一者,今过于二矣。虽官非增赋,而私已倍输。

[①] 《新唐书》卷五四《食货志四》,第2100页。
[②] 《新唐书》卷五四《食货志四》,第1386—1387页;下引刘晏文见第1379页。

又道：

> 往者初定两税之时，百姓纳绢一匹，折钱三千二三百文。大率万钱，为绢三匹，价计稍贵，数则不多。……近者百姓纳绢一匹，折钱一千五六百文，大率万钱，为绢六匹，价既转贱，数则渐加。[1]

年代晚于陆贽，生活于元和长庆中的李翱反映其时物价下跌的情况更加严重。其《疏改税法》一文说：

> 臣以为自建中元年初定两税，至今四十年矣。当时绢一匹为钱四千，米一斗为钱二百。税户之输十千者，为绢二匹半而足矣。今税额如故，而粟帛日贱，钱益加重。绢一匹价不过八百，米一斗不过五十。税户之输十千者，为绢十有二匹然后可。[2]

陆贽所说匹绢3200文和李翱所说匹绢4000文者，应是大历中或建中初定两税前后的绢价。或以为，此价就是其时绢帛的实价。但据笔者对天宝战乱以前物价（匹绢不超过450—550文）和唐中晚期五代市易时估（匹绢一般为750—800文）的分析，是唐朝的市估始终保持着平稳或循序渐进的趋势，其一般的情况下从未超过匹绢千文。所

---

[1] 王素点校：《陆贽集》卷二二《均节赋税恤百姓六条》其一、其二，中华书局，2006年，第725、738页。
[2] 《李文公集》卷九《疏改税法》，商务印书馆《四部丛刊》本；《全唐文》卷六三四，中华书局，1983年，第6403页。

以3200文也好，4000文也好，显然都不是正常的物价。它们既用于征税，则显然是政府规定的税价标准，是大历"省估"。而陆贽、李翱之所以将它与贞元、元和税价进行比较，正说明刘晏的高物价政策的反面是低征敛，低征敛应当是他实行爱民养民政策的一部分，它和陆贽、李翱所指斥的低税价、高征敛形成鲜明对比。

不过陆、李有一点并未理解。即高物价政策的另一结果是必然刺激物价回归。大历物价从根本上说是虚估性质，但由于政府真正用于征税，故对市价有指导意义，使得虚估不"虚"。建中两税法实行后，一方面中央规定上供、送使、留州定额三分，赋税征收钱额有定，但权归地方，由于种种原因，中央无法坚持高物价政策；另一方面，按照商品价值规律，提升绢帛价格促进绢帛流通，到一定程度，其价亦会自然下跌。所以，市易时估（实估）不断回落，大历物价真正成为有名无实的虚估。关于这一观点，请参见笔者前揭论文，在此即不赘述了。

大历物价既是虚估性质而来源于政府行用大钱、虚钱的货币政策，并被正式用于国家统一的税价标准，则虚估与"省估"本来不可分。史料似乎也证明了这一点。《新唐书》卷五四《食货志四》称贞元末盐使李锜"盛贡献以固宠"，以盐利充私废公曰：

> 榷盐法大坏，多为虚估，率千钱不满百三十而已。兵部侍郎李巽为使，以盐利皆归度支，物无虚估，天下榷盐税茶，其赢六百六十五万缗。[①]

---

① 《新唐书》卷五四《食货志四》，第1379页。

又《册府元龟》卷四九三《邦计部·山泽一》记曰：

> （元和）四年二月诸道盐铁转运使李巽奏：江淮、河南、河（峡）内、兖郓、岭南诸监院，元和三年粜盐，都收价钱七百二十七万八千一百六十贯，比量未改法已前旧盐利，总约时价四倍加抬，计成虚钱一千七百八十一万五千八百七贯。①

李锜时代的"榷盐法大坏，多为虚估"和李巽所说"比量未改法已前旧盐利，总约时价四倍加抬"显然都是虚估。说明元和盐法改革以前，不仅两税，即盐利上报也是全以虚估为计。尽管李锜时虚实之比似乎已无界限，但据李巽所奏，虚估比实估"四倍加抬"应是规范的比例，而如按元和匹绢实估800文计算，则"四倍加抬"的匹绢3200文应是大历物价。这说明，元和改革以前，至少中央赋税计价折算标准仍按大历物价。

另外，前揭裴垍改革时说"所在降省估以就实估"的现象，显然不是仅就元和而论，而是至少在两税法实行不久即发生了。那么能否认为"省估"就是完全的大历物价或后来所谓虚估呢？这里显然不无可疑。

首先，如认为省估即指政府征税标准的大历物价，则据陆贽所说，此标准在贞元中已有变。3200文的匹绢之价竟公然变为1600文，

---

① 《册府元龟》卷四九三《邦计部·山泽一》，中华书局，1960年，第5898—5899页。按：据《旧唐书》卷四九《食货志（下）》（第2119页）、《唐会要》卷八七《转运盐铁总叙》（第1887页），"河内"当作"峡内"。

不能不说政府已对税价作了调整，既然如此，怎么能认为省估就一定是指大历价格呢？

更令人疑惑的是如果按照留州送使物"一切令依省估"的规定，是原来降虚就实的地方官府两税收入将会减少3/4，中央的收入损失即无此之多，也会相应缩减。这样地方如何能够答应，中央又如何维持财政支出？况且，诸史料在谈到裴垍两税法改革的意义时，不约而同地用了"由是江、淮之民稍苏息"，"故疲民稍息肩"这样的评论①，试想如果百姓是卸去了3/4的赋税负担，又如何能说是"稍息肩"呢？

由此可见，元和两税改革所说的省估至少并不能认为是完全的大历物价或虚估。

二 元和省估与省中估

那么，究竟什么是元和史料中所谓的省估呢？由于两税法改革所针对的主要是地方降虚就实的违法征税行为，所以弄清这一问题，关键在于如何理解改革要求的"天下留州、送使物，一切令依省估"。

何谓"一切"者？此句依字面含义，可理解为凡留州送使的"物"者，均与送中央的"物"相同，需按照省估计折，这在史料中也得到体现。《册府元龟》卷四八八《邦计部·赋税二》元和四年二月度支奏下有：

---

① 见《资治通鉴》卷二三七，第7655页；《唐会要》卷八三《租税上》，第1823页。

敕:"所纳匹段,并依中估,明知加价纳物,务在利及疲人。若更征剥实钱,即是重伤百姓。自今已后,送省及留使匹段,不得剥征折估钱。"①

这里所说的匹段"并依中估"又称省中估,也即省估。《唐会要》卷八三《租税上》:

(元和)五年正月,度支奏:"诸州府见钱,准敕宜于管内州据都征钱数,逐贯均配,其先不征见钱州郡,不在分配限。都配定一州见钱数,任刺史看百姓稳便处置,其敕文不加减者,即准州府所申为定额。如于敕额见钱外,辄擅配一钱,及纳物不依送省中估,刺史、县令、录事参军,请与节级科贬。"②

"纳物不依送省中估",刺史县令等官便要受到处罚,说明绢帛确须按照省估折纳。但是,为什么纳物折估称"省中估"而不直云"省估",并且什么是省中估呢?这一点,留待下面再作解答。

两税除了纳物,还有纳现钱的问题。贞元、元和以来,钱重货轻,钱值高物值低,所以市场中流通的货币本身即是实钱,若用以估物,则也须以时估(实估)衡量(详下)。由此地方官剥敛百姓的一个办法,就是在征收中提高见(现)钱的比例。中央既已规定物价须

---

① 《册府元龟》卷四八八《邦计部·赋税二》,第5834页。
② 《唐会要》卷八三《租税上》,第1822页。

按省中估，那么现钱怎样办呢？同上条史料指出敕旨要求"于管内州据都征钱数，逐贯均配"，也即在"都征"钱数中，统一按一定的比例分配。这一点，在《册府元龟》卷四八八前揭条，关于两税法改革的具体方案中也有反映：

> 宪宗元和四年二月，度支奏："诸州府应上供受（两？）税匹段及留使留州钱物等，每年匹段估价稍贵，其留使留州钱即闻多是征纳见钱，及贱价折纳匹段，既非齐一，有损疲人。伏望起元和四年已后，据州县官正料钱数内一半，任依京官例征纳见钱支给。仍先以郭下两税户合给见钱充，如不足，即于当州两税内据贯均配支给。其余留使〔留〕州杂给用钱，即请各委州府并依送省轻货中估折纳匹段充。如本户税钱较少，不成端匹者，并任折纳丝绵〔充？〕。如旧例征纳杂物斛斗支用者，即任准旧例处分。其折纳匹段定中估，仍委州县精加拣择，如有滥恶，所由官并请准今年正月十五日旨条处分。……伏以诸道两税，征敛不常，闾井之间，颇闻困弊，臣今类会如前。敕〔旨〕：所纳匹段，并依中估，明知加价纳物，务在利及渡人。若更征剥实钱，即是重伤百姓。自今已后，送省及留使匹段，不得剥征折估钱。但委刺史县令分明告谕，令加意织造，不得滥恶，故违节级科贬。其供军酱菜等价直（值），合以留州使钱充者，亦令见钱匹段场（均）纳。仍具每州每使合纳见钱数，及州县官俸料内一半见钱数，同分析闻奏，仍便纳入今年旨条。"

下编／盐价、物价与盐法

《唐会要》卷八三《租税上》记上述度支奏敕文字略同，唯时间误记作同年十二月。①结合两处记载，知度支奏及敕文改革条例，实关两税上供及留使留州钱物征收支配的具体原则，其中尤以地方留使留州钱为主要对象。由于两税是定额三分，且以支定收，所以如规定了支出的具体内容方式，也就等于限制了征收。这正是条例中逐渐分别钱物支用比例的原因。从涉及的地方支用看，除州县官正料钱规定"数内一半"支给现钱，和供军酱菜价值是"见钱匹段兼纳"外，其余留使留州杂给用钱都是"并依送省轻货中估折纳匹段充"，甚至部分还可折纳丝绵甚至按"旧例征收杂物斛斗"。并且敕旨还要求将州、使"合纳见钱数"及州县官俸料内之"一半见钱数""同分析闻奏"，由此可见现钱的征收比例是规定了的。

　　但是现钱的比例总体是多少？值得注意的是《册府元龟》所说"据州县官正料钱数内一半，任依京官例征纳见钱支给"的"京官例"者，在《唐会要》却记作"省估例"。《唐会要》此段虽有省文，但相信这个"省估例"者并非误记。而是其时记事者知道"省估例"即等同"京官"俸料例。这样来理解，则全句话即可释为：给州县官的正料钱，应按照给京官俸的比例，也即省估的规定，支给一半现钱。

　　省估的一半给现钱，但现钱实际支给时，并不仅包括货币在内。《册府元龟》卷四八八记元和六年二月制称：

---

① 《唐会要》卷八三《租税上》，第1821—1822页。

近日所征布帛，并先定物样，一例作中估受纳，精粗不等，退换者多，转将货卖，皆致损折。其诸道留使、留州钱数内绵帛等，但有用处，随其高下，约中估物价优饶与纳，则私无弃物，官靡遗财。其所纳见钱，仍与五分之中，量征二分，余三分兼纳实估匹段。①

这条史料规定，在纳现钱的"五分之中"，货币只占二分，匹段却占三分。货币和实估匹段既可按比例同征，说明两者性质是相同的。也即现钱＝实估匹段＝实钱。

现钱可按实估纳物或以实钱计折，也见于其他史料记载。《旧唐书》卷四八《食货志上》记元和十五年继续因钱重货轻，农民贱卖匹帛问题改法。其年八月中书门下奏，请求依照度支使杨於陵等人所议，将"天下两税榷盐酒利等，悉以布帛丝绵，任土所产物充税，并不征见钱"，也即使诸州府上供送使留州的"应征两税"：

起元和十六年已后，并改配端匹斤两之物为税额，如大历已前租庸调课，不计钱，令其折纳。使人知定制，供办有常。仍约元和十五年征纳布帛等估价。其旧纳虚估物，与依虚估物回计，如旧纳实估物并见钱，即于端匹斤两上量加估价回计。②

---

① 《册府元龟》卷四八八《邦计部·赋税二》，第5835页。
② 《旧唐书》卷四八《食货志上》，第2093页。

下编 / 盐价、物价与盐法　　289

从中可以知道，"旧纳实估物并见钱"与"旧纳虚估物"在计折时，估价是明显的两种，前者只是"于端匹斤两上量加估价回计"，也即于原估之上略有优惠（奏文所谓"初虽微有加饶"者），说明本来就应是实估而不同虚估。所以省估所规定的一半纳现钱，也就是一半为实估和实钱；而另一半，相对就是虚估和虚钱。这样，我们便可以得出结论说，省估是半实半虚的估价。

省估是半实半虚的估价，落实在两税的征收中，便是要有占一半钱额的实物须按虚估征收，也即按李巽所说实估之上"四倍加抬"的大历税价来计算。这一点或可仍用李翱《疏改税法》以证明。他在前揭论建中初绢一匹为钱四千，"税户之输十千者，为绢二匹半而足矣"；和当时绢一匹不过八百，"税户之输十千者，为绢十有二匹然后可"下继曰：

假令官杂虚估以受之，尚犹为绢八匹，乃仅可满十千之数，是为比建中之初，为税加三倍矣。①

李翱所说"官杂虚估以受之"得纳绢八匹，合每匹1250文，李锦绣也曾提出征收中实估之上有所加饶。但是我们若换一种方式，以半实半虚法，并按李翱所说虚估匹绢4000文计算：10000文＝5000文（实钱）＋5000文虚钱＝（5000文÷800文）匹＋（5000文÷4000文）匹

---

① 《李文公集》卷九《疏改税法》，商务印书馆《四部丛刊》本；《全唐文》卷六三四，第6403页。

=7.5匹（绢）；而若一半以元和虚估"四倍加抬"计，则10000文=（5000文÷800文）匹+（5000文÷3200文）匹+7.81匹（绢）。是实纳7.5—7.81匹，接近8匹之数，实以省估折纳而非临时加饶。按据李文公所说当时据建中元年初定两税"已四十年矣"，则上疏应在元和末、长庆初，正是朝廷议论钱货轻重欲完全以实物代钱而纳之时。以文公之意"杂虚估而受之"的省估仍是当时朝廷在征税中可以依据的标准和最大让步。

半实半虚的省估作为计价或计额标准并非仅落实于两税中。我们已注意史料关于李巽改革盐法曾说到"以盐利皆归度支，物无虚估"[①]；但是与他所报盐利对照却颇有疑问。因为据前述《册府元龟·邦计部》所载李巽奏元和三年榷盐"都收价钱七百二十七万八千一百六十贯，比量未改法已前旧盐利"，"计成虚钱一千七百八十一万五千八百七贯"的两个数字相比较，并不是他宣称的"总约时价四倍加抬"，而是只有1∶2.5左右。由于后者明谓是虚钱，所以只能认为李巽所报"都收价钱"者并不都是实钱实估，而是包括虚钱虚估在内。同样在李巽之后的盐铁使李鄘、王播等所报强调是"实估""实数"的盐利与虚估相比也不是"四倍加抬"而是与上述比例相近。[②]这说明它们所报的"实估"或"实数"内也有虚估成分。根据这一情况我们可用下述公

---

① 《新唐书》卷五四《食货志四》，第1379页。
② 见《册府元龟》卷四九三《邦计部·山泽一》，第5898—5899页；其中元和六年、七年、八年盐铁使奏盐利省估与虚估比均近似1∶2.5。

下编／盐价、物价与盐法

式对李巽元和三年的盐利收入作分析[1]：

虚钱（虚估折纳部分）＋实钱（现钱与实估折纳物）＝728（四舍五入单位万贯）

虚钱（虚估折纳部分）＋实钱虚估（4倍实钱）＝1782（四舍五入单位万贯）

便得知当年实钱数约为351万贯，折合虚钱1404万贯，在1782万贯总收入中占4／5；虚钱377万贯在全部收入中仅占1／5。虚实相比实钱征收量虽占绝对优势，但在"都收"额中却仅占有1／2略弱的比例。这样我们即得知在盐钱征收中其税额也是虚、实钱各占一半。而这虚实各为一半、半虚半实的估价正是前所说之省估。可见盐税、两税征收原则一致即都以省估折纳及计额。

如果以上解释不错，那么可以说两税（实则也包括盐钱）在征收前，其钱额首先是通过物化来统一（实钱、见钱等同实估物，虚钱等同虚估物），并按虚实各半的比例进行均分。这样便在一定程度上消除钱物征收中价值不等的矛盾，使之无论征钱征物，在钱额及实值上均有一定之规，避免地方官随意增加见钱及实估比例，给百姓以定量的优惠。其原则并适用于一切上供、送使、留州的钱物征配，这便是两税法改革所说"天下留州、送使物，一切令依省估"的中心和原意。

---

[1] 此公式略同李锦绣：《唐后期的虚钱、实钱问题》，载《北京大学学报》1989年第2期，第19页。但李锦绣分析两钱数分别由现钱、时估物和现钱、虚估物组成，与本文不同。

接下来的问题是,所说省估还牵涉到绢帛匹段的"省中估",省中估具体在征收支配中是如何衡量呢?关于这一点,或者可以从官吏俸料钱支给得到解决。

《册府元龟》卷五〇七《邦计部·俸禄三》:

(大和三年)七月诏:"沧、德二州州县官吏等,刺史每月料钱八十贯,录事参军三十五贯,判司各置二人,各二十五贯,县令三十贯,尉二十贯。其俸禄且以度支物充,仍半支省估匹段,半与实钱。"①

这里说的"半支省估匹段,半与实钱",笔者怀疑仍是元和所定给官吏俸料之法。当然此法对京官也是适用的。其中"半与实钱",恐怕就是元和四年户部奏所说"一半支给见钱",当然这个现钱或实钱也可以实估匹段替代。关键在于省估匹段是以怎样的比例发放。

《唐会要》卷九一《内外官料钱上》:

(元和)十二年四月敕:"京百官俸料,从五月以后,并宜给见钱。其数内一半充(先)给元估匹段者,即据实估实数回给见钱。"②

---

① 《册府元龟》卷五〇七《邦计部·俸禄三》,第6089页。
② 《唐会要》卷九一《内外官料钱上》,第1974页。

下编 / 盐价、物价与盐法   293

元和十二年敕规定给官吏"元估匹段"的部分支给现钱。敕中所说"元估匹段"者应理解为原额估算匹段之意。王永兴先生曾指出它是"征税时之虚估",无疑十分正确。但怎样"据实估实数回给见钱"呢?

《册府元龟》卷五〇八《邦计部·俸禄四》曰:

> (会昌)六年二月诏:"以诸道铸钱已有次第,须令旧钱流布,给价稍增。文武百僚俸料,起三月一日并给见钱,其一半先给虚(估)匹段,对估时价支给。"
>
> 三月,户部奏百官俸料,一半匹段给见钱则例。敕旨:"其一半先给元估匹段者,宜令户部准元和十二年四月十三日敕例,每贯给见钱四百文,使起四月以后支给。"①

武宗时灭佛销铜铸钱,可能使官吏俸料的见钱支给有了增加。会昌六年二月诏尚是给钱之原则精神,诏中所定"对估时价支给"的"虚估匹段"应即是三月户部奏文所说"元估匹段"者。如何"对估时价支给"诏中未言,但户部奏却补充说明要依元和十二年四月的敕例办,"每贯给见钱四百文"。这个每贯四百文毫无疑问也就是《唐会要》所称"据实估实数回给见钱"。这样来理解,每贯千文给实钱四百文,即可记作1000∶400。

按照这一比例,则如将千文乘倍,即2000文钱的"元估匹段"可

---

① 《册府元龟》卷五〇八《邦计部·俸禄四》,第6094页。

折实钱800文，计作2000∶800。800文实钱乃匹绢之实价。这样，便得知匹绢的"元估"是2000文。这一计折当然不同于大历虚估的匹绢3200文或4000文。那么这2000文怎样得来？

实际上，我们可以将此2000文用以下公式进行拆分：

$$2000文（虚钱）=1600文（虚钱）+400文（虚钱）$$
$$=\frac{1600}{4}文（实钱）+400文（虚钱）$$
$$=400文（实钱）+400文（虚钱）$$

也即此元估绢额一匹2000文可认为是由400文实钱（估）和400文虚钱（估）组成。

元估绢一匹2000文可看作由400文实钱（估）及400文虚钱（估）组成，其如完全按实估折钱便只得500文。但户部支官吏的俸料钱规定给见钱也即实钱800文而不是500文。这是为什么呢？以往论者或提出此中也是对官吏的"加饶"。但根据其中半实半虚的比例，我们仍可以推断它是用了省估的计折办法，其落实到绢帛正是省中估。也就是说，省估如规定百姓纳一匹绢者，百姓只纳500文实钱或400文实钱加400文虚钱就可以了。其中的400文虚钱在账中已当100文实钱，而如完全折为虚估，"四倍加抬"便是2000文。反过来，虚估2000文的匹段，按省中估支给官吏，是使其中虚钱400文成为实支，本应实得500文却实得800文。纳税者一半减征，支付者一半优给，征、支两者是统一的。而按省估计折的800文，如与虚钱2000文相比，也是1∶2.5而非1∶4。这与李巽所报盐利省估与虚估是完全一致的。由此我们也可以得出结论说，作为大历税价的虚估是元和省估的2.5倍、实估的4

倍。绢帛的省中估即是匹估2000文的虚估，它在折算的比例上与省估是相同的。

这里还有一个疑问。或有人会注意到，两税法改革规定"一切令依省估"，且如李巽盐利也以省估计额。但官吏俸料支给却似乎有问题。因称为"元估"或原额估匹段者，实即完全虚估，只是操作中转为省中估支给而已。这种计额法是否与两税规定及李巽计法不同呢？

请读者切莫忘记，按照元和改革原则的"一切令依省估"是一半支现钱（实钱）、一半为虚估。官吏俸料钱额的一半实钱、一半虚钱也是依此而定。一半虚钱应按虚估计折却不按，而是改依省中估计折，这是中央政府给官吏的特别优待。事实上在政府的各项支出中，钱物的虚实比例并不像规定的那样一致。如元稹元和中任监察御史，曾弹奏度支使李元素误命河南府科配百姓牛车运镇州行营粮草，其中谈到当时付运价全以"盐利虚估匹段"折偿事。[①]所以官吏俸料钱实估比例在所有支出中显然是最高的。

弄清了以上问题，我们也就了解了省估或省中估的内涵及意义。元和省估从根本上仍是虚估而与市易实估或时估有相当距离，但在物价计折上已一定程度地接近实估，它的原则落实到绢帛匹段上便是"省中估"。省中估者，不能理解为一般意义上"上中下"三等时估的中估，而是元和中"一例作中估受纳"的中估。从上述分析看，它已是一个基本固定的比例和数值。所以，虽然绢帛质地有粗细，中央

---

① 冀勤点校：《元稹集》卷三八《为河南府百姓诉车状》，中华书局，1982年，第433页。

政府却规定"其诸道留使、留州钱数内绵帛等,但有用处"也要"随其高下,约中估物优饶与纳"。这说明中估仍是一个最核心的衡量标准。而中估之所以为标准,正由它上不及大历建中税价的匹绢3200文或4000文,下不及贞元元和实估匹绢的800文。和两者相比,它的确是一个折中的物价。

现在,我们再来研究裴垍所奏两税法改革"天下留州、送使物,一切令依省估"和"疲民稍息肩","江淮之民稍苏息"的关系,便不难得出正解。原来,所谓"一切令依省估"并不是要物价恢复到大历水平。根据对李巽盐利的计算,我们得知按大历物价征收的"虚估物"仅仅在钱额中占一半比例。至于两税,则如果是在"逐贯均配"的"敕额见钱"之外,再规定以省中估而不是虚估折纳,那么优惠的比例就少得更加可怜了。这样,所谓"稍苏息"者也就完全可以明了了。

三 "半实半虚"的省估实行时间及其意义

元和省估和省中估等同,其一半规定以现钱和实估物衡量,因此元和省估和省中估是一半纳实钱的虚估。根据以上的论述,我们知道这样的省估和省中估虽然在裴垍有关两税法的奏疏中首次出现,但它实际上在元和初李巽改革盐法之际就已经得到贯彻和落实,在时间上要早于两税法改革。在以往的文章中我们曾经指出,李巽与裴垍的改革是元和赋税改革不可或缺的两个方面。正是由于李巽与在他之前的盐铁使杜佑降低盐价，使"榷盐法大坏，多为虚估"的状况得到根本扭转和改善，才使裴垍两税法改革能够进行。现在看来，李巽实行以省估征税之政策尤为两税物价改革之基础。因唯有中央内部物价调整税制改革成功，才能谈到对地方财政之改良。

但是，李巽是不是就是"省估"及"省中估"政策的创造者呢？从前揭《旧唐书·裴垍传》所说，"其留州送使，所在长吏又降省估使就实估"看，省估的出现，时间应当还是要早得多。而谈到这一点，似乎仍不能不联系大历物价。从省估和省中估的一半是以"时估四倍加抬"的虚估也即陆贽、李翱所说匹绢3200文、4000文接近的情况，说明元和省估本身即与大历税价保持着相应的关系。不过这一点似乎也与某些史料记载有矛盾。

《唐会要·两税使》元和四年六月敕曰：

> 两税法总悉（《唐大诏令集》作"悉总"）诸税，初极是便民。但缘约法之初，不定物估，粟帛转贱，赋税每加。民力不堪，国用斯切，须务通济，令其便安。①

明明陆贽、李翱所说绢价即大历税价，并被后来作为计价标准的"虚估"保留在账中，为什么敕中却说"约法之初，不定物估"呢？窃以为原因有两点：

---

① 《唐会要》卷八四《两税使》，第1835页；《唐大诏令集》卷一一一《制置诸道两税使敕》，商务印书馆，1959年，第579页。

第一，两税法初行之际，政府的高物价政策尚能对市价起引导支配作用，故物价实估与税价相差不甚远。但政府未料到物价迅速回落，不得不放任地方以实估征税。

第二，大历建中之际盐钱、户税虽以钱为计，但现钱、实物的征税比例不甚严格，或因高物价政策削减了现钱的征收，一时缓解了现钱的短缺。而两税法实行后在放弃高物价政策的同时，地方也相应追求现钱。这就在事实上更提高了物价，此也所谓"不定物估"的更重要原因。

要说明以上之第二点，或许还有必要细研前揭《新唐书·食货志四》所载以下史料：

> 刘晏盐法既成，商人纳绢以代盐利者，每缗加钱二百，以备将士春服。①

解释这句话并不甚容易。李锦绣认为"每缗加钱二百"应是指商人纳绢以代盐利时一千二百文匹段相当于一千文盐利，实际有降低当时钱轻物重局面下绢价居高不下的作用。此也即纳多计少，人为地使钱重货轻。但笔者认为这样理解有一些问题。首先从原话的含义是促使商人纳绢"以备将士春服"，如有意降抑价格那商人如何还愿"以绢代利"，"春服"又如何解决？其次大历钱轻物重并非是由于货币过多而不值钱。实际上自乾元实行盐法以来货币短缺已是事实，否则何能

---

① 《新唐书》卷五四《食货志四》，第1379页。

有第五琦铸大钱之举。所以当时至少是钱重物重。刘晏只有一方面采取高物价促进流通以获得绢帛，另一方面也缓解钱少所带来的压力。换言之钱轻物重虽是他追求的长远目标，却不是其做法的直接用意，何况降低匹段折纳价格也不符合他低征敛的爱民政策。由此笔者以为绢帛"每缗加钱二百"应是纳少计多之意，也即给商人纳绢以优惠。

与此相应的是，陆贽与李翱关于大历绢价正有两种说法。陆贽所说匹绢3200—3300文，李翱却说是4000文。为什么两者竟相差800文呢？过去我曾认为是所说时间不同（大历中及建中初定两税）。但如以"每缗加钱二百"解释也许更有道理。即按此例商人每纳800文绢便计作1000文，则3200文绢可计为4000文。或者商人每纳1000文绢便计作1200文，这样如纳3200文绢也可虚计为近4000文。总之每匹4000文只是榷盐法中给商人的优惠，不是普遍的官定税价，所以陆、李才会有大历及建中初绢价的两种说法。

但如按以上计算仍有待解之处。即《新唐书》史料只记"商人纳绢以代盐利"，并没有严格指出是代盐钱中的哪一部分利。上面已说到匹绢3200文价已甚高，已非正常物价而有虚估性质。那么为何还要增加呢？而且当时即有此两种价格，说明有以两种价格支付的情况。从这一点考虑当时盐钱或已有征钱、征物的比例分配，而4000文之匹绢折估者也只能是其中的一部分而未必是所有的盐价钱。不过无论如何，既给以这样的优惠，则达到的效果是纳钱不如纳绢。这样在纳现钱和实物问题上，矛盾便不似后来那样突出了。

现钱和实估比例如果不是在大历时严格确立那么又是制定在何时呢？从前述《旧唐书》等史料得知降虚就实的问题是在两税法实

行不久即发生，推测应与建中战争中陈少游奏加民赋，两税额"每千增二百"①，及加抬盐价，"自此江淮盐每斗亦增二百，为钱三百一十，其后复增六十，河中两池盐每斗为钱三百七十"有关②。此后，唐政府对物价的管理失控。《新唐书·食货志》记包佶为盐铁使，"许以漆器、玳瑁、绫绮代盐价，虽不可用者亦高估而售之，广虚数以罔上"，应就在他任使的建中元至三年（780—782）前后。

《资治通鉴》卷二三四贞元八年（792）记陆贽上言，"以边储不赡，由措置失当，蓄敛乖宜"，提出当时不仅由"豪家、贪吏，反操利权"，且"又有势要近亲、羁遊之士，委贱籴于军城，取高价于京邑，又多支缯纻充直"，致使"度支物估转高，军城谷价转贵。度支以苟售滞货为功利，军城以所得加价为羡余。虽设巡院，转成囊橐。至有空伸簿帐，伪指囷仓，计其数则亿万有余，考其实则百十不足"。③前揭陆贽作《均节赋税恤百姓六条》，《通鉴》记在贞元十年。当时两税中绢帛折价为1600文，说明已为大历绢税价一半，降虚就实、或申报中以虚代实的问题显而易见非常严重。

但降虚就实虽然愈演愈烈，却不等于政府对此丝毫也不想加以限制。《册府元龟》卷四九三《邦计部·山泽一》记曰：

兴元元年十月丁巳〔诏〕，诸道榷盐，宜令中书门下及度支

---

① 《册府元龟》卷四八八《邦计部·赋税二》建中三年五月条，第5833页。
② 《新唐书》卷五四《食货志四》，第1378页；下引文见第1379页。
③ 《资治通鉴》卷二三四，第7534—7535页；并参《陆贽集》卷一八《请减京东水运收脚价于缘边州镇储蓄军粮事宜状》，第589—590页。

裁减估价，兼条疏利害奏闻。①

兴元元年（784）十月是建中朝廷与藩镇战争结束不久，诏书即欲对当时高抬的盐价加以整顿。查此诏可能与陆贽所上《议减盐价诏》是一回事。其文略曰：

自顷寇难荐兴，已三十载。服干橹者，农耕尽废；居里间者，杼轴其空。……乃专煮海之利，以为赡国之术，度其所入，岁倍田租。近者军费日增，榷价日重，至有以谷一斗，易盐一升，本末相逾，科条益峻。念彼贫匮，何能自滋……应江、淮并峡内榷盐，宜令中书门下及度支商议，裁减估价，兼厘革利害，速具条件闻奏。削去苛刻，止塞奸讹，务于利人，必称朕意。②

自天宝乱至兴元，正陆贽所说"已三十载"，故诏书之时间可勿疑。但如何"裁减估价，兼厘革利害"，并未见有下文。榷盐价在永贞、元和初杜佑、李巽改革以前始终居高不下，那么是不是兴元元年实际无所动作？此固有可能。不过据陆贽所说"以谷一斗（《唐大诏令集》作"谷数斗"），易盐一升"，是按时价而言，因时谷一斗约37

---

① 《册府元龟》卷四九三《邦计部·山泽一》，第5898页。
② 《陆贽集》卷四《议减盐价诏》，第119—120页。

文,正为盐一升之价。①但这显而易见是针对百姓个人买盐而言。唐后期之盐一贯行商运商销,试想如政府对商人无半点优惠,每斗370文之价也完全以市价的实钱实估为计,则商人又如何能一文不赚地卖与百姓?我以为在此之际,则物价必有以改革。《新唐书·食货志四》在论述建中盐价增高时说:"江淮豪贾射利,或时倍之,官收不能过半。"盐价高了豪贾为什么反能获"时倍"之利而"官收不能过半"?我颇疑这时盐铁官吏本来就在以部分虚估售盐。而兴元元年的改革或许并不是表面的降价而是在征纳见钱实估与虚估各占一半的比例上固定下来。其虚估的一半仍为大历物价,这便是后来所谓"省估"。

　　以上仅仅是推测。但贞元以后,"省估"的比例大约就在中央的赋税出纳中贯彻下去,可以作为证明的或者是贞元四年李泌的增加百官俸。李锦绣曾比较大历、贞元和会昌官俸,举例指出门下侍郎大历俸百贯,贞元俸和会昌俸分别为136千文(1千文=1贯)和140贯;尚书大历俸60贯,贞元俸和会昌俸均为100贯。贞元、会昌官俸为何与大历俸相悬若此?李锦绣用半实半虚的估法计之,认为会昌俸实与大历俸相去不远,贞元俸与大历俸十分接近。②

　　我们若也以半实半虚的省估计之,则门下侍郎136贯=68贯(实估)+ $\frac{68贯(虚估)}{4}$ =85贯(实估),尚书100贯为:50贯(实估)+ $\frac{50贯(虚估)}{4}$ =62.5贯(实估)。若用元和以后优惠官吏的半以实估,

---

① 《陆贽集》卷一八《请减京东水运收脚价于缘边州镇储蓄军粮事宜状》,第594页;并参《唐大诏令集》卷一一二《减盐铁(铁饦)价敕》,第584页。
② 李锦绣:《唐后期的虚钱、实钱问题》,第20页。

半以省（中）估计，则门下侍郎136贯为：68贯（实估）+ $\frac{68贯（省估）}{2.5}$ =95.5贯，尚书100贯为：50贯（实估）+ $\frac{50贯（省估）}{2.5}$ =70贯。均相对与大历俸额接近。

这种接近说明贞元官俸很可能已采取半实半虚的省估计折之法。当然这种半实半虚之法在两税征纳中最多只能落实到送省的部分，地方留使留州的部分是根本谈不到执行的。这也是两税法改革何以一再强调留使留州的部分要依省估和省中估的原因。至于盐钱，事实上真正贯彻的可能性也不大。盐铁官吏为了能够推销官盐，可能会将虚估比例付诸实行，但在上报盐利之际，却又不按政府的规定而是全用虚估，以获"羡余"的增加，于是便成了贞元末盐利虚估"率千钱不满百三十而已"的结果。

因此正是针对以上情况，李巽、裴垍相继在盐税、两税中落实物价的省估政策。他们不是省估的创造和始行者，更不能使物价完全恢复大历，但能够使"半实半虚"的估价得到较为实际的贯彻。特别是通过现钱和实估物比例的严格限制，及"纳物均依省中估"的提出，使纳物与钱额的计算基本统一，这样，便在一定程度上限制了官吏征税的降虚就实和报税的增实就虚，减少了地方的违法征科，增强了中央对两税的宏观控制，并提高了政府自身的收入。前述《裴垍传》等谓两税法改革使"江淮之民稍息肩"，《新唐书·李巽传》谓李巽末年盐利虚估"三倍于晏时矣"，显然都是达到了预期的目的。因此物价的改革应认为是元和财政改革的中心举措之一。在宪宗元和削藩宗旨及加强中央集权的总体努力下，这项改革政策无疑是比较成功的。

四 省估与加饶的关系及对唐后期税价变化的一点看法

本文经过考证认为，元和省估是唐政府规定一半纳实钱（现钱和实估物）、一半纳虚钱（虚估折物）的税价标准。它落实到绢帛折价上，便是"省中估"。

纳物以省估和省中估计折是唐中央政府在元和初为调整物价所做的巨大努力。它涉及中央地方赋税收支的各个方面，在一段时间内，显然是成功和有效的。但是这种局面并没有维持很长。就史料记载而言，至少自元和八年以后已不见有盐铁使以省估申报的盐利记录。而与此同时，是借战争之需，对地方及度支、盐铁、户部等使羡余进奉的号召和宣索。这类"羡余"在战后愈演愈烈，以至成为正入中相当主要的部分。这说明元和战争虽一时取胜，却再度破坏了赋税监督制度，而与之密切相关的物价政策必定难以为继。前揭元和十五年度支使杨於陵及中书门下奏，要求将两税钱额完全以实物计折，便知当时因钱重货轻，地方官征收中增加现钱比例、农民贱卖匹段的情况中央无法控制，所谓"半实半虚"的省估已很难执行下去。此外现实征税中，政府对于半虚半实的省估强调亦愈来愈少，代替省估出现的往往是作为临时规定的时估"加饶"。《唐会要·租税上》：

> （元和）十一年六月，京兆府奏："今年诸县夏税折纳绫、绢、𫄧、绸、丝、绵等，并请依本县时价，只定上中二等，每匹加饶二百文，绵每两加饶二十文，其下等物，不在纳限。"[①]

---

① 《唐会要》卷八三《租税上》，第1823页。

下编／盐价、物价与盐法

《册府元龟》卷四八八《邦计部·赋税》大和四年（830）五月条载剑南西川宣抚使谏议大夫崔戎奏略曰：

> 准诏旨"制置剑南西川两税，旧纳见钱，今令一半纳见钱，一半纳当土所在杂物，仍于时估之外，每贯加饶三、五百文，依元估充送省及留州留使支用"者。今臣与郭钊商量，当道两税，并纳见钱，军中支用及将士官吏俸依（衣）赐，并以见钱给付，今若一半折纳，则将士请受，折损较多，今请两税钱数内三分，二分纳见钱，一分纳匹段及杂物。准诏每贯加饶五百文，计优饶百姓一十三万四千二百四十三贯文。[①]

关于唐后期估价中的加饶现象，李锦绣已撰文作充分论证[②]，此处无烦赘述。但有必要加以强调和说明者是加饶和省估两者的区别。加饶又称优饶，是政府赋税征配中的一种优惠政策。省估虽然从总的精神看也是"加饶"，但它是半实半虚固定比例的估价，征支中优惠较大。加饶却不同了。从史料看它只是在实估之上略给以部分优饶，虽其中尚有虚估成分但优惠比例极少，总的看已基本接近实估。唐代赋税或和籴中的"加饶"，虽然贞元中已见，但更多的却是出现在唐晚期。从以上史料特别是第二条史料看出，实估之上给以少数"加饶"其实是等而下之的下策，是省估贯彻不下去的产物。就剑南西川两税

---

① 《册府元龟》卷四八八《邦计部·赋税二》，第5837页。
② 李锦绣：《唐代财政领域的"加饶"现象》，载《浙江社会科学》1999年第1期。

而言，省估中的一半本来已从虚估改为实估代饶，大和四年竟因顾虑"将士请受，折损较多"而进一步减少优饶比例，由此可以了解到中央政府一方面试图控制物价，另一方面又不得不屈从藩镇军心的两难心态。

省估虚实比例的难于贯彻不仅限于两税。事实上在唐后期盐税征收的问题上亦愈来愈强调实估。《从张平叔的官销之议试论唐五代盐专卖方式的变迁》①一文曾说明穆宗时张平叔建议行食盐官销的一个中心因素是官销可以使官吏"坐铺自粜"，"收实估匹段"，也即不再通过商销虚估比例给商人以优惠。又文宗时苏州刺史卢商也公然在管内试行官销。正是在这样的情况下，方有《唐会要》所记大和三年（829）四月敕，要求"安邑、解县两池榷课，以实钱一百万贯为定额"②，说明实估和实钱的征收，已开始落实到盐钱的税额上。而对于实钱实估的追求和强调，则成为五代食盐行官销俵配制的起源。因此无论两税、盐钱，晚唐中央政府规定的税价愈益接近实估乃是不争之事实。

以上，从省估问题出发论述了唐元和以后的税价。这里我们还可以将唐后期物价和中央政府税价的关系及发展趋势作一全面的总结和分析。如前所述，唐代后期物价的矛盾兴起于乾元初第五琦创行大钱之时。大钱的使用导致物价的陡增及虚估的出现。刘晏反其道行之，将高物价保留于征税之中，以匹帛代现钱从而促进流通并指导时估，

---

① 拙文已收入本书。
② 《唐会要》卷八八《盐铁使》，第1911页。

使大历税价成为唐税价之顶点，也成为唐后期政府成功控制物价的榜样和理想。

建中战争以后，唐政府对物价的管理全面失控，大历物价真正成为虚估，匹绢从3200文降至1600文再降至800文，回到了它真实的价位，而税价则逐步与市场实估脱离。政府虽欲对征税中现钱实估的征收比例有所限制，但并不能真正落实，征税时的降虚就实与申报时的弃实就虚使政府反受其害。

永贞元和初政府相继在盐税与两税法改革中对物价作了全面调整，半实（现钱和实估物）半虚的省估和省中估被规定为赋税标准。省估虽然只是一半等同大历的估价，但体现了政府在现实基础上的调整，和加强对物价监控的努力，也使之取得了赋税增收的实效。然而由于种种原因，省估的贯彻不能持久，也不足以改变钱重货轻的现实，虚估折物仍沦为政府单方面的愿望和空文。实估之上的略微"加饶"成为临时调节的手段，而税价从总体上逐渐接近完全实估。

五 小结

由以上分析，我们可以得出唐后期物价规律性的印象，即一方面是市场绢帛等实物价格不断降低，另一方面则是政府税价自虚估到省估到实估，最后与市易时价基本合一。因此大体而言，唐代物价的运行即笔者在《浅谈大历高物价与虚实估问题》所说之"价格双轨制"。在这一物价政策下，政府虽曾欲努力提高绢帛税价以指导市价或保持两者的距离,但较为成功者唯大历、元和,且就控制程度而言元和复不如大历。两次成功均借助了国家政局的稳定和中央集权之强势,并有赖理财人士的运筹之功。但在短暂成功之后,物价形势却都是向着违背朝廷意愿的方向发展,从而使政府职能的效用愈来愈微乎其微。

唐代物价和税价为什么会发生这样的变化?分析个中原因,一方面不能排除政府从裁抑藩镇,与藩镇争夺权力到逐步向藩镇屈服的政治因素,另一方面则更应从经济变化的规律入手去寻求答案。唐朝的价格双轨制反映着商品经济按市场规律发展和唐中央政府试图以国家权力调控物价指导经济的矛盾。商品经济是按照市场需要自然调节物价,钱重货轻、钱值高物值低是唐代社会现实造成的客观结果,唐政府虽欲加以控制、引导,但最终无从改变这一趋势。

不过,唐朝财政终因赋税中的钱帛折征而与市场发生联系,从(至少部分地)对之加以借助、依赖,到不得不屈从市场。所以税价不断向市易时估倾斜并最终为之左右,不能不说是商品经济中的价值规律起了决定作用。虽然,唐国家财政受商品经济影响的程度固不如宋以后社会,但唐后期税价与物价之关系仍可以多少说明唐宋社会变革之际,商品经济对国家财政已起到怎样的制约作用,这一点不以唐朝廷的意志为转移。不过专制政权始终希望通过调整物价掌控国家经济命脉和税收,导致物价长期在市易实估和政府税价之间流转波动,而朝廷的管制与商品规律自身的运行也形成一对无可摆脱、无可调解的矛盾。这,大约就是中古社会中后期国家经济的特点之一吧。

拾 试论唐代后期盐钱的定额管理

唐代后期，两税与盐铁专卖税收是中央政府维系国用的两大支柱，其中两税作为中央与地方共同支配的财赋实行定额管理已为学者所指出和确认。盐钱虽与两税不同而为中央政府所独占，但对它的管理是否也存在相应的课额呢？鉴于这一问题涉及唐后期"量出制入"财政宏观原则的实施，故笔者拟就与之相关的盐钱收入和支出两方面问题作些探讨，以期对唐后期财政的运筹有一总体性的把握和认识。

A. 收入篇

一 盐钱征收有无定额

建中元年（780），唐中央政府曾向诸道派遣黜陟使，令"与诸道观察使、刺史，计资产作两税法"。所谓"计资产作两税法"，实际就是"据旧征税数及人户土客，定等第钱数多少，为夏秋两税"。[①]陆贽批评两税法说，"每州各取大历中一年科率钱谷数最多者，便为两税定额"，"不量物力所堪，唯以旧额为准"。[②]也就是说，两税制定之际是有定额的。这个定额基本不受资产增减、人口变化的影响，它亦为唐中央政府所不断强调。唐武宗敕令："州府两税〔钱〕物斛斗，每年各有定额，征科之日，皆申省司。除上供之外，留后（使）、留州，任于额内方图（圆）给用。"[③]唐宣宗诏称：

---

① 参见《唐会要》卷七八《诸使中·黜陟使》建中元年正月制，卷八三《租税上》建中元年正月五日敕文及二月十一日起请条，上海古籍出版社，1991年，第1680、1818页。
② 王素点校：《陆贽集》卷二二《均节赋税恤百姓六条》，中华书局，2006年，第721、724页。
③ 《文苑英华》卷四二三《会昌二年四月二十三日上尊号赦文》，中华书局，1966年，第2144页。

"其诸道州府应所征两税匹段等物,并留州、留使钱物纳匹段等虚实估价及见钱,从来皆有定额。"①可见定额是地方征收两税的限约。

盐钱不同于两税。它的征榷有赖于盐价、盐铁机构本身的经营及人口、征税面积多寡等诸多因素。因此,盐钱从来不是一成不变的。比较大历、元和、大中等各个时期记载的池盐、海盐收入,可发现其上下差距是比较大的。但盐钱是否全无定额呢?

《唐会要·盐铁使》略曰:

> 温池,……大中四年三月,因收复河陇,敕令度支收管其盐,仍差灵州分巡院官勾当。至六年,敕隶威州,以新制置,未立课额。
>
> 胡落池,近在丰州界,隶河东供军使。每年采盐一十五万石,给振武、天德两军及营田、水运官健。……
>
> 长庆元年三月敕:"乌池每年榷盐收榷博米,以一十五万石为定额。"
>
> (大和)三年四月敕:"安邑、解县两池榷课,以实钱一百万贯为定额。"至大中元年正月,敕:"但取匹段精好,不必计旧额钱数。"及大中六年,度支收榷利一百二十一万五千余贯。②

以上诸条,都涉及池盐的定额问题。其中温池"以新制置,未立课额",说明盐池本应有课额。乌池的"收榷博米",是以换米数量

---

① 《全唐文》卷八〇《两税外不许更征诏》,中华书局,1983年,第840页。
② 《唐会要》卷八八《盐铁使》,第1910—1911页。

为榷盐定额的。而两池的"以实钱"为定额，虽不一定与实际收入相符，但大中之际度支所收榷利的一百二十一万五千余贯却完全是"不必计旧额钱数"的结果。另外，除上述盐池，《唐会要》史料提到的还有"近在丰州界"的胡落池。虽然只言"每年采盐一万四千余石"而未及课额，但由于是隶属河东供军使而专给振武、天德二军及营田水运官健，所以固定产量实际与课额无别，这说明唐后期的主要盐池事实上皆存在课额。

不独盐池有课额。沈亚之《杭州场壁记》提到：

> 顾杭州虽一场耳，然时南派巨流，走闽禺瓯越之宾货，而盐鱼大估所来交会，每岁官入三十六万千计。①

"每岁官入"非一岁之入，杭州场何能"每岁官入"均为"三十六万千（即三十六万贯）计"而无变化，此三十六万千，疑即杭州场收入之大略均率，也即定额耳。

《册府元龟》卷四九四《邦计部·山泽二》记文宗时卢商变盐法：

> （开成）二年三月乙酉，盐铁使奏得苏州刺史卢商状，分盐场三所隶属本州，元菓盐七万石，加至十三万石，倍收税额，直送价钱。②

---

① 《文苑英华》卷八〇七《杭州场壁记》，第4268页。
② 《册府元龟》卷四九四《邦计部·山泽二》，中华书局，1960年，第5905页。

"倍收税额"意味着原来嘉兴监的三所盐场是有粜盐数量及定额的,但收入却成倍增加。《旧唐书·卢商传》说他采取的方法是"籍见户,量所要自售,无定额",由是"苏人便之,岁课增倍"。[1]所说"无定额"者,似乎也是相对原来的销售有定额而言。可见,海盐的各个监、场在销售方面也是有定额的。

对于史料中具体所见场、监定额问题,陈衍德、杨权所著《唐代盐政》一书曾注意到,并指出它们与盐铁机构承担使司下达榷税指标的关系,认为"定额完成的好坏,直接影响院、监、场官的升迁",[2]是固然矣。但是如果池、监、场确有定额,那么就不仅仅关系到其个别的任务分配,而是涉及全国之上海盐、池监是不是也应有总的定额问题。

然而史料对此却显然并无明确记载。应当指出的是,盐利在征榷之初,的确没有像两税那样,在各地进行平衡,约定数量,限制指标。史料记载刘晏任使时期的东南盐利收入说,"晏之始至也,盐利岁才四十万缗","初年入钱六十万,季年则十倍其初。大历末,通天下之财,而计其所入,总一千二百万贯,而盐利过半"。[3]由此可见,如果从乾元初唐朝廷正式任命第五琦为盐铁使算起,到刘晏任使的大历末为止,则盐专卖事业是在不断扩大和发展,盐利收入也是在不断增加的。所以这一时期,恐怕不能说是有什么定额。

---

[1] 《旧唐书》卷一七六《卢商传》,中华书局,1975年,第4575页。
[2] 陈衍德、杨权:《唐代盐政》,三秦出版社,1990年,第108页。
[3] 参见《新唐书》卷五四《食货志四》,中华书局,1975年,第1378页;《唐会要》卷八七《转运盐铁总叙》,第1885页。

不过，到了大历末，经过刘晏的长期建设和整顿，"广牢盆以来商贾。凡所制置，皆自晏始"[①]。不但盐业生产已全面组织，盐铁机构已较为完善，而且在专卖运营的过程中，也已通过一系列开源通流的活动，建立了良性循环。所以专卖收入实际上也达到了一个前所未有的高峰。我们可以看到，刘晏以后的度支、盐铁使，在设施建设上，无有超过刘晏者，他们最多只是萧规曹随。而且由于藩镇叛乱、内外战争等多重因素，使盐运经营也遭到阻滞破坏，在很长时期内都无法恢复刘晏所达到的水平。但是，在某种程度上，刘晏大历末的盐利收入，却成为德宗以后盐铁使上报盐利的参照和标准。

《册府元龟》卷四九三记叙元和初盐铁使李巽改革盐法后的历年东南盐铁收入，并将之与元和以前盐利作比较，内有"贞元二年（786）收粜盐虚钱六百五十九万六千贯"和"永贞元年（805）收粜盐虚钱七百五十三万一百贯"两个数字。[②]所谓"虚钱"即虚估计钱，虚估计钱是完全以绢帛虚价折钱计算收入。刘晏盐利是否完全以"虚钱"也即大历绢价折钱，史料并没有明确。但自建中初包佶任使"广虚数以罔上"后，完全以虚估（即大历绢估）计折大约就已成为盐铁使上报盐利的惯例。上述两数字中的贞元二年之数虽所收完全是虚钱，但如仅从数额看与史料记载的刘晏大历末六百余万贯的收入仍相当接近。贞元二年以后至永贞元年以前的盐利收入史料无记载。但根据《新唐书·食货志》关于贞元后期盐铁使王纬、李锜等"皆徼

---

① 《唐会要》卷八七《转运盐铁总叙》，第1884页。
② 《册府元龟》卷四九三《邦计部·山泽一》，第5898—5899页。

下编 / 盐价、物价与盐法

射恩泽，以常赋入贡，名为'羡余'"和"盐铁之利，积于私室，而国用耗屈，榷盐法大坏，多为虚估，率千钱不满百三十而已"的记载①，推测他们为了掩盖矛盾和事实，至少在上报的虚数上，是不会低于刘晏时水平的。

此外《旧唐书·李巽传》有道：

> 榷筦之法，号为难重，唯大历中仆射刘晏雅得其术，赋入丰美。巽掌使一年，征课所入，类晏之多岁，明年过之，又一年加一百八十万贯。②

唐宋史家将李巽作为刘晏思想和原则的继承人，以他的成绩与刘晏作比较并不奇怪。但是，李巽改革后，据知盐利申报虽因强调"实估"和"实数"而与前之虚估有很大不同③，其前一二年"征课所入"却仍与刘晏末年数额接近，至第三年才"加一百八十万贯"，这说明刘晏大历末所达到的盐利数额仍有一定的影响与约束力。

根据《册府元龟》等史料记载，不仅李巽所报盐利"实数"与大历末收入数相近，即李巽之后的盐铁使李鄘、王播等，所报盐利"实估"亦在600—700万之间（详附表II.），比较元和有记载的历年"实估"收入升降幅度，实在不能算是很大。元稹《钱货议状》一文在

---

① 《新唐书》卷五二《食货志二》、卷五四《食货志四》，第1358、1379页。
② 《旧唐书》卷一二三《李巽传》，第3522页。
③ "实估""实数"的说法，参见《唐会要》卷八七《转运盐铁总叙》和《册府元龟》卷四九三《邦计部·山泽二》李巽、王播等关于元和中盐利的申报，并详下文。

"又国家置度支转运已来,一则管盐以易货,一则受财以轻费"下,有"彼之管盐有常也,受财有数也"的说法。①元和与大历在盐钱数额上的接近,证实了这一说法。所以度支、盐铁的"受财""管盐"有"常数",应当是这二使理财的一个基本特征。前揭陆贽在《均节赋税恤百姓六条》中曾道两税是"每州各取大历中一年科率钱谷数最多者,便为两税定额",是自天宝以后,至于大历之间,"所谓取之极甚者也。今既总收极甚之数,定为两税矣"。两税既是如此,则与之有相同背景的盐钱,如以大历最高收入为额,便不是不可能的。又两税本以钱定额,但《旧唐书·食货志》记元和十五年(820),中书门下关于两税等"悉以布帛丝绵,任土所产物充税,并不征见钱"的奏文也同时提到盐钱:

其盐利酒利,本以榷率计钱,有殊两税之名,不可除去钱额。②

可知盐钱本来亦是有"钱额"的。东南盐铁钱额即应与刘晏大历末收入数额接近,而李巽等申报的盐利"实估"或"实数",显然是力图接近或超过原定指标的。

应当承认,盐钱虽有"钱额",但与两税定额却不完全相同。两税的定额是一恒定指标,除非中央有特别的征加,地方都不得擅增。其征收时必须按中央的规定,"两税外辄别率一钱,四等官准擅兴赋

---

① 冀勤点校:《元稹集》卷三四,中华书局,1982年,第396页。
② 《旧唐书》卷四八《食货志上》,第2093—2094页。

以枉法论"。①从某种意义上说，两税的留州留使定额是地方可以征收及获得使用经费的最高限额。相反盐钱的定额，却是度支盐铁使及其机构必须达到的最低指标。因为盐铁收入是唐国家于两税之外最主要的，也是独占的财赋资源。它的增加是符合唐中央政府利益而受到督促及鼓励的，唐政府从无一项约束征敛盐钱从而将钱额作为限制的法令，所以钱额本身也是可以突破的。即以元和盐钱与大历盐钱相比，其提高增收是显而易见的。而度支管理下的两池，其增收幅度更超过海盐。两池盐大历末年收入不过80万贯②，元和初的收入已达到150万—160万贯③，竟增加了近一倍。可见钱额对于增收而言，并无约束力。

但钱额毕竟是有的，而且由于增收可呈阶段性的改变。比如崔敖《大唐河东盐池灵庆公神祠碑》曾提到当时（约贞元十三年前后）盐池之利为"二百千万"④，这个数字虽超大历，但却是完全的虚估。根据我们下面将要论述的方法，此钱如换算为完全实估应为50万贯，如按虚实钱各占一半的省估计算应为80万贯，后者数额估价恰与大历收入完全相同。由此可见大历末池盐收入即成为贞元中之定额指标。同样，上揭《唐会要·盐铁使》称大和三年两池盐"以实钱一百万贯为定额"，如与元和收入相较，一般的看法是下降了。但是，由于元

---

① 《册府元龟》卷四八八《邦计部·赋税二》建中元年正月制，第5833页。
② 《资治通鉴》卷二二六建中元年，中华书局，1956年，第7286页。
③ 参见《新唐书》卷五四《食货志四》，第1379页；《元和郡县志》卷一二，中华书局，1983年，第328页。
④ 《金石萃编》卷一〇三《大唐河东盐池灵庆公神祠碑》，中国书店，1985年。

和收入不是实钱，而是虚、实各半的省估或"都收价钱"，所以如将150万—160万贯收入换算为实钱则约为94万—100万贯（计算原理及根据并详下文和附表）。如此可知大和强调的"实钱"并不是毫无依据，而是等同或略超元和。说明元和收入后来一直被作为应达指标。这也就是说，盐钱收入虽可以增加，但定额一旦形成，在一段时间内仍有存在的意义。

盐钱钱额的变化，可能与盐价、产量和经营方式有关，如元和初池盐收入的翻番就可能与贞元中两池榷盐使史牟整顿盐池有关。[①]但除此外，还不应忽略政治形势的影响。元和长庆以后，唐中央政府统治能力下降，而东南盐利收入的减少更不以中央政府意志为转移，所以我们看到对池场监定额的强调往往是在唐中晚期。如两池盐利定额实钱百万，就是基本参照元和而更加强调实估，这清楚地体现了在东南盐专卖萎缩之后，唐中央政府力图通过保持和攫取两池财利作补充的意向。而正是由于只有达到预期目的才能支应国用，所以与两税不同，中央政府对于盐钱，绝不是在控制定额，而是力争其完成，甚至超额。这样，高额的盐铁收入便成了度支、盐铁使领导下各级机构全力追求的目标。

高额的指标若要完成，必须保持高额的榷价。除此之外，还必须通过院、场、监官吏落实在招商和食盐销售的数量上，也即使销售额与食盐的销售数量直接挂钩。从上揭卢商所分嘉兴监三场"元粜盐七万石，加至十三万石"的课额得知，原来的销售盐七万石，就是三

---

① 参见拙文《略论大中两池新法及其对五代盐政之影响》，已收入本书。

场的任务。如何保证这一销售数量呢？武宗《上尊号赦文》有规定说："应属三司及茶盐商人，各据所在场监正额人名，牒报本贯州县，准敕文处分，其茶盐商仍定斤石多少，以为限约。其有冒名接脚，短贩零少者不在此限。"①这就是说，凡向政府登记，有"盐籍"的茶、盐商人，都要"仍定斤石多少"，也即有销售数量的限制。

而由于有所限约，盐商每年所纳盐利，就有一定的数量保证。尽管白居易说商人"少入官家多入私"②，但这只是指商人设法使自己所得比例占得更多，在缴纳实物时以次充好，"高估而售"，并不是使应纳之"钱额"减少。杜牧曾言睦州等地土盐商，"情愿把盐，每年纳利"，由于欠钱被临平监官吏"追呼求取"，弄得"破散将尽"的情况。③造成这一现象，除了笔者过去曾谈到的赊销问题之外，限定斤石必须完成，恐怕也很重要。作为盐商，并没有人们想象的那般自由，上述武宗赦文说："度支、盐铁、户部诸色所由茶油盐商人，准敕例条免户内差役。"斤石的限约及按时纳利，即免科役之代价。

招商的数量及销售额的保证当然更重要的还是要落实到院、监、场官吏的头上。这便是陈衍德等已指出的课利完成与增加成为对官吏考核升迁的标准问题。《唐代墓志汇编》载孙公乂墓志铭记载：

---

① 《文苑英华》卷四二三《会昌二年四月二十三日上尊号赦文》，第2144页。
② 顾学颉校点：《白居易集》卷四《盐商妇》，中华书局，1979年，第84页。
③ （唐）杜牧：《樊川文集》卷一三《上盐铁裴侍郎书》，上海古籍出版社，1978年，第196—197页。并参拙文《从张平叔的官销之议试论唐五代盐专卖方式的变迁》，已收入本书。

故上相太傅裴公之绾计司也，假以尚书金部员外郎，奏补西蜀巡院，岁周榷课登，就加祠部正郎，复领东川院事。后二年，故盐铁王相国以江左醝院累任失职，官锱百万，变为逋亡，辄自裴公，密下其奏。公迫于知己，不得已而行。①

墓主人孙公乂的升迁，就是因为"岁周榷课登"，也即完成了榷盐指标，而他受盐铁使委派转任江南，也是为了解决其地盐铁院"官锱"流失岁课不登的问题。文宗开成中规定："盐铁、户部、度支三使下监院官，皆郎官、御史为之，使虽更改，官不得移替。如显有旷败，即具事以闻。"②宣宗时亦特别宣布："度支、户部、盐铁三司吏人，皆主钱谷，去留之际，切在类能。"③如白居易所指出的，国家对于盐铁官吏，"岁考其课利之多少，而殿最焉，赏罚焉"④。由是我们不难理解，为什么场院官吏会与商人通同作弊，弄得"盐愈费而官愈耗，货愈虚而商愈饶，法虽行而奸缘，课虽存而利失"。追求课额与课利，正是官商勾结，而最终课额与课利名实不符的真正原因。

---

① 周绍良主编、赵超副主编：《唐代墓志汇编》大中〇五四《唐故银青光禄大夫工部尚书致仕上柱国乐安县开国男食邑五百户孙府君墓志铭》，上海古籍出版社，1992年，第2289页。
② 《唐会要》卷八八《盐铁》，第1906页。
③ 《文苑英华》卷四三〇《大中元年正月十七日赦文》，第2180页。
④ 《白居易集》卷六三《策林二之二三》"议盐法之弊，论盐商之幸"，第1317—1318页；下同。

下编／盐价、物价与盐法

二 "钱额"不等于收入

关于李巽任盐铁使时期盐利与刘晏盐利的比较，诸史书有两种说法。前揭《旧唐书·李巽传》说：

> 巽掌使一年，征课所入，类晏之多岁，明年过之，又一年加一百八十万贯。①

但是《唐会要》卷八七《转运盐铁总叙》却称：

> 然〔巽〕初年之利，类晏之季年，季年之利，则三倍于晏矣。②

《新唐书》卷五四《食货志四》在"兵部侍郎李巽为使，以盐利皆归度支，物无虚估，天下榷盐税茶，其赢六百六十五万缗"下也有与《唐会要》相同的说法。③

为什么两种说法不同呢？据《册府元龟》卷四九三《邦计部·山泽一》关于李巽奏"江淮、河南、峡内、兖郓、岭南诸监院，元和三年榷盐，都收价钱七百二十七万八千一百六十贯，比量未改法已前旧盐利，总约时价四倍加抬，计成虚钱一千七百八十一万五千八百七贯"的记载④，知前种"又一年（即元和三年）加一百八十万贯"的

---

① 《旧唐书》卷一二三《李巽传》，第3522页。
② 《唐会要》卷八七《转运盐铁总叙》，第1887页。
③ 《新唐书》卷五四《食货志四》，第1379页。
④ 《册府元龟》卷四九三《邦计部·山泽一》，第5898—5899页。

说法虽然未必确切，却是与前两年一致，将李巽所报的"都收价钱"与刘晏大历收入相比；而后种说法却是不分虚实，初年比法尚与第一种相同，末年却是将"四倍加抬"的虚钱与大历收入相比了，所以才得到"三倍于晏"的结果。两种比法相较，自然第一种所采用的"都收价钱"从钱数上更接近大历收入也即定额或钱额，而如按第二种"时价四倍加抬"虽试图从收入上等量齐观，按数额可差得太远了。由此可见所谓定额或钱额与实际收入并不是一回事。

正像陆贽批评两税法"定税之数，皆计缗钱；纳税之时，多配绫绢"，结果地方官吏有意降虚就实，增加折估，弄得"往输其一者，今过于二矣。虽官非增赋，而私已倍输"[①]，盐钱征榷也存在同一问题。所以大历、贞元、永贞与元和改革以后虽然盐钱都号称600万至700万贯，但实际收入却大不同了。这正是由于各个时期虚实折估比例不一之故。《新唐书·食货志四》在论及李锜使"榷盐法大坏，多为虚估"后强调李巽为使，"以盐利皆归度支，物无虚估"。而李巽、王播等申报盐利也多将之与虚估作对比，如《唐会要·转运盐铁总叙》载李巽报元和三年盐利七百二十七万，"比旧法张其估二（按："二"当依《册府元龟》作"一"）千七百八十余万"之后，特声明"非实数也"，意谓"七百二十七万"才为实数。[②] 又《册府元龟》卷四九三《邦计部·山泽一》称：

---

① 《陆贽集》卷二二《均节赋税恤百姓六条》，第725页。
② 《唐会要》卷八七《转运盐铁总叙》，第1887页。

（元和）七年四月，盐铁转运使刑部侍郎王播奏："元和六年籴（粜）盐除峡内盐井外，计收盐价钱六百八十五万九千二百贯，比量未改法已前旧盐利总约时价四倍加抬，计成虚钱一千七百一十二万七千一百贯，改法实估也。"[1]

给人的印象是，其所报"盐价钱六百八十五万九千二百贯"才是实估。但是，明眼人早已注意到，他们所报"实估"如与当年折算的虚钱相比，并不是所说"四倍加抬"或1：4的比例，而是只有1：2.5左右（详附表Ⅱ.）。由于所谓"四倍加抬"的虚实之比是相对大历绢价与元和绢帛的市易时估而言，所以，可以肯定的是他们所报的"实估"或"实数"并非真正实估，而只能是实估、虚估在其中都各占有一定比例的混合价钱，用李巽的话来说也即"都收价钱"。

何谓"都收价钱"？这一问题涉及元和中所规定的盐钱钱额中虚实估所占份额。前揭《旧唐书》卷四八《食货志上》元和十五年八月中书门下奏要求诸州府应征两税，"供上都及留州留使旧额，起元和十六年已后，并改配端匹斤两之物为税额，如大历已前租庸调课，不计钱，令其折纳"。其税额"仍约元和十五年征纳布帛等估价。其旧纳虚估物，与依虚估物回计，如旧纳实估物并见钱，即于端匹斤两上量加估价回计"。盐利酒利，虽然"本以榷率计钱，有殊两税之名，不可除去钱额"，但是，"中有令纳见钱者，亦请令

---

[1] 《册府元龟》卷四九三《邦计部·山泽一》，第5899页。

折纳时估匹段"。①

这就是说，两税税额中本有纳虚估物的虚钱和纳现钱或实估物的实钱部分。元和末中央政府为了改变钱重货轻状况，虽欲通过计物折纳的方式将所征数量固定下来，但虚、实钱的折算方法仍有区别。盐钱也是同样。钱额中不但有"令纳见钱"的实钱，也有令纳虚估物的虚钱，而且"见钱"与"实估物"看来亦相通。不过两者比例各为多少，中书门下奏没有说。由于李巽等上报的"盐利都收"价钱显然是用了虚实皆有的原则，所以如对李巽申报的盐利收入加以分析运算，就会发现在所说与钱额相接近的"都收"盐利中，虚钱（虚估物）、实钱（见钱与实估物）都各占约二分之一。②而如按照这一比例去计算元和中申报的两池盐利150万—160万贯，便得到上述实钱约为94万—100万贯，（$75+75\times\frac{1}{4}=94$万贯，$80+80\times\frac{1}{4}=100$万贯）与大和定额大略相等的结论。

虚、实钱比例各占二分之一的原则并非只落实在盐钱，两税法改革以后的赋税征收分配与州县官的俸料钱分配方面也有相应体现。《唐会要·租税上》略曰：

> 元和四年十二月，度支奏："诸州府应供上都两税匹段，及留使、留州钱物等，自元和四年已后，据州县官正料钱，数内一半，任依省估例征纳见钱支给……其余留使、留州杂给用

---

① 《旧唐书》卷四八《食货志上》，第2093—2094页。
② 参见氏著：《试论唐后期物价中的"省估"》，载《中国经济史研究》2000年第3期。

钱，即合委本州府并依送省轻货中估折纳匹段充。……"敕旨："自今已后，送省及留使匹段，不得剥征折估钱。其供军酱菜等价直，合以留州、使钱充者，亦令见钱匹段均纳，仍具每州每使合纳见钱数，及州县官俸料内一半见钱数，同分析闻奏，仍使编入今年旨条，以为常制。余依。"①

这条史料的"度支奏"，明确规定在元和四年十二月以后上供、送使、留州钱物中，除"州县官正料钱"的部分是按照"省估例"将数内一半支给见钱；其余州使杂给用钱等，便要"依送省轻货中估折纳匹段充"。而"敕旨"在这一基础上，更规定即使"供军酱菜等价直"也要"见钱匹段均纳"，并将州使所有应纳见钱数，"分析闻奏"。这从表面上看，是两税法改革，使钱物比例参半，约束了现钱的征敛，但事实上，也是对虚、实估的征收有所限定。因为现钱部分即完全是实钱，而唯有"依送省轻货中估折纳匹段充"的部分才含虚估，敕文"不得剥征折估钱"的命令正是针对此而发，而正因此在两税改革之后，唐政府对现钱的征收才有三令五申的规定。如《唐会要》同卷元和五年度支奏，即重申"诸州府见钱，准敕宜于管内州据都征钱数，逐贯均配"的原则。下令"其敕文不加减者，即准州府所申为定额，如于敕额见钱外，辄擅配一钱，及纳物不依送省中估，刺史县令录事参军，请与节级科贬"。

像我们上面谈到的盐钱实钱一样，两税的现钱部分其实也并非只许纳钱。同上度支奏，即说到"都配定一州见钱数，仜刺史看百姓

---

① 《唐会要》卷八三《租税上》，第1821—1822页；下引元和六年二月制同。

稳便处置"。《唐会要》同卷元和六年二月制,更规定留州使所纳现钱,"仍许五分之中,量征二分,余三分兼纳实估匹段"。现钱可征实估匹段,所以中央政府禁止于"敕额见钱外,辄擅配一钱",不仅是针对现钱,更是试图阻止实估的增加。

值得注意的是,上述元和五年史料提到州两税,有所谓"据都征钱数"语,这个"都征钱数",是"逐贯均配"现钱匹段,所以和李巽关于虚实兼收、钱帛兼行的"都收价钱"在性质上勿庸说是一致的。又前述两条史料关于两税征纳见钱有"依省估例"的说法。这个"省估"自然与《旧唐书·裴垍传》所说两税法改革以前"其留州送使,所在长吏又降省估使就实估,以自封殖而重赋于人"和裴垍为相,奏请"天下留州、送使物,一切令依省估"中的省估是一回事。①根据《唐会要》上述史料,我们知道这个省估就是中央所规定"数内一半"征纳现钱,和另一半"依送省轻货中估折纳匹段充","随其高下约中估物价优饶与纳"的赋税价格与比例。而无论两税及盐税的钱额,或以此为目标的"都收价钱"和"都征钱数",也都是按照这个价格和比例——省估征收的。

两税与盐钱的钱额及征收原则是依省估,省估是国家限定了虚实比例的征收价格。它由李巽改革盐法先得落实,然后才向两税推广。不过,虚实比例的存在是由于赋税征收中钱、帛兼行的缘故。从前揭史料所言裴垍改革前所在长吏即降省估使就实估的情况看,笔者颇疑这个"数内一半"征纳见钱(或实估)的省估不是开始于元和初或是李巽改革之际,而是早已有之。它至少存在于钱贵物贱的贞元,但

---

① 《旧唐书》卷一四八《裴垍传》,第3991—3992页。

源头又可能早到大历、建中之际。这是因为安史之乱后的历届政府都要面对钱帛兼行、钱帛兼需的局面。肃、代时期的户税、青苗钱、盐钱已是约钱为税，如其中规定现钱、绢帛征收各半的比例不是没有可能。虽然大历中赋税征收中定匹绢3200文（陆贽言）与后来绢价相比已有虚估嫌疑，并且因刘晏急于军服，使"商人纳绢代利，每缗加钱二百"而开虚估滥觞。但刘晏时期盐利，显然是钱帛兼行而并不是完全以绢帛之价代盐钱。

所以史料谈及大历盐利，从未冠以"虚估"之称，而《旧唐书·李巽传》也是将"都收"之数与之相作比较。只是建中战争以后，由包佶"广虚数以罔上"，才始肇以绢价虚估折算之端。①从此不但钱帛兼行，虚实各半的省估为地方官吏不遵守，亦为盐铁官吏完全抛之度外。他们上报盐利完全以虚代实，使盐利收入表面仍能超过定额。而事实上却是"千钱不满百三十而已"。前揭《册府元龟·邦计部》载贞元二年及永贞元年盐利"巢盐虚钱"便说明了这一点。而直至李巽任使，才将"都收"改依省估，由此使中央所定估价在所谓钱额问题上得到体现。但这样一来，按省估计算"都收"之数中，钱、帛两部分的数量含义事实上已不一致。所以，李巽、王播等才在上报"都收"之数后再将之折为虚估，以之能与未改法前盐利作对等的比较。

总之，弄清钱额与省估的关系，我们或许才能明了所谓钱额与收入的真正含义。也才能对唐史料中所见各期盐利收入之数有正确的认识和比较。应当说按省估来规划赋税中的钱额是中央政府的规定和理想，李巽改革盐法使之再度得到实现，无疑是他在赋税和价格整顿方

---

① 以上引文见《新唐书》卷五四《食货志四》，第1379页。

面的一个贡献，也是其改革的一个核心内容。由于在大历以后，赋税征收以实、上报以虚几乎成为不可逆之势，所以，中央规定的省估能在钱额上落实，也可称是大历精神的回归。

但是，诚如论者已指出的，元和之初政府再度限定的物价标准地方并未尽行遵守，它们或改变现钱征收比例，或不行绢帛折估之定价，盐铁官吏也同样不按中央要求申报盐利，省估的执行仍是有条件和不严格的。而利用绢帛虚实比价上下其手，隐瞒收入，不但是朝廷对地方，也是中央系统内部对三司使职愈来愈难于控制的问题。穆宗以后，两税及盐酒利等甚至提出完全以实估、实钱定价，度支使张平叔要求改食盐商销为官销，也强调"收实估匹段"①，都显然与之有绝大的关系。而大和中竟提出两池盐"以实钱一百万贯为定额"。

不过，从当时和后来的情况看，实钱、实估定额及上报都不可能真正做到。所以唐政府后来对池盐又有"但取匹段精好，不必计旧额钱数"之说，而据《唐会要》等史书记载的大中六年池盐收入"一百二十一万五千余贯"和《资治通鉴》卷二四九大中七年所说"自河、湟平，每岁天下所纳钱九百二十五万余缗（贯）"②，其数也绝不会是依实估而只能是仍依省估为计，否则大中财政收入将超过元和，岂非咄咄怪事！由此可见，省估作为赋税"钱额"及上报"都收价钱"的原则应持至唐末。不过在大中以后，所谓"钱额"或"旧额钱数"对于盐钱征收的约束力恐怕只能是愈来愈小了。

---

① 《韩昌黎集》卷四〇《论变盐法事宜状》，《国学基本丛书》第7册，商务印书馆，1958年，第55页；并参拙文《从张平叔的官销之议试论唐五代盐专卖方式的变迁》，已收入本书。
② 《唐会要》卷八八《盐铁使》，第1911页；《资治通鉴》卷二四九，第8053页。

附表I.唐代两池专卖课额收入对照表[1]

纪年	大历末（779）	贞元中（797？）	元和初（806—809）	大和三年（829）	大中六年（852）
省估课额或收入（万贯）	80	80	150-160	〔160〕	121.5
实估课额或收入（万贯）	〔50〕	〔50〕	〔94--100〕	100	〔70〕
虚估收入（万贯）	〔200〕	200	〔375-400〕	〔400〕	〔304〕

附表II.大历元和间海盐收入比较表[2]

年代	省估收入（都收价钱）（贯）	虚估收入（贯）	说明
大历十四年（779）	6,000,000	〔15,000,000〕（？）	此年以下含峡内井盐
贞元二年（786）		6,596,000	以下为李巽所报
永贞元年（805）		7,530,000	
元和元年（806）		11,280,000	
元和二年（807）	6,150,000-6,250,000[3]	13,057,300	
元和三年（808）	7,278,160	17,815,000 17,815,807[4]	
元和四年（809）		18,053,600	此年为李廊所报
元和五年（810）	6,985,500	17,463,700	此年以下为王播所报
元和六年（811）	6,859,200	17,127,100	此年始除峡内井盐
元和七年（812）	6,784,400	〔17,178,900〕[5]	

表注：

[1] 附表I.将两池盐的收入或课额分别以省估、虚估、实估三种估价加以对照，加〔〕者为计算所得，仅备参考。史料仅据《唐会要》卷八八《盐池使》、《资治通鉴》卷二二六建中元年、《元和郡县志》卷一二、《新唐书》卷五四《食货志四》及《金石萃编》卷一○三崔敖《大唐河东盐池灵庆公神祠碑》。

[2] 附表II.收入对照不含实估一项，加〔〕处同附表I.仅备参考。史料仅据《唐会要》卷八七《转运盐铁总叙》、《新唐书》卷五四《食货志四》、《册府元龟》卷四九三《邦

计部・山泽一》,《旧唐书》卷一四《宪宗纪上》。

[3]《新唐书・食货志》载李巽为使,"天下榷盐税茶,其赢六百六十五万缗",此处减去每年约40万—50万茶钱,并根据李巽盐利比刘晏"次年过之"的说法,系于元和二年略作参考。

[4]《册府元龟》同条中元和三年虚钱有两说,未衷何是,故两存之。

[5]《册府元龟》此年虚钱总数为 12,170,090 贯,与所说榷盐本及榷利相加总数不合,疑有误,此处据二者相加数计算。

B. 支出篇

三 盐钱的定向定额分配与不定支出

在上篇中,我们已从收入的角度对盐钱定额作了讨论。但定额的着眼点首先并不是收入。《新唐书・百官志一》论及宰相兼职有曰:"时急财用,则为盐铁转运使。"① 可见盐钱关乎国用,乃一切政务先行之条件基础,而收入亦不得不与国用直接挂钩。唐后期与盐钱并列的两税,便不仅仅是征收有定额。元稹在《钱货议状》中批评进奉对国家危害时指出:

> 自国家置两税已来,天下之财,限为三品:一曰上供,二曰留使,三曰留州。皆量出以为入,定额以给资。②

---

① 《新唐书》卷四六《百官志一》,第1183页。
② 《元稹集》卷三四《钱货议状》,第396页。

由于两税在限定征敛的同时也限定了支出,所以"上供、送使、留州"三级分成的"量出为入,定额给资"便被确认为两税的分配原则。论者并指出,它实际上体现唐中央政府对两税实行了"划分收支,定额管理"的宏观控制办法。[①]

两税既是如此,那么盐钱如何呢?盐钱在征收之初,便是"自有本使收管,不要州县条流"[②],不存在中央与地方分成的问题。但是作为中央可以独自支配的一项主要收入,在"钱额"有"常"的情况下,其使用分配也绝不是毫无约束与定准的。

首先从盐税所占国家收入的比例来看。史载大历末盐利总数已超过680万贯(海盐600万贯+池盐80万贯,未计三川井盐),在两税法以前,达到"天下财赋,盐利居半"的情况。其后,盐利在财政税收中的比重虽略有下降,但仍占极大比例。据杜佑《通典》所记建中以后两税供京之数,及《旧唐书·王彦威传》开成中王彦威关于"今计天下租赋,一岁所入,总不过三千五百余万,而上供之数三之一焉"的说法,[③]知唐后期正常年份的两税上供数额应在950万—1200万贯之间。如将此数与元和中盐利最高年份的890万贯(海盐728万贯+池盐160万贯,峡内井盐尚计在海盐之内)相比,是盐利最多时仍接近中央实际总收入的二分之一或至少达到五分之二。再加上茶、酒等

---

① 陈明光:《唐代财政史新编》第九章《两税预算的定额管理体制》,中国财政经济出版社,1991年,第230页。
② 《元稹集》卷三六《中书省议赋税及铸钱等状》,第415页。
③ 《通典》卷六《赋税下》,中华书局,1988年,第111页;《旧唐书》卷一五七《王彦威传》,第4157页。

收入，则专卖总入仍将过半。唐晚期国家收入全面萎缩。但《资治通鉴》卷二四九宣宗大中七年度支奏，说到当时天下每岁纳钱925万余缗（贯），内中550万余缗（贯）为租税，而盐利278万余缗仍占总收入近百分之三十，与租税之比也仍有1∶2之多。①由此，知盐利支配额始终占国家可支配总额的三分之一到二分之一强。

其次从盐税的管理看，盐税按照分掌制关于地域的规定分隶度支、盐铁二使。就其为国用依赖的程度与两税本不分轩轾。《资治通鉴》卷二二六称赞刘晏任盐铁使的功绩，指出在安史之乱后"中国多故，戎敌每岁犯边，所在宿重兵，仰给县官，所费不赀，皆倚办于晏"的事实。②《新唐书·食货志》更具体分析了盐税于兵荒相属、赋敛不时之际被"宫闱服御、军饷、百官禄俸"所仰赖的用途③。由于唐后期"天下财赋耗斁之大者"无过于"二事"——"最多者兵资，次多者官俸"④，所以盐钱可以说是和两税一起，承担了最主要的国用之费。不过，适应二使"一则管盐以易货，一则受财以轻费"的既定分工原则与特点，以及特别是盐铁使"以盐铁兼漕运"的需要，以盐铁使为主的盐利也形成了如下方面不尽同于度支两税的、定向乃至定额的分配与支出。

---

① 《资治通鉴》卷二四九，第8053页。
② 《资治通鉴》卷二二六，第7284页。
③ 《新唐书》卷五四《食货志四》，第1378页。
④ 《旧唐书》卷一四九《沈传师传》，第4037页。

下编／盐价、物价与盐法　　333

（一）漕运经费

《唐会要·转运盐铁总叙》记大中六年（852）盐铁转运使裴休整顿漕运，针对"漕吏狡蠹，败溺百端"和"缘河奸犯，大紊晏法"的情况实行改革，将原由巡院掌管的漕运佣费"委河次县令董之"，由是：

> 自江津达渭，以四十万斛之佣，计缗二十八万，悉使归诸漕吏，巡院胥吏，无得侵牟。①

内中"四十万斛之佣，计缗二十八万"即涉及漕运的运米数量及佣费总额。但从解决"大紊晏法"的说法来看，裴休所追求者，不过刘晏旧法，其数额标准绝非由裴休所定。《唐会要》同卷复记刘晏事迹曰：

> 是时（宝应元年），朝议以寇盗未戢，关东漕运，宜有倚办，遂以通州刺史刘晏为户部侍郎、京兆尹、度支盐铁转运使。盐铁兼漕运，自晏始也。……晏始以盐利为漕佣，自江淮至渭桥，率十万斛佣七千缗，补纲吏督之。不发丁男，不劳郡县，盖自古未之有也。

刘晏以"盐利为漕佣"奠定了其盐铁兼漕运的事业，从而终于启动和沟通了南北财源动脉，而漕佣也从此成为盐铁使的固定支出。从这里看，"率十万斛佣七千缗"即其所建佣费标准，却是裴休的十分之一。那么，究竟哪一指标更合理呢？据《新唐书·食货志》记刘晏具

---

① 《唐会要》卷八七《转运盐铁总叙》，第1889页；下引文见第1882—1883页。

体漕运措施称：

> 晏即盐利雇佣分吏督之，随江、汴、河、渭所宜。故时转运船由润州陆运至扬子，斗米费钱十九，晏命囊米而载以舟，减钱十五；由扬州距河阴，斗米费钱百二十，晏为歇艎支江船二千艘，每船受千斛，十船为纲，每纲三百人，篙工五十，自扬州遣将部送至河阴，上三门，号"上门填阙船"，米斗减钱九十。调巴、蜀、襄、汉麻枲竹筿为绚挽舟，以朽索腐材代薪，物无弃者。未十年，人人习河险。江船不入汴，汴船不入河，河船不入渭；江南之运积扬州，汴河之运积河阴，河船之运积渭口，渭船之运入太仓。岁转运百一十万石，无升斗溺者。①

根据这里所说的刘晏分段运输法及减钱数，自润州至扬子至少已需每斗4文，自扬州至河阴、上三门，又至少需30文。两者相加已得34文。而据"十万斛（石）率七千缗"的标准，是石即70文，而斗才7文，未免已过少。按照刘晏对造船费增给其倍的惯例（详下文），则转运佣费如由斗34文增为70文，"补纲吏督之"不是不可能。这样，便是"率万斛（石）佣七千缗"，而裴休所给之数正是按照刘晏之标准。

不过，《新唐书》所记刘晏"岁转运百一十万石"的运量似乎亦有可疑。它与《唐会要》所说裴休岁运四十万斛（石）固然不同，和两《唐书·刘晏传》"凡岁致四十万斛""自此每岁运米数十万石以

---

① 《新唐书》卷五三《食货志三》，第1368页。

济关中"的说法也是相矛盾的。①但是对照分段运输之法,便知所谓百一十万石乃其总量,真正运抵长安者仍只有四十万斛(石)。贞元中,宰相陆贽以关中谷贱,转运之费过高,请广和籴。他在《请减京东水运收脚价于缘边州镇储蓄军粮事宜状》中说道:

> 顷者每年从江西、湖南、浙东、浙西、淮南等道,都运米一百一十万石,送至河阴。其中减四十万石,留贮河阴仓;余七十万石,送至陕州;又减三十万石,留贮太原仓;唯余四十万石,送赴渭桥输纳。②

陆贽在文中讨论河阴太原等仓留贮的原因,把它归之为"崔造作相之初,惩元琇罢运之失,遂请每年转漕米一百万石,以赡京师"。但从下文说"比至中途,力殚岁尽,所以节级停减,分贮诸仓。每至春水初通,江、淮所般未到,便取此米入运,免令停滞舟船。江、淮新米至仓,还复留纳填数。轮环贮运,颇亦协宜"来看,所遵实仍刘晏之法。贞元初朝廷曾以米运之务委于浙西节度使韩滉及淮南节度使杜亚,米运数量也不很稳定。③但四十万石入京之额毕竟还是恢复

---

① 《新唐书》卷一四九《刘晏传》,第4795页;《旧唐书》卷一二三《刘晏传》,第3514页。
② 《陆贽集》卷一八《请减京东水运收脚价于缘边州镇储蓄军粮事宜状》,第594—505页。
③ 按:据顾况《检校尚书左仆射同中书门下平章事上柱国晋国公赠太傅韩滉行状》,称"自公当漕运,初年四十七万〔石〕,二年七十万,末年一百万"。《文苑英华》卷九七三,第5119页。

了。所以《南部新书》丁部有曰:"贞元二年,〔诏令〕江淮运米每年二(一?)百万斛,虽有此制,而所运不过四十万。"①

运至渭桥的四十万石是常年所运,也是米运中最核心的部分。陆贽文中,要求总运量减至三十万石,其中十万石贮留河阴,二十万石入渭仓。不过从后来的情况看,中央政府对此又加以调整和修改。因为据《旧唐书·班宏传》记贞元八年班宏言于宰相赵憬、陆贽说:"宏职转运,年运江淮米五十万斛,前年增七十万斛,以实太仓,幸无过。"②《唐会要·转运盐铁总叙》也说:

> 旧制,每岁运江淮米五十万斛,至河阴留十万,四十万送渭仓。晏殁,久不登其数,惟巽掌使三载,无升斗之缺焉。③

由此知五十万斛即经过再调整的贞元运额。而其中"四十万〔石〕送渭仓"作为旧制仍与保留。它说明德宗以降漕运米数虽有减少,但刘晏所定之旧额仍有一定的约束力。并且这个四十万石的旧额运量还一直被保留到唐末。上揭裴休改革,知其所力图恢复者,正刘晏旧制。而漕米四十万石至关中,也始终是唐中央政府力争达到的指标。

江淮运米定额量甚至在僖宗之际仍有强调。僖宗《乾符二年南效赦》有曰:

---

① (宋)钱易撰,黄寿成点校:《南部新书》丁部,中华书局,2002年,第49页。按:《册府元龟》卷四九八《邦计部·漕运》记此条为贞元十五年三月诏所命。
② 《旧唐书》卷一二三《班宏传》,第3520页。
③ 《唐会要》卷八七《转运盐铁总叙》,第1887页。

江淮运米，本实关中。只缘徐州用军，发遣全无次第；运脚价妄被占射，本色米空存簿书；遂使仓廪渐虚，支备有阙。缘循弛慢，全自职司，宜令转运使速具条流，分析闻奏。才及春暖，便须差清强官吏，节级催驱，严立科条，须及旧额，苟或踵前容易，必举朝章。①

赦文表明，即使在咸通徐州庞勋乱后，"发遣全无次第"的情况下，唐朝廷仍企望恢复运米"旧额"。

运米既有旧额，则运费即有"常数"。上述裴休"以四十万斛之佣，计缗二十八万（贯）"，即是按照旧额运米量及刘晏所定标准计算的运费总额。相信这个总额亦是旧时规定。不过，关于运费标准，尚有不同记载。《太平广记·王铎》一则记王铎为丞郎时，李骈判度支，"每年江淮运米至京，水陆脚钱，斗计七百，京国米价，每斗四十。议欲令江淮不运米，但每斗纳钱七百"。事为王铎所反对，以为若于京国籴米，必耗京国之食。不如自江淮运米实关中，尚可兼济无限贫民。结果确如所料，一旦不运米，关中米即大贵。"未经旬，而度支请罢，以民无至者故也。"②此则故事很能说明江淮运米与关中和籴缺一不可的关系。但水陆脚钱斗计七百文，已比裴休运费超出十倍，且肯定为当时盐铁负担不起。查此条在《玉泉子》一书亦有载，唯"李骈"作"李蠙"，"每斗纳钱七百"作"每百斗纳钱

---

① 《唐大诏令集》卷七二《乾符二年南郊赦》，第402页。
② 《太平广记》卷四九九《王铎》（出《闻奇录》），中华书局，1961年，第4091—4092页。

七百"。①按据《旧唐书》卷一六四《王铎传》,可推知其任丞郎大致在咸通初。又查李骈无其人,《旧唐书》卷一九上《懿宗纪》有李蠙咸通四年(863)三月由户部侍郎出为检校礼部尚书、昭义节度使的记载,但未言他曾判度支。所以,两者亦有可能是咸通三年曾判度支复改盐铁转运使的李福之误。②咸通距大中不远,查诸书关于裴休记载无异词,颇疑王铎等议仍就裴休所定而发,七百或即七十之误。

小说者固不足为凭,然正史所见斗记七十文的佣费似仍与某些事实不符。上揭陆贽文,言及当时议论,有"国之大事,不计费损,故承前有用一斗钱运一斗米之言"。而具体言及运价,则是"从淮南转运至东渭桥,每斗运脚又约用钱二百文"。按照陆贽的计算,漕运如省八十万石,"节级所减运脚,计得六十九万贯"。③所余三十万石,由于十万石运至河阴,可按脚价三分之一计算运费,与另二十万石运至渭桥者,总需至少46万至47万贯。两者相加,是一百一十万石运价总约116万至117万贯上下。何以如此?我认为"率万斛佣七千缗"者或非脚钱之全部,或在一般情况下很难做到。

据史料载,唐时漕运每由艰难,损失极大,能使岁运百一十万石而"无升斗溺者"唯有刘晏。德宗贞元初,关辅宿兵,"以飞龙驼负永丰仓米给禁军,陆运牛死殆尽"。其时"岁漕经底柱,覆者几半"。

---

① 《玉泉子》,中华书局,1958年,第11—12页。
② 《旧唐书》卷一六四《王铎传》、卷一九上《懿宗纪》,第4282、654页;并参严耕望《唐仆尚丞郎表》卷三《通表中》、卷一三《辑考四附考上·度支》,第195、776—777页。
③ 《陆贽集》卷一八《请减京东水运收脚价于缘边州镇储蓄军粮事宜状》,第592—597页。

下编 / 盐价、物价与盐法

河中有山号'米堆',运舟入三门,雇平陆人为门匠,执标指麾,一舟百日乃能上。谚曰:'古无门匠墓。'谓皆溺死也"。所以陕虢观察使李泌不得不因之凿集津仓山西为运道,改水为陆,"遂罢南路转运"。陆贽所经,正是这样的时期,所以运费的增加极有可能。

至宪宗时,度支使皇甫镈曾因漕米亡耗立严刑重法,"议万斛亡三百斛者偿之,千七百斛者流塞下,过者死;盗十斛者流,三十斛者死"。由于一船运千斛,万斛大约要十运,十运损失千七百斛也即六分之一以上者,才至流死,与偷盗十斛、三十斛者等同,可见损失之重。但如此定刑仍使"覆船败挽,至者不得十之四五"。以后改死刑为流天德五城,结果"人不畏法,运米至者十亡七八"。①据知裴休改法前,漕米岁四十万石,而能至渭仓者,也是"十不三四"。②

考虑到上述因素,则刘晏时期"万斛率七千缗"的标准,后世已很难达到。所以推测裴休的"以四十万之佣,计缗二十八万,悉使归诸漕吏",不过是根据刘晏旧额承包制,对漕吏所实行的一种补贴,并不代表全部的运费。真正的运费或即陆贽所说是每斗二百文钱,这一运价《资治通鉴》卷二三二《考异》引《实录》记元琇奏"千钱之重约与一斗米均,自江南水路至京师所费〔钱〕三二百耳"差可证明。③也即四十万石之运至少需八十万至百二十万贯之费。朝廷所强调者是运米数量,经费问题由转运司承包。所以唐后期特别是晚期,利用有限经费能完成转运之务者甚少。不过,从史料关于刘晏所定、

---

① 以上引文见《新唐书》卷五三《食货志三》,第1366—1371页。
② 《唐会要》卷八七《转运盐铁总叙》,第1889页。
③ 《资治通鉴》卷二三二《考异》引《实录》,第7476页。

裴休委之漕吏"率万斛佣七千缗"的计费标准，以及陆贽文中，要求将省运所减运脚依数全充京城及边镇和籴的做法，都表明唐后期盐铁使支付的运费还是按运量而有定额及标准的。

除运米之外，"管盐以易货"的盐运使尚有运送盐铁轻货的责任。上述《资治通鉴》引《实录》称元琇贞元初以京师钱重货轻，"乃于江东监院收获见钱四十余万贯，令转运入关"。则按千钱之费约为"三二百"的标准，此一次之运即需钱八万至十二万贯。然此仅临时之输。《新唐书·食货志》谓刘晏"轻货自扬子至汴州，每驮费钱二千二百，减九百，岁省十余万缗"，又言文宗时"江淮钱积河阴，转输岁费十七万余缗"，[①]说明年运轻货费用亦有相应定额问题。盐钱征收主要为钱币及绢帛等轻货，这些钱及轻货贮存于场监院，每年除送京师外，还要向扬子、江陵、汴州（或河阴）等大转运中心集中，以备供军及其他需要，其运费应当也有数十万之多。

与漕运有关而决不能忽略的尚有造船与河渠修缮之费。船费由转运司支给，故也出自盐利。刘晏时，于江淮建十大造船厂，"专知官十人，竟自营办"。为保造船质量，加倍给以费用，每造一船给钱千缗（贯），当时仅"歇艎支江船"就造有二千艘，则所费已不啻二百万贯。由于米运艰难，其船每年皆有大量沉溺。即以每年需新造百艘计算，则费用亦将过十万缗（贯），是一项仅次运费的支出。据史书所记当时人言"所用实不及半，虚费太多"和刘晏答语"不然，论大计者固不可惜小费，凡事必为永久之虑。今始置船场，执事者至

[①] 《新唐书》卷五三《食货志三》，第1368、1371页。

多,当先使之私用无窘,则官物坚牢"来看,造船与漕佣类同,当是属于有定额的承包性质。所以史称"其后五十年,有司果减其半。及咸通中,有司计费以给之,无复羡余"①,显然是因盐利收入下降,逐步减少了承包费用。

转运河渠的修缮是漕运费用中唯一一项不固定的内容,但却是经常性的。广德初,刘晏始通汴河,曾言及"今于无人之境,兴此劳人之运"的困难。②但其经费无疑只能从盐利解决。从后来的情况看,盐铁使修缮河渠,均不由中央另拨经费。如建中初,杜佑因藩镇叛乱扼绝运路,故修浚蔡水至陈州与颍河会合的漕运故道。③元和中,盐铁使王播"进供陈许琵琶沟年三运图"以通淮颍水运,长庆二年(822),复"进新开颍口图一轴"。至敬宗宝历中,他又奏请自扬州城南七里港开河向东以通旧官河,"长一十九里",所役工价,都是"于当使方圆羡余支遣"。文宗大和四年(830),盐铁使王涯奏请开扬州南郭外七里港,"别为河以通漕运,用功十五万"④,虽需征得朝廷同意,但同样出自盐铁钱。

以上漕米、轻货转运佣费及造船等固定支出,加上与漕运有关的诸如河渠修缮等大小费用,虽不能有完整统计,但笔者估计每年所费

---

① 以上参见《资治通鉴》卷二二六建中元年,第7287页;(宋)王谠撰,周勋初校证:《唐语林校证》卷一《政事上》,中华书局,1987年,第60—61页。
② 《旧唐书》卷一二三《刘晏传》,第3513页。
③ 《新唐书》卷五三《食货志三》,第1369页。
④ 以上引文并见《册府元龟》卷四九七《邦计部·河渠二》,第5954页。按:王播通官河事,《旧唐书》卷一六四本传也说"其工役料度,不破省钱,当使方圆自备,而漕运不阻,后政赖之",第4277页。

至少不低于二百万贯，在正常状况下，有可能达到盐铁使全部收入的三分之一或更多，是盐铁经费中最为重要的一笔。

（二）供军支出

以盐利用于供军，在第五琦、刘晏时代几乎是倾全力而为之。所谓"以盐价市轻货"的最主要目标亦是为了供军。而供军之费又首先用于边防及对外作战。这一点，在两税法成立后也并未改变。故陆贽有"以编户倾家、破产之资，兼有司榷盐、税酒之利，总其所入，半以事边"之语[①]。事边之资应包括平日养兵的衣粮供馈及战时的各项用费及额外赏赐等。刘晏即曾以盐绢为战士制作军服。如《唐会要》所述西北部乌池、胡落池等，都是或博米，或收盐"以赡边陲"，而除此外东南盐利也通过西北的度支巡院，大量用于和籴供军。

除了供应西北边陲，盐利亦被用于支应内战。德宗初，调集兵力讨伐藩镇，有"诸道讨贼，兵在外者，度支给出界粮"的规定。"士卒出境，则给酒肉。一卒出境，兼三人之费"，以致"将士利之，逾境而屯"，增加了唐朝廷的养兵负担。[②]故建中三年，分设汴东西水陆运两税盐铁使，其汴西水陆运盐铁使崔纵并兼粮料使专供围魏之军。当德宗避难奉天时，崔纵"悉敛军财"劝令李怀光军共同西奔勤王。[③]而汴东使包佶也遣盐铁判官王绍"督缘路轻货，趣金、商

---

① 《陆贽集》卷一九《论缘边守备事宜状》，第618页。
② 《新唐书》卷五二《食货志二》，第1353页。
③ 《旧唐书》卷一○八《崔纵传》，第3281页。

路",令"间道进奉数约五十万",以给关中将士。①

《册府元龟》卷四八四载贞元元年十二月度支使奏:"先准敕以河中两地(池)盐充诸军收城将士赏钱。自榷法不行,旅商颇绝,请一切罢之。其所欠赏钱,待江淮盐利续至即给,从之。"贞元十三年德宗诛汴州叛将李迺,汴州将士赏钱三十万贯,委度支使董晋"逐便取盐铁转运钱物分给"②。元和中,度支使皇甫镈、盐铁使程异均增盐价,以支撑讨伐河北、淮西的战争。穆宗时,度支和雇河南府百姓车牛为诸道行营搬运粮草,以"盐利虚估匹段"支付。③武宗讨伐泽潞刘稹,"又诏杜悰兼盐铁、度支,并二使财以赡兵,乃不乏"④。诸多事实表明,盐铁财赋在唐代后期始终是军费的主要来源之一。

由于战争不时发生,盐铁财赋作为军费支出似乎常常显示了临时支配的特点。但就正常情况而言,亦并非完全没有定准。《册府元龟》卷四八四记贞元元年(785)度支奏:"京师经费及关内外征讨士马月须米盐五十三万石,钱六十万贯,草三百八十三万围,春冬衣赐、元日冬至立仗赐物不在其中。"⑤这个数字之大显需度支、盐铁共同担负,因此条之下也提到了当时"漕江东租赋百余万贯在江陵",度支主吏宋楼桐无部置,使遭火焚之事。至于盐铁究须投入多少不见记载。但从后来陆贽在前揭文中请求将东南停运米价六十四万

---

① 《旧唐书》卷一二三《王绍传》,第3521页。
② 《唐大诏令集》卷一二四《平李迺诏》,第664页。
③ 《元稹集》卷三八《为河南府百姓诉车状》,第433页。
④ 《新唐书》卷一八二《卢商传》,第5366页。
⑤ 《册府元龟》卷四八四《邦计部·经费》,第5786页;下引同卷文见第5788—5789页。

贯及所减脚价六十九万贯,"都合得钱一百三十三万贯"支付和籴的情况,知至少盐铁钱用于和籴是有一定数额而非随意支配的。又《册府元龟》同上卷载元和十二年(817)盐铁使王播奏曾提到"其度支、户部并臣当司合送上都行营钱物,并令急切催促",既称"合送",知当时对于诸司应送上都行营钱物有数额的要求或规定。

为了能对军费的支出作预先的储备和计划,会昌五年(845)九月,宰相李德裕奏置备边库。大中三年(849)以后改称延资库,常由宰相判领。"其钱三司率送,初年,户部每年二十万贯匹,度支、盐铁每年三十万贯匹,次年以军用足,三分减其一。"[①]其中盐铁储费已成为盐利的固定支出。

盐利作为军费虽有一定的取向和标准,但由于先前战时经费即完全由中央调集,如德宗时包佶面对陈少游"请供二百万贯钱物以助军费"的勒索,有"所用财帛,须承敕命"的说法[②];元和以后,更明确了盐铁财赋"利系度支"的原则,使得军费更通过度支以划拨,这样,作为军费支出盐利的总体统计即因无具体记载而发生困难。尽管如此,从上面的论述,我们仍然可以推测,盐利作为军费是几乎等同或仅次于漕运的第二大支出。

(三)除陌钱的支付与其他行政经费

贞元四年(788),宰相李泌建"户部除陌钱"及"户部别贮

---

① 《唐会要》卷五九《延资库使》,第1200页。
② 《旧唐书》卷一二六《陈少游传》,第3565页。

钱",规定由户部侍郎专掌,"皆以给京官,岁费不及五十五万缗"。这笔经费成为户部钱的基础。其中除陌钱自"中外给用"的两税钱及"盐铁筦榷钱"中取,"每贯垫二十"即千钱取二十文。[①]据咸通八年(867)延资库使曹确奏,说到"诸道州府场监院合送户部除陌钱"后来已增至每贯八十文[②],也即抽取比例从百分之二增至百分之八。此项除陌钱与其他户部司所掌经费,除供京官俸禄外,"京兆和籴,度支给诸军冬衣,亦往往取之"[③]。咸通中户部欠延资库钱,也以此钱支付。是盐利通过户部除陌钱又有一部分用于供军。

盐铁除陌钱如按百分之八的比例抽取,则一年最多可达数十万贯。此外,根据李泌增给百官俸的规定,武官俸料中的杂给、随身用米、盐及春冬服等,亦应由度支或盐铁除陌钱支付。

据《唐会要·户部侍郎》元和十三年十月中书门下奏,关于盐铁使应在年终汇报一年收支情况及"送到左藏库欠钱数。其所欠亦具监院额缘某事欠未送到"的规定[④],知盐铁财赋本身即有直接送到中央为政府所使用的固定数额,当然供军也在内。此外京司机构的行政费用,唐后期虽多自户部、度支钱支用,但也有例外。文宗开成元年(836)正月一日敕要求"京兆府附一年所支用钱物、斛斗、草等,并勒盐铁使以开成元年直进绫绢充还"[⑤]。其时,盐铁使令狐楚又奏

---

① 《新唐书》卷五五《食货志五》,第1401页。
② 《唐会要》卷五九《延资库使》,第1201页。
③ 《新唐书》卷五五《食货志五》,第1401页;下同。
④ 《唐会要》卷五八《户部侍郎》,第1188页。
⑤ 《册府元龟》卷四八四《邦计部·经费》,第5790页;下引文同。

请罢修曲江亭子绢一万三千七百匹以"回修尚书省",说明此钱亦与盐铁有关。宣宗时,上巳、重阳节曲江宴会,除"本色"五百贯钱外,"如有欠少,即委度支、盐铁具数均给"[1]。说明盐铁钱除正额支配外,尚有义务随时补贴京中用度之阙。

盐钱作为国家经费,当然还可以通过和籴和市等用于救灾等方面。刘晏大历中即以"岁得钱百余万缗,以当百余州之赋"[2]。文宗时,度支、盐铁使王涯曾以银州为放牧之地,奏称"臣已于盐铁司方图(圆),收拾羡余绢,除正进外,排比得五万匹,约得三千余匹",请令置银州监使勾当。[3]虽号称"羡余",然亦为盐钱参助国用之一例。

(四)煮盐及盐铁官吏俸禄

元和中李巽改革盐利上报制度,曾明确宣布其所收之数"除为煮盐之外,付度支收其数"[4],可见煮盐钱这一部分,仍由盐铁使支配。由于唐代榷盐法基本上是民种官收,所以煮盐可以认为是生产成本或官收盐民的食盐价钱。这个征收价钱是多少呢?或根据第五琦初行盐法时,"奏准天下盐斗收一百文"[5]"斗加时价百钱而出

---

[1] 《文苑英华》卷四二二《大中二年正月三日册尊号赦书》,第2137页。
[2] 《新唐书》卷五四《食货志四》,第1378页。
[3] 《唐会要》卷六六《群牧使》,第1355页。
[4] 《唐会要》卷八七《转运盐铁总叙》,第1887页。
[5] (唐)刘肃撰,许德楠、李鼎霞点校:《大唐新语》卷一〇《厘革第二十二》,中华书局,1984年,第154页。

下编 / 盐价、物价与盐法　　　　　　　　　　347

之，为钱一百一十"①，而断定100文即榷税，10文则变为征收价格。其收价约占总榷利十一分之一。但从元和以后的情况看，政府称为"㮣盐本"的比例显然较此为高。盐铁使王播元和八年报七年盐利，"计收盐钱六百七十八万四千四百贯"，"计成虚钱一千二（七？）百一十七万九十（千？）贯，其二百一十八万六千三百贯充㮣盐本，其一千四百九十九万二千六百贯充榷利"②，是㮣盐本约占总榷利八分之一强，依"都收"盐钱或省估计算，应为87万余贯。此为盐铁使"煮盐"之费，度支盐利中恐也有相应费用，此亦是盐利中一项较大支出。

唐后期度支、盐铁使下均设有庞大的地方机构，其官吏众多。而两使下巡院及场、监官吏的俸料钱复比一般官吏为高。史料中有颇多唐人为俸钱优厚而任盐铁官或吏职的记载。如《新唐书》卷二〇〇记许康佐贞元中举进士、宏辞，连中之后，竟为"家苦贫，母老，求为知院官，人讥其不择禄"③。《太平广记·宋衍》一则也载其因疾病废业，为盐业院书手，月钱两千，后更应人之邀，为米纲过三门者"通管簿书，月给钱八千文"。④盐铁系统官吏不啻万员，每年的俸禄固应由其系统内支付，相信应不下于数十万贯。所以《册府元龟》记文宗大和元年（827）三月，盐铁使王播一次便进"停减盐铁官吏课料绢一万六千三百匹"⑤，这在盐铁司并不算什么事。而且俸料之

---

① 《新唐书》卷五四《食货志四》，第1378页。
② 《册府元龟》卷四九三《邦计部·山泽一》，第5899页。按据㮣盐本及榷利相加，此处"二""十"两字应分别为"七""千"之误。
③ 《新唐书》卷二〇〇《儒学下·许康佐传》，第5722页。
④ 《太平广记》卷一〇六《宋衍》（出《报业记》），第719页。
⑤ 《册府元龟》卷四八四《邦计部·经费》，第5790页。

盐与唐帝国

中，尚未包括本身行政经费。所以如将上述第三、四两项用费相加，那么改一改陆贽的这句话，"且经费之大，其流有三：军食一也，军衣二也，内外官月俸及诸色资课三也"[①]，我们也可以说成："盐铁之费，其流有三，漕运一也，军资二也，盐铁官俸料及内外杂用费三也。"在第三点中，还必须加上我们下文将要谈到的盐铁额内、额外进奉。这样，便包括了盐利支出最主要的成分。

（五）宫廷用费及羡余贡献

在唐国家经费的支出中，"国用"与"御用"是不同的两个方面。但是御用按照制度是包括在度支对国家财赋的企划之中。德宗即位初，杨炎恢复左藏，诏令"凡财库（赋）皆归左藏库，一用旧式，每岁于数中择精好之物三五十万匹进纳大盈库，而度支先以全数闻"[②]。《唐会要·殿中省》长庆三年（823）三月诏："每日供御及供宫内食料等，一物已上，各委本司商量节减。仍具所费用数，速分析闻奏，当付度支管计，添充经费。"[③]

在经度支规划的供御经费中，也包括盐钱。刘晏任使时，"宫闱服御"是盐铁供应的一项重要内容。但盐钱供御的部分显然也是有正额的。如韩愈所说，"旧盐铁财赋，一入正库，以助经费"，作为贡献的只是"稍以时市珍玩时新物"而已。[④]刘晏时代虽按杨炎所说是

---

① 《陆贽集》卷二二《均节赋税恤百姓六条》，第739页。
② 《册府元龟》卷四八四《邦计部·经费》，第5786页。
③ 《唐会要》卷六五《殿中省》，第1332页。
④ 《韩昌黎集·外集》卷七《顺宗实录》卷二，《国学基本丛书》第7册，第91页。

下编 / 盐价、物价与盐法　　349

钱入内库，但见于额外供御者，似乎也只有"江淮茗橘珍甘"[1]。德宗虽增加度支、盐铁进奉，但文宗《即位诏》要求"应别诏宣索纂组雕镂，不在常贡内者并停。度支、盐铁、户部及州府百司，应供宫禁年支一物以上，并准贞元额为定"[2]。可见诸使进奉，至少贞元以来本有常额。前揭文宗开成元年（836）敕文，令京兆府一年用钱物，"并勒盐铁使以开成元年直进绫绢充还"。此直进绫绢，疑即直进内库绫绢，其按"年"而有定，并非临时征求。

不过德宗的"别诏宣索"，却毕竟使珍玩一类的进奉发展为"日进""月进"渐无止境的事实。额外进奉的增加一是由于分掌制下诸使实行单独财务核算，操纵权力过大，又不按制度严格申报出入账目，即如元和十三年中书门下奏之说是"比来因循，都不剖析，岁终会计，无以准绳。盖缘根本未有纲条，所以名数易为盈缩"[3]，长期如此，势必会给额外进奉制造可乘之机。

造成进奉大行的另一原因便是盐钱收支虚实不符。其中关于收入前篇已论。支出是更复杂的情况。从上述漕运佣费、和籴、延资库等规定数额来看，唐中央政府制定用赋时是以"缗钱"也即钱额为计的。如陆贽在计算运米钱时说"今淮南诸州，米每斗当钱一百五十文，从淮南转运至东渭桥，每斗船脚又约用钱二百文。计运米一斗，总当钱三百五十文"[4]。其总数如入于账中，自然也是"钱"额。但

---

[1]　《新唐书》卷一四九《刘晏传》，第4796页。
[2]　《全唐文》卷七〇《即位诏》，第742页。
[3]　《唐会要》卷五八《户部侍郎》，第1188页。
[4]　《陆贽集》卷一八《请减京东水运收脚价于缘边州镇储蓄军粮事宜状》，第594页。

是具体支配却有虚、实之分，而又多是虚估。例如正像裴度指责度支使皇甫镈"比者淮西诸军粮料，所破五成钱，其实只与一成、两成"[1]，我们从元稹状中也看到官府实际上是以完全不足用的盐利虚估运费折偿百姓车牛之价。[2]又如盐利支付"煮盐"或称粜盐本也是虚折，否则，不会是以虚估出现在盐铁使的上报之中。这样，由于总的支配额与具体支出差价便造成了所谓额外进奉的"羡余"。

但正因如此，所以无论出自何种名义的这类进奉都不能认为是盐钱支出中另外增加的部分。而是如唐人所说，所谓"月进"一类都不过是诸使"课利少而羡余多，侵削日甚"的结果。[3]史载元和末程异为卫尉卿盐铁使，"进绢十万匹，并号羡余"[4]，为时论所深诋。宝历中，盐铁使王播罢任后为谋复职，"广求珍异"以结宦官王守澄，获任后曾一次进羡余绢百万匹，又曾为敬宗造竞渡船二十艘，"运材于京师造之，计用转运半年之费。谏议大夫张仲方等力谏，乃减其半"[5]。还有王涯任诸道盐铁转运使：

> 文宗大和四年四月庚戌，进第九船羡余绫绢一万匹。癸丑，涯进第十船羡余绫绢二万匹。十月，王涯进降诞绫绢、罗、锦彩等共一万二千八百匹，银器一百事。十二月戊寅，涯进羡余

---

① 《旧唐书》卷一三五《皇甫镈传》，第3740页。
② 《元稹集》卷三八《为河南府百姓诉车状》，第433—434页。
③ 《白居易集》卷四四《为人上宰相书一首》，第955页。
④ 《册府元龟》卷四八五《邦计部·济军》，第5798页。
⑤ 参见《旧唐书》卷一六四《王播传》，第4277页；《资治通鉴》卷二四三宝历元年，第7844页。

下编 / 盐价、物价与盐法

绫绢前后凡八百余匹。五年二月庚辰，涯进羡余匹段，进银碗一千五百口。丁酉，涯进羡余绫绢共十万匹。八月戊寅，涯进羡余绢二万匹。甲申，涯进羡余绫绢二万匹。九月辛丑，涯进羡余绫绢二万匹。六年六月，涯进羡余绢二十万匹。①

从记载数字来看，王涯所进逐年增多，大和四年不到五万匹，五年超过十四万匹，六年仅一次就达二十万匹，而且很多时候，确实是按月进奉，且没有限量。但其数额虽巨，仍无非如《旧唐书·王播传》所说是"于铜盐之内，巧为赋敛，名为羡余，其实正额"。所以羡余愈多，"经入益少"，成为盐利实际上并不能完全按计划支出的一个重要原因。

总之，以上我们不厌其详地讨论了盐利支出的情况，就是为了说明，盐利的使用也同样是有规范的。就内容而言，其支出一为漕运，二为军费，之外则被分割为粜盐本、除陌钱、盐铁机构官吏俸料、办公经费及送左藏及宫中用费等，由于使用的项目比较固定，所以体现了定向支出的特点。另外就方式而言，盐钱被纳入国家规划，但它的分配又大体可以分为三类。其一是属于完全或基本定额规划，如漕运佣费、造船钱、送入左藏及延资库钱、和籴及分配由盐铁供军费用、盐铁官吏俸料、办公经费等。其二是按比例定额或支配者，如除陌费、粜盐本等。其三则是无定额、无计划部分，包括战争用费、中央办公经费的额外需要和支出、本身修缮河渠等用

---

① 《册府元龟》卷五一〇《邦计部·羡旨》，第6118页。

费，以及额外进奉等。

三类中，前二类应当是唐国家对盐钱支配的主流，也即国家是通过基本定向、定额的分配，及对某些用途的包干负责制而限制盐利的使用，维持财政平衡。但是，由于战争所导致的军费膨胀、其他费用临时增加、朝廷和皇帝对"羡余"的贪索，都破坏了这一平衡，降低了定额的意义。而收支中存在的虚实估问题也造成了支出"定额"与实际状况不相符。当然唐晚期盐利收入逐渐减少，也使定额的存在愈来愈缺乏实际意义，而这当然也是唐后期中央经费使用的一个普遍规律。

这里需要附带指出的，是定额支出问题并非仅限盐钱。事实上，唐后期每一笔经费建立的同时就几乎已有了较为固定的支出。除两税、盐钱之外，茶钱也是如此。唐中央政府最初征茶钱的目的便是陆贽所说"置义仓以备水旱"与和籴，后交与户部司专掌作为特别经费。又如《唐会要·杂税》记开成二年（837）十二月武宁节度使薛元赏停泗口征收衣冠商客"杂税物"的过税，敕旨令"其泗口税额，准徐泗观察使今年前后两度奏状，内竖共得钱一万八千五十五贯文，内十驿一万一千三百贯文，委户部每年以实钱逐近支付。泗、宿二州，以度支上供钱赐充本军用"[①]。意思是说，"内竖"，十驿，泗、宿二州每年自泗口税中取得的经费也是有定数的。当支付这笔钱的过税被取消后，唐政府即不得不挪用户部、度支钱给以补偿。

另外，从财政三司分掌制本身也可以看出这种倾向。财政三司各系统实行独立核算，而其所掌经费的项目、范围是大体固定的，支配

---

① 《唐会要》卷八四《杂税》，第1832—1833页。

的对象、内容也基本上是固定的。从唐史料大量记载可以看到，中央政府在分派供军、和籴、内外官俸禄以及各项经费之际，大体都规定了数额及具体来源，即每项用度出自何司何赋，这从长远来看，便形成了诸司诸使对于税赋支出分担其责的分片包干制，或称总体的定项定额支出。

四 小结

综括上述"收入""支出"两项，我们对唐后期盐钱（以盐铁使主掌盐利为主）进行了综合探讨，认为从收、支两方面均存在定额问题。其中，盐钱的定额是在大历收入的基础上逐渐形成的。但作为政府及盐铁机构力争达到的最低"钱额"和指标，它与实际收入并不完全等同。在唐晚期中央统治衰落而财赋无所保证的情况下，盐钱的钱额方始被强调。

盐钱的定额或年收入达到的"钱额"以省估为标准计量。省估是现钱实估与虚估各占一半的"都收价钱"。它与德宗时期盐铁使上报的盐利"虚估"并不是一回事。元和之际，省估被作为两税与盐钱的征收定价标准强制执行，但它并未被地方及盐铁官吏长期遵守。所以穆宗及文宗之际，都有试图将两税、盐钱以实钱或实估为定额的情况。

盐钱的支配也在一定程度上实行了定额。其定额主要体现在某些主要用途的定向包干使用及大体确定的用费标准及数额。虽然，正像盐钱实际收入并不等同"钱额"一样，虚实估等问题也影响着盐钱的实际支配，并且额外支出也是大量存在的。但定向与定额毕竟是盐钱支配的标准和原则，它所代表的，是唐后期盐钱总体支配的一种原则和基本状况。

对于诸司财赋征收及支用项目、内容的分派，对于盐钱与其他经费收入"钱额"的建立，以及对其具体使用内容、数额的大体限定——这一切，构成了唐中央政府管理内部财赋的基本方式。尽管这些与盐钱或其他经费的真正收支情况仍有差距，但如果我们已认定唐朝廷关于两税的"上供、送使、留州"是中央与地方实行了"划分收支，定额管理"的话，那么，可不可以认为，它对于包括盐钱在内的经费执掌原则，也是一种"划分收支，定额管理"呢？

拙作《也谈两税"量出制入"与"定额给资"》一文，曾就"量出制入"是否两税及国家财政的支配原则提出看法。认为杨炎的两税法，虽然没能够做到"先根据国家的支出作出预算，再制定相应征收额"那样意义上的"量出制入"，但它毕竟是以国家的财政需要和支出作为主导和前提，一方面保证用度，一方面约束征敛，是考虑之基点在"出"，以"入"服从于"出"的税法。从这个意义上说，两税法可以说是"量出制入"的，而且"定额"实际上便体现了量出。盐钱在建立之初为应付国家某些需要（如漕运）的目的比两税更纯粹，而它在入、支两方面的限额也仍不无约束的意义在。假如这一点可以肯定，那么盐钱及与之性质相同的国家其余赋税之收支是不是能再度向我们提供唐后期赋税及财政收支原则是一定意义上"量出制入"的证据呢？我想答案应当是没有疑问的。

下编 / 盐价、物价与盐法　　　　　　　　　　　　　　355

拾壹 从张平叔的官销之议试论唐五代盐专卖方式的变迁

　　唐朝自肃、代之际第五琦创建榷盐法而刘晏改行就场专卖制后，食盐运销即以商运商销为主。但至五代，则完全改以俵配制和场务榷粜为主的官销。专卖方式的更替自何时开始？其转变的因素究竟何在？这是以往学者论述中虽颇有涉及却并未能完全解决的问题。鉴于此，本文试从穆宗朝张平叔的官销之议出发略作探讨。

一 官销之议与食盐榷价的以虚趋实

唐宪宗一朝，以削藩战争旷日持久，耗尽了国家的兵力财力。穆宗即位后，承元和用兵之弊，加之河朔再叛，"征发百端，财力殚竭"[1]，度支无以供军，食盐官销之议遂甚嚣尘上。

长庆二年（822），官销之议由户部侍郎判度支张平叔提出。史称平叔以征利中穆宗意，"以榷盐旧法为弊年深，欲官自粜盐，可富国强兵，劝农积货，疏利害十八条。诏下其奏，令公卿议"[2]。

张平叔提出的"官自粜盐"，是将场监院等专卖机构的榷商，改为由州县官主持，面向百姓的直接官销，但对他的主张，廷议纷争十分激烈。中书舍人韦处厚"发十难消其迂谬"[3]，工部侍郎韩愈也上状对"利害十八条"逐一加以批驳[4]。而在廷议的反对下，张平叔"词屈无以答"，"愧缩，遂寝"[5]，其法竟未能通过实施。

然而尽管如此，张平叔的主张毕竟不能看作无谓之举。兵乱财匮

---

[1] 《旧唐书》卷一四二《王庭凑传》，中华书局，1975年，第3886页。
[2] 《旧唐书》卷一五九《韦处厚传》，中华书局，1975年，第4183页。
[3] 《新唐书》卷一四二《韦处厚传》，中华书局，1975年，第4674页。
[4] 《新唐书》卷五四《食货志四》，第1380页；并参《韩昌黎集》卷四〇《论变盐法事宜状》，《国学基本丛书》第7册，商务印书馆，1958年，第55—60页。
[5] 《旧唐书》卷一五九、《新唐书》卷一四二《韦处厚传》，页同前。

之外，史书所提到的"榷盐旧法为弊年深"显然使其改法有了更深刻的内涵。作为官销主张的提出者，张平叔并不是第一人。早在榷盐法兴盛之际的元和初，独孤郁已指出："夫盐榷之重弊，失于商徒操利权，州县不奉法，贾太重而利（吏）太烦，布帛精粗不中数矣。"他要求"罢盐铁之官以省费"①。此后，其兄独孤朗又建言："宜用观察使领本道盐铁，罢场监管榷吏，除百姓之患。"②他们的看法及主张与张平叔都是不谋而合的。其中独孤郁所言"商徒操利权"一点尤关乎就场专卖制下官商争利的矛盾，而此点在张平叔盐法议中也颇有体现：

　　一件，平叔又云：浮寄奸猾者转富，土著守业者日贫。若官自粜盐，不问贵贱贫富，士农工商，道士僧尼，并兼游惰，因其所食，尽输官钱。并诸道〔诸？〕军诸使家口亲族，递相影占，不曾输税，若官自粜盐，此辈无一人遗漏者。③

张平叔此条明言商销法造成了商人的富裕和部分百姓、官势之家不输盐税的问题。对此，韩愈驳之以"所谓知其一而不知其二，见其近而不见其远"。理由是"国家榷盐，粜与商人；商人纳榷，粜与百姓；则是天下百姓，无贫富贵贱，皆已输钱于官矣，不必与国家交手

---

① 《文苑英华》卷四八八《〔对〕才识兼茂明于体用策》，中华书局，1966年，第2491页。"利"当作"吏"，据《全唐文》卷六八三（中华书局，1983年，第6985页）改。
② 《新唐书》卷一六二《独孤朗传》，第4993页。
③ 《韩昌黎集》卷四〇《论变盐法事宜状》，《国学基本丛书》第7册，第55—60页。引文见第58页；下引文同。

付钱,然后为输钱于官矣"。两者相较,韩愈之说可谓深明商销法之底蕴。国家让微利于商人,而借助商人转销食盐的积极性,以达到最广泛榷税百姓的目的,这本是刘晏建立就场专卖制的初衷,也是商销法的原则和最大优点。然而由于种种原因,韩愈所倡论者却已经不是他所面对的现实。元和、长庆以来私盐的增加(此可以《新唐书》卷五四所载度支使皇甫镈加强池盐缉私法为证[①])和盐利的减少,说明张平叔所言"递相影占"者并非虚构,商销法愈来愈是富了商人而未利国家。就此而言,"知其一而不知其二"者并非只有张平叔,或者也应包括韩愈自己。从解救唐朝廷的财政危机出发,倒是张平叔的官销似乎更有现实依据。

我们这里当然不是要为张平叔辩护或评价张、韩二人的是非。鉴于以往论者对张平叔盐法已多有介绍,故也无意再将其内容逐条重作赘述,而是只想就有关者探讨盐法变化的中心因素。如上所述官商矛盾的激化和榷盐法的衰落为既成事实,官商矛盾集中于利益的分配和争夺,而这一点最终会在盐价问题上有所体现。由于盐商的利润是通过向政府纳榷时的批发价格(榷价)与市场零售价格的中间差价以获取,所以政府如欲增加盐利,就必然在此中大做文章。但从韩愈所论张平叔定盐价却似乎看不到这一点:

一件,平叔请定盐价,每斤三十文,又每二百里,每斤价加收二文,以充脚价;量地远近险易,加至六文脚价,不足官与

[①] 《新唐书》卷五四《食货志四》,第1379—1380页。

出。名为每斤三十文,其实已三十六文也。今盐价京师每斤四十〔文〕,诸州则不登此。①

张平叔预定的官销盐价直面百姓,中间已取消了商人加价的因素,但由于增加脚价,故比当时市价并无太多减少。照韩愈的看法,此价既比原来"只校数文,于百姓未有厚利",且"折长补短,每斤用钱三十四,则是公私之间,每斤常失七八文也。下不及百姓,上不归国家,积数至多,不为有益",是国家也未能从中捞到什么便宜。但韩愈所论,仅仅是从表面数字出发。唐朝的盐价本不能光以表面数字升降为计,张平叔增收的办法和盐利之盈缩也不专在此。且看其法所云:

  一件,平叔请令州府,差人自粜官盐,收实估匹段。省司准旧例支用,自然获利一倍已上者。②

张平叔在建议州县自粜官盐的同时,强调盐价征收"实估匹段",何以如此?它与盐利的增收有何关系?此点最为紧要,内中涉及唐后期食盐的虚实估问题,也是了解"商徒操利权"的关键。试读白居易《盐商妇》一诗云:

  婿作盐商十五年,不属州县属天子。每年盐利入官时,少入

---

① 《韩昌黎集》卷四〇《论变盐法事宜状》,《国学基本丛书》第7册,第56—57页。
② 《韩昌黎集》卷四〇《论变盐法事宜状》,《国学基本丛书》第7册,第55页。

官家多入私。官家利薄私家厚，盐铁尚书远不知。①

此数句者，于陈寅恪《元白诗笺证稿》一书中，已专有论述，并借用《白氏长庆集》卷四六《策林》第二三"议盐法之弊，论盐商之幸"一条所说"臣又见自关以东，上农大贾，易其资产，入为盐商。率皆多藏私财，别营稗贩，少出官利，唯求隶名，居无征徭，行无榷税；身则庇于盐籍，利尽入于私室"来作解释。②然则何以"少入官家多入私"，"官家利薄私家厚"？除了盐商借盐籍庇护"别营稗贩"外，似还另有缘由。此仍可以陈先生所述白居易同条中的另一部分内容为底注：

臣以为（盐法）赢薄之由，由乎院场太多，吏职太重故也。何者？今之主者，岁考其课利之多少，而殿最焉，赏罚焉。院场既多，则各虑其商旅之不来也，故美其盐而多与焉。吏职既众，则各惧其课利之不优也，故慢其货而苟得焉。盐美则幸生，而无厌之商趋矣；货慢则滥作，而无用之物入矣。所以盐愈费而官愈耗，货愈虚而商愈饶，法虽行而奸缘，课虽存而利失。

场院官吏与商人勾结、通同作弊造成了官家盐利的减少和损失。这被

---

① 顾学颉校点：《白居易集》卷四《新乐府·讽喻四》，中华书局，1979年，第84页。
② 陈寅恪：《元白诗笺证稿》第五章《新乐府》，文学古籍刊行社，1955年，第254—255页；并参《白居易集》卷六三《策林二·二三》，第1317—1318页；下引文同。

下编 / 盐价、物价与盐法　　361

看成是就场专卖和商销最大的弊病之一,也是独孤郁等人提出"贾太重而吏太烦",要求"罢场监管榷吏"的主要原因。场吏与商人的勾结即在交易中弄虚作假,也即白居易所说"盐羡""货慢"。"盐羡"是羡其盐而多与"商人","货慢"是场吏"慢其货而苟得",也即独孤郁所谓"布帛精粗不中数"(不符合国家规定的质量标准);"盐羡""货慢"正是食盐虚实估问题在现实中的体现。

以往学者论及唐朝虚实估问题多认为产生于两税实行以后,与两税的计估算缗,以钱定税而临时折征实物有关,但盐法对虚实估产生的影响也不应低估。唐后期盐酒利虽"本以榷率计钱"①,即榷税额以钱为本。但由于钱币的短缺及钱重货轻,在实际征收时也不得不杂以绢帛谷物等实物。宪宗《亢旱抚恤百姓德音》关于"永贞元年变法后新盐利轻货折估钱"的放免,以及元和六年(811)二月"公私交易十贯钱已上,即须兼用匹段"的诏令都可以说明这一点。②计钱而征实物是虚实估产生的基础,此点对于盐钱自然也不例外。不仅如此,事实上由于盐法的实行在两税法颁布之先,故食盐虚实估问题也比两税出现更早。《新唐书·食货志四》称:"刘晏盐法既成,商人纳绢以代盐利者,每缗加钱二百,以备将士春服。"③说明至少在大历中,绢帛已有官估(即省估或虚估)高于市价的情况。其"每缗加钱二百"者,应当就是商人最早从虚实估差价中获得的好处。而

---

① 《旧唐书》卷四八《食货志》元和十五年八月中书门下奏,第2093页。
② 《文苑英华》卷四三五《亢旱抚恤百姓德音》,中华书局,1966年,第2204页;《唐会要》卷八九《泉货》,上海古籍出版社,1991年,第1933页。
③ 《新唐书》卷五四《食货志四》,第1379页。

如果说，这时的虚估还是出自某种需要而临时定价的话，那么建中以后，按照大历物价核算的虚估已经经常地出现于政府的利税折算和官商的食盐交易之中了。

又据新志记载，食盐虚实估问题的正式产生是在德宗朝食盐提价之后，德宗建中中以朝廷对藩镇用兵，不仅两税钱"千增二百"[①]，食盐榷价也暴增，"江淮盐每斗亦增二百，为钱三百一十，其后复增六十，河中两池盐每斗为钱三百七十"。盐价的高涨，不仅引起了私盐的泛滥，也是食盐榷价以实趋虚的开始。建中三年（782），朝廷以"包佶为汴东水陆运、两税、盐铁使，许以漆器、玳瑁、绫绮代盐价，虽不可用者亦高估而售之，广虚数以罔上"。由是盐钱可以各类实物代纳，而仍按大大超过市场时价的虚估计折上报，盐利便成为百分之百的虚钱。政府的收入大为降低而名实不符。由于盐铁使从中作弊，至贞元末，竟造成"盐铁之利，积于私室，而国用耗屈，榷盐法大坏，多为虚估率千钱不满百三十而已"的结果。[②]

虚估的盛行使政府大受其损，但对商人来说却是不无其益。虚估的产生，原因正在于政府所定盐价过高，超出了百姓的承受能力。陆贽兴元中（784）作《议减盐价诏》称，"以谷一斗（《唐大诏令集》卷一一二作'谷数斗'），易盐一升，本末相逾，科条益峻"，并感叹百姓为此"五味失和，百疾生害，以兹夭殁，实为痛伤"。[③]可见过高的盐价已使百姓困苦不堪，故而不能不顾百姓的承受能力而

---

① 《旧唐书》卷四八《食货志上》，第2093页。
② 以上引文均见《新唐书》卷五四《食货志四》，第1378—1379页。
③ 王素点校：《陆贽集》卷四《议减盐价诏》，中华书局，2006年，第119—120页。

任意增长。因此,当盐价被提高到一定程度时便会自动下滑,虚估的出现说明了这一点。从这里出发,所谓"高估而售"就不能认为只是官吏上下其手,虚报盐利,其中也应包括政府向商人让利的成分。而以此来解释《新唐书·食货志四》所说"江淮豪贾射利,或时倍之,官收不能过半",也就找到了答案。食盐榷价虚抬后,商人已无明里加价的余地。那么除了利用虚实估差价暗里大赚其钱外,还有什么办法可以拿来与政府"合法"竞争呢?

但商人从虚实估中获得的好处却始终是一未定之数。它依赖于市场时价(实估)本身的变化,也取决于官府的让利程度。有一点是可以肯定的,即事实上的差价越大,让利越多,商人所获也就越丰,如白居易所说是"盐愈费而官愈耗,货愈虚而商愈饶,法虽行而奸缘,课虽存而利失"。所以政府如欲改变官耗商饶的状况便只有设法将盐价降虚就实。于是在顺宗、宪宗相继即位后,以杜佑、李巽任盐铁使,针对"榷盐法大坏"的局面实行改革,便首先从降低盐价入手,"江淮盐价,每斗为钱二百五十,河中两池盐,斗钱三百"。与此同时,史称李巽还要求"以盐利皆归度支,物无虚估"。[①]即强调盐铁使须将盐利以实估上交度支。而在李巽申报盐利时,对比"比量未改法已前旧盐利,总约四倍加抬"的虚钱数是"非实数也",所报的新价钱也即"榷盐都收价钱"却是强调"实数"的。如此不仅限制了盐铁使虚报盐利,也证明改革中确曾将盐价降虚就实。[②]

---
① 《新唐书》卷五四《食货志四》,第1379页。
② 参见《册府元龟》卷四九三《邦计部·山泽一》,中华书局,1960年,第5898—5899页;《唐会要》卷八七《转运盐铁总叙》,第1887页。

不过这里有所疑问的是李巽和其后的盐铁使王播等人所奏"榷盐都收价钱"与虚钱之比,并不是所说"四倍加抬"也即1:4的比例关系,而是只有1:2.45或1:2.5左右。何以如此?李锦绣《唐后期的虚钱、实钱问题》一文曾提出是由于征收中有钱有物,两者估价不同之故。[①]笔者认为,这一说法原则上是对的。但既称有别,实际上便仍无法回避实物折征中所存在的虚实估问题。值得注意的是,在其人所报"都收卖盐价钱"时,并没有特别点明是实钱或实估。这说明所谓"都收卖盐价钱"虽是榷盐征收中的"实数",却不是真正的实估,它们和真正的实估之间尚存在一定的距离。而所以如此,我认为主要是由于政府向商人征榷的盐价钱中,尚未能完全取消虚估的原因。

据上述永贞、元和以前的情况,盐利的"本以榷率计钱"和两税同样是计虚钱(大历物价)。盐铁使上报的盐利是百分之百(甚至超过4:1)的虚估,商人按规定虽应纳现钱与实估物,但在相当多的情况下也是虚估折偿。李巽改革虽降虚就实,并说明盐铁使是据实申报,但实际上为了鼓励商人卖盐,在榷价中仍不得不保留一定的虚估折纳比例,其结果便造成了盐利虽强调以实估却并非完全实估,所以盐铁使据榷卖实情申报的"实数"也是不无虚实含混性质。从元和历年奏报的盐利数字来看,其中"都收"数与虚钱比例大体相似(均为1:2.5左右),说明"都收"盐价钱中的虚、实钱比例也已大体固定。虚实相比,实钱征收量虽占绝对优势,但在"都收"额中却仅

---

① 李锦绣:《唐后期的虚钱、实钱问题》,载《北京大学学报》1989年第2期,第12—13页。

占有二分之一略弱的比例。这看来不可思议,却比较符合钱重货轻的现实。由于钱重货轻,李巽虽降低了盐价,提高了实估幅度,却不可能使物价改革一步到位。从当时盐价自每斗370文降至250文或300文,仅降四分之一到三分之一来看,这时的盐价也不可能恢复百分之一百的实估。

这里或者还可以不久后进行的两税物价改革作一参照。唐后期盐钱与两税的虚实估比例大体同步。李巽所说"比量改法以前,四倍加抬",和贞元中权德舆《论灾旱表》所说"大历中绢一匹价近四千,今止八百、九百"相去不远。[①]因此在盐钱与两税征收中的物价问题不会有太大出入。元和四年宰相裴垍实行两税法改革,禁止地方借征收匹段"剥征折估钱",其后诏敕更明确规定两税上供、送使、留州匹段都要一律以"送省中估"征收送纳。[②]送省中估显然已不是大历物价,而是永贞元和初的新定标准。由于两税法改革和盐法改革同时进行,所以结合李巽所奏盐利"都收价钱"中虚实各半的比例,便可以推知这个实中有虚、半实半虚的估价应当已是两税"送省中估"的先声。李巽和后来的盐铁使王播等所奏的盐利"实数"虽然不是实估,但明显已向实估靠拢。内中虚估的保留事实上也是一种"实估加饶",是现实基础上的一种折中,这和裴垍的立意显然是一致的。

因此李巽的"物无虚估"是在一定程度上调整了食盐榷价的,而

---

① 郭广伟校点:《权德舆诗文集》卷四七《论灾旱表》,上海古籍出版社,2008年,第750页。按:其文题目,《全唐文》卷四八八作"论旱灾表",第4980页。
② 《全唐文》卷六一《停实估敕》,第654页;《唐会要》卷八三《租税上》元和五年正月、六年二月制,第1822—1823页。

它的直接效果便是促进了盐利的增长。《唐会要·转运盐铁总叙》关于此，甚至有"（巽）初年之利，类（刘）晏之季年，季年之利，则三倍于晏矣"的比较。笔者也曾以此对李巽作过过誉的评价，并批驳了《通鉴》胡注"刘晏犹有遗利在民，巽则尽取之也"的看法。① 但现在看来，胡注所言未必全无道理，尤其"民"如果是指"商"的话。李巽盐利中实估比例的落实无疑要增加对百姓和商人的索取。不过说"尽取之"者也还为时过早。元和中两税和盐钱都仍有李翱所说"杂虚估以受之"的情况。② 前述白居易所谓"盐羡""货慢"者已可证明虚实估问题并未因此得到解决。从元稹《为河南府百姓诉车状》一文所说"绢一匹，约估四千已上，时估七百文。紬一匹，约估五千，时估八百文"看③，则其时绢价仍在继续下降而虚实估比例尚有扩大的倾向，这对盐钱的征收不能没有影响。因此盐价的以虚趋实只是一个渐进的过程。

元和末长庆中，在军费紧迫的情况下，政府再次提高了盐价。《册府元龟》卷四九三《邦计部·山泽一》载长庆元年（821）三月，盐铁使王播奏请"诸道监院粜盐付商人，每斗加五十文，通旧三百文价；请诸处煎盐场停（亭）置小铺粜盐，每斗加三十文，通旧一百九十文价"④。盐价的上升，是为了增加盐利，但会不会重蹈虚

---

① 见拙文《略论元和初期李巽的盐法漕运改革》，已收入本书。
② 《李文公集》卷九《疏改税法》，商务印书馆《四部丛刊》本。
③ 冀勤点校：《元稹集》卷三八《为河南府百姓诉车》，中华书局，1982年，第433页。
④ 《册府元龟》卷四九三《邦计部·山泽一》，第5900页。

钱上升的覆辙呢？事实说明并非如此。此次涨价并非虚存其名。《旧唐书·崔植传》称皇甫镈于其时任度支使，"奏诸州府盐（监）院两税、榷酒、盐利匹段等加估定数，及近年天下所纳盐酒利抬估者一切征收，诏皆可之"①。所谓"盐利匹段等加估定数"和抬估者，显然不仅是盐价数字的增长也包括实物折估数量的提升，这使虚估进一步接近实估。传中说当时皇甫镈的做法大不得人心，"（崔）植抗疏论奏，令宰臣召植宣旨嘉谕之，物议罪镈而美植。"但曾几何时，政府已试图通过新定税法彻底解决两税盐钱中虚实不符的问题。《旧唐书·食货志》称：

> 元和十五年八月，中书门下奏："伏准今年闰正月十七日敕，令百僚议钱货轻重者。今据群官杨於陵等议，'伏请天下两税榷盐酒利等，悉以布帛丝绵，任土所产物充税，并不征见钱，则物渐重，钱渐轻，农人见免贱卖匹帛'者。伏以群臣所议，事皆至当，深利公私。请商量付度支，……其盐利酒利，本以榷率计钱，有殊两税之名，不可除去钱额。中有令纳见钱者，亦请令折纳时估匹段。②

又《册府元龟》卷四九三长庆元年正月制也称：

---

① 《旧唐书》卷一一九《崔植传》，第3441—3442页，下同。
② 《旧唐书》卷四八《食货志》，第2093—2094页；并见《唐会要》卷八九《泉货》，第1936页。

度支盐铁使、户部应纳税茶兼榷盐中须纳见钱者，亦与折纳时估匹段及斛斗。如情愿纳见钱，亦任稳便，仍永为常式。[①]

按：此次税法改革的中心是钱重货轻，办法是将两税的以钱计额改为以匹帛实物定税。盐、茶等作为专卖税收虽未像两税一样取消钱额，但仍规定原来纳现钱的部分也要以实估匹段斛斗折纳。据中书门下奏，此举是为了避免农民"贱卖匹帛"，而从《新唐书·食货志》所述其时"豪家大商，积钱以逐轻重，故农人日困，末业日增"的情况看[②]，其打击的对象仍主要是商人。计钱折纳与现钱征收是虚实估存在以及商人逐轻重、校盈虚的基础，又从上述中书门下奏得知，两税"其旧纳虚估物，与依虚估物回计，如旧纳实估物并见钱，即于端匹斤两上量加估价回计"，即都要按估价确定匹段，折算实物，这就无异于税钱实纳，而税钱实纳自然会使虚实估的存在与商人关于现钱的角逐失去市场，更何况食盐现钱改为全纳实估匹帛尤其意味着商人不能再从折纳中捞到丝毫的便宜。

上述奏中又宣称"变法在长其物价，价长则永利公私"，商人的好处自然要不折不扣地转移给政府。但矛盾恰恰也在这里：商人如好处无几，那么官利又何从丰足？这种情况正可以唐史论刘晏给造船费用一事比类之。刘晏最初"于扬子置十场造船，每船给钱千缗"，即是考虑到"执事者至多，当先使之私用无窘，则官物坚牢矣"。并认为将来必有人会减少这项费用。结果确如所料："其后五十年，有司

---

① 《册府元龟》卷四九三《邦计部·山泽一》，第5900页。
② 《新唐书》卷五二《食货志》，第1360页。

果减其半。及咸通中，有司计费以给之，无复羡余，船益脆薄易坏，漕运遂废矣。"①

这里税商人的盐钱与给"执事者"的船钱固然是两回事，但掌权者的做法却差相仿佛。如果说，在就场专卖初行的大历中，刘晏还因顾及"永久之虑"而给商人留下充分余地的话；那么元和中，李巽已通过"物无虚估"而减其半。至于另一半在元和末政府宣布税价固定、见钱实征后也即将"无复羡余"。官府既与商人"屑屑校计锱铢"而使商人无钱可赚，则商运商销的榷盐法也将像漕运一样走向没落。

不过也应看到，元和十五年规定食盐见钱折纳实估尚属自愿性质。商人"如情愿纳见钱，亦任稳便"。政府需要从专卖中取得见钱，于是"钱额"便"不可取消"。而商人既因此要入见钱，及行计钱折纳，则钱贵物贱及虚估问题即无法避免。可见如欲行商销，即不能完全取消虚估，于是吏商勾结的"盐羡""货慢"积弊也会因而不改。而唯有代之以官销，才能行实估；唯有行实估，也才能使原来归于商人的那一半"羡余"重归官府——这正是张平叔何以断言行官销后"省司"便"自然获利一倍已上"的原因。

二 赊销的普遍化与俵配制的起源

虚实估的存在和钱重货轻的现象是唐后期盐商赚取利润的基础和

---

① 《资治通鉴》卷二二六建中元年，中华书局，1956年，第7287页。

前提。但盐商是借助了什么方式而从中大赚其钱的呢？请看张平叔和韩愈在争论中的如下说法：

> 一件：平叔云：初定两税时，绢一匹直钱三千，今绢一匹，直钱八百。百姓贫虚，或先取粟麦价，及至收获，悉以还债，又充官税，颗粒不残。若官中粜盐，一家五口，所食盐价，不过十钱，随日而输，不劳驱遣，则必无举债逃亡之患者。①

又韩愈反对由州县"坐铺自粜"说：

> 臣今通计，所在百姓，贫多富少，除城郭外，有见钱籴盐者，十无二三，多用杂物及米谷博易。盐商利归于己，无物不取，或从赊贷升斗，约以时熟填还，用此取济，两得利便。

韩愈与张平叔的主张虽针锋相对，但在提到商人与百姓交易实行赊销时却不约而同。其中的争论点只在于，韩愈看到的是赊销在日常生活中带给百姓的便利，张平叔注意的却是赊销在纳税和债偿问题上给百姓造成的痛苦，二者其实反映了同一问题的利弊两个方面。

赊销是商人与百姓间交易的一种方式。那么商人与政府之间呢？是不是所有大宗或小宗的盐茶贸易都是一手交钱、一手交货的现钱或

---

① 《韩昌黎集》卷四〇《论变盐法事宜状》，《国学基本丛书》第7册，第58页；下引文见第55页。

现货交易呢？《文苑英华》载武宗会昌二年《上尊号赦文》的某些规定或对此有所启发：

> 应属三司及茶盐商人，各据所在场盐（监）正额人名，牒报本贯州县，准敕文处分。其茶盐商仍定斤石多少，以为限约。其有冒名接脚，短贩零少者不在此限。①

政府对于已入籍的盐茶商人，以"斤石"为限约，规定了他们的贩盐茶数额。这个限额是他们作为专卖商必须完成的指标，故数量决不会太少。其所谓"仍定"者说明此制非武宗朝新设，而是原来就有。试想这个数额既属硬性指派，就很难保证商人能切实完成，更遑论让他们预先交齐盐款了。即使如此要求，商人限于财力，也未见得都能做到，于是便出现了白居易诗中所说的"每年盐利入官时"。即盐利的纳官也像两税一样是"每年"有"时"的，这个"时"如何安排以及是否固定尚不得而知，但官钱可以赊欠却显见是事实。这一点颇符合我们前面所说场、院官力争多向商人推销盐茶的情况。宣宗大中二年（848）《册尊号赦文》关于茶钱也有如下处分：

> 度支、盐铁、户部三司茶纲，欠负多年，积弊斯久，家业荡尽，无可征索，虚系簿籍，劳于囚系者，复委本司各条流

---

① 《文苑英华》卷四二三《会昌二年四月二十三日上尊号赦文》，第2144页；并参《全唐文》卷七八《加尊号赦文》，第814页。

372　　　　　　　　　　　　　　　　　　　　　　　　盐与唐帝国

〔疏〕理闻奏。如先将茶赊卖与人，及借贷人钱物，若文帖分明，的知谐实，即与帖州县征理。如组织平人，妄有指射，推勘了后，重加决责。①

茶钱既可由三司官吏"文帖分明"的赊卖，盐钱自也如是。作为实例，即有宣宗朝杜牧《上盐铁裴侍郎书》所说睦州等地"土盐商"被临平监官吏"追呼求取"一事。②书中言道，土盐商"自罢江淮留后已来，破散将尽。以监院多是诛求，一年之中，追呼无已。至有身行不在，须得父母妻儿锢身驱将，得钱即放，不二年内，尽恐逃亡"。又据杜牧所言，土盐商是"每州皆有""情愿把盐，每年纳利"的"土豪百姓""州县大户"。因此不消说是武宗《上尊号赦文》中那种有盐籍的商人。他们逃亡、"破灭"的原因是欠了临平监的钱，说明临平监对其实行赊销，这种赊销至少东南诸州非常普遍，其实行的依据就是商人有盐籍作为保证。

请读者幸勿忽略赊销的存在。监院由于商人有盐籍而放手对其实行赊销，虽是为了扩大销售，但久而久之，必然演为极大的弊病。这是因为一方面，商人既与政府和百姓都行赊销，便有条件利用两者中的"时间差"和手中资本升降估价，大赚其钱。另一方面，商人欠官府的钱到时并不一定有力量偿还，特别是在兵荒战危、经营不善之

---

① 《文苑英华》卷四二二《大中二年正月三日册尊号赦文》，第2137页；并参《全唐文》卷八二《受尊号赦文》，第862页。
② 《樊川文集》卷一三《上盐铁裴侍郎书》，上海古籍出版社，1978年，第196—197页。

际。此钱虽可由官吏追逼求索,但仅凭盐籍并不足以作为对商人的辖制。商人欠钱后,官府仍要利用其经营,场吏仍要借助其升迁,限约的"斤石"可能还要照给不误,而商人于实在周转不灵之际更可能举债逃亡——这一切,只能使盐铁场院的亏空愈做愈大。所以大致在宪宗以后,度支、盐铁机构欠负盐钱的问题便不断在诏令赦书中出现。宪宗《亢旱抚恤百姓德音》称:

> 盐铁使下诸盐(监)院,旧招商所由欠贞元二年四月已前盐税钱,及永贞元年变法后新盐利经(轻)货折估钱共二十八万七千七百五十六贯文,并宜放免。除此钱外,诸色所由人户及保人有积欠钱物,或资产荡尽,未免禁身;或身已死亡,系其妻子;虽始于冒没,而终可哀矜。宜委盐铁转运使即据状事疏理,具可征可放免数闻奏。度支京西、京北诸院榷盐使,并畿内在城诸色所由人户欠负,从贞元十一年以后至贞元十五年终,主保逃亡、摊征保人,并保人又逃亡;及身在贫穷,非家业见存,奸猾延引者;所欠钱物、斛斗、柴草等项亦宜放免,亦委度支续具合放数闻奏。①

从敕中所说"盐铁使下诸监院"到"度支京西、京北诸院榷盐使",知盐钱的欠负,度支盐铁机构所在多有。盐钱的欠负成为三司财物逋负中一项重要的组成。对于这些逋负或征理,或放免,累朝"德音"

---

① 《文苑英华》卷四三五《亢旱抚恤百姓德音》,第2204页。

无不涉及。但往往是旧债未了，新债又增，积重难返。

　　值得注意的是唐后期诏令在处理这些宿债时也常常提到欠债人的问题。在被囚系禁身或逃亡沦没的欠债人中固然有一般的商人百姓，也有宪宗"亢旱德音"所谓"旧招商所由""诸色所由及保人"。鉴于这些人原属"财货之司，奸屈皆有"①，所以诏令对他们的处理并非一概从宽。相反，在朝廷的"可征可放"数中，对所谓"〔吞〕在场官招商所由腹内"，"贸易招状（或估招），入己隐欺"之类的钱常常是穷追不舍的。②这说明由于实行赊销，盐铁官吏要承担欠税不回的风险，这一点当然也要殃及为商人财产做担保的保人。由于欠税，朝廷追究场吏，场吏勒索商人；如此便很容易解释为何临平监土盐商会被官吏追逼得"破散将尽"。而官吏如追不回债，自己也会面临资产荡尽，身陷囹圄的困境。

　　至于国家本身，自然也因这些债务大受困扰和损失。据穆宗《登极德音》称："度支诸州府监院，从贞元八年已后至元和十年已前，共计欠钱一百一万五千九百余贯，盐铁使诸监院应欠元和十三年已前钱物，除准前制疏理外，共欠一百八万八千六百余贯石等。"③两使相加，欠钱超过二百一十万。其中虽未必都是盐钱，但既涉"监院"，则主要或大部应为盐钱，且为"疏理"后欠，可知数目惊人。

　　由此出发，我们便不难理解为何张平叔极力反对赊销，而试图通

---

① 《全唐文》卷七五《南郊赦文》，第792页。
② 同上文宗《南郊赦文》；并参《全唐文》卷六六《南郊改元赦文》、卷八五《即位赦文》，第702、892页。
③ 《全唐文》卷六六《登极德音》，第699页。

过官销来征收现钱现物了。至于韩愈所批评的"今令州县人吏,坐铺自粜,利不关己,罪则加身,不得见钱及头段物,恐失官利,必不敢粜"的弊病①,想来正是张平叔意欲加以利用的"优点"。试想如官吏因"恐失官物"而能够百分之百的即时征收到"见钱及头段物",哪里还会有官钱的欠负呢!因此正像虚实估问题一样,征收现钱匹段,虽称是为百姓,但究其实质,仍是重在官利。

赊销对于政府而言虽有种种问题,但正像虚估的产生一样,它并非完全来自制度本身,而是有现实的需要。百姓贫穷的现状,封闭的自然经济是商民间实行赊销的根源,而商民间赊销又是官商间赊销的基础。如张、韩所说,"百姓贫虚,或先取粟麦价,及至收获,悉以还债"。其"贫多富少,除城郭外,有见钱籴盐者,十无二三",盐商"或从赊贷升斗,约以时熟填还"。夏秋两熟之际是一般农民唯一可有匹段斛斗换钱偿债的时机。不实行赊销,不仅"百姓贫者,无从得盐而食",官府也无从获取盐钱,这一矛盾固是坐铺自粜式的官销难以解决的。

又除了赊销之外,此类官销既无通过商人,与平日只有"一斤麻或一两丝"的"山谷贫民"实行随土交易的均输之利,更无法解决由于地域偏远而造成的百姓买盐不便。唐代的榷粜场院据知多设在交通要道、商贸中心或至少是城郭所在,但通过商人"利归于己,无物不取"和"自负担斗,往与百姓博易,所冀平价之上,利得三钱两钱"

---

① 《韩昌黎集》卷四〇《论变盐法事宜状》,《国学基本丛书》第7册,第55页;下同。

的做法，很容易将盐销至"乡村去州县远处"。相反，坐铺自粜式的州县官销却不易实行家至户到的远售。官吏"多将则粜货不尽，少将则得钱无多，计其往来，自充粮食不足"。且到村之后，勒索百姓承迎，实在弊胜于利。①

如何在弥补这些官销的缺陷同时适应现实呢？张平叔在他的上书中实际也已提到了另外一种办法：

> 一件，平叔云：每州粜盐不少，长吏或有不亲公事（《册府元龟》下有"信任"二字）所由浮词云："当界无人籴盐。"臣即请差清强巡官检责所在，实户据口，团保给一年盐，使其四季输纳盐价。口多粜少，及盐价迟违，请停观察使见任，改散慢官。其刺史已下，贬与上佐，其余官贬远处者。②

内中所说检责所在实户、据口团保给盐、四季输价，即常所谓计口售盐。此法虽为韦处厚所驳，以为兵兴以来，百姓所以"粗能支计，免至流亡流离者，实赖所存浮呼相倚，两税得充，纵遇水旱亦得相全相补"，如果"搜索悉尽"，便会"立至流亡"。③但采取定量分配制而集中给盐和按时纳税，正是为了弥补官销之不足，更何况其间实际已不无赊销成分。

---

① 同上并参《册府元龟》卷四九三《邦计部·山泽一》长庆二年三月条，第5901—5902页。
② 《韩昌黎集》卷四○《论变盐法事宜状》，《国学基本丛书》第7册，第59页。
③ 《册府元龟》卷四九三《邦计部·山泽一》长庆二年三月条，第5901—5902页。

下编 / 盐价、物价与盐法　　377

按历来论及计口售盐，无不注意于文宗时的苏州刺史卢商，但张平叔提出此法，显然比卢商更早。又卢商虽"分（临平监）盐场三所隶本州"，且通过"籍见户，量所要自售，无定额"的做法"倍收岁额，直送价钱"；①但所行者仅关乎海盐，其法可能对后来东南盐法有影响，但其中是否实行赊销尚不明显。张平叔提出配售却主要是针对度支主掌的池盐而行，故应对五代北方朝廷的俵配制影响更为直接。尽管张平叔的盐法主张在当时已被批驳，且无具体实行的记载，但很难说当时没有这方面的尝试。政策的出笼，往往是现实存在的反映。从张平叔的主张，我们至少已看到了官销与俵配必行的趋势。事实上穆宗初政府宣布以实估代钱后，正常的商销已大为减少，而私盐更加盛行——穆、文、武、宣诸朝及其后刮碱煎盐、武装贩私等的日益猖獗说明了这一点。②这表明就场专卖制已步入困境。但奇怪的是，文宗以后两池盐利非但未见明显减少，却反而一度还有增加。《唐会要》卷八八《盐铁使》：

　　（大和）三年四月敕："安邑、解县两池榷课，以实钱一百万贯为定额。"至大中元年（《册府元龟》卷四九四作"二年"）正月，敕："但取匹段精好，不必计旧额钱数。"及大中六年，度支收榷利一百二十一万五千余贯。③

---

① 参见《册府元龟》卷四九四《邦计部·山泽二》开成二年三月条，第5905页；《旧唐书》卷一七六《卢商传》，第4575页。
② 《新唐书》卷五四《食货志四》，第1379—1380页。
③ 《唐会要》卷八八《盐铁使》，第1911页；并参《册府元龟》卷四九四《邦计部·山泽二》，第5908页。

从文宗大和三年（829）到宣宗大中六年（852），两池盐利明显增长，且从以实钱为定额，到"但取匹段精好"，都强调了实估的征收，反映了政府在盐利与盐价问题上的随心所欲。本文前面已阐明实估征收与官销的关系，此处固不必重复。而政府在盐利的获取上如此得心应手，也足以表明其对专卖的操纵控制超过往昔，如不实行官销，显然难以做到。

由此，我推测至少在穆宗、文宗以后，官销法于池盐流通区已有部分开展，这与缉私法的严酷化似乎也是相辅而行的。唐后期政府对于池盐缉私历来比海盐为严，宣宗大中初特遣度支使卢弘正与判官司空舆共定两池缉私新法。[①]我们知道，私盐的盛行往往来自官盐不畅，而官销实价也唯赖镇压私盐有以保证，五代历朝均以打击私盐和实行官销作为盐法同时并举的两项基本内容和原则，则大中盐法无乃也与其时官销的开展有关乎？

官销如开展后，则张平叔的计口配盐便很可能作为其中的一种具体方式而试行并逐步推广了。可以作为根据的，正是五代以后俵配制的全面盛行。五代的俵配制虽有多种，如蚕盐、食盐、屋税盐等，并方式亦或有差别。但从中都不难找到张法的踪迹。如所说"检责实户""据口给盐"者都因每年"勒两限俵盐"而成为必行之措施，"四季输纳盐价"也根据夏秋两熟的特点而改为"随二税纳价"。[②]所不同者，只是张平叔作为补充方式而提出的这一办法，在发展为俵

---

① 参见《册府元龟》卷四九四《邦计部·山泽二》大中元年闰三月条，第5906—5908页；《旧唐书》卷一六三《卢弘正传》，第4271页。
② 《册府元龟》卷四九四《邦计部·山泽二》后晋天福二年九月条，第5911页。

下编 / 盐价、物价与盐法　　379

配制后，已由于能够适应广大农村，而成为主要榷盐方式。相反，州县"坐铺自粜"却未能取代专卖机构场、务，而由场务面向城镇百姓实行榷粜（但这并不妨碍州县官通过俵配更多地参与专卖事务）。因此从总体看，五代盐法既遵从了晚唐盐法的变化趋势，又继承了就场专卖制的某些特点（如场务），其结果并非全部实现张平叔的构想，但这也许更符合事物本身的发展规律。

三 小结

以上，从张平叔官销之议出发，探讨了唐后期盐价的虚实估和赊销问题对于专卖方式变化所产生的影响。盐价的虚实估和赊销问题是盐法自身引起专卖制变化的两大因素。它们产生于就场专卖制建立的同时，在商销法的运行过程中几乎带有必然性。盐价在大历建中以实趋虚，元和长庆中以虚趋实集中体现了政府与商人争夺盐利的矛盾，也反映了朝廷意志与商品经济规律对于专卖制的双重影响。通过盐价差异向商人让利与政府希望的价格垄断是不相容的两种矛盾，当政府试图以实估完全取代虚估而独占盐利后，商销法便失去了存在的意义而走向消亡。

赊销方式虽然适应现实需要，有着广泛的社会基础而自然地实行于官商、商民的交易之中，但它与虚实估问题结合，同样成为商人向政府争利的手段。张平叔的盐法针对此，极力主张实现由州县官主持的直接官销，但在实行现钱交易的同时，却又不得不提出计口配售的补充方式。在唐末私盐日益增加而官销走入困境的形势下，计口配盐必因更能调和官民两方面的需要而发展为俵配制，取代就场专卖成为主要榷榷方式，从而完成商销法向官销法的过渡和演变。

总而言之，唐穆宗朝张平叔官销之议的产生意味着现实中官销方式的兴起，及专制政权在专卖政策上的强化，它们当然并非为了百姓利益。正如韦处厚、韩愈已指出的，官销的实行"以为利者反害，以为简者实繁"，"据口给盐，依时征价，办与不办，并须纳钱"[①]，在根本上无益百姓，五代以后，也必然发展为完全的苛敛。不过，专卖方式的变更并不能看作简单的递变。从汉代设盐官经营，到唐代的就场专卖，再改为五代的俵配制，都并非仅仅是官销与商销方式的表面轮回。其中每一种方式，都可谓是对前种方式的修正，是在前代基础上的递进和改良，只不过是以否定之否定的形式呈现在历史发展的进程中，体现着商品经济的发展，也体现着统治者对于商品经济的不断适应和参与，以及他们为完善专卖体制所作的努力。由此，从一个方面而言，这种变化的本身，或者就不无进步的因素。

[①] 参见《册府元龟》卷四九三《邦计部·山泽一》长庆二年三月条，第5901页；《韩昌黎集》卷四○《论变盐法事宜状》，《国学基本丛书》第7册，第59页。

拾贰 食盐的货币作用与折博制的发展——兼论钞引制的起源

唐代中期以后飞钱的出现及其制度化,曾被认为是我国货币制度史上的一次深刻革命。不仅如此,研究者还常常注意到它与盐茶专卖制的发展以及特别是宋代钞引制的渊源关系。20世纪80年代初戴裔煊的《宋代钞盐制度研究》与陈衍德、杨权合著的《唐代盐政》两书[1],都从飞钱与引钞两者在成因、性质、手续、称谓等诸方面进行比较,确认了两者间的共同之处;因此飞钱对于引钞的启发可谓已成定论。但笔者认为,由于从文献记载来看,飞钱在唐代主要是用于"汇兑",它与用来折博茶盐的引钞毕竟还有所不同,故仅仅从飞钱来寻求钞引制的起源是远远不够的。要了解从唐代飞钱转化为宋代引

---

[1] 戴裔煊:《宋代钞盐制度研究》,中华书局,1981年;陈衍德、杨权:《唐代盐政》,三秦出版社,1990年。

钞的过程，就必须对作为钞引制产生基础的折博制予以足够的重视。由于这一问题涉及食盐的特殊作用以及专卖制在唐五代的演变，笔者愿就此略陈管见，以期问题的讨论更加深入。

一 飞钱的来源及其与引钞的区别

谈到飞钱，人们不难从唐代盐茶专卖制的实行中寻求到它产生的线索。因为正是盐茶专卖，使盐茶首先被作为特殊商品投入市场，通过官商、商民以及官民间的贸易转换，不仅为百姓提供所需，为政府求取利税，也极大地促进了货币的使用和商品经济的发展。南宋人叶水心曾经指出："唐自开元、天宝以后，天下苦于用兵，朝廷急于兴利，一向务多钱以济急。如茶酒盐铁等末利既兴，故自肃、代以来，渐渐以末利征天下，反求钱于民间。上下相征，则虽私家用度，亦非钱不行，天下之物隐没不见，而通行于世者惟钱耳。"[①]他的话，间接地反映出盐茶等专卖制的实行对货币大量流通所起到的影响。事实上，高昂的盐茶专卖价格、在政府允许及鼓励下的大宗盐茶交易以及特别是其中大量现钱的使用，都无疑是刺激货币使用激增的原因；而飞钱的出现，也正是这一形势下的结果。

发明于民间的"便换"式飞钱，最初大约只是大盐茶商人与某些在京官府（包括诸军诸使、藩镇在京师的进奏院等）及富家间的私下交易，估计开始于德宗贞元中，到宪宗元和初，遂发展为一种普遍、

---

① 《文献通考》卷九《钱币二》，中华书局，1986年，第102页。

公开的商业行为。它的最大特点是商人于交钱后持"券"（即某种作为凭信的官私文书）异地取兑，所谓"以轻装趋四方，合券乃取之，号'飞钱'"①。唐朝后期钱货兼行，但两税法实行后钱重货轻，故市肆交易多用现钱。铜钱过重，大宗交易，携带不便；而作为实物货币，仍在大量使用中的绢帛等自然更是如此。故学者多认为飞钱的产生与此直接有关。但如仔细分析，内中其实还有第二层原因，这便是由于各地官府鉴于钱少而行"闭籴禁钱"之策，不仅严重影响了货币流通，也对商人的异地贩易造成阻滞。

从《唐会要·泉货》及《新唐书·食货志》等史料记载得知，大致与盐专卖制的实施同时，唐朝官私之间钱币不敷足用的问题已日渐突出。故肃宗乾元初，度支盐铁使第五琦曾请加铸"乾元重宝"与乾元"重棱钱"，但使用中引起物价升腾，本人也因此贬官。第五琦之后，历任盐铁使官虽也多有鼓铸之举，却仍不足以解决钱少的危机。贞元中铜贵物贱，百姓销钱铸铜，政府禁而不止；加上其时钱重货轻的矛盾，致令"钱荒"问题更加严重。史载其时"民间钱益少，缯帛价轻"，而州县也竟因此画地为牢；"禁钱不出境"，结果是"商贾皆绝"，"课利有缺"，政府专卖收入也受到影响。因此贞元十四年（798）盐铁使李若初改革盐法，便奏"请通钱往来"，一时虽改善了地方货币流通状况，但因"京师商贾赍钱四方贸易者，不可胜计"，弄得京师反倒无钱可通，朝廷只得"诏复禁止"。②由此可

---

① 《新唐书》卷五四《食货志四》，中华书局，1975年，第1388—1389页。
② 参见《唐会要》卷八九《泉货》，上海古籍出版社，1991年，第1931—1932页；《新唐书》卷五四，第1386—1388页。

见，中央官府与地方州县虽在货币流通问题上有矛盾，但为了各自的利益，都相继有过禁止携钱外出之举，商贾们的"便换"或飞钱很可能便是针对此种情形所采取的对策。

各类便换的存在给商贾，特别是大盐茶商人的交易带来便利，也曾为中央政府所默许。但由于它的使用无助于改善京师官中钱少的状况，故最终还是遭到政府的禁止。宪宗元和六年（811）二月，唐朝廷在下诏"公私交易，十贯钱已上，即须兼用匹段"的同时，也勒令"茶商等公私便换见钱，并须禁断"。史载其时京兆尹裴武"请禁与商贾飞钱者，廋索诸坊，十人为保"。直到元和七年，才由判度支使卢坦、判户部王绍以及盐铁使王播共同上奏，通过了允许商人于度支、户部、盐铁三司飞钱的制度。上奏的内容表明，中央政府允许飞钱是鉴于"京都时用，多重见钱；官中支计，近日殊少"，且由于以往禁止商人私下便换，弄得银钱被留滞私家，"物价转高（按据中华书局标点本《旧唐书》校勘记〔一三〕当改'轻'），钱多不出"，其目的十分明确，即是增加京师现钱。同时除三司之外的其他公私便换也仍被制止，以防止铜钱再被"逐时收贮，积藏私室，无复通流"。① 所以这是一项旨在使中央政府可以掌握货币乃至控制物价的专利措施，它使飞钱的使用受到限制，并从而制度化，成为具有官方信用的有价证券行用于世。

弄清了飞钱的来源，这里随即要提出疑问的，是飞钱的产生虽

---

① 以上引文并参见《旧唐书》卷四八《食货志上》，中华书局，1975年，第2102—2103页；《新唐书》卷五四《食货志四》，第1388—1389页。

因于专卖制，但它对于盐茶专卖所发生的作用，是否即完全等同于宋代的引钞呢？根据以往的讨论，宋代实行钞引制，内容主要包括两个方面，其一即政府使商人入纳现钱于京师（在钞引制实行之前有交引制，是使商人"入中刍粟于沿边"，或入纳见钱金帛于京师[①]，钞引制改为完全入钱），称为"入中"，政府根据商人入中的钱值，从优折偿给商人茶、盐等特种官物，并发给商人兑换盐、茶的证券——盐钞或茶钞（交引制给交引），称为"折博"。因此，"入中""折博"是钞引制所应具备的两大基本特征。

从唐代"便换"或飞钱的出现及使用情况看，它在委钱于上都以及特别是元和七年规定将钱入于户部、度支、盐铁三司之后，无疑是具备了"入中"的职能的；但是，如果认为它也同样是具备"折博"的作用而可以作为领盐凭据，便显得有些证据不足了。

事实上，如果将唐代的飞钱与宋代的引钞再进一步比较，便会发现两者实行的背景、目的虽不无相似之处，即都是由于现钱的缺乏，钱物转输的困难，以及边备及养兵之需，等等；但也明显存在着不同。其不同处正在于专卖制度本身。这里仅就食盐专卖制而言之。须知道，宋代在实行钞引制之前，食盐大体上是实行官销，即官府独家垄断卖盐，不许私人经营。正如明人丘濬所说是"陕西、河东颗盐，旧法官自搬运，置务拘卖。兵部员外郎范祥始为钞法。令商人就边郡入钱，售钞请盐，任其私卖，得钱以实塞下，省数十郡般运之

[①] 参见（宋）章如愚：《山堂考索·后集》卷五七，中华书局，1992年，第822页。

费"①。由此可见，是由于实行钞引盐法才许可商人卖盐，也即商人必须"自愿"入纳政府需要的现钱货币，以取得折博食盐的引钞，才能获得经营食盐的认证。因此从某种意义上说，钞引制是宋代盐商实行食盐商销的前提。

飞钱的情况则与此有别。唐中央政府在允许商人于三司飞钱之先，早已或者说始终对食盐实行就场专卖的商运商销制，商人不必通过飞钱已有经营食盐的自由，所以政府允许飞钱的目的也只是重在增加京师的货币储备和流量。而为了能使商人乐于与之便换，便不能不以减少商人的损失，实现货币的异地等值兑换为承诺。《册府元龟》卷五〇一载：

> （元和七年）七月，度支、户部、盐铁使奏："先令差所有招召商人，每贯加饶官中一百文换钱，今并无人情愿。伏请依元和五年例，敌贯与商人便换。"②

此条措施明显对商人有所照顾。为此："每贯加饶官中一百文换钱"变成了"敌贯与商人便换"。唐时钱重货轻，绢帛等物价不断下跌，故赋税征收与市场交易都存在官定价格（虚）与实际价格（实）不一致的虚实估问题，钱因以物计折故也有虚实钱之分。一定的钱数按虚实估计算价值是不同的。如李翱元和末作《疏改税法》称其时

---

① （明）丘濬撰，林冠群、周济夫校点：《大学衍义补》卷二八《制国用　山泽之利（上）》，京华出版社，1999年，第266页。
② 《册府元龟》卷五〇一《邦计部·钱币三》，中华书局，1960年，第6002页。

两税征收，百姓"输十千钱"，如按建中官定绢价（虚估）每匹四千文，仅折得绢二匹半。①按元和时价每匹八百文，却折得绢十二匹之多。而如按"官杂虚估以受之"的"加饶"办法则可得绢八匹，比完全按照实估略有减少。但这是就征收而言，至于支付应当相反。所以"每贯加饶官中一百文换钱"应当是比按虚钱支付略有所优，而"敌贯"交易却是百分之百按实钱计值而取兑，内中显然存在一定的差距。

另外唐政府曾规定公私交易中要有除陌税，而商人在便换时可能最初也要扣除一定的手续费。但从"敌贯"的规定来看，这些费用很可能都给免除了。由此可见，政府是以答应与商人进行百分之百的对等交易为优惠条件来吸引商人与之便换的，这表明政府向商人作了很大让步。但从政府的表态及这些措施本身就说明商人很不情愿。由于种种原因，商人对政府并不信任，在许多情况下，他们倒是宁愿与其他官府或藩镇驻京机构（如诸军诸使及藩镇在京进奏院等）及私人打交道。也正因为此，上述元和七年关于飞钱奏章中才会有对"诸司诸使"与商人便换"自今已后严加禁约"的规定。《文苑英华》载：

> 京城坊市，聚货之地，若物无集处，即弊生其中。宜委度支、盐铁使，于上都任商人纳榷，籴诸道盐，令在城匹段各有所入，即免物价贱（《全唐文》作"钱"）于外州，仍委所司条流闻奏。其公私便换钱物，先已禁断，宜委京兆府及御史台切加觉察。②

---

① 《李文公集》卷九《疏改税法》，商务印书馆《四部丛刊》本。
② 《文苑英华》卷四二六《长庆元年正月三日南郊改元赦文》，中华书局，1966年，第2160页；并参《全唐文》卷六六《南郊改元德音》，第702页。

中央政府意图使商人将在诸道买盐的钱直接于京城"纳榷",以便不使"物价钱"流于外州,内中似乎已有通过榷盐异地折博的意向。此点在陈、杨合著《唐代盐政》一书中已有论及。但笔者认为,敕文所说"籴诸道盐者"办法尚不甚明确,且其中即使有折博意向也只是"委所司条流闻奏"而尚未付诸实施。从诏中的情形看,除度支、盐铁、户部三司之外的所谓"公私便换钱物"不仅依然有之,且对实行此计划不无障碍。可以想见,当时在那些公私便换屡禁而屡不止的情况下,商人能够从其他途径获取便利,便不一定要通过中央政府。而且政府如对商人没有特殊的约束(如不取得飞钱就不能贩盐),或者给商人的优惠条件不能超过民间便换(包括条件虽优、却由于种种原因难于兑现),其用飞钱折博茶盐的做法就未必能够成功,而这两点却正是唐后期中央政府所难于做到的。

不仅如此,由于异地折博一事并非像所想象的那样通过一纸文书即可解决,故如欲实行也会有不少困难。根据近年学者对钞引制的研究,宋代钞盐的销售;要经过发钞、支盐等数道程序,内中手续繁杂,限制严格。进行这样的销售,必须有中央与地方官府及各级专卖机构的密切配合。唐后期统治日趋衰落,中央、地方各自为政,朝廷不能约束地方;即连专卖组织内部也竞相渔利,不听调遣。在这种情况下,仅从唐朝廷自身的需要出发改变销盐办法,并通过建立健全整个经营体制来贯彻中央的意图,显然都是不可能的。更何况这一做法有益于增加中央的货币储备,而无助于改善地方的货币流通以及增加专卖机构内部的收入,故一旦实施,很难想象会得到他们的支持而有所成功。

正因为如此，唐后期政府将飞钱用于折博的可能性很小。而事实上，我们不仅未能发现这样的实例，某些史料还可以促使我们得出相反的结论。《唐会要·度支使》便说道：

> 咸通八年十月，户部判度支崔彦昭奏："当司应收管江淮诸道州府今年已前两税、榷酒诸色属省钱，准旧例，逐年商人投状便换。自南蛮用兵以来，置供军使，当司在诸州府场院钱，犹有商人便换。赍省司便换文牒，至本州府请领，皆被诸州府称准供军使指挥占留，以此商人疑惑，乃致当司支用不充。乞下诸道州府场、监、院，依限送纳及给还商人，不得托称占留。"从之。①

这一奏章述说了懿宗咸通中对南诏用兵以来，官府对于商人的便换不能兑现，从而使商人产生疑虑，不愿再到三司飞钱的情况。其中明确说到商人"赍省司便换文牒"请领的，是"当司在诸州府场院钱"而不是盐茶，否则，何来"供军使指挥占留"与"当司支用不充"之说呢？尤其值得注意的是，奏章所涉及的地点是"江淮诸道州府（场、监、院）"。这说明即使到了唐朝晚期，在中央政府实行盐茶专卖制的广大区域及专卖机构内部，飞钱行使的基本作用仍是有类今之"汇兑"，是单纯的货币绢帛等"轻货"的异地取兑，它作为领取盐茶凭据显然是证据不足的。

---

① 《唐会要》卷五八《度支使》，中华书局，1955年，第1017—1018页。按：上海古籍本此条有阙文，故改用版本。

二 折博制的产生及其与官销和俵配

飞钱在唐代一般地并不作为交引或盐钞来使用，这说明作为钞引制主要特征之一的折博在飞钱体现尚不明显。而由于专卖制实行中的一些原因，唐代实行钞引制的时机尚不成熟。

然而尽管如此，我们却不能说与钞引制关系最直接的折博在唐代就完全不存在。相反，唐代确有已行折博的先例，此点在陈、杨合著中业已指出。笔者与之观点不尽相同的，只是认为唐朝的折博未必已与异地兑换的飞钱相结合。其实两者不妨分开而论，就会发现折博不仅有其自身产生的原因，也有它在唐五代独立发展的长期过程。而揭示这一点，正是了解飞钱何以最终转为引钞的关键。

折博，严格地说是一种专卖手段而非制度，它与飞钱同样来自专卖制的实行，但两者的产生又体现了不同的意义。我们知道，食盐（也包括茶）在专卖事业中首先是被作为商品投入市场的，但这并不是它所具有的唯一属性。唐代安史之乱后，唐朝廷急于用兵，对于绢帛等"轻货"的需求，已甚于以往任何时期。而在租庸调制完全瘫痪的情况下，实行盐专卖制便不仅成为政府取得赋税的主要手段，也成为它转换征集所需物资，实行所谓"均输"的资本。因此，盐专卖法曾被称为"均输法"，而食盐在某种意义上也成为政府手中持有的货币。它在政府与民间的交易中，起着某种支付与补偿的作用，折博，应当说就是食盐这一均输作用——某些时候甚至是货币作用的体现和发展。

本文上面曾经谈到，所谓折博，就是以政府手中的专卖品博取百姓手中的钱物，它并非完全平等的交易而往往是寓税于博。这种寓税于博的精神首先是在刘晏盐法中得到充分体现的。正如韩愈所说是"国家榷盐，粜与商人；商人纳榷，粜与百姓；则是天下百姓，无贫富贵贱，皆已输钱于官矣，不必与国家交手付钱，然后为输钱于官矣"①。国家通过商人税于百姓，同时也通过商人获取所需，这正是寓税于博，或者不妨说是折博精神根本之所在。事实上，刘晏在实行就场专卖的过程中确也运用过折博的方式。《新唐书·食货志》记载刘晏为了获取绢帛，解决军队的春服问题，便规定商人以绢代盐价，每匹绢可按照"加钱二百"的优惠价计算。这一政策，从商人角度讲，是所谓折纳；而从政府角度，便是以盐偿绢，是所谓"折博"。以后，这一做法就发展为建中年间汴东水陆运盐铁使包佶许可商人以"漆器、珢珸、绫绮代盐价""广虚数以罔上"的折博轻货之制。②此外据知西北边境唐中期以后尚有以盐籴粮的规定，如《唐会要·盐铁使》所载：

长庆元年（821）三月敕："乌池每年粜盐收榷博米，以一十五万石为定额。"③

此敕表明，长庆元年以前，乌池所在的朔方一带，早已实行了商

---

① 《韩昌黎集》卷四〇《论变盐法事宜状》，见《国学基本丛书》第7册，商务印书馆，1958年，第58页。
② 《新唐书》卷五四《食货志四》，第1379页。
③ 《唐会要》卷八八《盐铁使》，第1911页。

下编 / 盐价、物价与盐法　　393

人以米纳榷,而产地折博以盐的制度。值得注意的是,唐朝西北边境早有和籴之制,据陆贽《请减京东水运收脚价于缘边州镇储蓄军粮事宜状》称,贞元中就有"势要、近亲、羁游之士,或托附边将,或依倚职司,委贱籴于军城,取高价于京邑"的情况。状中还说到每当和籴之时,有司"多支浠纻充直。穷边寒冱,不任衣裘,绝野萧条,无所货鬻"(即官府和籴所用浠纻既做不得御寒棉衣,又因在边荒地区卖不出去而不实用),以及因"虚张估价,不务准平"影响和籴的现象。①所以以盐籴米,想来正是原来做法的改良,也是折博方式与和籴制的结合。如此,我们便不难找到北宋使商人"入中刍粟于沿边"的交引制实行的一个渊源了。

另外,由于上述德宗时包佶等允许商人用绢帛及其他轻货向官府购买食盐,"虽不可用者亦高估而售之",且此后盐铁使在上报盐利时也以虚代实。造成了盐价的高涨及食盐虚估(官定盐价,以绢帛虚估折算)和实估(市场盐价,以绢帛实钱计算)的巨大差异,由此在官私交易中以盐或盐利虚估折偿折付的情况便会愈来愈多。《旧唐书·陆长源传》载德宗贞元中宣武留后陆长源主持节度使董晋丧事,"旧例,使长蘗,放散布帛于三军制服。至是,人请服,长源初固不允,军人求之不已,长源等议给其布直;(判官孟)叔度高其盐价而贱为布直,每人不过得盐三二斤,军情大变"②。这是以盐价虚估折布实值,从而上下其手,直付以盐的实例。又德宗时的宫市,由宦官

---

① 王素点校:《陆贽集》卷一八《请减京东水运收脚价十缘边州镇储蓄军粮事宜状》,中华书局,2006年,第589页。
② 《旧唐书》卷一四五《陆长源传》,第3938页。

"以盐估敝衣、绢帛，尺寸分裂酬其直"①。元稹《为河南府百姓诉车状》也称度支付河南府应供行营般粮草与脚价，是以"盐利虚估匹段"折给。②此虽均非直偿以盐，却都是通过盐利虚估为本位折算物价的情况。盐利虚估在唐后期长期存在，而盐的支付或代偿作用也由此可见一斑，它的性质因而有类同货币之处，是毋庸置疑的。

  这里，或者也应谈及民间贸易对于政府以盐代币的影响。唐朝由于上面谈及的铜钱等金属货币不足使用等问题，故不仅绢帛作为实物货币尚未退出历史舞台，且民间百姓在市场贸易中，也习于各种以物易物的交易方式，特别是在边远地区。元稹《钱货议状》称："自巴已外，以盐帛为交易；黔巫溪峡，大抵用水银、朱砂、缯彩、巾帽以相市。"③《唐语林·政事上》言吴尧卿为扬子县官负责造船，"变盐铁之制，令商人纳榷，随所送物料，皆计折纳，勘廉每船板、钉、灰、油、炭多少而给之"④，是典型的从商人榷盐中获取造船材料。说明官府是将食盐取代货币及绢帛作为支付的手段，从而明显带有易货贸易的特色。它适应现实需要，不仅易于且也不得不被百姓所接受。

  另外韩愈在《论变盐法事宜状》中即说到当时百姓以"见钱籴盐者，十无二三，多用杂物与米谷博易。盐商利归于己，无物不

---

① 《新唐书》卷五二《食货志二》，第1358页。
② 冀勤点校：《元稹集》卷三八《为河南府百姓诉车状》，中华书局，1982年，第433页。
③ 《元稹集》卷三四《钱货议状》，第396页。
④ （宋）王谠撰，周勋初校证：《唐语林》卷一《政事上》，中华书局，1987年，第61页。

下编 / 盐价、物价与盐法

取"①。可见百姓从来习于以物换盐，而这也正是政府利用盐充当媒介，实行折博进而均输的基础。因为政府可利用商人将所得物再行周转，换取所需的盐钱轻货，而这一点，无疑就是上面所说寓税于博的体现。

不过，盐的支付作用虽于唐盐法已有反映，但这与折博方式的运用毕竟还是两码事。唐后期以盐博米之类的做法不多，且亦有地区限制，这是由于就场专卖制的实行给商人以贩盐自由，同时政府也比较容易从商销中获取所需物资，因此不仅飞钱使用受到局限，且折博方式也很难得到真正的运用与推广。

但进入五代以后，情况却有所不同了。五代中原地区的盐法已发生很大变化。原来的商运商销已转为以俵配制为主的官销。在这种情况下，一方面，所谓寓税于博，更加变成了强制性的交易，盐的定量配给进一步成为征榷赋税的手段，也可以看作是赋税之余的某种补偿。即以后唐开始普遍实行的蚕盐、屋税盐制而论都是如此。如蚕盐是发放给百姓养蚕和食用，按照户口或田亩定税；屋税盐制是依房产定税；均采取每年一度或二度俵盐，而后随两税征收盐钱的做法，其中放散食盐的数量与税额的多少无疑也有政府规定。所以，这种做法其实便是借配给食盐为名，而以赋税征收为实。它由百姓必欲得盐，从而不得不交纳赋税为实行基点，就实质而论，似乎仍可认为是折博精神的某种发展。清末张謇曾提出"引地本〔后？〕唐俵配之

---

① 《韩昌黎集》卷四〇《论变盐法事宜状》，《国学基本丛书》第7册，第55页。

法"①。其意大约主要是指食盐销界的划分。但如果从引钞产生的角度而寻求它与俵配制的关系，其判断也是应当能够成立的。

另一方面，在俵配制实行的同时，五代通过食盐强民取赋，还表现在对某些物资的直接求取。如《资治通鉴》卷二九一后周广顺二年（952）所载：

> 先是，兵兴以来，禁民私卖买牛皮，悉令输官受直。唐明宗之世，有司止偿以盐；晋天福中，并盐不给。②

自后唐明宗至后晋初，官府"有司"曾采取以盐直接收购牛皮的做法。较之唐代的纳绢代税而言，其"折博"的内涵已显得更加突出。

而在商销受到极大限制的同时，"折博"一词也开始在诏令中出现。《五代会要·盐铁杂条上》载后唐长兴四年（933）诸道盐铁转运使奏盐法条令说：

> 应食颗盐州府，省司各置榷粜折博场院，应是乡村，并通私商兴贩。所有折博，并每年人户蚕盐，并不许带一斤一两入城，侵夺榷粜课利。③

---

① 《清朝续文献通考（一）》卷三九《征榷一一》，浙江古籍出版社，1988年，第7940页。
② 《资治通鉴》卷二九一后周广顺二年，中华书局，1956年，第9486页。
③ 《五代会要》卷二六《盐铁杂条上》，上海古籍出版社，1978年，第422—423页。

此条诏令将榷粜、折博二者并置，表明后唐在实行场院榷粜食盐的同时，已正式开展了折博分销。由于诏令规定折博之盐可于乡村"通私商兴贩"，因此它显然是面向商人而非同于榷粜的直接官销。商销的折博在五代正式出现应有其特殊的背景。五代食盐以官销为主，但城乡政策也有差别。就后唐而言，在属颗盐地界的农村，是实行以蚕盐为中心的俵配制；而在州府城镇地区，则除了俵散少量食盐（如实行屋税盐制）外，主要还是通过场院榷售，向百姓直接征收现钱。这两种针对城乡各自食盐需要及其特点所采取的不同做法，保证了中央政府对于盐利的垄断。但完全实行官销也势必会减少食盐销售中的弹性，特别是由于取消了商人的中间作用，不仅现钱绢帛等的来源必有所减少，且政府所需之特殊物资更得不到及时补充。盐法的均输作用被削弱了，折博方式就是在这种情况下所采取的一种补救措施。

折博就榷商而言，与就场专卖是存在着共同处的。但两者之间又有所区别，其区别就在于前者的条件比后者更为苛刻。从唐五代乃至宋以后的情况看，首先折博的实行，往往附有政府对于所折钱物的特殊要求。除现钱外，又有米、绢、金银丝帛之属等物资，因此它的均输作用体现更加明显。

其次，两者在是否现货交易的一点上也要求不一。唐代的就场专卖，虽无明文规定可以赊销，但实际上却不无存在。杜牧《上盐铁裴侍郎书》即说到临平盐所在地区"土盐商""情愿把盐，每年纳利"，从而被监院"追呼求取"，弄得"破散将尽"的情况。[①]还有

---

① 《樊川文集》卷一三《上盐铁裴侍郎书》，上海古籍出版社，1978年，第196—197页。

唐后期诏令中不断有对度支、盐铁场监院，以及特别是对"三司所管诸官吏所由人户"欠负，以及因交纳者"身家已亡殁，或在贫穷，家业荡尽，无可征纳"，和因逃亡未归而"虚挂得书"的情况给予"疏理减放"的规定。①试问若无赊销，何来追逼商人债负及放免盐铁钱物之说呢？可见唐朝为了扩大食盐（也包括茶）专卖，对于赊销方式至少是限制不严，或甚至听之任之。宣宗《受尊号赦文》曾要求对"度支、盐铁、户部三司茶纲，欠负多年，积弊斯久"的情况进行清理，内中便说到对"如先将茶赊卖与人，及借贷人钱物，若文帖分明，的知诣实"者，要"即与帖州县征理"。②可见赊卖其实是被允许的，而茶的赊卖，或者也可旁证于盐。

但折博的实行便与此不同了。很难想象有着特殊的物资要求还会有所谓赊销，因赊销本身对这一要求无从保证。而事实上北宋的钞引制也要求商人先"入中"，不"入中"便无从折博，五代商人折博当然也同样是必须先"纳榷"而后获盐。从这一点上看，五代的折博已比唐代的就场专卖要苛刻和严格。

另外五代已使折博成为商人从政府获得食盐的一个主要途径，并且商人折博的食盐与百姓从政府俵配的蚕盐都只许于农村贩卖而不许入城，由此可见商销受到极大的限制，这与唐朝盐商在纳榷后便可自由贸易已不能同日而语。五代朝廷日益实行严酷的禁榷制，官销也日趋绝对化。在这种情势下，折博作为商人经销前提的时机也就更加成

---

① 《全唐文》卷六六《南郊改元德音》《登极德音》、卷八五《即位赦文》，第702、699、892页。
② 《全唐文》卷八二《受尊号赦文》，第862页。

熟。由此我们可以得出结论说,与引钞制最有关系的折博专卖方式,是到五代方开始明确化的。

无独有偶,北方朝廷既开始实行折博,而南方也有类似于折博的"博征"。后周世宗显德三年(956)记载称:

初,(南)唐人以茶盐强民而征其粟帛,谓之博征。①

"博征",毋庸说是既"博"且征。南唐占据江淮,在茶盐的出产方面自然优越。《通鉴》胡注谓博征为"言以茶盐博易而征其粟帛",言下之意仍是说政府将茶盐作为专卖品博取所需而寓税其间。只是对象已不仅限于商人而是针对一般百姓,而且博征之物既有布帛又有米粮,对此宋人记事多有所及。马令《南唐书·嗣主书四》曰:

昇元初,括定民赋,每正苗一斛,别输三斗于官廪,授盐二斤,谓之盐米。至是(指后周显德五年,即南唐保大十六年),淮甸盐场入于周,遂不支盐而输米如初,以为定式。②

此外龙衮《江南野史》也道:

又先主世□不概括民产,自正斛上别输三斗于官廪,受盐

---

① 《资治通鉴》卷二九三,第9558页。
② (宋)马令:《南唐书》卷四《嗣主书四》,见傅璇琮、徐海荣、徐吉军主编:《五代史书汇编》,杭州出版社,2004年,第5285页。

二斤，谓之盐米，百姓便之。及世宗克淮南，盐货虽艰，官无可支，至今输之，犹为定式。①

这就是著名的盐米博征之制。其中"别输三斗""受盐二斤"的做法在"博"的意义上仍较中原王朝的俵配制更为突出和直截了当。又上两书述制仅及南唐，但论其创行却要更早一些。《十国春秋》卷一〇即指出所谓盐米之制的创始者为吴汪台符，他"常（尝）请括定田赋，每正苗一斛，别输三斗，官授盐一斤，谓之盐米，入仓则有藤米。太和末，（徐）知诰使民入米请盐，即其法也"②。所载博盐数额虽与南唐不一，但南唐的承制于吴是毋庸置疑的。另据其他记载，布帛的折征之制也不仅有之，且亦并非始于南唐先主李昪（徐知诰），而是始于唐末就已雄踞东南的淮南节度使杨行密。

《资治通鉴》卷二五九唐昭宗景福元年（892）载曰：

（杨）行密以用度不足，欲以茶盐易民布帛，掌书记舒城高勖曰："兵火之余，十室九空，又渔利以困之，将复离叛。不若悉我所有易邻道所无，足以给军；选贤守令劝课农桑，数年之间，仓库自实。"行密从之。③

杨行密试图在淮南管内采取以茶盐与民交易布帛的做法来解决军

---

① （宋）龙衮：《江南野史》，见《五代史书汇编》，第5171—5172页。
② 《十国春秋》卷一〇《汪台符传》，中华书局，1983年，第142页。
③ 《资治通鉴》卷二五九，第8434页。

下编／盐价、物价与盐法　　　401

用问题，被掌书记高勖劝阻，代之以"悉我所有易邻道所无"之策，其意不过是改用茶盐与邻道互易通商。他的主张自然被接受，但这不等于杨氏的管内博征即被取消。相反，两者双管齐下，且据知布帛博征之策还一直推行到杨氏建立吴国之后。《新安志》卷二《贡赋·夏税物帛》条对此即是证明。

又有军衫布三千一百五十匹，亦杨氏时岁于民间以盐博之，每匹给盐七斤半，其后也以无盐直令输纳。①

博征之布不仅有了官方规定的折盐之数，且已被纳入正税征收的轨道，由此可见此制行之久矣，吴与南唐可谓一脉相传，而其实行的最早时间又至少可以上溯至唐末。如分析个中原因，则与江淮地区商品经济的发达是分不开的。唐代在赋税方面早有所谓折征，而江淮地区在实行租庸调制的开元、天宝年间就曾推广使百姓以布帛代租的"回造纳布"制度，沿海的青、楚、海、沧、棣、杭、苏等州更实行"以盐价市轻货"输司农的政策，体现了赋税征收适应地区特点的灵活变通。以后刘晏盐法中以绢代盐利而加价优给食盐的做法，也可以说是这一手段的继续和发展。吴与南唐的粟帛博征之制可能渊源于此。又如前所述博征虽主要面向百姓，但由于自杨行密实行"悉我所有易邻道所无"的政策，故此制实也波及商人。据《资治通鉴》卷二六六梁

---

① （宋）罗愿：《（淳熙）新安志》卷二《贡赋·夏税物帛》，见萧建新、杨国宜校注、徐力审定：《〈新安志〉整理与研究》，黄山书社，2008年，第67—68页。

太祖开平二年（908）记载：

> 湖南判官高郁请听民自采茶卖于北客，收其征以赡军，楚王殷从之。秋，七月，殷奏于汴、荆、襄、唐、郢、复州置回图务，运茶于河南、北，卖之以易缯纩、战马而归，仍岁贡茶二十五万斤，诏许之。湖南由是富赡。①

可知当时由南方小国政府主持的盐茶贸易或变相折征在东南广有市场。此中特别提到了回图务的设置。回图务或回易务南北均有，南方除了湖南北等地马殷所置外，又有两浙回易务。《旧五代史·刘铢传》载后汉乾祐中事，谓"先是，滨海郡邑，皆有两浙回易务，厚取民利，自置刑禁，追摄王民，前后长吏利其厚赂，不能禁止"②。两浙属吴越，吴越国王是被北方政权封为两浙盐铁制置发运等使的，且"滨海郡邑"又以盐茶出产为大宗。传中虽未言及吴越所置回易务是负责何种买卖，但既"自置刑禁，追摄王民"，故推测其与盐茶之类的贸易或征榷不能无关。

之前郭正忠《宋代盐业经济史》曾有考证，认为北宋初淮盐政策沿袭后周世宗柴荣，而柴荣的政策又因袭南唐。并据史料记载提出，早在乾德二年（964）七月，宋太祖就在"江北置折博务"，其地点恰在宋与南唐的边界地带，这不能不说与南唐地区曾行博征制不无关

---

① 《资治通鉴》卷二六六，第8702页。
② 《旧五代史》卷一〇七《刘铢传》，中华书局，2015年，第1646页。

下编 / 盐价、物价与盐法

系。此外，他还提出专掌以茶盐等专卖品"折博斛斗金帛之属"的榷货务也是在宋太祖时即已在京师及东南一带成立。①这类榷货务与上述回易（图）务在业务上是否有相通之处尚值得研究，但宋初折博制的推广不仅与南唐曾行博征，而尤与五代以来南北方（特别是南方）商品经济的活跃有关却是不争之事实。从这里出发，则自唐五代而至宋初折博制发展的大体脉络也就可以清楚了。

三　小结

弄清了折博制的发展脉络，我们便知道它与飞钱同样，都是专卖制之下的产物。它们是一件事物的两个方面。所不同者，不过是飞钱可以认为是盐茶作为商品刺激"汇兑"的使用，事实上也促进了从铜钱向纸币的革命；而折博却更多地体现了唐宋社会变革之际，朝廷将食盐用于均输，某些时候甚至是取代货币而使用的特殊意义。尽管在实物货币尚未退出历史舞台的情况下，折博方式往往还带有易货贸易的痕迹与特色，但它的出现毕竟反映了商品经济的发展，及其对于货币交换与税收政策的渗透。

折博作为专卖手段，虽然开始于唐代，但自五代至宋初方有较普遍的实行。它与飞钱变相结合为引钞，是经历了长期的发展过程的。这一过程，体现了唐宋专卖制本身由量到质的变化。在折博方式初出

---

① 郭正忠：《宋代盐业经济史》，人民出版社，1990年，说见第713页。

现的唐代，食盐专卖以商运商销的就场专卖制为主，折博只是某些地区或某种情况下的便宜之策。但到了五代北方，由于商销已转变为以俵配制和场院榷粜占绝对统治地位的官销，折博也发展为一种正式的分销，且被作为官销之余的配合与补充。在南唐占据的江淮等地，则是适应长期以来商品经济比较发达的特点，有了折博与正税征收相结合的博征。这两种做法，或将抑配掺杂于商品交换之中，或作为苛刻条件而对商销加以限制；均一方面反映了专制统治与商品经济发展的矛盾，另一方面也说明政府本身对于商品经济规律认识、利用程度的加深，以及对交易形式本身参与、控制及管理的强化。而这一点也正是汉、唐以后专卖制不断变化的主因和特色之一。

总之，飞钱的出现与折博制的发展提供了我们对于唐宋专卖制的递进乃至整个社会变革进一步的深化认识。而在进行有关探讨之后，所要提出的结论便是：由于上述递进与变革，使五代以后折博的实行不仅已有了日益广泛的实行基础与明确的内容前提，且作为专卖制中一种官商交易的新形式逐步定型，为宋代钞引制的确立与兴盛奠定了基础。

拾叁

略论大中两池新法及其对五代盐政之影响

唐代的解县、安邑两池是在东南沿海海盐区之外最重要的食盐产区，对于西北部地区的社会民生意义极大。两池盐由度支掌管，最多时行销31州府，收入达到150万—160万贯，是两税上供和东南盐赋外，中央政府能够支配的最重要财赋来源。晚唐在东南财赋日渐减少的情况下，两池盐利对维持唐朝廷的生存尤发挥了不可或缺的作用。而盐池的生产、销售也因此受到朝廷严密的控制，盐法的酷烈程度也越来越甚。关于两池的机构组织和生产流通，以往妹尾达彦、高桥继男等已撰文作过探讨。[1]本文仅以宣宗大中之际的盐法

---

[1] [日]妹尾达彦：《唐代河东池塩の生产と流通——河东塩税機関の立地と機能》，载《史林》第65卷6号，1982年，第35—72页；[日]高桥继男：《唐代における河东两池の塩専売制開始について》，载《唐代史研究會報告》第Ⅷ集「東アジア史における国家と地域」，1999年，第191—199页。

改革为中心，探索两池盐法的产生、发展及其不断加剧的过程和原因，并分析其内容及对五代缉私酷法的影响，由此对两池盐法的特点及意义提供更多的认识。

一　关于《册府元龟》大中元年闰三月盐铁（度支？）奏的校订与整理

唐代后期实行盐专卖制，对于池盐产量最高的河东两池也建立了相应的盐法制度。《旧唐书·卢弘正传》涉及两池盐法有如下一段记载：

> 大中初，转户部侍郎，充盐铁转运使。前是，安邑、解县两池盐法积弊，课入不充。弘正令判官司空舆至池务检察，特立新法，仍奏舆为两池使。三年，课入加倍，其法至今赖之。[①]

卢弘正，《新唐书》本传作卢弘止，其以判官司空舆对盐池"检钩厘正，条上新法"事与旧传记载略同。只是唐代两池历来为度支所掌，因此旧传所说卢弘正大中初充盐铁转运使，实当依新传为"以户

[①]　《旧唐书》卷一六三《卢弘正传》，中华书局，1975年，第4271页。

部领度支"。①卢弘正任判度支的时间不长,新传说他"逾年,出为武宁节度使"。而据严耕望《唐仆尚丞郎表》卷一二考证,他约在大中元年(847)三月就任度支使,而至六月初即已卸任为周墀所代,所以任使不过数月之久。②其以司空舆特立新法事即应发生在此数月之间。

又关于司空舆所立新法,《旧唐书·司空图传》附其父司空舆事迹称:"先是,盐法条例疏阔,吏多犯禁;舆乃特定新法十条奏之,至今以为便。"其中"特定新法十条"者,《新唐书》卷一九四同人传作"立约数十条"。③两传虽同样谈到了立新法与官吏犯禁的关系,但对于具体内容,却没有更多涉及。此外,便是《新唐书·食货志四》述及此事,有"壕篱者,盐池之堤禁;有盗坏与鬻鬻皆死,盐盗持弓矢者亦皆死刑"的简略记载。④不过以此为线索翻检史料,还可发现明本《册府元龟》卷四九四《邦计部·山泽二》(《全唐文》卷九七四略同)所载录的大中元年一段奏文与此有关。此奏文颇长,约一千一百三十字。其文前称:"宣宗大中元年闰三月盐铁奏,据两池榷盐使状,应旧盐法敕条内有事节未该,及准去年敕文合再论理事件等。"末尾一段,复有"以前户部侍郎判度支卢弘正奏,臣又得榷

---

① 《新唐书》卷一七七《卢弘止(正?)传》,中华书局,1975年,第5284页;下同。
② 严耕望:《唐仆尚丞郎表》卷一二《辑考四附考上·度支》,中华书局,1986年,第775—776页。
③ 《旧唐书》卷一九〇下《文苑下·司空图传》,第5082页;《新唐书》卷一九四《卓行·司空图传》,第5573页。
④ 《新唐书》卷五四《食货志四》,第1380页。

茶使简较司封郎中兼侍御史司空舆状"等语。①按大中元年闰三月正是卢弘正在任度支使期间。前后对照,不难明了此奏文是卢弘正奏司空舆上盐法状的抄件,因此奏文前称"盐铁"应改为"度支"。

又检《宋本册府元龟》所录同一段文字,"榷茶使简较司封郎中"为"榷盐使检校司封郎中"之误。②依照唐朝的行文格式,"以前户部侍郎"之"以前"下,颇疑脱一"件"字。否则称"前户部侍郎",与事实显然不符。总之由于此件奏文的存在,证实了司空舆在卢弘正支持下改定盐法一事,且据其内容也很可能与《新唐书·食货志》史料同一来源。只是从文中明确宣称的"其中有此三节须重论奏"一语,知奏状所论者仅有三条,而非两《唐书》传中所说十条或数十条。何以如此?从奏文所称三节是据"旧盐法敕条内有事节未该"及准会昌赦文"合再论理"的事件,知新法中本应包括旧法原有的一些条文,而三节者,只是针对旧法所提出的修改或补充意见。它们很可能并不是大中新池法的全部,却是其中最具代表性和新意的部分。从论奏的方式看,奏文对此三节不仅一一条举,且均先提出原来的法令依据和制敕,然后再对此逐条加以理论,指出其不适当或不完备之处,提出改变的原则及办法。从中可以明显地见出新、旧法之不同,也足以反映出大中盐法的特点,由此对于了解大中新法,无疑是极为重要的。

---

① 《册府元龟》卷四九四《邦计部·山泽二》,中华书局,1960年,第5906—5908页;《全唐文》卷九七四《条奏盐法状》,中华书局,1983年,第10102—10103页。
② 《宋本册府元龟》卷四九四《邦计部·山泽二》,中华书局,1989年,第1239—1240页。

正因为如此，故对此史料本身应予以充分重视。但由于《册府元龟》所录载的原文颇多谬误，故使用之前，尚需加以校正。如上所述奏状所论仅有三节。其每节之始，均有"一曰"二字作为区分。但如仔细研读，不难发现三节之间内容错杂颠倒，层次混乱不清，其明显是由错简所致。具体如第一节议及贞元元和年敕有关壕篱损坏等问题，其意重在明确"地界所由"的责任，却误将第三节"诸州府应捉搦贩卖私盐，及刮鹻煎贼"中奖励县令的条款插入。相反与之相涉的针对"地界所由村正居停主人"等一干人的措施，却接于第二节"应捉获越界私盐，并刮鹻盗两池盐贼，与劫夺犯盐囚徒头首关连人等"死刑与否的条文之下，使人读来颇感困惑。为了使史料更为清晰地展现其本来面目，故笔者这里试将错简掇出，作了简单的归位与复原。另外本文初发表时，考虑内容顺序先后而将第二、三节位置颠倒，目前仍按《册府元龟》恢复原位，但不影响文义。

限于篇幅，此处不再照抄原文。而仅将改正后的录文分段抄写如下（录文依《宋本册府元龟》，个别字校以明本，错字及疑误标出并注明于括号内）：

大中元年闰三月盐铁（度支？）奏：据两池榷盐使状，应旧盐法敕条内，有事节未该及准去年敕文，合再论理事件等。

一曰准贞元、元和年敕，如有奸人损坏壕篱，及放火延烧，收（捉？）贼不获，本县令合当殿罚，皆已有条制，今见施行。但未该地界所由，及无捉贼期限。伏以盐池堤禁，只仰壕篱。如有放火延烧故损坏（以上原接"本界分一周年内"←‖→自下原接"并家口配流"下），强盗盐贼踪（纵？）入界，各许本县界一月内捉贼送使。如过限不到，即是私存慢易，搜索未精，其原敕内所罚县令课料，便请准敕文牒本州府，当日据数征克送使。又弓射（明本作"弓矢射"）所由等昼夜只于池内检巡；其壕篱外面，山林掩映，村栅相次；每有奸人兴心结构，必须与村人相熟，然可（明本作"乃敢"）下手。若或无人勾致，即远贼不敢自来。亦缘从来未立科条，以此沿池所由，都无禀束。伏请从今后，如有奸人损动壕篱，及放火延烧，并有盗窃踪迹；其地界保社所由、村正、居停主人等，如有自擒捉得贼；每捉得贼一人，推勘得实，所捉人当日以官中诸色见钱一十贯文充赏。如漏网及不觉察到，并请追，就使各决脊杖十五。如推勘与贼知情，即请准所犯人条例处分。如是所由及别色人等捉得，亦请准前给赏，其余并请各准元敕处分。

一日应捉获越界私盐，并刮鹻盗两池盐贼，与劫夺犯盐囚徒头首关连人等，推勘是合抵死刑者，承前并各准元敕极法处分者。伏以本制盐法，束勒甚严，近年以来，稍加宽令。又准会昌六年五月五日赦文，灵武、振武、天德三城封部之内皆有良田，缘无居人，遂绝耕种。自今已后，天下囚徒合处死刑，情非巨蠹者特许全生，并家口配流（以上原接"强盗盐贼踪入界"←‖→以下原接"并请依旧条处分，如县令"）。若侍（持？）本此三道者，当使（明本作"时"）应缘盐法，捉获前件贼等，并是固违敕文，挟持弓刀棒杖，皆作杀人调致。巨蠹凶恶，情状难原。如或诈有生全，则必欺偷转甚，别无其法可以畏之。今伏请捉获此色贼，推勘得实，合置极刑者，并请各准敕处分。

一曰诸州府应捉搦贩卖私盐，及刮鹻煎贼等。伏准前后敕节文，本界县令如一周年内十度同捉获私盐五斗已上者，本县令减一选。如每年如此，即与累减者。伏以私盐厚利，煎窃者多。巡院弓射（明本作"弓矢"）力微，州县人烟辽夐，若非本界县令同力（明本作"立"）限防，煎贩之徒无由止绝。其县令本界漏网私盐，据石斗各有元敕，并请依旧条处分。如县令（以上原接"若侍本此三道者"←‖→自下原接"如有放火延烧故损坏"下）本界分一周年内十月度同捉得五斗已上私盐，先准元和十二年六月三日敕，与减一选；即所酬殊寡，难使尽心。若必遣县令，须令赏罚相称。伏请从今已后，其县令本界内若五度捉得私盐，每度捉得一斗已上兼贼同得者，不限岁内岁外，但数足后即与减一选。如累捉得，亦请累减，减至三选即止。如是别色见任正员官、前官差摄县令，亦准正县令处分。如是散试官差摄县令，无选可减者，亦请每五度捉得私盐，并贼同得者，即请别赏见钱五十贯。累捉得亦请累赏。如两畿令及赤县令，无选可减者，在任之日，但界内捉得私盐件数与敕文相当，检勘别无异同，即请申中书门下，秩满后便与依资除官。如此则必悉心奉法，不失罪人。其余即请各准元敕处分。

以前（按下疑脱"件"字）户部侍郎判度支卢弘正奏：臣又得两池榷盐使检校司封郎中兼侍御史司空舆状，自领职以来，披寻捉盐条制，其间有此三节，须重奏论。伏以盐法条制，须是严刑。稍似宽容，则奸人无惧，招收榷课数阙。伏望圣慈许依司空舆所请，即冀私盐杜绝，榷课增加。从之。

按以上录文，实则仅据《册府元龟》原奏状略事整理，将原错置于"如有放火延烧故损坏"下，自"本界分一周年内十月度同捉得五斗已上私盐"至"天下囚徒合处死刑者特许全生，并家口配流"一段文字移于"据石斗各有元敕，并请依旧条处分。如县令"之下，而将"强盗盐贼踪（纵）入界"至"并请依旧条处分，如县令"一段提前，置于"如有放火延烧故损坏"之后，以使之大略符合应有的行文逻辑顺序，其余则为谨慎起见，未再轻易加以调整。然则所改是否得当，特别是改后新连接之处似也不无疑文脱字。凡此种种，尚待有识者给以指正，以便再加校补。

二 大中新法的来源

从上述奏文针对私盐的诸项条款，以及两《唐书》志、传记载，已不难得知所谓卢弘正、司空舆的大中新法不过是有关两池及池盐的缉私法令。又奏中表明，新法的制定与"旧盐法敕条""旧捉盐条制"有关，也即新法是源于旧法。那么，何谓旧法或"旧捉盐条制"呢？言此者或首先会联想到第五琦在肃宗乾元元年（758）初行榷盐之际即宣布的"盗煮私市罪有差"[①]，是固然矣。但这个最初的法

---

① 《册府元龟》卷四九三《邦计部·山泽一》，第5897页。

令或原则显然并不专用于两池或池盐。而真正的两池意义上的缉私法，应当是在这些法令被贯彻之后，结合盐池本身及池盐专卖制的特点逐步形成的。

两池在唐代专卖制实行之后，是被政府施以专门管理的。特别是代宗之际实行财赋分掌制，两池被划归度支，盐利收入为中央政府直接掌管和支配，成为唐后期最重要的池盐生产和专卖地。为了保证两池的专卖收入，唐政府不仅订立了专门的池盐价格，且对之与其他各类盐实行划界行销。在这一制度下，贞元中两池盐已得"供华夏二十余州宅"；元和中，更增加至三十一州府[①]，行销于包括长安、洛阳两京在内的西北部及中原部分地区。此外，唐政府虽对池盐产销区实行了与海盐相同的就场专卖制，但在生产及运销的管理方面却更加严格。史称大历建中初，两池在知租庸盐铁官崔倕的掌管下，呈现出"商通而漭至，吏惧而循法；民不绁网，而国用益饶"的情状[②]，便是对其时已建专卖秩序的极好说明。《金石萃编》卷一〇三载崔敖于贞元十三年（797）作《大唐河东盐池灵庆公神祠碑》，称盐池"划野摽禁，堑川为壕"[③]，说明至少在德宗时期，政府为了防止池户与商人勾结，"盗煮私鬻"，已在盐池周围建筑了封闭的壕篱，由此使池盐生产地与外界完全隔绝。而同碑的碑阴记所载立碑官员名称，也反

---

① 《文苑英华》卷八一五《唐宝应灵庆池神庙记》，中华书局，1966年，第4302页；并参[日]妹尾达彦：《唐代河東池塩の生産と流通——河東塩税機関の立地と機能》，第53—54页。

② 《文苑英华》卷八八九《故朝散大夫检校尚书吏部郎中兼御史中丞赐紫金鱼袋清河县开国男赠太师崔倕神道碑》，第4683页。

③ 《金石萃编》卷一〇三《大唐河东盐池灵庆公神祠碑》，中国书店，1985年。

下编／盐价、物价与盐法　　　415

映了当时以度支河中院为中心，其下并设两池官和一监九场等机构十分完备的情况。

以上做法固然是池盐实行严格缉私法的基础。但真正的、独立意义上的池法究竟创立于何时呢？值得注意的，是上述大中元年敕提及捉盐旧制多称"准贞元、元和年敕"，而《新唐书·食货志》言及两池缉私也自贞元开始。这说明不仅池盐缉私自贞元、元和始重，而且大中以前，池法也多以贞元、元和敕令为依据。这种以贞元、元和敕令为本的情况不难理解为当时池法确有定制，但最早具体为贞元哪一年呢？对此，《唐会要》卷八八关于两池机构的一条记载提供了信息：

安邑、解县两池，置榷盐使一员，推官一员，巡官六员，安邑院官一员，解县院官一员，胥吏若干人，防池官健及池户若干人。先是，两池盐务隶度支，其职视诸道巡院。贞元十六年，史牟以金部郎中主池务，耻同诸院，遂奏置使额。①

这段记载说明，贞元十六年之际，两池的专卖机构设置发生了变化。在此之前，两池主持盐务的机构即前述碑文中所见到的度支河中院。它虽然机构庞大而下属众多，院官的职务级别却与其他诸道巡院无别。但史牟的任职改变了这一状况，使得此后的两池不仅改置榷盐使，原来的池机构也升格为院。榷盐使的职位在度支使之下，两池巡

---

① 《唐会要》卷八八《盐铁使》，上海古籍出版社，1991年，第1910页。

院官之上，有些类似于盐铁转运使下的留后。但留后贞元、元和以后多设于"大都要邑"①，且多辖大转运区而设，如东都、扬子、江陵留后等；两池榷盐使却是专掌两池，显然任务仍是主持池盐专卖。任务未变，机构官员的级别地位却提高了，原因何在？《唐会要》说是史牟"耻同诸院"，其缘由或非如此简单，但从中已反映出以金部郎中主池务的不同寻常。唐代重郎官。据《唐六典》，尚书诸司郎中从五品上，员外郎从六品上，官品均较高。唐代后期以郎官而知巡院者，多为检校官。如白居易《知汴州院官侍御史卢濛可检校仓部员外郎制》、杜牧《韦宗立授检校仓部员外郎知盐铁卢寿院制》皆可证明②。而前述贞元十三年神祠碑文中知河中院官冯兴，职名也仅仅是"检校职方郎中兼侍御史"。一般院官至多实授员外郎③，郎中者绝无仅有。但金部郎中史牟却是实授，其名已见于唐尚书省郎官石柱之上。④以金部郎中任职两池，本身即极为特殊，所以朝廷作此安排，其中必有深意。对此，《唐国史补》或可给以解释：

> 史牟榷盐于解县，初变榷法，以中（申）朝廷。有外甥十余

---

① 冀勤点校：《元稹集》卷四八《李立则检校虞部员外郎知盐铁东都留后敕》，中华书局，1982年，第524页。
② 顾学颉校点：《白居易集》卷五二，中华书局，1979年，第1093页；《樊川文集》卷一九《韦宗立授检校仓部员外郎知盐铁卢寿院制》，上海古籍出版社，1978年，第286页。
③ 《白居易集》卷五三《知渭桥院官苏涓授员外郎依前职制》，第1116页。
④ （清）劳格、赵钺：《唐尚书省郎官石柱题名考》，中华书局，1992年，第711页。

岁，从牟捡畦，拾盐一颗以归，牟知立杖杀之。其姊哭而出救，已不及矣。①

《国史补》称史牟"初变榷法，以申朝廷"，可见是在任职之际实行了有关"榷法"建置兴革的重大举措。由此不难得知，朝廷派史牟出任，本身即有着加强两池管理的用意。而史牟的改法，也恰恰符合朝廷的安排。从这里出发，史牟从知河中院官升为榷盐使，便不仅是提高了个人地位，也可以理解为是被赋予了立法、改法之权。从而使之能够以两池为中心，以严肃法纪为号召，对整个池盐流通区和专卖制本身加以整顿。因此史牟贞元十六年的任使与建置池法可称是一回事。至于池法内容虽史载不详，但从《唐国史补》所言史牟为一颗盐杀外甥及《新唐书·食货志四》"贞元中，盗鬻两池盐一石者死"的记载②，推知其中必有惩处私盐的严酷法令。此外《唐会要》卷八八与史牟有关的事尚有：

  贞元十六年十二月，史牟奏："泽、潞、郑等州，多食末盐，请一切禁断。"从之。③

此条中的泽、潞、郑诸州是政府规定的颗盐（即池盐）销区，而史牟所奏则是关于颗盐销界不得私售末盐（海盐与土末盐）的一条禁令。

---

① （唐）李肇：《唐国史补》卷中，古典文学出版社，1957年，第37页。
② 《新唐书》卷五四《食货志四》，第1379页。
③ 《唐会要》卷八八《盐铁》，第1902页。

此禁令正是目今所见唐代禁止与打击越界销盐的第一次明确记载。在此之前,颗、末盐虽有流通范围的界定,但似乎执行并不甚严格,所以才会发生上述的混乱。贞元中海盐比池盐价格低,运输也方便。而土末盐产于低洼盐碱地,煮制尤其容易,常由百姓私产私销,故流通于市更不易控制。但末盐流通势必会对两池官盐行销造成障碍,故史牟请求禁止。此事虽未被冠以立法之名,但如与上述"初变榷法"联系起来即知非孤立之举。又从《唐语林》卷六所载下述事件知当时的禁止越界尚不限于颗、末盐:

> 贞元中,郎中史牟为榷盐使。有表生二人自鄜来谒,其母仍使子赍一青盐枕以奉牟,牟封枕付库,杖杀二表生。①

此条所提及的鄜即鄜州,属关内道。据《唐会要》卷八八元和五年（810）度支奏当属食乌、白池盐的范围。从鄜州带乌池产青盐枕到蒲州两池,显然有涉越界之嫌。史牟此举虽与上述为拾盐杀外甥一事同样的不近情理,但表明对越界者也毫无姑息。"拾盐一颗"如严格算起来可等同"盗窃"官盐,而盗窃与越界正是缉私法所必然涉及的两大罪行。又两者内容均针对池盐,禁止越界者尤专为保护池盐专卖利益。由此可见,史牟之盐法是专就池盐和两池榷盐使所管销界范围而立法的,这正是一般意义上的池法。它可能对以往盐池所行法令有

---

① （宋）王谠撰,周勋初校证:《唐语林校证》卷六《补遗》,中华书局,1987年,第533页。

所总结，但无疑又有更新和增补，使之更加适用于池盐专卖而具有更明显的针对性。因此，真正意义上的池法应当是始于史牟。

史牟盐法，是因其酷而著称于世的。在此之前，未闻有为一颗盐而杀人的刑律，史牟如此作必为达到杀一儆百的目的，但由此也足以反映私盐问题的严重。唐史载盐法混乱发生于德宗建中之初，其时因朝廷对藩镇作战而盐价高涨，江淮盐自每斗一百一十文之上增二百，"为钱三百一十，其后复增六十，河中两池盐每斗为钱三百七十"。结果是私售横行："亭户冒法，私鬻不绝，巡捕之卒，遍于州县。""商人乘时射利，远乡贫民困高估，至有淡食者。"[①]逃避了榷税的私盐适应市场，故取代官盐十分畅销。加之两税、盐利征收中均以物折钱，造成钱重货轻，盐铁官吏上下其手，更加剧了私籴犯法的猖獗。

是后贞元承建中之弊，问题非但未得到解决，至贞元中期以后反愈演愈烈。前述贞元十三年崔敖作碑文，称度支使裴延龄和苏弁委任的河中院官冯兴"成绩有闻"，而两池在池官陆位、韦纵具体管理下也是"奸气不作，阜财有经"，其言恐都不无溢美。事实是唐朝在贞元八、九年裴延龄任度支使后财政管理即日益松懈。史称延龄"不通殖货之务"，热衷聚敛。[②]在他就任期间实行了度支与盐铁"殊途而理"的政策[③]，并因此而发展了度支、盐铁诸使及藩镇的进奉。

进奉来源之一即割留常赋，故其增加伴之以财务方面的弄虚作

---

① 《新唐书》卷五四《食货志四》，第1378—1379页。
② 《旧唐书》卷一三五《裴延龄传》，第3720页。
③ 《唐会要》卷八七《转运盐铁总叙》，第1886页。

假，不仅流弊东南，也必然会对度支掌管下的池盐专卖产生直接影响。试想当时盐铁官为了提高盐利收入，以进奉"市恩"，借助钱重货轻，以实估敛入，以虚估谎报数字固然是寻常手段，而盐价居高不下也尤是意料中事。这一点正是私盐增生的基础。沈亚之说蒲州盐池所在的解县，"其所会贸，皆天下豪商猾贾，而奸吏踵起"[①]，并非易于管理之地。池盐价格长期以来或持平，或高于海盐，其间的弊病也极易为奸吏猾商所利用。故私盐问题之严重决不下于海盐。而《新唐书·食货志》所言贞元末"榷盐法大坏"的趋势也绝非仅存在于海盐专卖之中。

值得注意的是，史牟任使的贞元十六年，正处于以上诸种矛盾渐次暴露之际。而在他之前，盐铁使李若初已试图就东南盐法存在的问题进行整顿。史称贞元十四年，李若初议改盐法，奏请"通钱往来"[②]，即是针对当时州县因钱少，不许商贾携钱出境的"闭籴禁钱"而采取的措施。此举意在通过加速周转流通，解决钱重货轻的矛盾。并以此降低盐价，促进食盐销售。后虽因若初死而中止不行，但毕竟体现了东南盐法继承刘晏传统，比较重视经济规律，而手段也相对灵活的特点。史牟变法仅在此后两年，做法却全然不同。其法不重疏导而一味从严刑酷法着手，表现了唐朝廷对于食盐专卖垄断和强制的一面。这恐怕是因为池盐生产地集中，产销易于控制造成的，然而却因此导致了以后池法酷于东南盐法的特征。

史牟改法后，池盐专卖未闻有特别明显的改善，直至顺宗、宪

---

① 《全唐文》卷七三六《解县令厅壁记》，第7601页。
② 《新唐书》卷五四《食货志四》，第1388页。

宗相继即位的永贞、元和初，混乱的盐政才一度得到整顿。时杜佑、李巽继任度支盐铁使，实行包括取消进奉等在内的全面改革。池盐和海盐价格分别降至每斗300文和250文，盐利收入大为增加。池盐元和初年岁入达到150万—160万贯[①]，超过刘晏任使的大历时期。但这种状况持续未久，至元和八年以后，盐利数字即不再有申报的记录，而诸种进奉也即时恢复。至元和末长庆初，以削藩战争旷日持久，财政不支，食盐榷价再度回升。海盐复增至每斗300文[②]，池盐价虽未有如海盐那样明令增长，但据《旧唐书·崔植传》，称皇甫镈任度支使，"奏诸州府盐（监）院两税、榷酒、盐利、匹段等加估定数，及近年天下所纳盐酒利抬估者一切征收，诏皆可之"[③]。唐朝盐利征收中，本有以物折钱的部分。所谓"加估定数"，也就是增加所折实物的数量，实则变相加价。其结果则必然是再度引起官盐滞销，私售横行。

在此种情况下，唐政府唯有再寄希望于酷法。上述大中奏文中，言及元和法令即有"准元和十二年敕"语，查元和十二年正为皇甫镈在任之时。又《新唐书·食货志四》言池法也作如下对比说："贞元中，盗鬻两池盐一石者死，至元和中，减死流天德五城，镈奏论死如初。一斗以上杖背，没其车驴，能捕斗盐者赏千钱；节度观察使以判官、州以司录录事参军察私盐，漏一石以上罚课料；鬻两池盐者，坊市居邸主人、市侩皆论坐；盗刮硷土一斗，比盐一升。州县团保相

---

① 参见《新唐书》卷五四《食货志四》，第1379页；《元和郡县图志》卷一二，中华书局，1983年，第328页。
② 《册府元龟》卷四九三《邦计部·山泽一》，第5899—5900页。
③ 《旧唐书》卷一一九《崔植传》，第3441—3442页。

察，比于贞元加酷矣。"①

由是而知，元和中池法虽或有过宽法省刑的措施，但至皇甫镈任度支使之际，复有全面的修改与增补。而大中元年奏所言元和条制也即镈所定。其制可称是史牟"初变榷法"之后的二变，内容显然比史牟所创更为细密。其中除恢复贞元中私盐重犯死刑的规定外，复有令节度判官及州县官员参与缉私的奖惩办法。不仅如此，法中还针对当时已大量出现的"刮鹻"盗制而制定了相应处罪条令，并建立了州县百姓保社制度及贩私的连坐之法。凡此种种均比贞元有所增加，故史称"比于贞元加酷矣"，无疑是十分恰切的评价。因此从史牟至皇甫镈，池法已可谓是颇具规模。而如将这时的池法与同期所行东南海盐缉私法相比较，即可发现两者在处罪程度上还是有一定区别。《唐会要》卷八八载开成元年（836）闰五月七日盐铁使奏称：

> 应犯盐人，准贞元十九年、大和四年已前敕条，一石已上者，止于决脊杖二十，征纳罚钱足。于大和四年（830）八月二十已后，前盐铁使奏，二石以上者，所犯人处死，其居停并将舡容载受故（雇）担盐等人，并准犯盐条问处分。②

此奏说明，海盐贞元中也定缉私之法。但按照制度，一石以上尚不过决杖罚钱，非如池盐，"一石者死"。直至大和四年定法，死刑也还

---

① 《新唐书》卷五四《食货志四》，第1379—1380页。
② 《唐会要》卷八八《盐铁》，第1905页。

下编 / 盐价、物价与盐法　　　　423

是止于二石以上。可见相比之下，池法不但制定有别，且严酷有加。

但法令虽酷，它所起到的作用却仍然只能是恶性循环。在史牟、皇甫镈之后，卢弘正、司空舆大中新法可谓池法的第三次修订。它所面临的私盐问题则较前两次更严重。史载穆宗以后，包括两池在内，私盐的盗贩活动益为猖炽。究其原因恐怕还是首先与盐价有关。盐价除了表面数字高之外，穆宗初还宣布盐利中应纳现钱的部分，"亦请令折纳时估匹段"①。时估即实估，盐利中强调实估匹段的折征，仍无异变相提高盐价，其势必使已经难于继续的就场专卖与商销更难进行。于此笔者当另文讨论，此处即不再赘述。其次盐铁机构内部吏治腐败，官商勾结有加无已，此也为学者撰文多所指出。由是走私、贩私无孔不入，至文宗、武宗时竟发展为集团性的武装盗劫。"是时江、吴群盗，以所剽物易茶盐，不受者焚其室庐，吏不敢枝梧，镇戍、场铺、堰埭以关通致富。"②与此同时，两池也不乏挟带弓刀棒杖、焚烧壕篱的"盐贼"。故文宗开成末，不得不通令地方，"诏私盐月再犯者，易县令，罚刺史俸；十犯，则罚观察、判官课料"。武宗时更明令"江贼（即盐盗）有杖者，虽未杀人，不在该恩之限"。③缉私与反缉私的斗争日趋尖锐化。以残酷镇压为唯一手段和目的的大中新法就正是在这样的形势下出笼的。

---

① 《旧唐书》卷四八《食货志》，第2094页。
② 《新唐书》卷五四《食货志四》，第1380页；下同。
③ 《文苑英华》卷四二九《会昌五年正月三日南郊赦文》，第2175页。

三 大中新法的内容趋向

以贞元、元和旧捉盐条制为基础而修订的大中池法面对的是如何从一切方面堵漏私盐，从而达到对池盐产销绝对垄断的问题，这使它的内容必然比以往的池法更为严密。就缉私法所针对的范围而言，也必然既包括盐池本身，亦包括一切池盐销界内的各类违法。从大中元年度支使奏文所呈报的新法修订部分虽只有三条，但却集中反映了以上特点，而其侧重则在以下三个方面：

（一）加强对于盐池本身的封锁

作为池盐生产地的两池，是食盐盗制、贩卖的原始基地。尽管受到唐政府和专卖机构的严密监视，仍是私盐盗贩最为活跃和猖獗的场所。大中盐法强调了对于盐池及其周围地区的防范，其办法之一便是借助壕篱制度。

壕篱之制在"划野摽禁，堑川为壕"的基础上形成，向来为官府缉私所倚重。据五代史料言，壕篱建在两盐池周围极远处，"以棘为篱，别无城壁"[①]，是唯一能隔绝内外的设施。据前引大中元年闰三月奏，唐代壕篱内有"弓射所由"昼夜巡检，壕篱外则"山林掩映，村栅相次"，是池户居住的村落、用壕篱将生产区与生活区分开，使池户非在生产之际不得入内，一般人更无从越雷池一步。而如侥幸进入也会陷进"弓射"的包围之中。大中盐法继承了这些原有的规定，

---

① 《册府元龟》卷四九四《邦计部·山泽二》周太祖广顺二年十月戊申条，第5914页。

并一再强调壕篱的重要:"以壕篱者,盐法之堤禁","伏以盐池堤禁,只仰壕篱"。不但宣布违法出入,放火延烧者可处以极刑,且对因"奸人损动壕篱"而发现焚毁和盗窃踪迹,也要一概追查并处分有关人吏。因此在大中盐法中,壕篱制度已被作为判定和论处私盐人犯的一项重要依据。

其办法之二便是在壕篱制之上,加强团保法与连坐制。

在池盐流通区内实行团保法与连坐制度,也是在皇甫镈池法中已有反映的。据前引《新唐书·食货志》,其时一方面宣令"鬻两池盐者,坊市居赁主人、市侩皆论坐"。一方面依凭村里,建立"州县团保相察"的联网,以阻止百姓参与贩私,断绝私盐流通。这里"团保"是唐中期以后出现的一种民间组织。《资治通鉴》卷二四二胡注释"团保者,团结户口,使之互相保识"。它往往由数户人组成。领导者称"保头"或"团头",敦煌吐鲁番文书中也颇为多见。①由于团保最早的来源很可能是唐初即有的四邻五保之制,所以它既可被民众用来进行连保借贷等经济活动,也可以被官府利用来实施联防缉盗。但皇甫镈所建的团保连坐法最初可能主要应用于作为交易中心的坊市,故从坐人特别提到市贩及留止私盐犯的客舍主人,至于盐池周围人吏则尚无特别规制。此即大中奏文所谓"亦缘从来未立科条,以此沿池所由,都无禀束"。

新法有鉴于此,特别是考虑到壕篱制必须有周围池户的配合,所

---

① 《资治通鉴》卷二四二穆宗长庆二年四月,中华书局,1956年,第7815—7816页;并参李锡厚:《头下与辽金"二税户"》,载《文史》第38辑,1994年,第79—96页,说见第79—80页。

谓"每有奸人兴心结构，必须与村人相熟，乃敢下手，若无人勾致，即远贼不敢自来"的情况，将缉察重点扩及至盐池佐近的吏民。法令规定，一旦发生盗窃，不仅县令需罚课料，"其地界保社所由、村正、居停主人"也无一不受牵连。其保社者，与团保性质相类。这类人如能捉到人犯，固可从官府领钱受赏。但"如推勘与贼知情者，即请准所犯人条例处分"，即给予与盗盐人同等的处罚。此条法令提及的虽然只是一些村民首领及小吏，但"盐田细吏皆县民"[1]，通过他们及乡里的民众组织，正可以有效地波及每一个池户。因此这一团保法的扩充，配合严格出入的壕篱制度，显然可使盐池的看守更加壁垒森严。

（二）从严从重处罚私盐要犯

大中以前的池法已有对于私盐犯予以严惩的律条。且早在史牟任榷盐使之际，已有私盐要犯判处死刑的重法。但据《新唐书·食货志四》，称元和中曾改为"减死配流天德五城"。查《唐会要·君上慎恤》元和四年二月敕，明确规定两京及关内、河南、河东、河北、淮南、山南东西等道州府"犯罪系囚，除大逆及手杀人外，其余应入死罪，并免死配流天德五城"[2]。池盐犯的免死配流，应据此而行。五城者，岑仲勉先生考订为定远、丰安二军，东、中、西（天德军所在）三受降城。[3]后配流复改天德三城。五城或三城为重犯配流之

---

[1] 《全唐文》卷七三六《解县令厅壁记》，第7601页。
[2] 《唐会要》卷四〇《君上慎恤》，第842页。
[3] 《唐史余沈》卷二"朔方节度下之五城六城"条，中华书局，1960年，第108页。

下编 / 盐价、物价与盐法　　427

所，长庆中有天德五城流人以十年为限之制，甚至"纵遭恩赦，不在放归限"而配没成边终身。

皇甫镈时，奏私盐犯"论死如初"。大中新法重申前令。此即"应捉获越界私盐，并刮鹻盗两池盐贼，与劫夺犯盐囚徒头首关联人等，推勘是合抵死刑者，承前各准元敕极法处分"。由此中可以发现涉及私盐判罪有两点。其一即判罪的名目，即包括越界销盐、刮鹻煎盐，武装劫盐等。这类名目的出现，反映有关犯罪在唐中晚期已极为普遍化。特别是越界和刮鹻既能与武装盗劫相提并论，说明对此二者的重视。而这一点，也正是唐晚期至五代缉私法的一个特征。

其二是死刑的恢复。贞元、元和以来虽有私盐重犯处死之法。但据奏中所说"近年以来稍加宽令"，及会昌六年（846）五月宣宗即位赦令所宣布的"天下囚徒各处死刑，情非巨蠹者特许全生"，是其中多数人都可获得免死，改为与家口配流天德三城。这里盐法宽严之间的变化，表明其时在私盐死刑量刑问题上尚费踌躇。《唐会要》卷八八开成元年（836）闰五月盐铁使奏，即针对大和四年犯私盐二石处死的刑令提出"近日决杀人转多，榷课不加旧"的问题，请求改依贞元决脊杖旧法。甚至三石以上仍免死配流，"请决〔杖〕讫待疮损锢身，牒送西北边诸州府效力"。只有少数"挟持军器，与所由捍敌方就擒者"，才有"同光火贼例处分"的死刑之法。[①]可见对死刑的范围曾尽可能缩小，这样做固然是为了避免因处刑过重激化矛盾。不过随着贩私特别是武装盗劫的不断增加，盐法的总的发展趋势还是

---

① 《唐会要》卷八八《盐铁》，第1905—1906页。

愈来愈重。大中池法主张对私盐重犯毫不留情,强调当时按盐法所捕获的"盐贼",都是"固违敕文,挟持弓刀棒杖,皆作杀人调致"的巨蠹。认为这些人"如或诈有生全,则必欺偷转甚,别无其法可以畏之",所以要求对此类人置以极刑。大中池法对死刑的坚持,表明当着私盐盗贩愈来愈危及唐政权的利益与生存之际,严刑酷法已成为其可以借重的唯一武器。

(三) 加强地方官,其中特别是县令的缉私作用

注重地方官员参与缉私的作用和职责,是大中盐法比较突出的一个方面。唐代榷盐法实行之初,承担缉私重任的主要是作为专卖机构的院、监。特别是巡院,"捕私盐者,奸盗为之衰息"[①]。但院监所设仅止于产区或通衢要地。偏乡僻壤、边远州县即很难为巡吏所涉足。因此随着贩私活动的普遍化,地方官员亦不得不参与缉私。如《唐会要·盐铁》元和二年九月给事中穆质奏,要求对私盐死囚"请州县同监,免有冤滥"[②],即是给州县处决私盐犯的参与重权。而上述皇甫镈定"节度观察使以判官、州以司录、录事参军察私盐"和文宗时贩私盐,即罚州县官俸料的做法,都说明唐后期缉私已被明确划规为地方官的一项重要职责,而逐渐与他们的治政升迁密切联系起来。

大中新法对于以往有关地方官缉私的规定及奖惩制度是全面继承的。《旧唐书·司空舆传》"先是盐法条例疏阔,吏多犯禁"一语已

---

① 《新唐书》卷五四《食货志四》,第1378页。
② 《唐会要》卷八八《盐铁》,第1902页。

颇能道明两者的关系。而新法的改进就是更加强调县令的职责和重要性。内中指出,在"私盐厚利,煎窃者多,巡院弓射力微,州县人烟辽夐"的情况下,"若非本界县令同立堤防,煎贩之徒无由止绝"。而在这方面采取的办法则是重赏重罚。也即一方面规定严格的"捉贼期限",落实过期不到即罚课料的制度,"准敕牒本州府,当日据数征剋"。另一方面则提高了对县令的奖励标准,放宽了奖励限额。这就是将原来"一周年内十月度同捉得五斗已上私盐减一选"的元和旧制,改为"不限岁内岁外","若五度同捉得私盐,每度捉得一斗已上兼贼同得者"即可减选。这一规定使县令的捉盐成绩可以不受年头限制而累积,累捉复可累减,目的无非在敦促县令积极缉私。唐代县令在地方行政机构中是最基层的一级,赋役、盗贼、狱讼,事无巨细,无不关会。且承上启下,作用至为关键。大中缉私法特别注重县令,至少说明在缉私方面中央已极其仰赖地方。

总之,以上诸点,是大中池法最为注重的方面。内中所订立的法令制度,既是自贞元、元和旧捉盐条制发展而来,亦是针对着晚唐池盐贩私的现实特点。通过大中的修订,池法内容较之原来更为严密、残酷,也更为条理化和固定化。《新唐书·食货志》说在卢弘正之后,兵部侍郎周墀任度支使,奏言:"两池盐盗贩者,迹其居处,保、社按罪。鬻五石,市二石,亭户盗粜二石,皆死。"[1]其法仍是卢弘正、司空舆池法的继续与发展。所以就池法的形成而言,大中之际应当是一个最为严酷的阶段。

---

[1] 《新唐书》卷五四《食货志四》,第1380页。

四 大中新法对于五代盐政的启发

新法的出笼总是与统治者的垄断利益联系在一起，对此，它的制定者们并不隐晦。大中元年闰三月度支奏中有可能是出自卢弘正的一段总结说："伏以私盐条制，须是严刑，稍似宽容，则奸人无惧，招收榷课数阙。伏望圣慈许依司空舆所请，即冀私盐杜绝，榷课增加。"课利有赖于酷法，如此便不难明了大中池法的用意所在。

唐朝晚期，诸种矛盾交错，中央集权统治削弱，朝廷已愈来愈难于实行对全国，特别是东南财赋来源地的有效控制。盐利不断减少，而穆宗、文宗以后，东南盐铁留后院等机构的裁撤与省并[1]，尤反映了其地盐政的恶化与萎缩。在此种情况下，唐政府为了增加赋入，即不得不将注意重点日益移向度支主掌下的两池。《旧唐书·卢弘正传》说新法实行后，"三年，课入加倍"。检阅前后课利收入，则《唐会要》卷八八记载称：

（大和）三年四月敕："安邑、解县两池榷课，以实钱一百万贯为定额。"至大中元年（《册府元龟》卷四九四作"二年"）正月，敕："但取匹段精好，不必计旧额钱数"。及大中六年，度支收榷利一百二十一万五千余贯。[2]

---

[1] 《唐会要》卷八八《盐铁》，第1905页。
[2] 《唐会要》卷八八《盐铁使》，第1911页。

自大和三年（829）以至大中六年，盐利定额与实际收入均有相当规模的增加，说明唐政府在缉私法加强的同时，已加重了对池盐盐利的掠夺和垄断。

据《资治通鉴》卷二四九大中六年度支奏，河湟平定后，"每岁天下所纳钱九百二十五万余缗"，其中盐利二百七十八万缗。① 度支所奏盐利应包括其自身所掌及盐铁使所入两部分。是度支盐利（一百二十一万五千余贯）在全部盐利中已占近44%，并是全部岁入的近八分之一。又据《唐会要》的记载，度支榷利主要指两池。由此可知两池盐利在盐利总收入中，已占有五分之二强的比例。又从其数额来看虽较元和时为低（元和中150万—160万贯，详前），但和同期海盐下降幅度比（最多时接近或超过700万贯②），应该说是所降不多。

加上盐利征收强调实估，因此实际收入可能并未减少。特别是大中元年"但取匹段精好"的要求，更说明实行新法后在盐利征收中的肆意重敛与不择手段。因此，酷法被视为增加盐利的手段，而以强化缉私促进食盐销售，也成为贞元、元和乃至大中之际池法最突出的特点。在这方面，继承贞元、元和旧制的大中池法尤有着承先启后的作用。《旧唐书·卢弘正传》在论及盐池榷课增加后指出："其法至今赖之。"何为至今？《旧唐书》本为后晋史臣所

---

① 《资治通鉴》卷二四九大中六年度支奏，第8053页。
② 据《册府元龟》卷四九三《邦计部·山泽一》（第5898—5899页），盐铁使李巽奏元和三年东南盐利为727.8万余贯，为元和中最高数额，但包括峡内井盐在内。至元和七年盐铁使王播奏盐利为685.9万余贯，时已除峡内井盐，为纯海盐利。

修，故今者，五代也。直接用酷法推动榷盐，此点无疑对五代盐法有着极大影响。而一个"赖"字，充分体现了五代盐法对于大中池法的传承和吸收。

五代盐法受大中池法的启发与影响，最直观的即反映在缉私法的内容方面。五代政权建在北方，版图中已不包括原来的江淮海盐产区。海盐的生产区域仅限于河北、山东，产量及销售范围均大为缩小。土末盐与井盐虽有，但更无从与池盐、海盐相比。因此，五代的食盐专卖中，池盐是占据中心位置的。又两池在唐末，为河东节度使所占取，后归朱全忠，仅向朝廷纳贡。后梁初，仍以河中节度使兼两池榷盐使，直至后唐初，才将利权全部收归朝廷。

但节度使掌管期间，池法并无特别建树，故五代之初实际仍沿唐制。而后历朝盐法也看得出是在唐朝基础上的发展，且始终没有脱离大中池法的轨范。例如就盐池本身的管理而言，仍继续过去的壕篱法和封闭制度。只是武装监视与封锁更为森严。后唐时，"两池禁棘峻阻，不通人行。四面各置场门弓射，分劈盐池地分居住，并在棘围里面，更不别有差遣，只令巡护盐池"。场门即池场门子，弓射乃巡检弓射，他们即相当于唐代的"弓射所由"。后唐的制度只不过更增加了对这些看守人员的管制和奖惩条令。规定"所有透漏地分弓射及池场门子，如是透漏出盐十斤已下，决脊杖五十；放一十斤已上，与犯盐人同罪科断"。后周除在两池周圜以"巡警牙官数百步一人"实行看守之外，更将壕篱制度发展至"赡国军堂场务、邢洺州盐务，应有见垛贮盐货处，并煎盐场灶，及应是齈地"，要求所有这些地点都要修筑墙堑。无墙堑处，"即作壕篱为规格"。[①]可见壕篱制在五代，已更加巩固并广泛应用。这说明封闭式的生产结构和管理方式已从两池扩大到其他盐产区。

在封闭式的管理之上，五代也同样实行了以地方官员和盐产地周围保社吏民等"同共巡检"的缉私办法。此外就缉私法所针对的范围和对象而言，也显然和唐代有共同性。如就大中盐法已比较重视的私煎盗贩与越界贩私在五代已成为缉私法的重点和主要内容。其中关于越界私盐，后唐明令："颗、末、青、白等盐，原不许界分参杂。"并规定："其颗盐先许通商之时，指挥不得将带入末盐地界。如有违犯，一斤一两并处极法。"后周也定令："如有人于河东界将盐过来，及自家界内有人往彼兴贩盐货，所犯者并处斩。"不仅不许不同种类的盐"界分参杂"，即对于同一种盐，也有不许自通商界入不通商界，以及不许农村蚕盐入城一类的规定。因此对于越界，五代显而易见比唐代更加不容。

至于私煎盗贩，包括刮䴵在内，则比越界惩罚更厉。如后唐时不仅两池盐是"如擅将一斤一两，准元敕条，并处极法"。对末盐地界刮䴵煎盐，也是"不计多少斤两，并处极法"。甚至连"收到䴵土盐水"也要"委本处煎炼，盐数准条科断"。后周广顺中对一般私盐犯罪，虽略有减轻，但对刮䴵煎炼私盐，仍有"一斤已上，并决重杖一

---

① 参见《五代会要》卷二六《盐铁杂条上》后唐长兴四年五月七日诸道盐铁使奏、卷二七《盐铁杂条下》周广顺二年九月十八日敕，上海古籍出版社，1978年，第422—425、427—430页；并参《册府元龟》卷四九四《邦计部·山泽二》，第5909—5910、5913—5914页；下引文同。

顿，处死"的法令。周世宗时，指令赡国军堂场务、邢洺等州盐务，"内偷盗夹带官盐"，"所犯不计多少斤两，并决重杖一顿，处死"。而对刮鹻煎盐和知情人，竟然"所犯不计多少斤两，并决重杖一顿，处死"。①

与此同时，五代政府为了杜绝盗贩，还广开告讦连坐之科。后唐对榷巢场院员僚、节级人力及煎盐池客、灶户、般盐船纲、押纲军将、衙官、艄公等，"如有公然偷盗，或将货卖，其买卖人及过盐主人知情不告"，一律依刮鹻例，"五斤已上处死"。两池"应有知情偷盗官盐之人，亦依犯盐人一例处断"。相反对于告讦者，则有分给被告人财物一半的制度。后周时，"所犯私盐，捉事、告事人各赉赏钱，以系省钱充，至死刑者赏五十千，不及死刑者三十千"。②种种做法说明，五代所定的有关制度比唐时更为残酷。各类私盐犯法已不是如唐时按斛、石、升、斗，而是按斤、两治罪。死刑的判定也更为寻常。史载后汉时王章为相，"民有犯盐、矾、酒曲之令，虽丝毫滴沥，尽处极刑"③。显然是军阀政权暴政下，缉私酷法发展到极端化的表现。但五代盐法无论千变万化，其内容原则总不离大中之宗，且实行的地域也已渐不限于两池。因此大中池法对于五代盐法的影响，可称是带有普遍性和根本性的。

除了缉私法内容相似之外，五代盐法受大中池法启发影响，固然

---

① 《册府元龟》卷四九四《邦计部·山泽二》世宗显德二年八月，第5915页。
② 参见《五代会要》卷二六《盐铁杂条上》、卷二七《盐铁杂条下》，第424—425、427页。
③ 《旧五代史》卷一〇七《王章传》，中华书局，2015年，第1641页。

还有更深刻的内涵,缉私法就广义的盐法而言,只是其中的一个组成部分。但它既为专卖制总体服务,也就不可能不与盐法的其他方面,诸如价格政策、专卖方式等发生直接的关系。而事实上,大中池法的制定也正是围绕这些问题进行的。如前所述,缉私法的产生基因于私盐的泛滥,而私盐的泛滥则与盐价的高涨相表里。元和、长庆以降盐利折估匹段的增加和盐钱实纳等变相提高盐价的手段即是导致晚唐私售横行的主因。在私盐与盐价二者之间政府只可能采取两种做法:即或降低盐价,改善商销,使私盐无机可乘;或极力打击私盐,而使高价得以维持,大中池法的制定表明政府的取向显然是后者。

酷法意味着唐晚期政府既不可能再实行灵活的物价政策,更无意再就盐价问题作出让步。不过盐价复关乎专卖方式,高价政策之下,商运商销的就场专卖制必然走向解体。所以早在穆宗长庆二年(822),已有度支使张平叔提出官销,要求由州县官吏取代场院主持卖盐,按照"坐铺自粜"的方式直销百姓,以征收"见钱和实估匹段"。此外,他还提出在平时"无人籴盐"的偏乡僻壤,实行"差清强巡官检责所在实户,据口团保,给一年盐,使其四季输纳盐价"的计口配售之制。① 其主张虽因朝议反对而未能通过,却毕竟反映了唐中晚期以后,专卖方式已有变化的迹象。值得注意的是,张平叔作为度支使,其主张正是首先就池盐而立论,它和大中池法修订一事也是先后发生的。这是不是意味着池盐缉私法的整饬,与官销政策是相辅

---

① 《韩昌黎集》卷四〇《论变盐法事宜状》,《国学基本丛书》第7册,商务印书馆,1958年,第55—60页。

相成的呢？缉私愈严酷，而官价愈维持，商销也就愈不可能得到改善。其结果是商销在种种限制之下，实行的余地愈来愈小，就场专卖制势必为官销所取代。这正是唐晚期食盐专卖制变化的大趋势，而这一趋势也必然为五代所延续和发展。

五代自后梁至后唐，已顺利地实现了食盐专卖方式自商销至官销的转化。五代官销以俵配制与场务榷粜相结合，在乡村主要实行以蚕、食盐等为主的赊销和俵配，而在城镇地区，则主要实行直接面对百姓并征收现钱的场务榷粜，附之以少量的屋税盐或食盐俵配，商销在五代已不占主要地位。五代何以能在很短的时间内即完成这样的转变？除了军阀政权统治的强制性外，更重要的便是自唐中晚期即开始的专卖制自身的变化。尽管我们尚无唐代池盐可能已行部分官销的明证，但从五代盐法与张平叔盐法的相似已不难看到这一点。场务榷粜与俵配制显然是"坐铺自粜"和"据口给盐，依时征价"（韩愈语）两种方式的结合与发展。限于篇幅，笔者拟将此问题另文探讨，但二者之间存在渊源关系是明显的。此外大中池法的制定本身，也为官销奠定了基础。从新法的各项内容看也都更适合于官销。无论是封闭式的生产管理方式，抑或是越界盗制法的执行，及地方官吏通过缉私而表明的对盐务的参与，似乎都更适应于官销特别是俵配制的要求，否则我们便无以解释这些内容在五代的沿用与发展。而缉私酷化与官销相互呼应的关系，从五代盐法中也得到了进一步印证，这正是大中池法何以被五代称为"至今赖之"的根本原因。

五 小结

总括上述，窃以为唐末五代盐法的变化其来有渐。晚唐以后，盐池成为唐朝廷获取盐利之最后来源地，故重要性和管控程度甚至超过海盐，而大中池法正是变化中的一个焦点。剖析池法建立的全过程，透视其制定的目标所在，或许能使我们对于专卖制的总体演变过程多一层理解。

本文从《册府元龟》所载宣宗大中时期度支使卢弘正奏两池榷盐使司空舆状入手，对其文字加以重新录校，从中掇出错简，作了简单的归位与复原整理，在此基础上对两池新法的来源和内容趋向试作探讨。笔者认为，池法的产生不是偶然的。池盐由于所在地理位置和产销集中的特殊性，在专卖制度实施的过程中，其封闭性、严酷性始终超过海盐。中晚唐以后，食盐价格高涨，就场专卖行销不利，私盐盗贩猖獗，于是朝廷加强了对两池产、销的管控。贞元十六年史牟提高榷盐院规格，始独创池法，以强化对两池的管理，成为大中池法的先声。而新法重在对私盐的防范，包括建构壕篱制和团保连坐法实现盐池产地的封锁，从严从重打击、判处私盐要贩，以及增设奖惩条例以加强地方官之缉私作用，表明大中池法日益走向司法的残酷化。

正如文中所论，酷法并非独立存在，与之同时的是商运商销就场专卖制的解体，和"坐铺自粜"与"据口给盐，依时征价"官销方式的兴起和取代，这也为五代池盐进一步封闭化、残酷化管理和蚕盐、屋税盐官销俵配制的实施打下基础。据此，我们不能不说大中池法是反映了唐朝晚期专卖制的悄然变化和发展趋势，这种变化和趋势无疑是比盐法条例本身更值得重视和研究之处。

唐末五代的河东盐池与政权移替

　　唐后期被统治者视为国之大宝的河东盐池一向是通过严密的专卖体制及严刑酷法被朝廷控制。但是唐末江淮动乱的发生，却间接波及两池。乾符以后，围绕盐池和盐利的归属，不仅引起朝廷内部朝官和宦官的矛盾，也发展为中央与藩镇和藩镇彼此之间的争斗与拼杀。对于两池盐利及其所在地的丧失，在一定程度上决定了唐朝廷的衰亡，也决定了藩镇暴乱中的政权之争最终鹿死谁手。

一 宦官的干预与朝廷、藩镇盐利争夺

自唐朝实行榷盐法后,两池的管理始终隶于度支使之下,盐利也由中央政府统一支配。但唐朝后期,朝廷为了强化对盐利的控制,开始设置榷盐使。黄巢起义以后,盐池始由河中节度使兼任榷盐使而掌管。而为了与之争夺盐利,宦官也参与其间,由此对盐池及盐利的归属产生了重大影响,也从而开启了朝廷勾结利用强藩,依违于其间以求苟存的历史。

(一)关于榷盐使派设的备忘录

对于唐后期河东安邑、解县两池的管理而言,德宗贞元中榷盐使的设置无疑是一件大事。在此之前,两池只有度支设下的河中院,由知院官主持。[1] 所以《唐会要》卷八八《盐铁使》记载称:

> 安邑、解县两池置榷盐使一员,……先是,两池盐务隶度支,其职视诸道巡院。贞元十六年,史牟以金部郎中主池务,

---

[1] 《金石萃编》卷一〇三《大唐河东盐池灵庆公神祠碑碑阴记》记贞元十年度支使及河中院立碑官名录,中国书店,1985年。

耻同诸院，遂奏置使额。至二十一年，盐铁、度支合为一使，以杜佑兼领。佑以度支既称使，其所管不宜更有使名，遂与东渭桥使同奏罢之。至元和三年七月，判度支裴均以两池职转繁剧，复以留后为盐铁使。①

贞元十六年（800）史牟设榷盐使是两池设使之始。这以后虽自贞元二十一年（805）至元和三年（808）有一度停设（改称留后），但旋即恢复。对此，高桥继男和李锦绣均有具体考证②，说明榷盐使的派设一直沿至唐末，已形成了固定的设置。

　　榷盐使的派设事实上提高了盐池机构的级别。两池生产、运销一向自成体系，且具有一定的封闭性和地域特殊性，这使盐池的管理也必然自成系统。特别是，盐池周边所在旁及数县，而营销范围更远，其所管理的业务自较一般巡院为广。沈亚之长庆二年（822）作《解县令厅壁记》曾道出"蒲盐田居解邑，下岁出利流给雍洛二都三十郡，其所会贸，皆天下豪商猾贾，而奸吏踵起，则解之为县益不能等于他县矣"的复杂情状。③而《新唐书》卷五四《食货志四》在说明元和中盐铁使李巽对东南进行盐法改革后，也指出其时"两池盐利，岁收百五十余万缗"和"四方豪商猾贾，杂处解县"的事实。④可见

---

① 《唐会要》卷八八《盐铁使》，上海古籍出版社，1991年，第1910页。
② [日]高桥继男：《唐代後期の兩池榷塩使にフぃての一考察—主として石刻史料によゐ—》，载日本《唐代史研究會會報》第8号，1995年，第8—9页；李锦绣：《唐代财政史稿》下卷第一分册，北京大学出版社，2001年，第307—326页。
③ 《文苑英华》卷八〇五《解县令厅壁记》，中华书局，1966年，第4255页。
④ 《新唐书》卷五四《食货志四》，中华书局，1975年，第1379页。

无论是从扩大营销业务和利润，还是从加强缉私出发，榷盐使的设置都是必要的，这也是裴均所谓"职转繁剧"的本意。

　　榷盐使级别既高而权利范围又较一般巡院为大，则在其领导下必然形成相对独立的管理，据史料记载史牟在任使的同时即对盐池进行"变法"①，但这一点并没有改变盐池隶属度支的性质。后至元和中，度支使皇甫镈又针对"盗鬻两池盐"者恢复死刑及增加团保连坐之法；大中初度支使卢弘正（止）并派判官司空舆为榷盐使整顿池法②，可知度支使正是通过榷盐使而强化缉私和盐池管理的。

　　此外，榷盐使虽与度支使同有使名，但地位则介乎度支使与巡院之间，实相当于东南地区的扬子、江陵等大盐铁转运留后。从前揭学者所列表得知，他们的官职远远低于度支使。如史牟职为金部郎中，而司空舆仅为"检校司封郎中兼侍御史"。晚期官职虽有提高，如大中十年前后的榷盐使钱义方是"太子右庶子"，咸通中的李从质是"守太子右庶子、兼御史中丞"③，但是仍然低于以尚书、侍郎甚至是宰相兼任的度支使，其与度支的属从关系是明显的。

　　两池榷盐使隶于度支，因而榷盐使由中央派官充任，两池收入也完全"利系度支"，这正是唐末以前的情况。《唐会要》卷八八《盐铁使》称"（大和）三年四月敕：'安邑、解县两池榷课，以实钱

---

① （唐）李肇：《唐国史补》卷中，古典文学出版社，1957年，第37页。
② 以上并参见拙文《略论大中两池新法及其对五代盐政之影响》，已收入本书。
③ 参见《册府元龟》卷四九四《邦计部·山泽二》，中华书局，1960年，5908页；（宋）陈思撰：《宝刻丛编》卷一〇《唐盐宗神祠记》，浙江古籍出版社，2012年，第759页；周绍良主编、赵超副主编：《唐代墓志汇编》咸通一〇一《唐故赵郡李氏墓志铭》，上海古籍出版社，1992年，第2457页。

一百万贯为定额。'至大中元年正月，敕：'但取匹段精好，不必计旧额钱数。'及大中六年，度支收榷利一百二十一万五千余贯"，① 能够制定定额并按照定额完成榷利，正是中央政府通过度支——榷盐使完全控制和拥有盐利的充分体现。

（二）河中节度使主掌两池及黄巢起义的影响

从榷盐使的派设可以知道，唐朝廷能够通过专卖机构正常取得盐利的最晚时限应当是在僖宗朝王仙芝、黄巢起义发生之前，此后的情况便不同了。《旧唐书·僖宗纪》记中和元年（881）僖宗幸蜀，光启元年（885）车驾还京，已是"江淮转运路绝"，"郡将自擅，常赋殆绝"。时以田令孜为神策军使，招募新军五十四都，都千人，由令孜总领其权：

> 时军旅既众，南衙北司官属万余，三司转运无调发之所，度支惟以关畿税赋，支给不充，赏劳不时，军情咨怨。旧日安邑、解县两池榷盐税课，盐铁使特置盐官以总其事。自黄巢乱离，河中节度使王重荣兼领榷务，岁出课盐三千车以献朝廷。至是令孜以亲军阙供，计无从出，乃举广明前旧事（《唐会要》作"广明故事"），请以两池榷务归盐铁使，收利以赡禁军。诏下，重荣上章论诉，言河中地窭，悉籍盐课供军。②

---

① 《唐会要》卷八八《盐铁使》，第1911页。
② 《旧唐书》卷一九下《僖宗纪》，中华书局，1975年，第720、721页；并参《唐会要》卷八七《转运盐铁总叙》，第1890页。

同书《宦官·田令孜传》：

> 时关中寇乱初平，国用虚竭，诸军不给，令孜请以安邑、解县两池榷盐课利，全隶神策军。诏下，河中王重荣抗章论列，言使名久例隶当道，省赋自有常规。令孜怒，用王处存为河中节度使，重荣不奉诏。令孜率禁兵讨之，重荣引太原军为援，战于沙苑，禁军大败。京师复乱，僖宗出幸宝鸡，又移幸山南，方镇皆憾令孜生事。①

光启元年，宦官田令孜与河中节度使王重荣争夺盐利，以致引起朝廷和藩镇间的战争。

但此事上揭史料所记微有不同。《纪》和《会要》称田令孜是要求将盐利依"广明前旧事""广明故事"隶盐铁使（应即度支）而转用供军，《传》则谓其请以两池盐利直接"隶神策军"。从田令孜生事是因"亲军阙供"分析，此事在后者更顺理成章。《资治通鉴》卷二五六记光启元年（885）"夏，四月，令孜自兼两池榷盐使，收其利以赡军。重荣上章论诉不已，遣中使往谕之，重荣不可"②，与此正相吻合。田令孜以神策军而兼两池榷盐使，是为宦官干预盐政之最。不过就重荣所言"使名久例隶当道"和其他记载表明，唐朝廷以河中节度使领盐池，及由宦官居中干预，都不是始于此际而是其来有渐。

---

① 《旧唐书》卷一八四《田令孜传》，第4771页。
② 《资治通鉴》卷二五六，中华书局，1956年，第8322页。

《资治通鉴》卷二五三僖宗乾符四年(877)略称：

> 河中军乱,逐节度使刘侔,纵兵焚掠。以京兆尹窦璟为河中宣慰制置使。……十一月,己酉,以窦璟为河中节度使。①

乾符四年王仙芝、黄巢进陷沂州、郓州等地,并攻围宋州。受其影响,陕州、河中相继发生军乱,河中的军乱应是其地不安定的开始。朝廷以窦璟镇之,次年九月,复以户部尚书判户部李都同平章事兼河中节度使。与此同时,两池的管理也发生相应变化。《旧五代史》卷六〇《李袭吉传》：

> 袭吉,乾符末应进士举,遇乱,避地河中,依节度使李都,为榷盐判官。②

李袭吉为榷盐判官,说明这时的榷盐使已由李都兼任。唐朝廷以节度使兼掌盐池,大约是借助其兵力以保护盐池,这种情况也许是自窦璟即开始了。但既以地方掌盐利,与中央的关系将如何协调呢?《唐代墓志汇编》乾宁〇〇五裴廷裕撰宦官吴承泌墓志曰：

> 乾符末,□先皇帝以邮瑕之封,筦榷遗利,命□公(《全

---

① 《资治通鉴》卷二五三,第8193—8194页;下李都事见8209页。
② 《旧五代史》卷六〇《李袭吉传》,中华书局,2015年,第929页。

唐文》"□公"作"公"）以本官充解县榷盐催勘副使。明如夏日，洞察秋毫，每辞种蒿（蒿）之金，常远刘舆之賕。洁白无玷，课最有闻，搜考勾稽，尽取黜史（《全唐文》作"吏"是），青凫（《全唐文》作"蚨"）赤仄，充于水衡。以功赐绯鱼袋，充解县催勘使。寻属关河失守，盗贼惊奔，铜驼既□于（"□于"《全唐文》作"卧之"）九衢，金根去狩于三蜀。公则以榷利钱寄河中府，单车往河北，传檄诸道，言天子蒙尘之辱，责官司奔问之仪，召彼（《全唐文》作"彼"是）革车，期□（《全唐文》作"复"）上国。遂与易定节度使王处存同领甲兵一（《全唐文》作"二"）万屯东渭桥，□□公奔赴行朝，面奏本末。先帝感其忠果，锡以金章，依前充解县榷税使。会蒲帅王重荣尽占盐租，请赡军伍，□□公复归朝阙，后改充南诏礼仪副使，车（《全唐文》作"中"）辄不行。①

由墓志得知，吴承泌充"解县催勘副使"是在乾符之末，正与窦璟、李都等任使同时。"催勘"的意义是对榷盐使应上缴的盐利加以催促、检稽，这是对节度使主掌盐利实行监督的做法。吴承泌是朝廷的代表，换言之是承担沟通藩镇与朝廷关系，以保证盐利无失的任务。吴承泌的任使，也许是宦官直接操纵掌管盐利之始。墓志说明，其任使时间是从乾符末一直到"蒲帅王重荣尽占盐租"之前。甚至在

---

① 《唐代墓志汇编》乾宁〇〇五《大唐故内枢密使特进左领军卫上将军知内侍省事上柱国濮阳郡开国侯食邑千户食实封百户吴公（承泌）墓志并序》，第2532—2533页；并见《全唐文》卷八四一，中华书局，1983年，第8844页。

"关河失守"僖宗幸蜀之后,他所催征得的盐利还被用为"传檄诸道""责官司奔问之仪"的本钱和号召,并被用于供给易定节度使王处存勤王的军队。由此可见,在黄巢农民军占领长安之前,朝廷仍能基本拥有盐池之利,只是这时的主掌者已不是度支隶属下的榷盐使,而盐利的获取实际上已需转借藩镇之力和宦官之手。

进一步的变化是在王重荣任河中节度使之后。《资治通鉴》卷二五四记广明元年(880)十一月,王重荣以河中都虞候作乱,不久即得到朝廷承认,命为留后,次年(中和元年,881)四月复被诏命为河中节度使。重荣任留后及使同时,大约即"尽占盐租",故田令孜请两池盐利,有"广明故事"之说。而这时宦官的职务不是"催勘使"而是直称"榷税使"了,这表明朝廷已不能指望藩镇,而宦官代表朝廷与藩镇的盐利争夺更加直接。《资治通鉴》同上卷综合诸史料,称广明元年黄巢入华州,"河中留后王重荣请降于贼",但不久即发兵相拒:

> 黄巢遣使调发河中,前后数百人,吏民不胜其苦。王重荣谓众曰:"始吾屈节以纾军府之患,今调财不已,又将征兵,吾亡无日矣!不如发兵拒之。"众皆以为然,乃悉驱巢使者杀之。①

王重荣抗拒黄巢,正是因其不欲将盐利供黄巢随意索取。此后王重荣与王处存结盟,营于渭北,但仍不足以抵抗,故始有与沙陀李克

---

① 以上参见《资治通鉴》卷二五四,第8234—8235、8244页。

下编 / 盐价、物价与盐法　　447

用军的联合。《资治通鉴》卷二五五僖宗中和二年记载其事曰：

> 黄巢兵势尚强，王重荣患之，谓行营都监杨复光曰："臣贼则负国，讨贼则力不足，奈何？"复光曰："雁门李仆射，骁勇，有强兵，其家尊与吾先人尝共事亲善，彼亦有殉国之志；所以不至者，以与河东结隙耳。诚以朝旨谕郑公（从谠，时河东节度使）而召之，必来，来则贼不足平矣！"东面宣慰使王徽亦以为然。时王铎在河中，乃以墨敕召李克用，谕郑从谠。十一月，克用将沙陀万七千自岚、石路趣河中……（十二月）李克用将兵四万至河中……[①]

据《新五代史》卷四《庄宗纪上》，李克用于次年正月领兵出河中，不久即打败黄巢兵将，与诸镇兵会于长安，并大战渭桥，乘胜追击，"京师平，克用功第一"。[②]

李克用的沙陀兵虽为平黄巢的主力，但他所以能够顺利济河入关，实赖有王重荣的全力配合。司空图撰《解县新城碑》于此有"但既逼寇仇，且当津要，车徒遝至，竟赴齐盟。戎夏骏驱，共匡京室；虑风回于原燎，竭日费于云屯。辑睦允谐，供储克赡；栋持广厦，鼎镇厚坤。始以一城之危，抗移国之盗；竟以数郡之力，壮勤王之师。勋复旧都，庆延殊渥，盛矣哉"的描述[③]，其于王重荣兴复唐室固不

[①] 《资治通鉴》卷二五五，第8277、8283页。
[②] 《新五代史》卷四《庄宗纪上》，中华书局，2015年，第37页。
[③] 《司空表圣文集》卷六《解县新城碑》，商务印书馆《四部丛刊初编》；并参《全唐文》卷八〇九，第8506—8507页；下引文同。

无溢美。但说到借道诸镇，使"戎夏骏驱，共匡京室"，及竭财赡军，"竟以数郡之力，壮勤王之师"未始不是事实。而河中两池盐利于其中的意义不言而喻。

（三）田、杨之争及河中、河东之去从向背

唐朝廷相继以李都、王重荣为河中节度使兼两池榷盐使，始或出自盐池武装保卫之需，继则出于无奈。王重荣的任使并非朝廷意愿。但王重荣任使前期，仍对盐池有所兴建和保护，并因与黄巢作战及与李克用联合而间接地将盐利赡给了朝廷。《解县新城碑》言及王重荣"既总两河之务，□（爰？）值多事之秋，检吏通商，机能制用，矫时阜俗，俭以率先，凡立科条，皆能刻励"；并记其兴筑解县新城事："自中和二年冬十月，奏请兴役，至明年夏六月，凡计工五十万，城高三丈，周才九里一百六十步。"据碑文所述形势，"城陷冯翊"与"□（烽？）举隰川"都使解县陷于孤立和遭受威胁，旧有关防不足"枝梧"，而解池之饶也是"所患者，素无城守，难固人心"，所以"既纳款于帅臣，仍抚安其新附"，以得"交获利济，并致成功"，也即修建新城与"纳款帅臣"都是为了保卫盐池。

但十分具有讽刺意义的是，碑文称城筑好后，王重荣竟"旋陟上台，恳辞剧务"，以致"榷盐使韦雍，检律在公；巡官王愨，琢磨效用，与植将及商人等，联状同诣所居，沥恳至于垂涕"。此榷盐使与巡官不知是否仍为朝廷虚设，但他们听命于王重荣却是肯定的。"恳辞剧务"不过是姿态，王重荣仍是盐池的主宰者。

王重荣中和年间同意结好李克用自有其"交获利济"、保卫城

池的考虑，而促成二者交好的则是宦官、行营都监杨复光。《旧唐书·杨复光传》载其"受诏充天下兵马都监，押诸军入定关辅"时即与王重荣会合。及劝王重荣与李克用联合事与前揭《通鉴》卷二五五文略同，并称"及收京城，三败巢贼，复光与其子守亮、守宗等身先犯难，功烈居多"。① 又《资治通鉴》卷二五五中和三年春正月条曰：

  乙亥，制以中书令、充诸道行营都统王铎为义成节度使，令赴镇。田令孜欲归重北司，称铎讨黄巢久无功，卒用杨复光策，召沙陀而破之，故罢铎兵柄以悦复光。②

杨复光是使王重荣与李克用结盟的策划者、中间人。因此，他与河中镇及王重荣关系良好。在盐利方面，他的作用或者不能与乾符中的吴承泌相比，但他在处理河中与朝廷关系方面既能成功，则在盐利的使用方面必会有所协调。虽然此事需以姑息和承认王重荣的权力为代价，但既能将盐利用于平定黄巢，则如果说唐朝廷彼时仍能通过宦官——藩镇而间接获取盐利应该是不错的。

  然而光启元年此平衡即被打破，这不仅是由于僖宗还朝南衙北司的供应增加，也是由于杨复光的死亡。《资治通鉴》同上卷僖宗中和三年七月记杨复光卒于河中：

---

① 《旧唐书》卷一八四《宦官·杨复光传》，第4773—4774页。
② 《资治通鉴》卷二五五，第8287页；下引文见8298页。

450　　　　　　　　　　　　　　　　　　　　　　　　　　盐与唐帝国

复光慷慨喜忠义,善抚士卒,军中恸哭累日,八都将鹿晏弘等各以其众散去。田令孜素畏忌之,闻其卒,甚喜,因摈斥其兄枢密使杨复恭为飞龙使。令孜专权,人莫与之抗,惟复恭数与之争得失,故令孜恶之,复恭因称疾归蓝田。

杨复光之死与其兄复恭被摈斥,断绝了朝廷与河中的联系。田令孜作为复光兄弟的对立面,与王重荣关系恶劣,故有盐利之争并迅速升级。光启元年七月,令孜勾结邠宁节度使朱玫,凤翔节度使李昌符讨王重荣,致王重荣与李克用再度联合,以讨田令孜为名抗拒朝廷。其年十二月,李克用与王重荣合兵打败朱玫、李昌符之军于沙苑。令孜奉僖宗出奔凤翔。危难之际,朝廷不得不起用杨复恭为枢密使以缓和与河中、河东的关系。《旧五代史·武皇纪上》"光启二年正月,僖宗驻跸于宝鸡,武皇自河中遣使上章,请车驾还京……朱玫于凤翔立嗣襄王煴为帝,以伪诏赐武皇。武皇燔之,械其使,驰檄诸方镇,遣使奉表于行在"一段下清人有注说:

  案《旧唐书·僖宗纪》:"杨复恭兄弟于河中、太原有破贼连衡之旧,乃奏遣谏议大夫刘崇望赍诏宣谕,达复恭之旨。王重荣、李克用欣然听命,寻遣使贡奉,献缣十万匹,愿杀朱玫自赎。"是克用之奉僖宗,因诏使宣谕而改图也,与《薛史》异。[①]

[①] 《旧五代史》卷二五《武皇纪上》,第391页。

《资治通鉴》卷二五六光启二年五月条亦称：

> 是时，诸道贡奉多之长安，不之兴元，从官卫士皆乏食，上涕泣，不知为计。杜让能言于上曰："杨复光与王重荣同破黄巢，复京城，相亲善；复恭其兄也。若遣重臣往谕以大义，且致复恭之意，宜有回虑归国之理。"上从之。①

以上可见杨复恭与复光同样，在沟通朝廷与河中、河东的关系方面，起了颇为重要的作用，所以才会有王重荣、李克用幡然改图及献缣朝廷之举。宦官的能量不可谓不大。但杨氏兄弟既与田令孜为朝中对立的两派宦官势力，则由他们与河中、凤翔等的关系，知宦官勾结藩镇，致其派系矛盾已演化为朝廷与藩镇，及藩镇与藩镇间的战争。这些战争既以盐利为导火索，则从某种意义上说已是盐的战争。而自此后，唐朝廷在盐利方面外则受制藩镇，内则听命宦官。光启二年杨复恭代田令孜为神策军使后，同样占取了朝廷盐利大权。"始，张濬判度支，杨复恭以军费乏，奏假盐曲一岁入以济用度，遂不复还。"②相反张濬"欲倚外势以济杨复恭"，于昭宗大顺元年（890）竟勾结朱全忠及河朔三镇，挑起与李克用的战争。③昭宗光化中崔胤代张濬，"乃白度支财尽，无以廪百官，请如旧制"。宦官韩全诲却

---

① 《资治通鉴》卷二五六，第8336页。
② 《新唐书》卷二〇八《韩全诲传》，第5897页。
③ 《资治通鉴》卷二五八，第8396—8400页。

请割三司隶神策军,"帝不能却,诏罢胤领盐铁"。①崔胤与韩全诲关于盐利的争夺,仍发展为藩镇战争,并为朱全忠最终代唐铺平了道路。天复元年(901)朱全忠迁河中节度使王珂(重荣之子)于大梁,奏除己为河中节度使,虽许诺将两池课盐岁供增为五千车,但已是最后的姿态。②唐朝廷正是在盐利的枯竭中走向它的末日,也同时结束了宦官干预盐政的历史。

二 河中盐利的归属与梁、唐成败

光启以后,唐朝关中及北方地区也已形成军阀混战扰攘纷争的局面。就关中而言,虽然每一次战争爆发的具体背景及参加者不尽相同,但有一点可以肯定,那就是谁拥有河中,谁便可以挟天子令诸侯,在战争中占据主动。河中两池的盐利曾是王重荣和王氏家族称霸一方、盘结根踞的资本,唐朝廷也因河中财赋与沙陀兵力的结合,打败黄巢。自此后,河中所在地及盐池财赋更成为李克用与朱温必争之鹄的,获取河中成为其最后成败的一个关键。

(一)李克用的河中——河东结盟优势

僖宗中和三年,唐朝以李克用平定黄巢,任为河东节度使,从此

---

① 《新唐书》卷二〇八《宦者下·韩全诲传》,第5897页。
② 《旧唐书》卷二〇上《昭宗纪》,第772—773页。

河中、河东两镇唇齿相依，关系更加密切。光启元年，王重荣上表论田令孜罪，田令孜即结邠宁朱玫、凤翔李昌符以抗重荣。据《通鉴》卷二五六其年十月条"王重荣求救于李克用"下《考异》引《太祖纪年录》言"朱玫、李昌符每连衡入觐于天子，指陈利害，规画方略，不祐太祖（李克用），党庇逆温（朱温），太祖拗怒滋甚"，及"田令孜恶太祖与河中胶固"[①]，请求移重荣定州，任王处存为蒲帅，致王重荣、李克用联合事。又同卷在十二月李克用与王重荣合战败朱玫、李昌符条下《考异》复引《太祖纪年录》称：

  十一月，重荣遣使乞师，且言二镇欲加兵于己，太祖欲先讨朱温，重荣请先灭二镇。太祖表言二镇党庇朱温，请自渭北讨之。

由此得知在田令孜与河中争斗的背后，实有李克用与朱温的较量。李克用协同王重荣击败朱玫、李昌符二镇，即是李克用挟朝廷与朱温开战的前奏。此役以王重荣、李克用胜为告终。李克用进逼京城，令孜奉僖宗至凤翔；但河中军竟被赐封"护国"，而朝廷为悦王、李意，也竟以杨复恭为枢密使。不久，令孜劫僖宗至宝鸡，而朱玫、李昌符反与王重荣、李克用联合，追逼僖宗，立襄王煴。时李克用已返太原，但如前所述在杨复恭的策动下又与王重荣改图以奉朝廷。故《旧唐书·王重荣传》称："及朱玫立襄王称制，重荣不受命，会太原之师于河西，

[①] 《资治通鉴》卷二五六，第8326—8327页；下《考异》见第8328页。

以图兴复。明年，王行瑜杀朱玫，僖宗反正，重荣之忠力居多。"①

"重荣之忠力居多"是由于得到李克用支持。而李克用所以协同王重荣讨伐田令孜，及助朝廷反正，其意实在朱温。《通鉴》卷二五六光启二年六月称李克用上表"方发兵济河，除逆党，迎车驾，愿诏诸道与臣协力"，然表"犹以朱全忠为言，上使杨复恭以书谕之云：'俟三辅事宁，别有进止'"。②说明他正是要以勤王为代价，换取朝廷对他讨朱的支持。近阅梁太济先生《朱全忠势力发展的四个阶段》，将中和三年（883）七月至文德元年（888）九月，和文德元年（888）九月至乾宁四年（897）十二月划分为前二阶段。认为第一阶段中因上源驿事件，而种下了朱、李矛盾；第二阶段则朱、李多次有小的交锋，互有胜负。③但朱、李之较量，应在梁文所说第一阶段即已经开始，而之所以朱温于第一、二阶段的交锋中未占到多少便宜，实在于李克用与河中有牢固的结盟关系。

光启三年六月，王重荣被部将常行儒所杀。《旧唐书·僖宗记》仅言行儒"推重荣兄重盈为兵马留后"④，《资治通鉴》卷二五七则称"制以陕虢节度使王重盈为护国节度使，又以重盈子珙权知陕虢留后。重盈至河中，执行儒，杀之"⑤。然据《旧五代史·武皇纪上》

---

① 《旧唐书》卷一八二《王重荣传》，第4696页。
② 《资治通鉴》卷二五六，第8338页。
③ 梁太济：《朱全忠势力发展的四个阶段》，见韩国唐史论丛编纂委员会：《春史卞麟锡教授还历纪念唐史论丛》，1995年，第107—116页；收入《梁太济文集·史事探研卷（上）》，上海古籍出版社，2018年，第180—194页。
④ 《旧唐书》卷一九下《僖宗记》，第728页。
⑤ 《资治通鉴》卷二五七，第8358页。

记"武皇表重荣兄重盈为帅"[1]，知重盈所以被朝廷命使，乃有李克用的支持。乾宁二年正月重盈死，据《通鉴》卷二六〇载，军府请以行军司马王珂为留后。[2]王珂为重盈兄重简子，重荣养以为子，与重盈亲子珙、瑶争为蒲帅。珙、瑶上章论列，并与朱温相结，而珂则求援于李克用。《旧唐书·王珂传》记其事曰：

> 珂上章云："亡父有兴复之功。"遣使求援于太原，太原保荐于朝。珙厚结王行瑜、李茂贞、韩建为援，三镇互相表荐。昭宗诏谕之曰："吾以太原与重荣有再造之功，已俞其奏矣。"故明年五月，茂贞等三人率兵入觐，贼害时政，请以河中授珙。珙、瑶连兵攻河中，李克用怒，出师讨三镇。瑶、珙兵退，克用拔绛州，斩瑶，乃师于渭北。天子以珂为河中节度，授以旌钺，仍充供军粮料使。既诛王行瑜，克用以女妻之。珂亲至太原，太原令李嗣昭将兵助珂攻珙，珙每战频败。[3]

此中"太原"即指河东节度使李克用。李克用在重荣、重盈诸子侄争夺河中节帅的过程中始终站在王珂一面，且不仅荐之于朝，复妻之以女，助之以战。这样在某种程度上河中已为其有。而李克用既能以兵力保卫河中，河中的投靠归诚及物资援助也足以使之立于不败之地。王珂一事表明，当时朝廷事实上是听命于李克用的。

---

[1] 《旧五代史》卷二五《武皇纪上》，第392页。
[2] 《资治通鉴》卷二六〇，第8463页。
[3] 《旧唐书》卷一八二《王重荣附王珂传》，第4697页。

为了摆脱李克用及其朝中之党杨复恭的控制，昭宗即位后也曾接受宰相张濬、孔纬建议，以朱全忠为援讨伐李克用。《资治通鉴》卷二五八大顺元年（890）夏四月记张濬因杨复恭以进，后附田令孜而薄复恭，因与之矛盾事，并言：

> 克用之讨黄巢屯河中也，濬为都统判官。克用薄其为人，闻其作相，私谓诏使曰："张公好虚谈而无实用，倾覆之士也。主上采其名而用之，他日交乱之下，必是人也。"濬闻而衔之。①

张濬与杨复恭及李克用均有私憾，是他建议伐李克用的深心。前揭史料称复恭于他任度支使时将盐曲之利全部夺走，而他与李克用的矛盾又是始自在河中时。其时他既为都统判官，或者也曾参与调配兵力物资。克用谓其"好虚谈而无实用"，是否也有军资供应问题，不得而知。但无论如何，他是因此矛盾而欲"乘全忠之功"，以"断两雄之势"的。②故在他的坚持下，"（大顺元年）五月，诏削夺克用官爵、属籍，以濬为河东行营都招讨制置宣慰使，京兆尹孙揆副之，以镇国节度使韩建为都虞候兼供军粮料使，以朱全忠为南面招讨使，李匡威为北面招讨使，赫连铎副之"，以讨李克用。③

但此战虽有张濬亲领五万兵挂帅，并"会宣武、镇国、静难、凤翔、保大、定难诸军于晋州"，却终为李克用骁将李存孝所败，唐

---

① 《资治通鉴》卷二五八，第8396页。
② 《旧唐书》卷一七九《张濬传》，第4657页。
③ 《资治通鉴》卷二五八，第8397页；下引文见第8399—8400页。

朝廷不得不加复克用官爵，贬张、孔等。《资治通鉴》卷二五八其年十一月条分析此战败因说：

> 是役也，朝廷倚朱全忠及河朔三镇；及濬至晋州，全忠方连兵徐、郓，虽遣将攻泽州而身不至。行营乃求兵粮于镇、魏，镇、魏依河东为扞蔽，皆不出兵；惟华、邠、凤翔、鄜（按鄜，胡三省注以为当作"鄘"是）、夏之兵会之。兵未交而孙揆被擒，幽、云俱败，杨复恭复从中沮之，故濬军望风自溃。①

此处将失败归之于朱全忠的未暇专顾及镇、魏不予兵粮。然分析其间"华、邠、凤翔、鄜、夏"仅关中诸镇，河中之兵显然不在其内。又朝廷既求兵粮于镇、魏，也说明站在李克用一边的河中不予任何物质支持，这应当也是李克用无忧而诸镇兵终不能合成一势的原因。

此后，朱、李之争虽进入互有胜负的相持阶段，但据前揭《王珂传》，唐朝廷因河中而仍受李克用胁迫。《资治通鉴》卷二六〇乾宁二年五月记李茂贞、王建、王行瑜三镇受王珙之请连兵入朝，"李克用闻三镇兵犯阙，即日遣使十三辈发北部兵，期以来月渡河入关"。又上表请讨，移檄三镇。秋七月，克用军至河中，"王珂迎谒于路"。②而当着李茂贞等与神策右军指挥使李继鹏、枢密使骆全瓘勾结，谋劫昭宗幸凤翔；中尉刘景宣与王行实欲劫帝幸邠州，诸军相

---

① 《资治通鉴》卷二五八，第8409页。
② 《资治通鉴》卷二六〇，第8470—8471页；下引文见第8473页。

攻之际，昭宗惧为所逼，又不得不全力依靠李克用。《资治通鉴》记其月："上遣延王戒丕诣河中，趣李克用令进兵。壬午，克用发河中。上遣供奉官张承业诣克用军。"张承业"屡奉使于克用，因留监其军"（张承业后尽心为克用父子理财，而其事业始于河中是值得注意的）。李克用于是长驱入关，逼死王行瑜，几取李茂贞，可谓大获全胜。当其时克用保持进可攻、退可守，挟制朝廷之势，显然与河中的并力支持分不开。而事实上李克用的这一优势，一直保持到朱全忠全取河中之前。

（二）朱全忠取河中而立

自光化元年（898）正月至天复元年（901）五月是梁太济文所说朱全忠势力发展的第三阶段："这个阶段的主要特点，是同李克用争霸，占领邢、洺、磁，控扼李克用东出河北通道；夺取河中，阻塞李克用西入关内咽喉。逼使成德、易定诸镇服从，并给占据幽、沧的刘仁恭、刘守文父子以毁灭性打击。"[①]占领河北与控扼河中是夺取政权的两大条件。特别是在河北战场成功无东顾之虞后，河中便是入关的唯一障碍。

《通鉴》卷二六二天复元年正月条称：

朱全忠既服河北，欲先取河中以制河东，己亥，召诸将谓

---

① 《朱全忠势力发展的四个阶段》，见《梁太济文集·史事探研卷（上）》，第187页。

曰:"王珂驽材,恃太原自骄汏。吾今断长蛇之腰,诸军为我以一绳缚之!"①

河中在连结河南北与关中的意义上,地位恰如"长蛇之腰",故朱全忠即于同年同月遣张存敬将兵三万自氾水渡河出含山路以袭之,并自率中军继其后。在出其不意速取晋、绛后,又屯兵二万以扼河东援兵之路。此后即不顾朝廷和解之诏,发兵围河中,致王珂势穷,面缚而降,举族迁大梁,所谓长蛇之腰遂被斩断。《旧五代史·武皇纪下》谓李克用"自是不能援京师,霸业由是中否"②。李克用丧失河中支持,东无力顾河北,西难以救长安,遂不得不遣使重币修好于全忠。《通鉴考异》记其事引《唐末见闻录》《唐年补录》《续宝运录》《唐太祖纪年录》等书以证之。其中《唐太祖纪年录》称:

天复元年六月,太祖(李克用)以梁寇方强,难以兵伏,阳降心以缓其谋,乃遣押牙张特持币马书檄以谕之,请复旧好,书词大陈北边五部士马之盛,皆吾外援。朱温视之不怿,令敬翔修报,词旨疏拙,人士嗤之。③

按据《旧五代史·李袭吉传》,记李袭吉为克用作书虽有"胜则抚三晋之民,败则征五部之众",及"刬复阴山部落,是仆懿亲;回纥师

---

① 《资治通鉴》卷二六二,第8547页。
② 《旧五代史》卷二六《武皇纪下》,第409页。
③ 《资治通鉴》卷二六二,第8549—8550页。

徒，累从外舍"诸豪语①，但不过大言洞赫。实则李克用失河中后，其力仅能自保，在以后很长时间内已无与朱梁争天下之资本。天复元年五月，"朱全忠奏乞除河中节度使，而讽吏民请己为帅；癸卯，以全忠为宣武、宣义、天平、护国四镇节度使。"②护国军者，即河中军之旧称。朱全忠得河中，遂能放手经营关中。此后，虽因宦官韩全海与宰相崔胤争权，两者各结李茂贞与朱温为战，然前者终不敌后者。河中的取得，正为朱全忠的进取长安打开了门户。

当然河中对于朱全忠的价值，还并非仅在于它联结河南、北与关中"长蛇之腰"的地理形势。朱全忠因汴、洛之地的占有，早已掌握了东部漕运之枢纽，而河中的取得复使之得到北方最大的盐池宝地，战时最可靠的赋税源泉。《旧唐书·昭宗纪》略云：

（天复元年）三月癸未朔，全忠引军归汴，奏："河中节度使岁贡课盐三千车，臣今代领池场，请加二千车，岁贡五千车。候五池完葺，则依平时供课额。"从之。

（五月）壬寅，制以朱全忠兼河中尹、河中节度、晋绛慈隰观察处置、安邑解县两池榷盐制置等使。③

根据同纪，天复元年二月朱全忠方至河中移王珂兄弟，三月即全面接管了盐池，并加以"完葺"，说明盐池于他绝非等闲。而唐朝廷命他

---

① 《旧五代史》卷六〇《李袭吉传》，第931页。
② 《资治通鉴》卷二六二，第8553页。
③ 《旧唐书》卷二〇上《昭宗纪》，第772—773页。

为"安邑、解县两池榷盐制置等使",在榷盐上特加"制置"二字,以重其职,也足见两池在朱全忠取得河中之际已完全为其掌握的重要意义。因此可以说,在取得河中与两池后,朱全忠的进军关中,取代唐室,已是指日可待。

(三) 朱友谦与梁、唐政权

证明两池于军阀争夺政权之意义,并不仅在唐末,或者还可以梁河中节度使朱友谦的叛降归附事来说明。

昭宗光化二年(899)六月,王重盈子、陕州(保义军)节度使王珙被麾下所杀。都将李璠被推为留后。《资治通鉴》卷二六一记其年十一月"陕州都将朱简杀李璠,自称留后,附朱全忠,仍请更名友谦,预于子侄"①。据《旧五代史》朱友谦即朱简本传,简本为王珙小校,李璠杀珙,但以军情不叶,为简所驱。王珙被杀,河中王氏势力进一步衰落,取而代之的是朱简。故梁祖表简为陕州留后,因与同姓,"乃名之为友谦,编入属籍,待遇同于己子"。陕虢与河中为邻,唯蒲陕连衡才能制约关中,陕州的重要对朱全忠可想而知。更何况王珙部下本即河中之一部,对朱氏瓦解河中不无意义,故梁祖厚待友谦。朱梁建号,"移授河中节度使、检校太尉,累拜中书令,封冀王"。②友谦可称自河中起家,与王氏家族及河中军有一定渊源。杀李璠说明在军中有一定号召力,故朱全忠依靠其稳定河中,也是藩镇

---

① 《资治通鉴》卷二六一,第8528页。
② 以上见《旧五代史》卷六三《朱友谦传》,第981页。

争霸形势下的一种政治选择。

但朱友珪杀梁祖自立,引起诸将不满,致友谦背梁降晋(后唐)。史载告哀使至河中,友谦深以为耻。"友珪加友谦侍中、中书令,以诏书自辨,且征之。"①友谦不奉命,并"乞师于庄宗,庄宗亲总军赴援,与汴军遇于平阳,大破之,因与友谦会于猗氏,友谦盛陈感慨,愿效盟约,庄宗欢甚"。说明其彼时已与唐军联合。但是梁末帝即位后,"以恩礼结其心,友谦亦逊辞称藩,行其正朔"。②贞明六年(920)朱友谦将兵袭取同州,以其子令德为忠武留后,请节钺于梁不获,遂反求于晋王(即庄宗),晋王"以墨制除令德忠武节度"。梁使刘鄩、尹皓攻同州,朱友谦再度求救于晋。"秋,七月,晋王遣李存审、李嗣昭、李建及、慈州刺史李存质将兵救之。"李存审等至河中,即日便济河,以精甲混杂河中兵直压鄩垒,使刘鄩"大惊,自是不敢轻出"。而面对梁军进逼,《资治通鉴》复记曰:

> 河中事梁久,将士皆持两端。诸军大集,刍粟踊贵,友谦诸子说友谦且归款于梁,以退其师,友谦曰:"昔晋王亲赴吾急,秉烛夜战。方今与梁相拒,又命将星行,分我资粮,岂可负邪!"③

友谦的决意降晋,不但使梁军大败,且打破了梁、晋之间相持已久的局面,给晋军以可乘之机,使之由劣转优,与朱梁的战争节节取胜,

---

① 《资治通鉴》卷二六八乾化二年,第8761页。
② 《旧五代史》卷六三《朱友谦传》,第982页。
③ 以上引文并见《资治通鉴》卷二七一贞明六年,第8854—8857页。

并最终灭梁建〔后〕唐。而在后唐庄宗建国称帝的过程中，看来也得到朱友谦的全力支持。

《旧五代史》卷二九《庄宗纪》记天祐十八年（即后梁贞明七年，921）三月，河中节度使朱友谦及昭义节度使李嗣昭等"各遣使劝进，请帝绍唐帝位，帝报书不允。自是，诸镇凡三上章劝进，各献货币数十万，以助即位之费"①。《资治通鉴》卷二七一龙德元年（921）秋七月也载称：

> 晋王既许藩镇之请，求唐旧臣，欲以备百官。朱友谦遣前礼部尚书苏循诣行台，循至魏州，入牙城，望府廨即拜，谓之拜殿。见王呼万岁舞蹈，泣而称臣。翌日，又献大笔三十枚，谓之"画日笔"。王大喜，即命循以本官为河东节度副使，张承业恶之。②

朱友谦的表忠心及苏循被任命为河东节度副使，意味着河中、河东两镇又恢复了昔日的联盟。这对于后唐建国无疑有着决定性的作用。故后唐灭梁，也给朱友谦以极高的礼遇。

《旧五代史》卷三〇《庄宗纪》记同光元年十一月"癸卯，河中节度使、西平王朱友谦来朝。……乙巳，赐友谦姓，改名继麟，帝令皇子继岌兄事之"③。同书《朱友谦传》亦曰：

---

① 《旧五代史》卷二九《庄宗纪》，第454页。
② 《资治通鉴》卷二七一，第8866页。
③ 《旧五代史》卷三〇《庄宗纪》，第476页。

庄宗置宴飨劳，宠锡无算，亲酌觞属友谦曰："成吾大业者，公之力也。"①

由庄宗一语，足知友谦的去从对朱梁后唐的成败兴复的关键意义。朱友谦归梁并为梁祖镇守河中，曾助其败晋灭唐的兴国霸业，而庄宗却因朱友谦的降附，终得取梁而代，此可谓是以其人之道还治其人之身。而就这一点来说，朱友谦的姓朱姓李实为政权易主的根结。故庄宗将功劳归之友谦，并给以极高评价和赏赐，则友谦在其中的作用似乎也有些类似楚汉之争中的韩信。但与韩信不同的是，他所凭借的并非军事指挥才能，也不仅仅是占据有利位置的地形冲要，而是足以建设军事实体和动摇王朝基础的盐池之利。

朱全忠建国后，并没有改变由节度使管理盐池的藩镇经营体制。《旧五代史·末帝纪下》记贞明六年四月"己酉，以河中护国军节度副大使知节度事、制置度支解县池场等使、开府仪同三司、守太保、兼中书令、冀王友谦依前守太保、兼中书令，兼同州节度使，余如故"②。其中"制置度支解县池场等使"乃是唐朝封朱全忠的旧使名（唯加"度支"二字不同，表明恢复隶属中朝的名义），说明朱友谦的职务不是自梁末帝始，而是早在梁太祖命其任河中节度使之初就有。"制置"应是藩镇体制下具有"中央特派"意义的使名。后梁之际，中央财政体系并不完备，所谓"伪梁不知故事，将四镇节制征

---

① 《旧五代史》卷六三《朱友谦传》，第983页。
② 《旧五代史》卷一〇《末帝纪下》，第165页。

下编／盐价、物价与盐法　　465

输，置宫使名目管系"①，即中央虽设建昌宫使、国计使等，但租赋征输仍由四镇。作为四镇之一的朱友谦任"制置"盐池使，便是这一体制的必然。朱友谦以此供给朱梁中央政府，但也以此形成盘结根固的地方势力。朱友谦的实力，恐怕也是后唐政府不得不继朱梁之后，对之加以笼络的原因。而改名李继麟的朱友谦也在后唐之初继续兼任两池榷盐使。

《册府元龟》卷四九四记同光三（按"三"当作"二"，924）年二月敕曰：

> 会计之重，咸醎是先。矧彼两池，实有丰利。顷自兵戈扰攘，民庶流离，既场务以骔残，致程课之亏失。重兹葺理，须仗规模，将立事以成功，在从长而就便。宜令李继麟兼兖州刺史、度支安邑、解县两池榷盐使，便可制置，一一条贯，所有合制官吏等，亦委自使差遣。②

"将立事以成功，在从长而就便"，似乎是指整顿盐池要借重李继麟已行之旧制。而"所有合制官吏等，亦委自使差遣"，显然也是给了他自专的权力，但这样做并非没有条件。

---

① 《五代会要》卷二四《建昌宫使》后唐同光二年正月敕，上海古籍出版社，1978年，第379页。
② 《册府元龟》卷四九四《邦计部·山泽二》，第5909页。按：《旧五代史》卷六三、《新五代史》卷四五《朱友谦传》均不言朱友谦为兖州刺史事。旧传（第983页）言其"既归藩，请割慈、隰二郡，依旧隶河中，不许，诏以绛州隶之"。疑《册府元龟》"兖"字为"充"误，下或遗一"蒲"字。

《资治通鉴》卷二七三庄宗同光二年二月：

> 河中节度使李继麟请榷安邑、解县盐，每季输省课。己卯，以继麟充制置两池榷盐使。①

"每季输省课"即胡三省注谓"每三月一输盐课于省也"。颇疑此最初为王重荣所定制，而为朱梁所继。朱友谦降唐后，仍以此为保证求得继任榷盐使的职务。但后唐对朱友谦委任似只是权宜之计。《旧五代史·庄宗纪》记同光二年三月己未，以大理卿张绍珪充制置安邑、解县两池榷盐使，同光四年二月乙巳，朝廷又命右武卫上将军李肃为安邑、解县两池榷盐使②，说明河中两池榷盐使已由中央派官担任。

朱友谦（李继麟）不再兼榷盐使后，其实力明显已不足与后唐朝廷相抗。《旧五代史》本传记李继麟同光四年四（正？）月入觐被族诛，其死因是不满朝中宦官伶官赂遗之求，故被谮与郭崇韬通谋（时郭已在蜀被李继岌所杀）。③其后，旧将史武等七人也被族诛。《资治通鉴》卷二七四记郭、李死后郭部将李绍琛言："国家南取大梁，西定巴、蜀，皆郭公之谋而吾之战功也；至于去逆效顺，举国家犄角以破梁，则朱公也。"④与后唐、后梁能成犄角之势的是朱友谦。友谦败，使得明宗李嗣源可以很容易地借庄宗朝内乱之机取而代之。以后明宗朝廷虽仍以皇子重臣驻镇河中，但河中节度使借助盐池之利称

---

① 《资治通鉴》卷二七三，第8914页。
② 《旧五代史》卷三一《庄宗纪五》、卷三四《同光纪八》，第492、541—542页。
③ 《旧五代史》卷六三《朱友谦传》，第983—984页。
④ 《资治通鉴》卷二七四，第8957、8960—8961页。

霸一方的局面已不再成立。

应当补充说明的一点是，后唐以中央官任榷盐使的情况至少持至明宗朝。《旧五代史·李专美传》称专美"后唐天成中，安邑榷盐使李肃辟为推官，时唐末帝镇河中，见其敦雅，心重之"[1]。同书《明宗纪八》长兴二年（931）闰五月己酉条有"以右领军上将军李肃为左金吾大将军"的记载[2]。李肃无其他重职，记其升迁似也与任榷盐使有关。从其官职是武将来看，不知是不是因他能以武力镇守盐池。但是自后唐庄宗至明宗以中央官任榷盐使，并非仅为削减河中利权。后唐代梁后，以孔目官孔谦为首的魏州藩镇财务体系已扩展为中央以租庸使领导的使职机构。在其中央化的过程中，唐末财政三司分掌制也在逐步恢复。河东盐池作为中央财赋的主要来源之一，其管理权自会发生回归朝廷的变化。这是唐末财政管理体制发展之必然，也是政治与经济相互影响的表现。朱友谦之命运变迁应此之需，而作为其变化的标志，也就毫不奇怪了。但它影响于梁唐政权交替的方面，却是足以引起重视而不应忽略的。

三 小结

两池本是唐朝廷可以获取盐利最直接和迅捷的财赋来源地之仪，

---

[1] 《旧五代史》卷九三《李专美传》，中华书局，2015年，第1431页。
[2] 《旧五代史》卷四二《明宗纪八》，第663—664页。

但在唐末中央政府与藩镇矛盾日益激化的前提下，却成为决定朝廷生死存亡的最后依傍。因此对于两池及其盐利的争夺无疑是极为残酷的。本文即是以此为中心，试图对河东两池在唐末五代的归属及相关权利的扰攘纷争予以深入探索，以说明两池及其盐利问题在政权更替中所起到的关键作用。

根据本文的讨论，可以知道唐朝最初为了加强对两池的掌控，设立榷盐使而扩大、提升两池机构，但在黄巢之乱后，不得不使河中节度使兼任榷盐使掌管两池，并接受王重荣岁贡盐利三千车的条件，而使宦官任榷盐"催勘使"或"榷税使"加以监督，和代表朝廷进行盐利最后的争夺。由此导致两派宦官分别勾结朝官和藩镇形成的派系矛盾，并以盐利为导火索，演化为朝廷与藩镇，及藩镇与藩镇间盐的战争。更由于朝廷引入沙陀军，因河中财赋与沙陀兵力的结合，打败黄巢。此后，两池遂通过河中节度使，成为李克用与朱温逐鹿中原的最后砝码。李克用由于丧失河中，"霸业由是中否"，而朱全忠取得两池领属权后，顺利进军关中而最终取代唐政权。

五代以后，对于两池的掌控及财赋的拥有仍起着至关重要的作用，故朱友谦——李继麟姓朱姓李，不仅是姓名的改换，也关乎于后唐灭梁的成败。后唐由于他的叛梁和归顺，最终代梁而立。而随着他的被杀，河中节度使借助盐池之利称霸一方，与梁、唐政权成掎角之势的局面也不再成立。但两池的归属对于唐朝廷及军阀政权维系其生存的意义，及其在政治、军事、经济史中的特殊地位和作用是不可忽略和低估的。

拾伍　五代的屋税蚕盐

　　五代中原王朝的榷盐制度上承唐代，但榷售方式却发生了很大变化。政府售盐以官销为主，且其间除了现货交易的场销之外又出现了按户或土地先配盐而后征税的所谓俵配之法。俵配法自五代实行至宋，其中尤以蚕盐制的创始为其核心。近年郭正忠《五代蚕盐考》一文即曾对五代蚕盐制的发展及其特征进行了较全面的研究。[①]受此启发，本文也想就与蚕盐有关的城镇屋税盐制作些考察，以期对五代俵配法的内容及与之相应的盐法政策有一更加深入细致的了解。

[①] 郭正忠：《五代蚕盐考》，载《中国社会经济史研究》1988年4期，第37—46、11页。

一 屋税盐的起源与实行时间

屋税盐一名，颇见于史料记载。《册府元龟》卷四九四《邦计部·山泽二》载后晋高祖天福二年（937）九月左补阙李知损上疏称：

> 臣近闻众议，云国家将变盐法，有司即欲宣行。窃知以诸道所粜卖盐，令逐处更添一倍，委州司量其屋宇，均配城内户人，每岁勒两限俵盐，随二税纳价。①

内中所说"委州司量其屋宇，均配城内户人"的即是所谓屋税盐了。又同书同卷所载后周高祖广顺二年（952）九月敕禁止私盐曲法条令中"州县城镇郭下人户，系屋税合请盐者"一条，也明确地提到了屋税盐；且综合其他史料记载可知，在五代相当长的时期内，屋税盐的实行与蚕盐的俵配常常被相提并论，这说明二者之间有些必然的联系。而要了解这一点，即必须对屋税盐的起源及其实行时间作一考察。

---

① 《册府元龟》卷四九四《邦计部·山泽二》，中华书局，1960年，第5911页；下引文见第5914页。

屋税盐顾名思义,与百姓的房屋财产有关。对于城镇的百姓来说,他们中的大多数不会拥有土地,但房屋却是基本的生活资料与主要财产之一。唐代建中年间,朝廷由于对藩镇用兵军费不支,就曾试图对长安百姓征收"间架税","凡屋两架为一间,屋有贵贱,约价三等,上价间出钱二千,中价一千,下价五百。所由吏秉算执筹,入人之庐舍而计其数。"结果引起百姓愤恨,"而怨谤之声,嚣然满于天下"。① 加上爆发朱泚之乱,所以实行不久即被停罢。

唐末五代之际杂税甚多,间架之税也有可能再兴。屋税盐制是否与此有关不得而知。不过,它显然已不是单纯的税间架,而是既征屋税且颁盐。现今所见屋税盐的最早记载,便是上述后晋李知损上疏了。他的上疏是针对后晋朝廷想要改变盐法而发,即"有司"欲将原来由场院榷售的那部分盐钱增加一倍数额后,交由地方州府按照屋宇情况均配城内百姓。由此可知,屋税盐法也像间架税一样,是面向城市而实行的。一些研究者或根据李知损的上疏,推断屋税盐制是议始于后晋,至于真正实行则或者时间更晚②,其实是对此疏未加细察。因为李知损的上疏是反对屋税盐的,疏中曾有一段话力陈以往实行屋税盐的害处。其言曰:

> 属梁朝季运,因之以兵革,重之以科徭。几经宗社改更,刑法变换,地经百战,往年之事力都无;室告九空,到处之乡村

---

① 《旧唐书》卷四九《食货志下》,中华书局,1975年,第2127—2128页。
② 吴慧:《五代盐法述略》,载《盐业史研究》1989年第1期,第12—15页,说见第14页。

未复。止于州城，众户所在，贫乏者多。臣频曾守职藩方，莫不详观利病。且尝（常）年城内居户，例于屋税请盐，比其征纳之时，备见艰难之状，以至须劳鞭朴，尚有逋悬；况所请之数甚徵（微），应督之期犹失。

李知损论兵困财尽、十室九空的情景是上溯梁末的，而他所说的常年城内居民例于屋税请盐事也是"频曾守职藩方"时所见。考《旧五代史·李知损传》，称他"梁朝时，以牒刺篇咏出入于内臣之门，由是浪得虚誉，时人目之为'李罗隐'。后累为藩镇从事，入朝拜左补阙，历刑兵二员外、度支判官、右司郎中"[①]。李知损天福二年在任左补阙，则其入朝不会早于后唐之末或后晋初，而历任藩镇之职应当更在那以前，或者甚至是在梁末就已经开始了的。由此可以推测，城内地区实行屋税盐制度（或部分实行屋税盐制度）最晚应当不超过后唐中朝，最早还可能始于朱梁之末。而这个时间，并不比蚕盐法的实行更晚。

《全唐文》卷一〇三所载同光三年（925）后唐庄宗《减东京赋税诏》是关于五代食盐俵配法的早期资料。内中说道：

应东京随丝盐钱，每两俱减放五文；逐年俵卖蚕盐、食盐、大盐、甜次冷盐，每斗与减五十文；栾盐与减三十文。……都城内店宅园圃，比来无税，顷因伪命，遂有配征。后来原将所征物

---

① 《旧五代史》卷一三一《李知损传》，中华书局，2015年，第2012—2013页。

色,添助军人衣赐。将令通济,宜示矜翨。今据紧慢去处,于见输税丝上,每两作三等,酌量纳钱,责与充本回图,收市军人衣赐,其丝永与除放。①

上述郭正忠先生的《五代蚕盐考》一文,曾据此考证后唐以前的东京(即魏府或兴唐府,今河北大名)城内,曾实行过税丝的配征制度。这种税丝的配征始于朱梁时期,其配征对象,主要是"店宅园圃"的户主。同光三年,取消税丝,改收丝价,配征的方法是将"宅店园圃"户所输税丝,"每两作三等折价"。其三等折价的不同标准,主要是依据店宅园圃在城内"去处"的"紧慢"也即位置优劣与否(繁华重要或偏僻次要)。郭文认为,税丝的配征等级是依据店户的生意与收入的一般状况而定。而所谓店宅园圃的主人,应是一种城市商户,或兼营商业的坊郭户。另外,郭文还指出,从朱梁的权臣赵岩到后唐的租庸使孔谦,都曾实行过"贷钱于民,使贱估偿丝"的"举贷诛敛"之制,而所谓税丝或配税,正是从这一做法衍生而来,它们是五代最初的蚕盐法和城市商户盐钱制的反映。②

郭文的考证无疑是很精到的,这里所要补充讨论的只是所谓配税与屋税盐的关系问题。首先,尽管我们不知道,所谓"店宅园圃"户实际上包括多少城镇百姓;反之,也不知道最初屋税盐是否也面向所有的城内居民;但是,从两者的创行时间看,却是基本一

---

① 《全唐文》卷一〇三《减东京赋税诏》,中华书局,1983年,第1059页。
② 《五代蚕盐考》,第38—40、41页。

致的。其次，屋税盐的实行虽不能说与居民生意收入状况有关，却毕竟是与他们的房屋财产直接挂钩。联系唐朝建中时定立间架税，是根据"屋有贵贱，约价三等"的；假如考虑"贵贱"者，与所在地点繁华与否也必然有关的话，那么所谓"量其屋宇均配"的屋税盐，与"店宅园圃"的"紧慢去处"便也不无沟通。此外，从前引李知损上疏所说"比其征纳之时，备见艰难之状"以及其疏中下文所引大臣言曰"百姓赊得半年然后纳价，国家随其二税头段征得现钱"也能够得知，屋税盐是完全说得上"举贷诛敛"的。或以为，孔谦的举贷诛敛，说的是贷钱而未及盐。然而须知唐五代官府在货币不足的情况下，也往往将盐取代货币而使用。例如五代曾有官以盐购牛皮的做法。《资治通鉴》卷二九一广顺二年十一月条载：

先是，兵兴以来，禁民私卖买牛皮，悉令输官受直。唐明宗之世，有司止偿以盐；晋天福中，并盐不给。①

此外，从史料所见出现于后唐的"折博"之制，也是官府用盐以博换民间物资。②可见盐的作用，有时也等同货币。从这里出发，则从"举贷诛敛"到税丝的配征，再从配征到定立盐钱的等级，并发展为以屋税盐的名义实行俵配，其对象也从"店宅园圃"户发展到一般城镇居民，这一过程是完全可能的。只是同光三年敕所涉及

---

① 《资治通鉴》卷二九一广顺二年，中华书局，1956年，第9486页。
② 后唐设有折博场院，见《五代会要》卷二六《盐铁杂条上》（上海古籍出版社，1978年）后唐长兴四年诸道盐铁转运使奏，第422页。

的仅仅是东京兴唐府管内,没有言及其他地区,与李知损所说"频曾守职藩方"似乎对不上号。但据知同光三年以后,庄宗移都洛阳,颇有发展,孔谦等人的政策在实行地域方面自然也会有所扩大,所以城镇百姓征盐钱或是行屋税盐之制当也早已不止于兴唐府一地。

如果以上配税——屋税盐的推断成立,那么,可以知道屋税盐的俵配自朱梁而至后唐是从未间断的。李知损疏中"频曾""常年"等语都表明了它的一贯性。另外,后晋制度多沿后唐,所以后晋之初也不能说此项做法已被中止了。《五代会要》卷二六载后晋天福元年(936)十一月敕节文有"洛京管内逐年所配人户食盐,起来年每斗减放十文"的规定[①],内中食盐虽不一定就是屋税盐,但俵配之法显然袭于后唐。另外李知损疏中所反对的也只是再将场院榷课的钱增配百姓,至于原来"所请之数甚微"的那部分并不是他所反对的范围。李知损上疏后,"寻有旨寝其事"。但是数年之后,后晋朝廷仍决定以末盐地区场院所榷行俵配之法。同上《五代会要》载天福七年对于盐货往来收过、住二税,"过税每斤七文,住税每斤十文",并有注文解释说:

> 先是,诸州府除俵散蚕盐征钱外,每年末盐界分场务,约榷钱一十七万贯有余。言事者称,虽得此钱,百姓多犯盐法,请将上件食盐钱于诸道州府计户,每户一贯至二百,为五等配之。然后任人逐便兴贩,既不亏官,又益百姓。朝廷行之,诸处场务且

---

① 《五代会要》卷二六《盐》,第418页;下引天福七年文见第419页。

仍旧。俄而盐货顿贱,去出盐远处州县,每斤不过二十文,近处不过一十文,掌事者又难骤改其法,奏请重置税焉。盖欲绝其兴贩,归利于官,场院㩦盐虽多,人户盐钱又不放免,民甚苦之。

这里只说到将场院榷㩦盐钱改为按五等配户,与此同时并实行允许贸易的开放政策,没有提及实行地点是在农村还是城镇。但是,《册府元龟》卷五四七却援引后周北海令李元懿的话,说后晋配百姓食盐钱,有"每顷配盐二十斤,纳钱五十五,数足,然后许百姓私买"的做法①,显然是用于农村。所以,上述所谓五等配户,每户一贯至二百,可能是专指城镇而言。从《五代会要》等书记载可知,后唐蚕盐俵配主要是面向颗盐区(下详),屋税盐的俵配应也是同步的。由此而言之,这一末盐区的配户制也很可能是仿照颗盐地区屋税盐制的一种发展。

后汉时期,史称"咸鹾不通,从铢两者遭刑"②。似乎是实行了严格的禁榷制,而屋税盐制作为官销一法据知也还是在某些地区被继续着。《资治通鉴》卷二九〇广顺二年七月条载:"汉法,犯私盐、曲,无问多少抵死。郑州民有以屋税受盐于官,过州城,吏以为私盐,执而杀之;其妻讼冤。癸丑,始诏犯盐、曲者以斤两定刑有差。"③郑州唐五代属应食河东颗盐区,此条记载至少表明,在属颗盐区的河南某些州府是实行了屋税盐的。

---

① 《册府元龟》卷五四七《谏诤部·直谏门》,中华书局,1960年,第6575页。
② 《册府元龟》卷四九四《邦计部·山泽二》"汉高祖入汴之年"条注,第5913页。
③ 《资治通鉴》卷二九〇广顺二年,第9481页。

下编 / 盐价、物价与盐法

后周屋税盐制已见于本文开头所引述的广顺二年禁止私盐法敕。此敕表明，当时屋税盐的实行已不仅限于州府城内，且包括了县镇郭下人户。但至广顺三年十二月颁敕，下令将俵配屋税盐征钱取消（详下），完全恢复为由官府实行场销，在此之后，五代屋税盐的俵配可能就被终止了。

二 屋税盐与蚕盐的关系

以上的讨论可说明屋税盐的实行有其延续性，且与蚕盐的俵配有一定关系。但是，屋税盐是否可说是蚕盐的一部分，或者就可以看成是城镇地区蚕盐呢？要了解这一点，我们必须首先弄清二者各自的俵配地限。

蚕盐，顾名思义是养蚕所用。《五代会要·盐铁杂条下》载后周广顺二年敕称"乡村人户所请蚕盐，只得将归裹茧供食"[1]，《资治通鉴》卷二八三胡三省注也谓"蚕盐所以裹茧"[2]。裹茧，即用盐浸润蚕茧，以达到保存蚕茧及防治病害的目的。此项做法，唐以前或至少唐人已采用。唐初李勣、苏敬作《唐本草》，在比较各类盐的优劣和用途时指出："藏茧必用盐官（杭州盐官县，今属浙江）

---

[1] 《五代会要》卷二七《盐铁杂条下》，第428页。
[2] 《资治通鉴》卷二八三，第9241页。

盐。"①这说明唐人早已掌握了这项手工业技术，而它的广泛应用也成为五代蚕盐法得以实施的依据。

蚕盐既主要是为了养蚕缲茧，则蚕盐的俵配便不能不首先面向农村，而在五代，则首先是在应食颗盐地区的农村。《五代会要·盐铁杂条上》后唐长兴四年（933）五月七日诸道盐铁转运使条奏盐法，内中规定"应食颗盐州府，省司各置榷粜折博场院，应是乡村，并通私商兴贩。所有折博，并每年人户蚕盐，并不许将带一斤一两入城，侵夺榷粜课利"②。这条规定似乎可以表明，当时颗盐地区是只有农村才颁放蚕盐，并且可以兴贩贸易，而在城内则是既无蚕盐又不允许私相买卖的。值得注意的是，盐法条令对于"应食末盐地界"只规定要由州府县镇场院榷粜，说明当时末盐区可能尚未实行蚕盐法。不过五代颗盐区的面积较广，同书《租税》天成四年（929）五月户部奏中所提到的"三京、邺都、诸道州府"很可能均属此范围，包括了唐代河北、河南道的大部州府。奏中根据各地物候条件对于两税、蚕盐的缴纳期限作出不同规定，如其中"四十七处节候常早"的地区，即要求"正税匹帛、钱鞋、地头榷曲、蚕盐及诸色折科，六月五日起征，至八月二十日纳足"。③将蚕盐与正税一起，征收以农作物的成熟为期，也表明蚕盐的俵配主要

---

① （唐）苏敬等撰，尚志钧辑注，尚元胜、尚云飞、尚元藕、任何整理：《〈新修本草〉辑复·米等部》卷一九，见《尚志钧本草文献全集》，北京科学技术出版社，2019年，第519页。
② 《五代会要》卷二六《盐铁杂条上》，第422—423页；下言末盐见第423—424页。
③ 《五代会要》卷二五《租税》，第400页。

是面向农村。另外后周广顺二年九月十八日敕,在提及蚕盐时,也只是说"乡村人户所请蚕盐,只得将归裹茧供食,不得别将博易货卖,投托与人"①,对于城镇地区丝毫没有涉及。由此可见,面向农村的蚕盐政策是并不通行于城镇的。

然而关于这一点,如征诸文献却不难发现矛盾之处。《旧五代史·后周太祖纪》载广顺三年十二月甲寅诏便明令"诸道州府县镇城内人户,旧请蚕盐征价,起今后并停"②。表明在此之前,蚕盐税价于州府城镇也同样要征。此外其他五代、宋史料,也常常不乏论及蚕盐兼含城镇的情况。那么蚕盐究竟是否也行销城镇呢?

《册府元龟》卷四九四后周广顺二年九月敕对解决此问题似乎提供了一线索。该敕文在"乡村人户合请蚕盐"等条之下,又特别加上了"州城县镇郭下人户,系屋税合请盐者,若是州府,并于城内请给;若是外县镇郭下人户,亦许将盐归家供食"一条③,给人的印象是,乡村人户的蚕盐,与州府城镇的屋税盐是两相对照而言;换言之,州府城镇郭下人户不颁蚕盐,却"合请"屋税盐以补之。另外,如阅读了同卷所载广顺三年三司使奏及敕文后,对于此点就会更加清楚:

(广顺三年)十二月三司使奏:"诸道州府逐年俵散户人

---

① 《五代会要》卷二七《盐铁杂条下》,第428页。
② 《旧五代史》卷一一三《后周太祖纪四》,第1746页。
③ 《册府元龟》卷四九四《邦计部·山泽二》,第5914页;下引文见第5914—5915页。

颗盐，除俵乡村外，有州城县镇郭下旧请屋税蚕盐处，自前元（原）不敢入城门，以广顺二年敕，却许放入。缘州城府县镇郭下各有集场，切虑放入税盐，紊乱条法，难为简较（检校）；其州城府县镇郭下所俵，年约六千余石，征钱万五千八百贯，起来年欲住俵。其元（原）征钱未审征否？"敕："诸州府并外县镇城内，其居人屋税盐，今后不俵，其盐钱也不征纳。所有乡村人户合请蚕盐，州城县镇严切简较（检校），不得放入城门。"

这里，三司使称州城县镇郭下也即除乡村以外的地方为"旧请屋税蚕盐处"，而敕文更明令"其居人屋税盐，今后不俵"。所说的"屋税蚕盐"或"屋税盐"，与奏文中"乡村人户合请蚕盐"也显然是遥相对应的。

值得注意的是，《册府元龟》所载上述奏敕与前引《旧五代史·后周太祖纪》敕文本是同一回事。然而，《册府元龟》所载敕文中的屋税盐在三司使奏中既可被称为"屋税蚕盐"，在《后周太祖纪》中则更被直呼为蚕盐，这不能不使人得出屋税盐原来就是屋税蚕盐，同时也就是史料中所常见的城镇蚕盐的结论。

屋税盐为什么又可被直呼为蚕盐呢？在解释这一问题之先，需说明两者的混称并非史料的误记。特别是《旧五代史》的作者是宋初史臣薛居正等人，他们熟悉五代旧制，对此不应发生误解。何况当时五代各朝实录尚存，而《后周太祖纪》所见很可能就是直接来自实录的制敕节文，两者的混称只不过是对同一事物的不同叫法而已。因此这里我们不仅不能看作失误，反倒应认为是正确地反映了

下编/盐价、物价与盐法　　　　　　　　　　　　　　　　481

两者之间本来即存在的关系。从我们前面的分析看，屋税盐不仅与城市配征税丝有关，且从创始到确立，始终与农村蚕盐的相对颁行不无关系。因此，屋税盐可以说是蚕盐的一种补充形式。而它的明令颁于州府城镇相对于蚕盐的颁于农村，不过是五代政府根据城乡特点采取的不同做法，代表了一种政策的两个方面，后周诏敕将两者相提并论做法就表明了它们在政策上的这种同一性。

另外，从蚕盐与屋税盐的颁行地限看，两者是界域分明、各有所主的，但其间显然也不无交叉。上述广顺二年九月十八日敕，曾要求对"县镇郭下人户城外别有庄田"者，"仰本县预前分擘开坐，毋令一处分给供使"。这进一步证明屋税盐一般是不针对农村人户的。所以城内人户如另有庄田，就要别请蚕盐。由此也足见两者虽对象不同，但本质上却不能不说是一回事，而在统治者意向中，屋税盐匆宁说就是城镇地区的蚕盐。这也就是为什么在五代乃至宋朝史料中，述及蚕盐也往往包括城镇统而论之的缘故了。

三 屋税蚕盐的行销特点及关于俵配制实施根源的一点探讨

弄清了屋税盐与蚕盐的关系，则我们对五代蚕盐法在城乡的普遍实施便有了一定的了解，蚕盐法的实施是五代食盐俵配制的核心内容之一。俵配制名为俵散，其特点实在于抑配与赊销，此两特点在蚕盐与屋税盐的行销方式上也表现极为明显。

本文前面部分曾经论及，蚕盐与屋税盐均属先俵后税，"举贷诛敛"。后唐明宗时曾规定蚕盐"每年只二月内一度俵散，依夏税限纳钱"①，而李知损所说屋税盐"每岁勒两限俵盐，随二税纳价"，在配散与征收方式上似乎又略有差异。另外蚕盐据郭正忠先生考证至少有按家赀丰薄、户等高低或按田亩比率配征的两种方法，其中按田亩配征比较典型的是后周的"察头盐"，除此他认为还可能存在按户口数或丁口数多寡配征的第三种方式。屋税盐则主要是与房产有关。李知损疏中说"有税租甚大，舍屋颇多，骨肉替令，家事牢落，官中以户门而须配，本人惧条法以难辞"，即专指按屋产配征的不合理。然而无论采取何种方式配税，显然都是强迫性的，且由于随两税纳价，逐渐被纳入正税征收系统而有了相当的固定性。②

蚕盐、屋税盐虽是抑配，但又有一定的"请领"手续。两者的俵配地点是官府指定的盐仓场务。不同的是，屋税盐的颁领一概规定在州城之内，包括县镇郭下的居民在内也要入城请盐。所以后汉时郑州民请屋税盐经过州城，才会遭到盘查而被误为私盐。而后周政府为减少这样的麻烦，便规定县镇郭下民户在请盐时，要由"本县预取逐户合请盐数目，攒定文帐，部领人户，请拨勒本〔处〕官吏及所在场务同点简入城"③。让一地的百姓在地方官吏与场务官的

---

① 《旧五代史》卷三五《后唐明宗纪一》同光四年（天成元年）四月中书门下上言，第563页；《五代会要》卷二六《盐》同月敕，第418页。
② 《五代蚕盐考》，第44页。
③ 《册府元龟》卷四九四《邦计部·山泽二》后周广顺二年九月敕，第5914页。

带领下集体请盐,这种做法,加之对农村蚕盐不许入城的法令,表明五代政府对于蚕盐和屋税盐的俵配始终有严格的控制。

蚕盐及屋税盐既具有如上特点,就不难明了五代政权何以会在食盐官销的过程中采用俵配制的行销方式。毫无疑问,俵配制的实行是五代军阀政权残酷统治的结果。军阀政权在混战与争霸之际常常不遗余力地搜刮财赋,增加税收,而盐税则是其中的一个重要方面。俵配制由于是抑配,所以与一般的场院榷售有所不同,它虽不能够随时为政府提供现钱,却可以保证销售数量。盐税既定,则百姓不买也得买,盐价不交也得交。不像场销,尽管可以"既免迁延官典,更无逋欠",却是自愿购买,"日食盐酪办即买之,偶或无钱不妨淡食"(李知损语)①,不能保证销售数量。所以"举贷诛敛"的俵配制能为官府提供大量、固定的税利,这对于五代政府显然是十分必要的。尽管如此,就俵配制自身而言,却也有其产生的社会条件与长期发展过程。

自唐代刘晏创建"就场专卖法"以后,在相当长的一段时期内,商销成为政府食盐专卖的主要经营手段。政府通过商人间接获取盐利,虽可以扩大征税并有许多便利,但两者之间争夺盐利的斗争却因此不可避免。唐代中期以后,政府与商人的矛盾日益尖锐化,集中地表现在盐价问题上。随着唐朝廷政治统治的衰落,它在调节市场、控制物价方面的能力也在逐渐削弱。所以尽管食盐榷价一再提高,却不仅不能为政府扩大收益,反而使商人乘机走私贩

---

① 《册府元龟》卷四九四《邦计部·山泽二》,第5912页。

私,主宰了市场。"夫盐榷之重弊,失于商徒操利权",成为唐后期难于解决的问题①,为此官销之议时而甚嚣尘上。

穆宗时,度支使张平叔建议将商销改为由官府出粜,遭到韦处厚、韩愈的驳斥而未能付诸实现,但官销的尝试也未因此停止。文宗时,苏州刺史卢商于所在行官销,由官府"籍见户,量所要自售,无定额",使"苏人便之,岁课倍增"②。这种家至户到的销售方式,毋宁说已开五代俵配制的先声,而两者在政府独占盐利及防范私盐的作用方面也是完全一致的。"量所要自售"且不规定数额,表明所售食盐有一定的数量保证,使得官销之外已无商销的余地。至于俵配制由于是抑配,所以也能比较有效地防止百姓购买私盐。前述后唐时,颗盐地区允许蚕盐在乡村博易,所谓防止走私就是禁止携盐入城;后周则乡间的贸易自由也予以取消,强调蚕盐"只得将归裹茧供食,不得别将博易货卖",足见当时百姓俭省之下,所颁蚕盐尚可有余,这样私盐也就相对没有市场。

俵配制就赊销的特点而论也显然有其渊源。中国的农村,自古以来就是自给自足的自然经济为主体。农民除了夏秋两熟外,平时可供交换的物品很少,货币更是少得可怜。唐朝韩愈即曾指出,乡村"所在百姓,贫多富少,除城郭外,有见钱籴盐者,十无二三,多用杂物及米谷博易。盐商利归于己,无物不取,或从赊贷升斗,约以时熟填还,用此取济,两得利便"。这成为他反对官销的一条

---

① 《文苑英华》卷四八八《〔对〕才识兼茂明于体用策》,中华书局,1966年,第2491页。
② 《旧唐书》卷一七六《卢商传》,第4575页。

理由，说是"今令州县人吏，坐铺自籴；利不关己，罪者加身。不得现钱及头段物，恐失官利，必不敢籴。变法之后，百姓贫者无从得钱而食矣"。①可见缴纳现钱的直接官销不利于乡村食盐，此点唐人已见甚明，而且赊销的方式唐后期不仅商人对百姓，即连政府的场院对商人也都不得不采用。

另外，农村大都远离都市，交通不便，农民到指定的场院买盐往往要越过"道路津济"，遭到关卡盘查而有不少困难。所以俵配制正是基于此种现实条件对"坐铺自籴"式的官销所做的一种改良，它主要也是适用于农村。官府对乡村百姓一年一次或两次俵散食盐，可以减少百姓买盐的次数和不便，又由于是随两税征盐钱，所以征得的物品可以相对比较整齐。加上为了保证蚕丝生产起见，农村的蚕盐也不能颁给过少，这样也就不用在过于分散的农村特别操心私盐的泛滥。

以上原因使得俵配制在五代被普遍采用，但俵配制也并非五代唯一的食盐官销方式，特别是就城镇而言。尽管五代政府为了多征盐钱而在城镇地区实行屋税蚕盐之制，但从五代大多数时候州府城内（某些地区扩大到县镇）不允许私相交易以及杜绝农村蚕盐入城的法令来看，城镇屋税盐的颁给数量显然不多，不足的部分仍然要通过场务榷售来解决。之所以采取这种做法也显然是根据城镇地区的特点。

---

① 《韩昌黎集》卷四〇《论变盐法事宜状》，《国学基本丛书》第7册，商务印书馆，1958年，第55页。

城镇与农村相比，商品经济要发达得多。正如韩愈所说，唯有城郭，才有现钱籴盐。这是由于州府县镇不仅是一地一区的政治交通中心，店宅林立，过往必经，且自唐朝以来，便是"市肆交易，多重见钱"。百姓之中，经营"店宅园圃"的商户不少，具备一定的购买能力。与深山穷谷乡村百姓经常淡食不同，他们对于食盐是"不可一日无也"，所以五代的榷粜场务，便大多设于州城或县镇。①这一方面是适应城镇百姓经常买盐的需要，方便他们随时购买；另一方面更是为了从榷盐中不断获得现钱绢帛，以补充中央政府的财政急需。这就造成了城镇居民食盐多通过场务榷售，而屋税盐钱虽征却俵盐甚少的情况。这一城镇屋税盐与农村蚕盐在实行中的差别反映了五代政府城乡食盐政策的不同，也体现了俵配制与场销在五代同时并存的必要性。

四 小结

本文通过屋税盐的考察，对五代的蚕盐做了补充，也对俵配制的特点及其实行原因约略作了探讨。可以说，两者分别行于州镇和乡村，各自针对城、乡生产生活特点进行俵配，以做到对人民食盐的普遍榷税而无遗漏。

---

① 见《杨文靖公集》卷一，转引自郭正忠：《宋代盐业经济史》，人民出版社，1990年，第434—435页。

食盐俵配制在五代的确立有其必然性，而在当时的社会条件下也不乏一定的合理因素。但不可否认的是，俵配制本身也存在很大的弊病。因为它与严格的禁榷制一起，毕竟是五代政权垄断食盐销售的行径，是专制政权压抑商品经济发展的结果。俵配制可以说是对原来商销法的一种否定。它在抑配的过程中，完全取消了商人的作用，不仅减少了食盐销售的弹性，降低了盐法作为"均输法"的意义，也对商品经济的发展造成阻碍，从而给人民生活带来痛苦。

后晋李知损曾批评屋税盐制，说它"资困弊者有二，资败乱者有三"，以致百姓"当俵盐之日，已不欣欢；及纳价之时，可量困踬"[①]，再加上盐税的配征，都要经地方官吏之手，使百姓在场院之外，更多了一层盘剥。后唐时期，对蚕盐已有"干榷""湿榷"之说。干榷就是干征食盐钱不俵盐，据知北宋初，干食盐钱曾配征河北城镇坊郭的主、客户，其中主户便是随屋税纳钱。[②]前述后晋按五等取户配食盐钱后，又增加过、住二税以抵制私商，造成"场院梟盐虽多，人户盐钱又不放免"的双重纳税现象，也就是说城市盐钱成为一种干征。类似这种做法已使俵配制日益成为一种完全的苛敛。所以在宋代以后，蚕盐、屋税盐的俵配虽仍在继续，但俵配制作为食盐的销售方式已逐渐不占统治地位，在折博制基础上发展起来的引钞盐法取而代之，中古食盐专卖史遂由此揭开了新的一页。

---

① 《册府元龟》卷四九四《邦计部·山泽二》，第5911—5912页。
② 《五代蚕盐考》，第43—44页。

外編

南風結熟

引水入畦

拾陆 唐宋之际南通地区的盐业发展

南通地区位于长江三角洲北翼，滨海临江，是所谓"据江海之会，握襟带之薮"的"喉吭"之地，也是古代最著名的"吴盐"生产区之一。吴盐和附近的铜山造就了这一地区的富庶，使得在汉代以后，围绕扬州广陵郡逐渐形成东南地区的一个重要经济中心。但是，南通地理形成较晚，古代大致是这个地区的边缘，并且随着盐业生产的扩大，在唐宋之际才有了较固定的行政区划，因此，南通地区的城市形成与盐业的发展是分不开的。

一 南通的盐业发展

《史记·货殖列传》称吴广陵郡有海盐之饶，而汉初吴王濞就是在这里招集天下亡命盗铸钱，煮海水为盐，使百姓无赋而"国用以饶"[1]，成为他后来谋反对抗中央的资本。广陵郡有全国最大的海陵仓，"海陵仓即汉吴王濞之仓也。枚乘上书云：'转粟西乡，陆行不绝水行满河，不如海陵之仓。'谓海渚之陵，因以为仓。"[2]海陵仓就是地理学上的扬泰岗地。据1993年修成的《南通盐业志》介绍，扬泰岗地在今长江口一带，原是由江南古陆及长江口泥沙沉积的水下三角洲长期淤积形成的。汉代时江岸线已到如皋一带，南北朝以至唐末，又与扶海洲、胡逗洲、海门岛等相继并接，才基本形成了今南通地区所在的陆地。[3]

但是围绕着海陵仓所在，两汉以来盐业已不断发展。据说吴王夫差掘江淮以通粮运之邗沟，隋炀帝后来又重加修筑，自扬州茱萸

---
[1] 《史记》卷一二九《货殖列传》、卷一〇六《吴王濞列传》，中华书局，2013年，第3937、3397页。
[2] 《舆地纪胜》卷四〇引《元和郡县志》，中华书局，1992年，第1687页。
[3] 《南通盐业志·大事记》，凤凰出版社，2012年，第7页。

湾通海陵仓及如皋、蟠溪，后人以为是"运盐河之始"①。而南北朝之际，这里已是"海滨广斥，盐田相望"②，胡逗洲之上也已经有流人于上煮盐为业③。不过当时的胡逗洲、海门岛等地大概还比较荒凉，所以汉以来始终以海陵为名，或置县，或置郡。唐武德三年改为吴州，置吴陵县，但七年即废州复改为海陵县，隶于扬州。而海陵与楚州的盐城成为淮东地区著名的产盐中心。唐后期刘晏行就场专卖制，"广牢盆以来商贾"，所置十监四场，海陵为其一。④《舆地纪胜》卷四〇引《元和郡县志》曰：

  今海陵县，官置盐监一，岁煮盐六十万石。而楚州盐城，浙西嘉兴、临平两监所出次焉。⑤

岁煮盐六十万石的海陵监下设生产场，内有如皋。《太平寰宇记》卷一三〇《淮南道八·泰州》记曰："如皋县，唐大和五年（831）析海陵之五乡置如皋场，属扬州，伪唐保大十年（952）升为县。如皋港，在县西一百五十步，港侧有如皋村，县因此为名。"⑥如皋晚唐五代生产看来已十分发达。特别是由于它附近的运盐河连接着大运

---

① 《乾隆江南通志》卷八一引《维扬志》，广陵书社，2010年，第1352页。
② 《初学记》卷八注引《吴都记》，中华书局，1962年，第187页。
③ 《太平寰宇记》卷一三〇，中华书局，2007年，第2565页。
④ 《唐会要》卷八七《转运盐铁总叙》，上海古籍出版社，1991年，第1884页；《新唐书》卷五四《食货志四》，中华书局，1975年，第1378页。
⑤ 《舆地纪胜》卷四〇，第1687页。
⑥ 《太平寰宇记》卷一三〇《淮南道八·泰州》，第2566—2567页。

河,所以运输十分方便。日僧圆仁《入唐求法巡礼行记》卷一记载了他在文宗开成三年(838)七月从如皋镇出发,目睹的官盐运输景象:

盐官船积盐,或三四船,或四五船,双结续编,不绝数十里,相随而行。乍见难记,甚为大奇。①

从如皋向扬州一带运盐的盐船绵延数十里,可谓壮观。这说明,由于水运发达,海陵监附近产地与当时主要的集运和销售中心扬州之间已被连为一体。

如皋场和如皋县的增置是唐末五代淮东盐业生产体制被扩大的结果。而五代如皋县所隶的泰州,正是原来的海陵县。同上《太平寰宇记》卷一三〇称"泰州,本扬州海陵县,伪吴乾贞年中立为制置院,伪唐昇元元年(937)升为泰州。仍析海陵南五乡为泰兴县,割楚州之盐城县,改招远场为〔兴化〕县,至保大十年,又改如皋场为县,并隶泰州"。可知隶属于泰州的泰兴、兴化两县原来都是海陵县地,而兴化县也和如皋一样是由盐场建置而来。

在海陵县升为泰州稍后,通州也从海陵县地分出。《新五代史》卷六〇《职方考》记:

通州,本海陵之东境,南唐置静海制置院,周世宗克淮南,

---

① [日]圆仁撰,白化文、李鼎霞、许德楠校注,周一良审阅:《入唐求法巡礼行记校注》卷一,花山文艺出版社,1992年,第19页。

升为静海军,后置通州。①

通州因周世宗克淮南而建,其中静海县"随州置,管盐场八,古横江在州北,元是海,天祐年中沙涨,今有小江,东出大海";海门县"本东洲镇,因洲升为海门县",都是原来的沙洲,但因靠海而盐业逐步兴盛,形成大片的盐场和集镇,这样在周世宗力图加强对东南的控制时便自然而然升了级。盐业仍是这两州最主要的经济,不过,北宋开宝七年(974),将海陵监移于如皋县置,"从盐场之近便也",其所管者号称"南四场,北四场";另外又增置了利丰监,"在通州城南三里,管八场"。②其中南四场和利丰监所管八场都是今南通所在地,南宋以后,又扩大为十个催煎场和四个买纳场。这些盐监场和州县的建制,本身就见出盐业生产与城镇发展互动互利,特别是通州的建立和海陵监的南移,说明南通地区已经在淮盐的生产方面占据主要位置。故明通州知州夏邦谟《初到通州》诗曰"汉代提封元到海,宋家郡县始知名"③,正是通州之地因盐而生的真实写照。

二 南通盐业生产方式

唐宋之际淮东盐业的发达,除了地理环境优越之外,还得益于

---

① 《新五代史》卷六〇《职方考》,中华书局,2015年,第832页。
② 以上见《太平寰宇记》卷一三〇,第2568、2570页。
③ 转引自《南通盐业志·概述》,第2页。

它因地制宜的产制方式。南通地区与其他一些地区不同,可以说在清代引进板晒法以及20世纪50年代创造滩晒法之前,始终采用煎煮法是其地主要生产特色。在这方面,北宋时已有陈晔的《通州煮海录》一书。[①]但是煮海并不是直接煎煮,而是先有提高海水浓度的取卤过程。南通地区传统的取卤方式一种是刮咸取卤,又称"刺土成盐法",就是直接在耕垦好的盐田上刺取咸土,再聚土成"溜",临漉卤水。这种方式十分传统,《太平寰宇记》卷一三○专门在通州和海陵监之下记载了这一生产方式:

凡取卤煮盐,以雨晴为度,亭地甘爽。先用人牛牵挟,刺刀取土,经宿铺草藉地,复牵爬车,聚所刺土于草上成溜,大者高二尺,方一丈以上。锹作卤井于溜侧,多以妇人、小丁执芦箕,名之为黄头,汲水灌浇,盖从其轻便。食顷,则卤流入井。[②]

另一种是晒灰淋卤,在南宋赵彦卫《云麓漫钞》有简略记载:

淮浙煎盐,布灰于地。引海水灌之,遇东南风,一宿盐上聚灰,暴干,凿地以水淋灰,谓之盐卤。[③]

---

① (宋)陈晔:《通州煮海录》,见罗振玉:《吉石庵丛书》初集《熬波图序》,朝华出版社,2020年。按:陈晔为北宋时人,据《南通盐业志》,第二七章第一节《著作》,第715页。
② 《太平寰宇记》卷一三○,第2569页。
③ (宋)赵彦卫撰,傅根清点校:《云麓漫钞》卷二,中华书局,1996年,第29页。

外编

这种方法，也需要先翻耕再整理好光净的亭场滩涂，并因潮汐以灌之，朝退次日再将煎盐用过的草木灰摊平曝晒，并用海水泼卤，此即所谓"盐上聚灰"。然后再聚灰于坑，以海水淋灰取卤，贮卤于井。

取卤后就进入了检验浓度的验卤过程。江淮验卤本来只是"置饭粒于卤中，粒浮者，即是纯卤也"[1]。中晚唐以后，改用石莲子十枚，"全浮者全收盐，半浮者半收盐"，三莲（三分）以下就不可用而要重新聚溜了。[2]到南宋淳熙中淮东地区的验卤更提高浓度为七分，结果使产量达到了"比之旧额，近增其半"的效果。[3]史载北宋时通州利丰监产盐四十八万九千余石，泰州海陵监如皋小海场六十五万六千余石[4]，而南宋时泰州岁产盐一百六十一万石，通州岁产盐七十八万石[5]，验卤规格的提高应是产量增加的重要原因之一。

验卤之后，便将卤水通过卤漕送入灶屋煎煮。煮卤的大锅俗称盘铁，由一些形状不同、方圆各异的厚铁板组成，系自汉代的牢盘发展而来。由于板中间有缝隙，所以《太平寰宇记》说要"以石灰封盘角"，加上促使盐凝固的皂角，然后"起火煮卤，一溜之卤分三盘至五盘，每盘成盐三石至五石"，这时人户要"急着水覆上盘，冒热收取，稍迟，则不及收"，一昼夜间便可成盐五盘。

煮卤所用的芦柴苅草也是就地取材，称为"积薪"，需由盐场

---

[1] 《太平御览》卷八六五《饮食部二三·盐》，中华书局，1960年，第3841页。
[2] 《太平寰宇记》卷一三〇，第2569页。
[3] 《宋会要辑稿·食货》二八之二〇，中华书局，1957年，第5288页。
[4] 《宋史》卷一八二《食货下四·盐中》，中华书局，1985年，第4438页。
[5] （宋）李心传撰，徐规点校：《建炎以来朝野杂记（上）》甲集卷一四《财赋一·淮浙盐》，中华书局，2000年，第296页。

"别役人丁，驾高车"于草场采取，对于刺取盐土的盐田也要经常修整，劳动强度很大。虽然从刺土到成盐的过程不过四五日，但对天气的要求高，盐民不避盛寒隆暑，辛勤劳作，才使唐宋之际盐业生产规模不断扩展。

通州沿海虽然多滩涂草荡，适于食盐生产，但土质疏松易于坍塌，所以捍海堤堰的修筑成为不可少之事。据说唐朝大历末年淮南西道黜陟使李承"奏于楚州置常丰堰以御海潮，屯田瘠卤，岁收十倍，至今受其利"①。常丰堰从楚州盐城到通州之间，长达一百四十二里，至宋时此堰久废不治，天圣初范仲淹作泰州西溪监仓官，与发运副使张纶等重修海堰，"自小海寨，东南至耿庄，凡一百八十里"，人称"范公堤"。海堰的功能是不但可以"遮护民田，屏蔽盐灶"，而且也连接着海滨的运盐网络，置闸纳潮以通漕，可谓一举两得。②范公堤南宋淳熙八年（1181）提举赵伯昌复加修筑。③另外宋仁宗时通州通判任建中又于海门县西修成堤长二十里，"以捍江潮"的任公堤④，淳熙三年诏令筑月堰⑤。捍海堤堰的修筑是历代人民与自然斗争和不断改善生存环境、创造生存空间的成果，不过随着海岸逐渐外移，堤内已不是盐滩，捍海堤堰的作用

---

① 《旧唐书》卷一一五《李承传》，中华书局，1975年，第3379页。
② 《续资治通鉴长编》卷一〇四，中华书局，1985年，第2419—2420页；并参郭正忠：《宋代盐业经济史》，人民出版社，1990年，第307页。
③ 《宋史》卷九七《河渠志》，第2394页；《乾隆江南通志》卷五七《河渠志·海》、卷六五《河渠志·水利治绩·扬州府》，第999、1108页。
④ 《乾隆江南通志》卷一一五《名宦·通州》引《南畿志》，第5483页。
⑤ 《宋史》卷九七《河渠志》，第2394页。

主要是保护农田，如顾祖禹《读史方舆纪要》所说是"堤之外俱灶户煎盐之地"而"堤以内俱系民户耕种之田"[①]，则与宋时之堤已不可同日而语。

三 盐与地方经济

采用上述产制法生产的吴盐不仅产量高，而且质量上佳。李白有"吴盐如花皎白雪，持盐把酒但饮之"的诗句脍炙人口[②]，陆游也以"吴盐正白山泉香"和"梅青巧配吴盐白，笋美偏宜蜀豉香"来称道吴盐之美味。[③]色白和味美的吴盐不消说会吸引各地商人，玄宗开元《行幸东都诏》中"引鱼盐于淮海，通秔𥾄于吴越"之句即道出了其时淮洛间鱼盐等物资交流的气象。[④]但盐的作用不止于食用。唐玄宗开元二十一年，以裴耀卿为转运使开通江淮漕运，实行回造制度，江淮的租赋被转换为钱帛等"轻货"运往京都，而负海州应交纳的食盐也因"以盐价市轻货，亦输司农"的政策成为政府转换物资的中间物。安史之乱后第五琦为江淮租庸使，"吴盐、蜀麻、

---

① （清）顾祖禹：《读史方舆纪要》卷二三《通州·范公堤》，《国学基本丛书》，商务印书馆，1958年，第1093页。
② （唐）李白：《梁园吟》，见（清）王琦注：《李太白全集》上册卷七，中华书局，1977年，第391页。
③ （宋）陆游撰，钱仲联校注：《剑南诗稿校注》卷一七《咸齑十韵》、卷二二《村居初夏》，上海古籍出版社，2005年，第1362、1664页。
④ 《唐大诏令集》卷七九《行幸东都诏》，商务印书馆，1959年，第451页。

铜冶皆有税"。刘晏实行商运商销就场专卖制,将食盐通过监、场以官定榷价售予商人,再经商人转销百姓,扩大了食盐贸易,达到了寓税于盐的效果。国家财政收入大为增加,以至于大历中"天下之赋,盐利居半"。[①]元和中,"计每岁天下盐利,当租赋三分之一"[②]。

在以盐作为国家经济和贸易支撑点的同时,地方经济也获得了空前发展。唐时海陵监所在都会扬州"兼水陆漕輓之利,有泽鱼山伐之饶"[③],"富商大贾,动逾百数",成为食盐集散、繁华富庶的"歌钟之地"[④]。唐末五代之际,江淮残破,扬州衰落。但占据通、泰盐产地的吴与南唐,一方面对内实行以盐博米和"以茶盐强民而征其粟帛"的"博征"之制[⑤];一方面,对邻道实行"悉我所有,易邻道所无"的政策,继续进行广泛的食盐交易,使其地"未及数年,公私富庶,几复承平之旧","桑柘遍野,国以富强"[⑥]。

宋代淮东的海盐在国家经济中更占有突出地位,特别是南宋,有"国家鬻海之利,以三分为率,淮东居其二"之说[⑦]。依照政府

---

① 以上参见《新唐书》卷五一《食货志一》、卷五四《食货志四》,第1347、1378页。
② 《舆地纪胜》卷四〇引《元和郡县志》,第1687页。
③ 王素点校:《陆贽集》卷九《杜亚淮南节度使制》,中华书局,2006年,第268页。
④ 《太平广记》卷二九〇《吕用之》,中华书局,1961年,第2304页。
⑤ (宋)龙衮:《江南野史》,见傅璇琮、徐海荣、徐吉军主编:《五代史书汇编》,杭州出版社,2004年,第5171—5172页;《资治通鉴》卷二九三周世宗显德三年,第9558页。
⑥ 《资治通鉴》卷二五九景福元年、卷二七〇贞明四年,第8434、8832页。
⑦ 《宋史》卷一八二《食货下四》淳熙八年,第4455页。

所规划的销区，淮盐有西运、南运的不同路线。除了可经楚、泗运河而转泗水、汴水或淮河上游地区外，也可以沿长江经真州运至江浙和荆湖。前者是淮盐运往京东、淮西和京西路某些州军的主要渠道，后者则可输送到淮东西的滁、和、庐、舒、蕲、黄等州和江、湖四路各州军。淮盐还有经由海运的路线，例如如皋县北部的蟠溪便是接连着运河而东入于海。商民自海运盐尤较官运为多，宋金对峙期间，淮南受战乱影响，商贾贩运江南，海运不失为重要通道。

北宋前期，食盐多行官运官销，但宋太宗太平兴国九年（984），曾一度解除江南盐禁。雍熙、至道中，又以河北用兵，开放江浙海盐通商，而于淮南始行"令商人输刍粮塞下，酌地之远近而优其直，执文券至京师，偿以缗钱，或移文江淮给茶盐，谓之'折中'"的入中折博之制[①]，此即钞引制的起源。以后几经反复，通商和折博的政策遂愈益明确，钞盐法作为官运官销的补充，在熙宁元丰以后逐渐固定下来，成为国家盐务的基本政策之一。

宋代钞盐法和商销的实行，一个必然结果是扩大了商贸流通，活跃了地方经济。据漆侠先生考证，元丰时期淮南东路的镇市已达62个。[②]另外淮东盐产地周边的运盐设施两宋期间也在不断修缮，例如泗州的洪泽河与真、扬、楚各州的漕河与运盐河，而淮盐区横贯南北的运盐干渠——真扬楚泗高邮运河也是宋代最终完成的。《玉海》卷二二记此河熙宁九年由王子京修，"自泰州至如皋百七十余

[①]《续资治通鉴长编》卷三〇，中华书局，1979年，第687页。
[②]《中国经济通史·宋代经济卷（下）》第四编第二十六章，经济日报出版社，1999年，第1071页。

里"。元丰二年复浚,"自召伯堰至仪真十四节,分二岁用功,从漕臣请也"。①且这一地区不但港汊河湾云会密集,水渠堤坝上的斗门闸堰也是星罗棋布。据说在徽宗以前,运河上旧有的这类设施就有79座,而南宋之际,又加重修。②由于水陆发达,"鱼盐之利,富商多集",且经过长期的开发,到北宋后期,通州已经是"南濒吴会,列壤相望,旁通吴越,迨于外邦,风帆海道,瞬息千里",和"专城而治,狱讼稀简,鱼稻饶足"的通达之郡;南宋时,更是几近"以诗书之富,变鱼盐之业;以洙泗之风,易淮海之陋"的文明之邦。③虽然尚不如真州等地发达,但作为淮东盐业的主产区毕竟已日益成熟兴盛,从而为元明以后地区和城市经济文化的进一步发展打下了坚实的基础。

---

① 《玉海》卷二二《熙宁洪泽河》,(台湾)大化书局,1977年,第491页。
② 《宋会要辑稿·方域》一六之三八,中华书局,1957年,第7594页;并参郭正忠:《宋代盐业经济史》,第306—307页。
③ 《舆地记胜》卷四一《通州》,第1705、1718页。

拾柒 盐与唐代饮食文化

说到盐与唐代饮食文化的关系，令人不由想起唐人张鷟小说《游仙窟》中，神仙女子十娘、五嫂招待贵客的一席饮馔：

> 少时，饮食俱到。薰香满室，赤白兼前：穷海陆之珍馐，备川原之果菜；肉则龙肝凤髓，酒则玉醴琼浆；城南雀噪之禾，江上蝉鸣之稻；鸡臘雉臛，鳖醢鹑羹；椹下肥肫，荷间细鲤；鹅子鸭卵，照耀于银盘；麟脯豹胎，纷纶于玉叠；熊腥纯白，蟹酱纯黄；鲜鲙共红缕争辉，冷肝与青丝乱色；蒲桃甘蔗，梬枣石榴；河东紫盐，岭南丹橘；敦煌八子柰，青门五色瓜；太谷张公之梨，房陵朱仲之李；东王公之仙桂，西王母之神桃；南燕牛乳之椒，北赵鸡心之枣，千名万种，不可具论。①

---

① （唐）张鷟：《游仙窟》，录自汪辟疆校录《唐人小说》，人民文学出版社，2019年，第32—33页。

这一席酒食，集水陆奇珍，天地精华；且烹调鲜美，配制考究，五光十色，交相辉映，真可谓唐代饮食文化盛极一时的集中写照。赖文人张鷟的一支笔，竟写得如此传神，令人于千载之下，如见其色，如闻其香，如品其味，不胜羡慕遐想之至。在众多美味之中，"河东紫盐"作为地方特产，也堂而皇之的位列一品。可见无论饮馔多么丰盛，盐总是百味之宗而受到特殊的重视。更何况"河东紫盐"在唐人心目中，本来就是盐中之冠和最上等的调味佳品呢！

　　我国地大物博，唐时盐如按形质所分，已有数十种之多。不过在此之前，人们也已习惯于将盐按产地粗分为东海、北海、河东、梁益、交广、西羌、胡中等大类。其中河东盐产于河中蒲州两池（今山西运城），质量最佳，生产历史也最悠久。相对于海盐、井盐多由煮制，河东池盐却是採用"划畦灌水"的畦种也即晒制之法。据唐人张守节作《史记正义》记载，畦种法必待天下雨、池中水浓淡得宜之际，将池水引入事先挖好的畦，"日暴之，五六日则成"。这样晒制好的食盐，由于去掉了其中苦涩的硝成分，所以质优色美："盐若白矾石，大小如双陆及棋。"①但既然是白色，为什么又名为"紫盐"呢？想来是池盐结晶体和略呈赤色的池水，在太阳光照耀下，使人产生的错觉吧？北魏郦道元《水经注》，形容盐池"紫色澄渟，混而不流"。宋人张席也说："夏日，盐南风来，池面紫色，须臾凝结如雪。"②这或者便是"紫盐"的由来。

---

① 《史记》卷一二九《货殖列传》张守节《正义》，中华书局，2013年，第3928页。
② 《太平广记》卷八一《梁四公》，中华书局，1961年，第519页。

河东盐池由于自远古以来代代不息地向人们提供食盐，故被唐人看作天赐"大宝"。盐池美景受到人们热情歌颂。贞观中，唐太宗甚至亲临视察。开元中，唐玄宗派河中尹姜师度疏拓水道，改造盐池。池盐的产制技术不断提高。唐中期以后年产逐渐增至四五十万石，供应西北和中原部分地区，其质量优越受到人们欢迎。而池盐结晶体由于像是方形的印章，故又被称为印盐。生产印盐的除河东盐池外，又有关内道盐州的乌白两池、灵州的温池和丰州的胡落池等。这些地方的盐常常被充作土贡，有些则有特殊的药用价值。另外如吐鲁番地区出产的"颗大如斗，状白似玉"的玉盐，也是自高昌国时期，就与干葡桃、刺密、冻酒、白麦面一道，被从万里绝域贡献到国之中朝。据说，这种盐产于当地的烧羊山上，只有"月望收之"才明澈如冰。当时，包括这些特种盐在内，越来越多的盐品已为人们所认识。唐段公路撰《北户录》，记盐按色分有赤盐、紫盐、黑盐、青盐、黄盐，而按形则有如虎、如印、如伞、如石、如水精状者。对于它们的利用也越来越充分。例如人们用西北地区所产戎盐或胡盐治疗眼疾[1]，用"如红如紫，色鲜味甘"的赤盐治疗疼痛[2]，还有治疗"干霍乱"的"盐汤"，"唐方又有药盐法，出于张文仲，唐之士大夫多作之"[3]。

　　当然，一般食盐主要还是作为饮食之用。上等的食盐是贵族官僚餐桌上的佐餐调味佳品。上述《游仙窟》中反映的生活其实便是贵族

---

[1] 《重修政和经史证类备用本草》卷五戎盐条，中国中医药出版社，2013年，第319—320页。
[2] 《太平广记》卷八一《梁四公》，第519页。
[3] 《重修政和经史证类备用本草》卷四食盐条，第250—251页。

有闲阶级的生活场景。1987年，陕西省扶风县法门寺地宫出土了大小两种盐台，大盐台由盖、台盘和三足架等组成，通高25厘米。支架錾文为“咸通九年文思院准造涂金银盐台一枚”[①]。这说明盐还可用作皇家和贵族们的饮茶调料，而因此便有了与之相配的精致器皿，生活享受可谓无微不至。不过饮茶用盐也是唐民间所好之煎煮饮茶风俗。唐陆羽《茶经》记煮茶需经三沸：“初沸，则水合量，调之以盐味，谓弃其啜余，无乃䤚䵳而钟其一味乎!”[②]当是以盐来增佐茶味。同书记茶之器皿也有“鹾簋（含揭）”：“以瓷为之，圆，径四寸，若合形，或瓶或罍，贮盐花也。其揭，竹制，长四寸一分、阔九分。揭，策也。”鹾簋是用来盛盐的；揭，大概是配在一起用来舀盐的；是饮茶文化活动中的煮饮煎饮茶时所必备的器具。唯形制、用料均不如法门寺的精致、讲究，但用途则大同小异。

另外，盐作为生活必需品也已溶化于一般人民的饮食之中。喜好面食的北方人喜用油盐作料制作各种面点，如烧饼、胡饼一类。其烧饼如贾思勰《齐民要术》所说：“面一斗，羊肉二斤，葱白一合，豉汁及盐熬令熟，炙之，面当令起。”[③]是一种发面带馅的饼，与今之烧饼不同。向达先生《唐代长安与西域文明》一书认为唐代烧饼制法也当如是。胡饼又称蒸饼或蒸胡。与烧饼的不同是用了胡麻油，也有

① 参阅梁子：《中国唐宋茶道》第五章三“法门寺出土系列宫廷茶器”，陕西人民出版社，1994年，第121页。

② （唐）陆羽：《茶经》五《茶之煮》，见《茶经·续茶经》，中华工商联合出版社，2018年，第20页；下引文见同书四《茶之器》，第14页。

③ （北魏）贾思勰：《齐民要术》卷九《饼法第八十二·做烧饼法》，见《景印文渊阁四库全书》第730册，第122页。

说是因胡人喜食而得名。据说唐宰相刘晏五鼓上朝时,寒风中路遇卖蒸胡的,"热气腾辉",便让人买了用袍袖包裹着饱餐一顿,还向同僚称赞它"美不可言"。①可见胡饼也是有滋有味的。当然一般百姓平日所食者不一定是有肉有馅,饼中往往只放些盐酱之类。唐后期实行盐专卖,盐价高涨,距产地较远的山岭百姓无钱买盐,也常常发生民多淡食的情况,盐反成了百姓享用不起的奢侈品。

和北方人民相比,东南沿海人民得盐较易,故更喜制作咸食。他们从实际生活中总结出不同产区的海盐特点:"东海盐白草粒细,北海盐黄草粒大,以作鱼鲊和咸菹,乃言北海胜,而藏茧必用盐官(今浙江海宁)者。"②这就是说,东海的盐官盐适于藏茧。藏茧又称裹茧,即用盐浸泡盐茧。清人所谓"江浙问养蚕,皆以盐藏其茧而缫丝,恐蚕蛾之生也"③。但至少唐时已掌握了此项技术。

而用来腌制食品,倒是黄而粗的北海盐最合用。当然一般腌制食品,人们往往因地制宜。梁宗懔《荆楚岁时记》记咸菹做法是"仲冬之月,采撷霜芜菁、葵等杂菜干之","有得其和者,并作金钗色"。又说:"今南人作咸菹,以糯米熬捣为末,并研胡麻汁和酿之,石筅令熟。菹既甜脆,汁亦酸美。呼其茎为金钗股,醒酒所宜

---

① (宋)曾慥编:《类说》卷五四,《景印文渊阁四库全书》第873册,第933页。
② (唐)苏敬等撰,尚志钧辑注,尚元胜、尚云飞、尚元藕、任何整理:《〈新修本草〉辑复·米等部》卷一九,见《尚志钧本草文献全集》,北京科学技术出版社,2019年,第519页。
③ (清)陆廷灿:《续茶经》七《茶之事》,见《茶经·续茶经》,中华工商联合出版社,2018年,第199页。

也。"还有"仲冬以盐藏蘘荷,以备冬储,又以防蛊。"①《北户录》记广人食品中有老咸齑,"采老菜以饳(通'饭')和盐藏之,一如常法。有入蕉心者,其瓮埋于池塘间,至三年,菜色如金,土人所重"②。做法相类。五代刘恂《岭表录异》另有一种腌菜:"山姜花,茎、叶即姜也。根不堪食,而于叶间吐花穗如麦粒,嫩红色。南人选未开拆者,以盐腌,藏于甜糟中,经冬如琥珀,香辛可重用。为脍,无加也。以盐藏曝干煎汤,极能治冷气。"③与前两者的炮制也有异曲同工之妙,其做法似乎有些像今绍兴等地的霉干菜。

南方以盐炮制的鱼鲊等食品名堂更多。如《北户录》同上记有"糖蟹法",是将活蟹放在煮制好的冷糖饴饧中泡一宿后,再着极咸的白盐蓼汤腌封,据说鲜美异常。《岭表录异》又见有跳鱽,"乃海味之小鱼鱽也。以盐藏鲻鱼儿一斤,不啻千筒生擘。点醋下酒,甚有美味"。用身小而足长的石矩(章鱼类)"入盐干烧食极美"。彭蝟,"吴呼为彭越,盖语讹也。足上无毛,堪食。吴越间,多以异盐藏,货于市"。还有用净卤作蚁卵酱、腌炙牡蛎等吃法。而除了制作菜肴,人们还常常用盐制些小食品,成为当地特产。如炒蜂子:"一房中蜂子,或五六斗,至一石,以盐炒曝干,寄入京洛,以为方

---

① (梁)宗懔撰,(隋)杜公瞻注,姜彦稚辑校:《荆楚岁时记》,中华书局,2018年,第68—69页。
② (唐)段公路撰,(唐)崔龟从注,许逸民校笺:《北户录校笺》卷二《食目》,中华书局,2023年,第183页及185页注文。
③ 以上见商璧、潘博:《岭表录异校补》卷中《山姜》,广西民族出版社,1988年,第92页。

物。"①又有红梅:"岭之梅小于江左,居人探之,杂以豆蔻花、构橼子、朱槿之类,和盐曝之。梅为槿花所染,其色可爱,今岭北呼为'红梅'是也。"②此恐怕即今之话梅了,其生产历史可谓悠久。

以上只是从盐作为食用而谈盐与饮食文化的关系。在这方面,"盐为食肴之将"乃千古不变之理。但盐对于人民生活乃至饮食文化的影响实不止此。地方经济往往有赖盐业的发展,东南一带尤其如此。史称:"荆城跨南楚之富,扬部有全吴之沃。鱼盐杞梓之利,充仞八方,丝绵布帛之饶,覆衣天下。"③至唐代后期,唐政府借食盐专卖以汇集东南财赋。故江淮一带盐业经济更加发达。代宗永泰大历中,盐铁使刘晏在这里设立十监四场,使盐利在大历末达到六百余万缗,"天下之赋,盐利居半"④。盐业生产和贸易的兴盛,也直接促进了漕运和工商业的发展。所谓"鱼盐之殷,舳舻之富,海陵所入也"⑤;"震泽之比,三吴之会,有盐井铜山,有豪门大贾,利之所聚,奸之所生"⑥。

在一些南北交汇的食盐集散地,已形成十分繁富的商业城市,成为东南物产的交流中心和商人汇聚的活跃场所。如作为水陆交通总汇的扬州,便是"富庶甲天下""富商大贾,动逾百数"的"歌钟

---

① 以上参见《岭表录异校补》卷下,第139、159、170、184、169、183页。
② 《北户录校笺》卷三,第257—258页。
③ 《宋书》卷五四《孔季恭传》"史臣曰",中华书局,2018年,第1680页。
④ 《新唐书》卷五四《食货志》,第1378页。
⑤ 《文苑英华》卷七二〇《送蒋十九丈奉事毕正拜殿中归淮南幕府序》,中华书局,1966年,第3728页。
⑥ 《文苑英华》卷四〇八《授李栖筠浙西观察使制》,第2068页。

之地"，与川蜀成都有"扬一益二"之称①。诗人形容扬州，"十里长街市井连，月明橘上看神仙"②，"夜市千灯照碧云，高楼红袖客纷纷"③。可以想见，在那样的地方，青楼妓馆林立，饮食业也势必应运而生。当时的妓馆酒家无疑都附设饮馔。唐人诗文中提及酒家者已甚多。刘崇远《金华子杂编》记诗人张祜在润州丹阳（在今江苏）"巾褐杖履，相玩酒市"④。而张祜《途次扬州赠崔荆二十韵》也有"酒浆曾不罢，风月更何逃""碧草连除卷，青旗指浊醪"的描写⑤。至于杜牧"烟笼寒水月笼沙，夜泊秦淮近酒家"⑥，则更为千古绝唱。餐饮业乃繁荣的城市商业生活不可或缺。

在城市商业发展的过程中，人们的衣食日益讲究。一些原属官僚人家的美食也会逐渐流传民间。段成式《酉阳杂俎》言酒食说道："今衣冠家名食，有萧家馄饨，漉去汤肥，可以瀹茗。庾家粽子，白莹如玉。韩约能作樱桃饆饠，其色不变。又能造冷胡突、鲙鳢鱼、臆连蒸诈草草（一作"麞麝"）皮、索饼。将军曲良翰，能为驴鬃、驼峰炙。"⑦这些饮食名目如同《游仙窟》的盛馔一样，汇采南北，丰富考究。有些今已很难说清究为何物，如何做法。但唐时随着衣冠南

---

① 《资治通鉴》卷二五九景福元年；《太平广记》卷二九〇《吕用之》，第2304页。
② （唐）张祜：《纵游淮南》，见《全唐诗》卷五一一，中华书局，1960年，第5846页。
③ （唐）王建：《夜看扬州市》，见《全唐诗》卷三〇一，第3430页。
④ （南唐）刘崇远：《金华子杂编》卷下，中华书局，1958年，第52页。
⑤ 《张承吉文集》卷一〇，上海古籍出版社，2013年，第168页。
⑥ 《樊川文集》卷四《泊秦淮》，上海古籍出版社，1978年，第70页。
⑦ （唐）段成式撰，方南生点校：《酉阳杂俎·前集》卷之七《酒食》，中华书局，1981年，第71页。

下，商旅往来，必然会成为都市酒家招徕客人的名品特菜。

北宋孟元老作《东京梦华录》一书极道尽宋东京开封的繁华。其中酒名食店数十百种，饮馔丰美新奇又非唐代可比。但开封餐饮业的兴盛绝非始自宋代。开封即唐之汴梁城，是江淮达于河洛的重镇，刘晏最早设置巡院的地点之一。"当天下之要，总舟车之繁，控河朔之咽喉，通淮湖之运漕。"①它的繁荣直接与食盐贸易运输有关。唐代的汴梁"水门向晚茶商闹，桥市通宵酒客行"②，《太平广记》卷二八六也记有在汴桥西板桥店"以鬻餐为业"的"三娘子"③。可见在汴梁及汴洛运路上餐饮业是很普遍的。据说由于商业繁兴，连文宗时任汴州刺史的李绅，也"上言于本州置利润楼店"，而与民争利。④

汴梁五代后梁、后晋时升为东京开封府。至后周时，已是"华夷辐凑，水陆会通；时向隆平，日增繁盛……加之坊市之中，邸店有限；工商外至，络绎无穷"。当时由于汴口疏浚，"舟楫无壅，将有淮浙巨商，贸粮斛贾，万货临汴，无委泊之地"。世宗批准，为之"距汴流中要，起巨楼十二间"。⑤因此由盐业而带动的商业发展乃饮食业兴盛的基础，而在此之上，才奠定了宋代以降社会经济、市井生活的改观和繁荣。盐于人民饮食生活之关系不可谓不大矣！

---

① 《文苑英华》卷八〇三《汴州纠曹厅壁记》，第4246页。
② （唐）王建：《寄汴州令狐相公》，见《全唐诗》卷三〇〇，第3406页。
③ 《太平广记》卷二八六《板桥三娘子》（出《河东记》），第2279页。
④ （宋）钱易撰，黄寿成点校：《南部新书》壬部，中华书局，2002年，第143页。
⑤ 参见《五代会要》卷二六《城郭》，上海古籍出版社，1978年，第417页；《玉壶野史》卷三，凤凰出版社，2009年，第26页；并参张泽成：《唐代工商业》下编《国内商业》，中国社会科学出版社，1995年，第221页。

综论

本书收录我多年研读财政和盐法的文章。由于种种原因，这部分并没有最终完成而形成系统。又由于在我之先，前人于该方面已有很多的论著和成果，因而拙作能做的，不过是略为前人拾遗补阙而已。且早期作品，认识和文笔都浅薄而不成熟，错误和幼稚之处在所难免，尽管做了一些修补，但面对诸多不足，也只能是空存遗憾了。

尽管如此，个人对于以往所做工作，仍有必要加以一些梳理和总结。特别就讨论的问题而言，我关注和涉及的主要是以下几个方面。

第一，财政使职制度的发展和理财方式的变革。

这方面包括开元、天宝时期使职的出现，及其与中央集权和宰相关系的矛盾及变化；安史之乱后使职制度的确立，及形成三司分掌财赋的过程及特色等。值得注意的，首先是玄宗的急于兴利是使职产生的直接原因。皇权的支持不仅使使职可以摆脱旧有的理财机构而不受约束，也因打破了财赋的统一支配和管理，而导致了与中书门下宰相的尖锐冲突。其次是使职的建立及在安史之乱后逐渐发展为新的理财系统，并采用直接贯通而高效的理财方式，始则以地域划分而实行度支、盐铁分掌财赋制度，最终因增加户部而组成财政三使或称三司。

三使分掌制一方面是解决中央政府内部财赋的经营和使用分配问题，另一方面是与两税三分制配合，履行与藩镇和地方争夺财赋的功能，以保证其中"上供"部分的获取及专卖收入的独占性。其中尤涉及诸使的权力分配与争夺，体现在从使职的各自为政、财赋的不相统属到将中央政府的收支统一，完全纳入"量出制入，定额给资"的分配体系之下。通过巡院系统行使和发挥巡行、监察、勾检职责，成为唐政权制约地方的得力财务机构。

就使职转为新财政官制的变化而言，人们不难注意到其受皇帝支配而引起的君相权力之争，但就其整个发展过程来看还远不止于此。虽然使职理财确实有着直接化和高效能的特点，但之所以产生的更重要原因乃是旧有机构和理财方式完全与商品经济运行的要求不相匹配，其中盐铁转运使及其系统的成立尤其如此，而这方面还要与下面的一些问题结合来看。

第二，唐后期五代财务勾检制度。

勾检制是王永兴先生在唐朝制度史上的重大发现和论证，但王先生的论述主要集中在唐前期。考虑到勾检制是财政官制及其理财方式发生变化后受到影响最大的制度之一，故笔者将唐后期五代财务勾检予以补充。唐前后期变化的关键在于，汇总于比部的统一勾检只能适用于原来尚书户部支配下的财务机构和制度。使职的建立及分掌制下财赋的单独核算及支配管理，必然使之无法进行；同时理财官吏任事权和自主性的扩大,也打破了原机构各部门及其人员相互之间的牵制与监督,使旧的勾检制无法发挥和继续。

而为填补这一缺陷,新的勾检官吏遂在机构系统内部产生,发挥其计算与核查财赋出入的特长。而朝廷也试图通过设在地方的院、监系统以及御史台外台的监察加强控制。但唐后期五代仍然存在着虽有系统内的"内勾",系统之上的"外勾"却不足的现象——这也是五代逐渐统一三司勾院和宋元丰最终将勾院回归比部的原因。不过最值得注意的一个问题是,当机构发展和理财方式发生适应商品经济的应激变化时,财务系统或包括地方的行政机构内部却由于理财人员财赋职掌权力的扩大,而产生了远较唐前期更为严重的贪腐问题,说明新财政官体系下尚未能有相应完善的监察制度和办法,而这也是社会变革和经济进步之际必然会同时出现的弊病之一。

第三,使职的研究。

在唐国家财政体制及财经政策的变革及调整中,使职无疑发挥着关键作用。但该方面论述笔者仅选择刘晏和李巽二人为代表。且由于前人对刘晏的研究大多集中于理财事迹及方法的介绍,故避免了该方面的重复,而将对刘晏理财事迹的讨论重点放在他对物价的调整和与之相关的运作理念,由此展示他对财政原理的理解及运用。

另外笔者还关注的是,刘晏作为历史上极少见的能够有所成就且有着独立建树的理财家,除了个人才能之外,他的人生遭际及所在时代和环境会带给他怎样的经历和影响呢?带着这样的疑问,拙作以刘晏理财的宫廷背景为名,对其从少年时代即获取的政治资源以及社会关系予以层层揭示,从而为其能够获取皇帝信任、支持并长期从事理财且取得成功的背景加以客观、合理的分析，也从这一特殊的角度，对刘晏所代表的使职理财性质及其身处社会环境给予更具体鲜活的说明。

当然在刘晏之后，史载其继任者不少也能对刘晏的理财方式做到萧规曹随，李巽则是其中之佼佼者。配合元和之初朝廷裁抑藩镇的形势，他对已被破坏的盐铁、漕运大加整顿，树立了裴耀卿、刘晏之后的又一丰碑。其本人除对刘晏理财措施予以发扬和坚持外，更通过与宣武、徐州和山南西道等强藩大镇在盐铁漕运、税收专卖政策的协调，获得盐铁收入的成倍增长，从而为实现元和削藩战争的成功建立了切实的保障。而他所主张的"盐铁使煮盐，利系度支"赋税原则，以及盐税征收中虚实比例有所定规的物价标准（详下），也为之后唐朝廷的经济运行打下了基础。重要的是，这些问题或非仅关系李巽个人的成功，而是也可从中发现和体会到唐后半期统治赖以延续的一些基本原则及方略。

第四，唐代物价虚实估问题。

物价是关系国家存续及社会民生的命脉，是影响市场运作的标尺和灵魂，也是政府将商品交换原则愈来愈多地应用于赋税征收时试图把控的权力手段。而虚实钱和虚实估就是唐朝后期物价的核心。笔者以为，这一问题的要点应该包括三个方面：

首先，即虚实钱和虚实估是随着商品经济的发展和相关运用自然发生的。若无经济体制的改革及赋税折纳的兴起，便无从"任土所出，量入为出"到"量出制入，定额给资"的原则变化，虚实钱和虚实估也必将因无用武之地而退出历史舞台。

其次，相对第五琦造大钱行低物价、高征敛政策的失败，刘晏却以高物价、低征敛的做法反其道行之，而取得赋税增收和物价回落的成功，因此看出刘晏的一切经济手段可谓是围绕物价而形成。朝廷虽然希望通过降低物价与民争利，却不得不在之后的征敛和税收中保持部分虚估，这正是商品经济的规律使然。

最后，虚实钱的保留和虚实估的落实，均源于刘晏有意实行的大历高价政策与盐铁赋税"市轻货以济军食"的需要。其实行的原理即古人早已认识到的"贵上极则反贱，贱下极则反贵；贵出如粪土，贱取如珠玉，财币欲其行如流水"。也即通过贱取贵出的反措置调节物价高下，促进商品流通。

而刘晏所行食盐商销的就场专卖则利用食盐差价取得税收，"民不加赋而国用以饶"，其实也是将体现市场规律的价格双轨制运用于解决财政危机的成功实践。这类原则如作为近代以来的中西经济学原理本不奇怪，被当今政府和经济学家运用于拯救现实经济的短期政策更是屡见不鲜。然而从刘晏的高物价政策却可以窥知，即使在商品经济初步融入人民生活和国家财政的唐代中后期，这些规律性的认识也已被其认识甚至自觉运用。由此看来，历史本身就是不断地重复。为此，对于古人曾经的明智行为和杰出思想实在不应低估而应予以深入的理解和评价。

在刘晏之后，永贞、元和时代理财家的活动仍然围绕物价进行。可以知道的是，若非两税、盐钱税收中的价格加以调整和有所降低，中央与地方的两税三分制将无从管理和实现，商运商销的就场专卖制也没有了施行的余地。而体现在两税和盐法中的"省估""省中估"，就是大历物价和元和时估的一种取中。笔者从文献记载中推断了这一新改革物价中半实半虚的比例,并讨论了它的实际运用,又在此基础上,从收入和支出的两个方面,证实了盐钱的定额管理问题。因此可以证明,盐钱与两税同样服从"量出制入,定额给资"的赋税原则,而这是唐后期财政体制转化的最主要特征。

第五,晚唐盐法官销的实现及池法残酷化的变迁与影响。

如所指出,盐法的产生是来自战时的需要。而随着朝廷对财赋征求的增加和控制能力的削弱,食盐价格高涨,致使私盐泛滥,自由商销的就场专卖盐法很难继续下去,于是官销之议甚嚣尘上。度支使张平叔首倡由州县官主持面向百姓的直接官销,批评者也认为商销"失于商徒操利权",场院官吏与商人勾结、通同作弊造成了官家盐利的减少和损失,却完全忽略商销带给百姓的便利。且张平叔提出的实估征收,也说明商销法必须遵从的市场规律与政府必欲实现的价格垄断完全背道而驰。尽管其主张遭到驳斥,但官销试图改造甚至取代商销则有不可免之势。张平叔提倡的"实户据口,团保给一年盐,使其四季输纳盐价"已成为俵配制的先声。

五代以后,一方面场院的商销发展为政府对所折钱物强制要求的博征,作为官销之余的配合与补充,或与正税相结合,或将抑配掺杂于交易之中,增加了官府的控制,并在宋代以后发展为盐、茶等多种专卖物"入中折博"基础上的引钞制;另一方面,俵配制的屋税、蚕盐分别在城镇和农村实行,使朝廷仿照正税,实现了盐税无遗漏的征收,直至完全被引钞制所取代。

以上官销俵配制的实行主要是围绕池盐的产销区,而与官销相配合的还有私盐法令的严酷化。对盐池的整顿及池法的制定以贞元中史牟任榷盐使为起点，是池盐管理严酷化的开始。大中池法继而行之，以加强盐池本身的封锁和地方对盐池的管理，以及从严从重打击私盐要犯为中心，为五代的池法日益强硬的封闭性、严酷性打下基础。而由于盐利在晚唐愈来愈成为朝廷的依赖，故唐末开始，围绕盐池发生了朝廷内部朝官宦寺之间、朝廷与强藩之间的激烈争夺，而唐与朱梁、后唐之间的强弱交替乃至政权易手，均以盐池的拥有为最后筹码及依傍。所以如果说盐是导致帝国兴亡、政权易主的一个要因，应当是没有疑义的。

以上的一些讨论，仅仅是从某些角度论证了盐对于唐后期五代国家存在和发展的意义。应当指出，盐在社会经济转向的过程中只是作为赋税来源与交换媒介而被利用，但在官僚体制变迁、物价改革、商品经营、税收管理、运营方式中无一不体现它的存在价值。如果说汉代设盐官"斡天下盐铁"，行民制官销，只是实现盐业官营和将盐利作为国家税赋收入的首次尝试；[1]那么唐代第五琦、刘晏的就场专卖商销，已经将盐的间接税作用予以最大限度地发挥，登上了盐专卖实施的第二大台阶。唐代社会因为有盐，并没有在安史之乱后走向衰亡和毁灭，相反，国家和民众能够在相当长的时期内获得生存的机缘。且盐铁与漕运结合，推动了商业交换和赋税变革，为唐代经济的发展及整体社会变革创造了条件。而盐专卖在唐以后的朝代仍在继续，甚至到近代的明清乃至民国。可见中国社会的进展始终与盐息息相关。

---

[1] 关于汉代的盐铁官营，参见郭正忠主编：《中国盐业史·古代编》第一章第二节《秦汉时期的盐业》，人民出版社，1997年，第43—46页。

不仅如此，我们还应该从古人的盐业政策中理解他们的用心，明了他们在客观环境发生变化之际对经济规律的自觉领会和运用。毋庸置疑，当国家从单纯农业社会向着商品经济转型时，古人也会遇到和我们相同的问题，其解决问题的手段和思维则不能不从现实的变通及实用性入手，因而往往能够发现合理的途径与归宿。就此而言，不妨说古今的道理殊途同归，古人的经验则可为今日提供借鉴。这是笔者想要在书末特别强调的，不知读者诸君以为如何？

后记

盐史与财政官制等是我早年的课题，也是最初从业王永兴先生的习作。本打算完成一本系统论述的专著，不料申请项目过程中未能通过，加之兴趣和精力很快便被其他任务及课题所占据，最终也就不了了之。其实想起来，不能不说是一个遗憾。我下的功夫原本不少，但一来是时间没有抓紧，二来是初做研究时，自信心不够，所以东西写得慢，写得少，本来能做成的事也就做不成了。

尽管不成气候，但能将早年间的散篇合集出版毕竟还是一件令人高兴的事。此次能够出版完全在个人的意料之外，因为自己手中还有《大唐开元礼》等项目没有最终完成，所以关注点已经不在经济史方面。盐史的合集本来至少要等到《开元礼》论著出版之后考虑，有条件再说，没有想到却成为我最先"收摊"的作品。

本书能够出版冥冥中也许是老天的安排，或许也是让我能够借此展示向王先生学习经济史的成果。但我在经济史方面的知识和贡献太少了，实在是愧对老师，也不敢说是拿得出手。不过本书能够出版，还是要感谢康瑞锋先生，是他在闲聊中了解到我过去有"盐与唐帝国"这一课题，认为是能够受到大众欢迎的选题。而我在翻阅网上评述盐史论著的文章时，发现还有学者关注这方面的研究，对我的作品也有颇多介绍且予以较高评价。认为我在郭正忠先生主编的《中国盐业史·古代编》第二章"隋唐五代的盐业"部分的写作中，对中晚唐榷盐法进行了全面而充分的阐述。而我的相关专题论述则"摆脱了长期以来就榷盐法论榷盐法的窠臼，将榷盐法置于整个中晚唐的财政与经济背景下进行综合分析，具有很高的学术价值"（李忠民《二十世纪以来中晚唐榷盐法研究综述》，《历史学研究》2022年9月20日）。这给了我很大的鼓舞，也多少增强了信心，于是在康先生及其团队的帮助下，终于能完成并出版此书。

本以为只要将文章合在一起就可以了，但在整理的过程中，也遇到一些原来未曾想到的困难。一是许多文章发表在2000年以前，在那以后我的兴趣和目标已转移，二三十年后重新回到原课题，不免感到生疏，何况后来还发现一些不足和错误需要补正。二是当时绝大多数文章都未录入电脑，虽然由领读文化的年轻人将原文扫描为WORD版，且做了一些文字校正，而我个人也不得不对文集重做整理。但由于错误太多，改不胜改。加之原来的注释不要求版本、出处、页码，按照当今的出版规定不得不一一重新查阅。这些问题使我感到工作并非如想象的那样简单。而最后完成的文字修改和增补注文，大约用了三个月之久，仍很难令人满意。直到清样出来后，经由河北教育出版社的编辑对文字做了细致的校对工作，并核查了书中所引用的全部史料，才使文稿面貌有了较大的改观。我对编辑的认真负责精神深表敬佩。

最后，再次以此书表达我对王永兴先生的怀念，并感谢帮助我的人们。

2023年9月15日初稿

2024年9月20日定稿